道路交通安全管理

规划方法及应用

李文权 陈 茜 编著

东南大学出版社
·南京·

内容提要

本书主要内容包括道路交通安全管理规划的理论方法与应用。分为六部分内容。

可作为道路交通安全规划、管理人员技术参考用书，也可作为交通安全技术及工程领域的教学、科研人员的参考用书以及交通安全工程、交通运输、交通规划等专业本科生、研究生的教学参考书。

图书在版编目(CIP)数据

道路交通安全管理规划方法及应用/李文权，陈茜编著. 一南京:东南大学出版社，2013.11

ISBN 978-7-5641-4592-7

Ⅰ.①道… Ⅱ.①李… ②陈… Ⅲ.①公路运输一交通运输管理一安全管理一中国 Ⅳ.①U491

中国版本图书馆 CIP 数据核字(2013)第 246090 号

道路交通安全管理规划方法及应用

出版发行：东南大学出版社
社　　址：南京市四牌楼 2 号　邮编：210096
出 版 人：江建中
网　　址：http://www.seupress.com
电子邮箱：press@seupress.com
经　　销：全国各地新华书店
印　　刷：兴化印刷有限责任公司
开　　本：700 mm×1 000 mm　1/16
印　　张：19.25
字　　数：370 千字
版　　次：2013 年 11 月第 1 版
印　　次：2013 年 11 月第 1 次印刷
书　　号：ISBN 978-7-5641-4592-7
定　　价：59.00 元

本社图书若有印装质量问题，请直接与营销部联系。电话(传真)：025 - 83791830

前　言

随着我国国民经济的快速发展，城乡交通运输活动日益频繁，人流、货物出行更为便捷。但与此同时，随之而来的道路交通安全状况持续恶化，交通事故已成为影响社会发展和人民生活的重大问题，我国连续数年成为世界上交通事故死亡人数最多的国家。例如，2001～2004 年间我国道路交通事故死亡人数均超过 10 万人。如何创造良好的交通环境，预防道路交通事故的发生是我国所要面对的重要课题。

国外发达国家的经验以及现有的研究表明，实施道路交通安全管理规划是较为有效的一项措施。我国于 2003 年 10 月 28 日发布中华人民共和国第 8 号主席令，签发《中华人民共和国道路交通安全法》自 2004 年 5 月 1 日起实施。《中华人民共和国道路交通安全法》第一章总则，第四条规定：县级以上地方各级人民政府应当适应道路交通发展的需要，依据道路交通安全法律、法规和国家有关政策，制定道路交通安全管理规划，并组织实施。为实施《中华人民共和国道路交通安全法》，国务院于 2004 年 4 月 30 日发布中华人民共和国第 405 号国务院令，签发《中华人民共和国道路交通安全法实施条例》自 2004 年 5 月 1 日起实施。《中华人民共和国道路交通安全法实施条例》第一章总则，第三条规定：县级以上地方各级人民政府应当建立、健全道路交通安全工作协调机制，组织有关部门对城市建设项目进行交通影响评价，制定道路交通安全管理规划，确定管理目标，制定实施方案。

本书以《中华人民共和国道路交通安全法》、《中华人民共和国道路交通安全法实施条例》为依据，在分析我国道路交通安全形势的基础上，明确了我国道路交通安全规划的重要性，以及道路交通安全规划对预防道路交通事故的重要指导意义和现实意义。分析了道路交通系统安全影响因素，研究了交通事故形成机理与分布规律，归纳了事故多发点鉴别的方法，阐述了我国道路交通安全系统状况并进行了问题诊断，还进行了道路事故成因分析，提出了相应对策。通过近期交通安全改善管理规划、道路交通事故工程技术预防、道路交通安全管理对策与教育、道路交通中远期管理规划等内容的分层次阐述，构建了近期及中远期道路交通安全规划的规划内容，介绍了国内外道路交通安全领域的先进技术的现状及发展趋势，从宏观角度提出了道路交通安全战略管理规划的重点。最后，介绍了道路交通安全评价技术与交通安全管理规划方案的评价方法及其实际应用案例分析。本书从行政管理、技术管理、设施管理、法规教育等方面综合阐述了道路交通安全规划的系统内容，便于科学地指导道路交通安全规划、设计、管理等方面的实际工作。

本书由东南大学李文权教授、陈茜副教授率领东南大学张健、河海大学李锐、苏州市吴江区交通运输管理处刘欢以及研究生李春燕撰写，包括 15 章内容。第 1 章道路交通安全管理规划概述由李文权和李春燕撰写，第 2 章道路交通系统安全影响因素分析由陈茜、李春燕撰写，第 3 章道路交通事故形成机理与分布规律由李文权和李春燕撰写，第 4 章道路交通事故多发点鉴别由陈茜和刘欢撰写，第 5 章道路交通安全系统数据调查与统计分析由李文权和刘欢撰写，第 6 章道路交通安全系统安全状况分析与问题诊断由陈茜、刘欢撰写，第 7 章道路交通事故成因分析与对策由李文权和刘欢撰写，第 8 章近期交通安全改善管理规划由陈茜、李锐撰写，第 9 章道路交通事故预测理论与方法由李文权和李锐撰写，第 10 章道路交通事故工程技术预防由陈茜、李锐撰写，第 11 章道路交通安全中远期管理规划由李文权、张健撰写，第 12 章先进技术在道路交通安全中的应用由李文权和张健撰写，第 13 章道路交通安全战略管理规划由陈茜、张健撰写，第 14 章道路交通安全评价技术与交通安全管理规划方案评价由李文权和张健撰写，第 15 章道路交通安全管理规划应用实例由李文权和陈茜撰写。

本书可作为道路交通安全规划、管理人员技术参考用书，也可作为交通安全技术及工程领域的教学、科研人员的参考用书以及交通安全工程、交通运输、交通规划等专业本科生、研究生的教学参考书。

由于受时间等条件的限制，书稿中的不足之处在所难免，请不吝指正。

2012 年 9 月 20 日

目 录

第1章

道路交通安全管理规划概述

随着我国国民经济的快速发展，城乡交通运输活动日益频繁，人流、货物出行更为便捷。但与此同时，随之而来的道路交通安全状况持续恶化，交通事故已成为影响社会发展和人民生活的重大问题，我国连续数年成为世界上交通事故死亡人数最多的国家。如何创造良好的交通环境，预防道路交通事故的发生是我国近一段时期内所要面对的重要课题。国外发达国家的经验以及现有的研究表明，实施道路交通安全管理规划是较为有效的一项措施。

1.1 道路交通安全管理规划的定义、层次

1.1.1 道路交通安全管理规划的定义

通常认为道路交通安全系统由五大要素组成，即人—车—路—环—管。道路交通事故是在特定的交通环境下，因人、车、道路、环境和管理所构成的动态系统在某些环节上的失调，所引发的意外事件。因此人、车、道路、环境和管理是影响交通安全的基本因素。所以在道路交通安全管理规划编制过程中要全面从五个因素入手，围绕整个道路交通系统开展工作，从人、车、路、环境和管理等多个环节综合采取措施。

在此基础上，对道路交通安全管理规划做出如下定义：道路交通安全管理规划是对历史及现在的道路交通安全状况进行调查，主要包括道路使用者的交通安全行为、道路交通路网条件、道路交通安全设施合理布局、道路交通安全管理时效性等，分析规划区存在的道路交通安全问题，探讨交通流在时间上及空间上的安全特性，对未来道路交通安全需求进行科学预测，依据《道路交通安全法》及有关法规、标准等，运用现代化技术、方法、措施，确定未来道路交通安全设施合理结构与布局，提出道路交通安全法规意识建设规划和交通安全管理高效一体化规划方案，并对不同方案进行评价比选，确定推荐方案，同时提出管理实施方案。

道路交通安全管理规划的目的在于指导各级政府及其职能部门科学地开展道

路交通安全工作。防止道路交通安全工作决策的随意性和盲目性，从而尽可能地预防道路交通事故，保障人民生命财产安全。

1.1.2 道路交通安全管理规划的层次

1. 按道路交通安全管理规划的性质分为道路交通安全战略规划和道路交通安全综合规划，其内容和年限如下：

(1) 道路交通安全战略规划，期限一般控制在10～20年。主要的内容为：确定道路交通安全管理发展的目标、水平，重要的策略的实施，以及先进安全管理技术的引进和应用。

(2) 道路交通安全综合规划，可分为两个阶段来考虑。一是近期实施计划，规划期限为1～3年；二是中长期规划，规划期限为3～10年。综合规划的主要内容包括：道路交通安全行政管理规划、道路交通安全技术规划、道路交通安全设施规划和道路交通安全预警系统规划。

2. 按道路交通安全研究体系不同，可分为道路交通事故预防体系规划、道路交通行车安全保障体系规划、道路交通事故处理及救援体系规划等。

3. 按照道路交通安全管理对象可分为道路使用者安全行为管理规划、道路交通安全设施管理规划、机动车行驶安全管理规划、警力布局及内部机构联动协调安全规划。

4. 按道路交通安全管理规划研究的时限不同，可分为近期规划(2～5年)、中期规划(6～10年)、远期规划(11～15年)。

近期规划：主要是有计划、有重点、分层次地解决目前道路交通安全的实际问题，重点在于《道路交通安全法》的普及和交通安全行为指导，主要交通安全设施建设及有效的交通安全管理。

中期规划：系统地、有计划地进行交通安全需求分析及交通安全预测，科学合理地制定交通安全法规教育计划、合理布局交通安全设施、有效落实交通安全设施投资、科学组织交通安全管理。

远期规划：主要确定规划区远期交通安全管理目标、水平，确定规划区交通安全系统结构、功能；系统地提出交通安全存在的问题，并预测交通安全发展动态，提出相应对策，制定交通安全设施网、交通安全调度指挥中心以及智能交通安全系统的建设。

5. 根据道路交通安全工作的特点及规划范围和规划侧重点的不同，道路交通安全管理规划又可分为道路交通安全管理战略规划、道路交通安全管理实施行动规划和道路交通安全专项整治规划。在同一行政区域内，道路交通安全管理实施行动规划应服从于道路交通安全管理战略规划，道路交通安全专项整治规划应服从于更高层次的两类规划。地方政府可根据实际需要，单独编制某个层次的规划，或者将各个层次的规划融合在一起(即根据不同的规划期着重对应不同层次的规划需求)。

道路交通安全管理战略规划的期限一般为5年或10年。其主要任务是：通过深入的调查、必要的实地勘测和科学的定量定性分析，在剖析、评价道路交通安全和安全管理现状、揭示其内在矛盾及预测、分析道路交通安全发展趋势的基础上，提出规划区域规划期的交通安全水平和交通安全管理目标，提出确保实现规划目标的道路交通安全管理战略及相应的实施行动。

道路交通安全管理实施行动规划的期限一般为3至5年。其主要任务是：通过调查分析，确定区域道路交通安全水平和存在问题；预测区域道路交通安全发展趋势，确定道路交通安全管理目标，提出道路交通安全管理实施行动的内容；列出分期实施优先顺序，提出在具体实施时存在的问题和需采取的政策和措施。

道路交通安全专项整治规划是针对道路交通安全问题突出的某一特定区域或交通主干线制定的实施行动规划，或是针对道路交通安全管理某一环节制定的实施行动规划(如交通安全管理设施设置规划、道路交通事故多发点段整治专项规划等)，期限一般为1～3年。

1.2 道路交通安全管理规划原则、技术路线

1.2.1 道路交通安全管理规划原则

编制道路交通安全管理规划，必须根据《道路交通安全法》、《道路交通管理实施条例》及国家、省、市现行的政策、法规、标准和规范的有关规定，与当地的社会经济发展规划和城市总体规划相适应，与城市综合交通规划、城市道路交通管理规划相协调，以系统工程的方法为指导，制定道路交通安全管理规划。

道路交通安全管理规划的编制应遵循以下原则：

1. 依法规划

必须遵守道路交通安全法律、法规和国家的有关政策，必须与城市社会经济发展计划、城市总体规划、城市综合交通规划、城市用地规划和城市道路交通管理规划相匹配。

2. 前瞻性原则

站在战略高度，明确道路交通安全管理的发展方向和城市道路交通安全管理发展战略，使道路交通安全管理规划与当地的社会经济发展战略相适应，与城市总体规划、城市综合交通规划和城市道路交通管理规划相协调。

3. 系统性原则

按照系统工程原理，围绕道路交通安全系统五大要素，针对道路交通安全存在的问题，从总体上找出解决问题的办法，将人—车—路—环—管有机的整合起来。

4. 实用性原则

规划要立足当前，以减少交通事故为目标，从宏观和微观的角度，定性定量地分析诊断道路交通安全存在的问题，在此基础上形成相应的操作性强、有针对性的交通安全管理措施、对策，力求在短时间内改善道路交通安全状况。

5. 以人为本的原则

通过实施道路交通安全管理规划，实现事故的事前预防，为居民创造有序、安全、畅通、舒适的出行环境和交通安全文化氛围。从城市可持续发展的角度出发，减少交通环境污染，提高市民生活质量，改善城市环境和面貌。另外，应考虑所有出行群体的安全问题。

6. 滚动性原则

规划要求在交通安全现状分析、交通安全预测、交通安全系统规划中体现规划的滚动性，在充分解决当前交通安全问题的基础上又为未来发展留有余地，以适应城市建设的飞速发展，满足道路交通条件和需求不断发展的要求。

7. 阶段性原则

由于存在交通运输安全发展不平衡问题，制定交通安全管理规划时，应密切结合本地实际情况，依据交通运输发展阶段性理论，提出相应的管理规划方案。

8. 智能化原则

应结合道路交通违法和交通事故的时空分布，制定监—控—管合理布局规划，建立智能化监督、控制处罚系统，并基于该地区交通安全发展水平，充分利用国内外智能交通安全管理技术，建立交通安全管理智能化、科学化系统。

9. 分级管理原则

交通安全管理规划立足于当前，兼顾中长期规划，规划过程中应体现出分级管理的原则。各级目标明确，评价指标体系规范化。在方案实施过程中，分主次、有先后，合理、有序地实现各级规划目标。

10. 辩证统一

坚持问题症结“标本兼治”，安全事故“防治结合”，管理手段“软硬兼施”，方案拟定“需要与可能相结合、宏观与微观相结合、近期与中远期相协调”，方案评价“定性与定量分析相结合”的原则。

1.2.2 道路交通安全管理规划的流程

交通系统是涉及人、车、路、环境、社会、信息技术等多种因素的复杂性和多变性的巨型系统，具有高度不确定性和非线性。为保证道路交通安全管理规划的科学性和可行性，规划应按照一定的技术路线（见图1-1），遵循相应的规划原则，科学地制定。对于规划中拟出台的政策、措施、标准应该采取试行的办法，在一定的时间与范围内，根据反馈的信息，补充、修改、调整后正式出台。

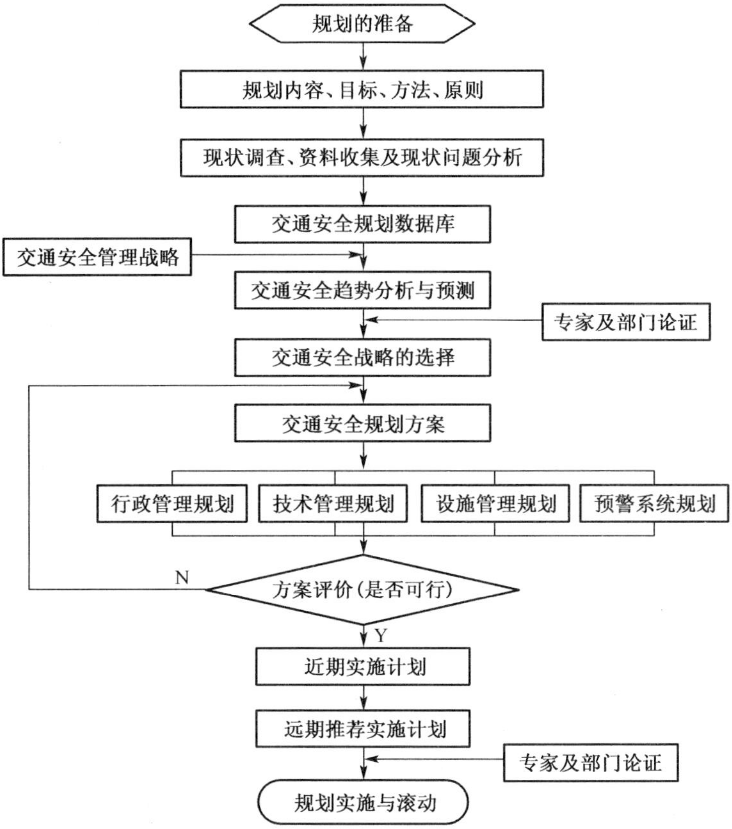

图1-1　道路交通安全管理规划流程图

1.3　道路交通安全管理规划的内容

鉴于道路交通系统和交通安全问题的复杂性，编制道路交通安全规划需要全面掌握规划区域内道路交通安全的现状，系统分析影响道路交通安全的主要症结，深刻认识交通安全问题演变的内在规律，科学预测道路交通安全的发展趋势，明确道路交通安全的发展目标，从而去设计、评价和优化为实现该目标而制定的具体规划方案，用以指导道路交通安全管理工作走向科学化、现代化、规范化和社会化。

因此，道路交通安全规划的内容通常包括以下几部分。

1. 道路交通安全现状调查及分析

在充分调查研究的基础上，全面概述规划区域的社会经济和道路交通状况；统计分析道路交通事故各项指标的分布特征与变化特点，揭示造成规划区域道路交通事故的主要成因；客观分析道路交通安全管理工作中各个环节（包括交通安全设施建设、车辆和驾驶员管理、交通安全宣传教育、道路交通安全执法等）的基本情况及其发展特点；综合评价规划区域的道路交通事故水平和交通安全管理水平，指出道路交通安全管理存在的主要问题以及应注意研究的重大变化。

2. 社会经济和道路交通安全发展预测

科学分析社会、经济和道路交通发展的特点和趋势，预测规划期内社会、经济和道路交通发展水平；全面分析道路交通安全与经济社会发展、道路交通发展和交通安全管理的关系。考虑国家现有或未来可能采取的政策对未来道路交通安全的影响，以社会经济发展规划和交通运输发展规划为依据，通过多种方法（包括专家法和模型法等）科学地预测未来道路交通安全的发展趋势。

3. 道路交通安全管理规划方案设计

在全面掌握规划区域的道路交通安全现状、科学预测道路交通安全发展趋势、明确近中远期的道路交通安全发展目标之后，从人、车、路、环境、管理等环节综合入手，根据交通事故“预防为主、防治结合”，管理手段“软硬兼施”，安全隐患“标本兼治”的原则，集成法规、行政、技术和工程手段，设计兼备科学性、全面性、前瞻性和可操作性的道路交通安全管理规划方案，并细化为分期实施行动和专项整治计划，安排近期实施重点和实施顺序，概算所需资金并提出相应的保障措施。

规划方案主要涉及以下环节：

(1) 交通安全管理体制与政策

完善道路交通安全工作综合协调机构；强化道路交通安全联席会议制度；建立和落实道路交通安全管理责任制；建立道路交通安全工作专报和公告制度；建立道路交通安全督察制度等。

(2) 交通事故统计分析

规范交通事故统计分析工作；提高事故黑点判断能力；建立交通安全管理数据库；开发交通事故决策支持系统等。

(3) 交通安全源头管理

加强机动车驾驶员管理和机动车辆管理；增强车辆的安全性能。

(4) 交通安全设施建设

依据城市总体规划和交通规划的部署，加强道路基础设施建设，并尽可能改善和提高道路的安全性；完善道路标志、标线等交通管理设施等。

（5）交通安全宣传教育

针对不同交通参与者群体的心理和行为特征，开展具有针对性的安全宣传教育，注重宣传手段的多样化。

（6）交通事故快速反应

建立交通事故快速抢救联动机制；提高事故伤员现场急救护理水平；建立交通事故“绿色通道”等。

（7）交通执法队伍建设

提高交通安全管理人员的素质，增强交通安全执法装备水平，改进交通安全执法部门及相关职能部门的工作效率。

4. 道路交通安全管理规划方案评价

研究建立道路交通安全评价指标体系和评价方法，对道路交通安全管理规划方案进行综合评价，包括技术、经济评价以及规划方案实施后可能产生的社会效益评价，提出评价中存在的问题和建议并反馈于方案制定环节。

5. 实施规划的对策与措施

主要反映道路交通安全管理规划中有关规划实施管理体制、资金和人才的政策问题，以及有待进一步研究、论证的重大技术问题和需要相关部门协调解决的重大问题，并针对问题提出对策与措施。

6. 道路交通安全管理规划的整合与情景分析

道路交通安全问题的解决是一个系统工程，上述的规划内容相互之间必须融为一体、互相配合，形成完整的对策体系。对于对策方案的实施效果，应进行情景分析，以保证对策系统的科学性、有效性和优化选择。

7. 城市道路交通安全规划实施与滚动

城市交通系统是一个不断发展变化的系统，需要在未来的规划年中不断进行相应的滚动规划。因此不仅仅需要制定城市道路交通安全规划的实施计划和保证措施，还应针对实施计划的滚动发展提出建议。

第 2 章 道路交通系统安全影响因素分析

道路交通系统是一个由人、车、路、环境和管理构成的动态系统(如图 2-1)。人是交通活动的主体,车是交通活动的工具,路是交通活动的基础,由系统论的观点可知,该系统在运行中的安全性、可靠性是由系统中的各因素相互作用的结果,而决不可能是其中的某一个因素单独发挥功能。

道路交通系统安全是指交通参与者在交通出行中遵守交通法规,避免发生人身伤亡或财产损失的过程,其主要内容如下:

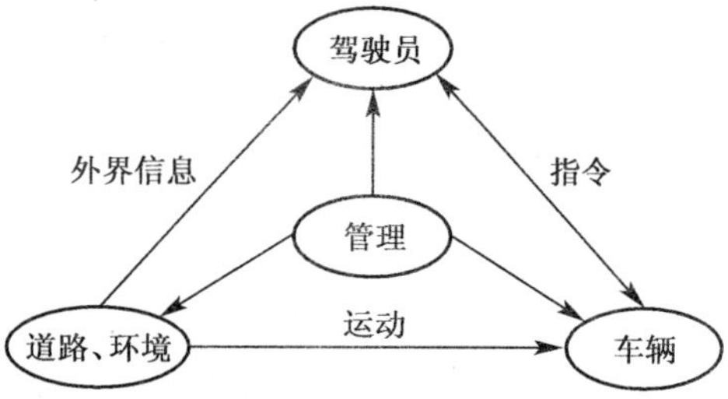

图 2-1 道路交通系统

1. 管理和检查城市交通工具的安全状况。
2. 考核、稽查与纠正驾驶人员的技术素质和不安全因素。
3. 清除路障和布设城市道路安全设施。
4. 城市交通事故处理及交通安全的宣传教育等。

2.1 人的因素对交通安全的影响分析

道路交通事故的发生是人—车辆—环境系统各要素间协调失效的后果,同时交通管理、驾驶员培训等方面涉及人因的组织管理因素。对道路交通安全中的人因因素分析可分为驾驶员、行人、交通安全管理、车辆等方面。

2.1.1 驾驶员

驾驶员作为机动车辆的操纵者,是引发道路交通事故的最主要原因,由驾驶员直接造成的事故约占总数的 44%～84.7%。其基本因素主要包括以下几个方面:

1. 工作适应性因素

工作适应性是指工作人员的生理或心理状态满足按预定目标和进度完成工作任务的要求。主要的职业健康因素包括:疲劳、饮酒、生理状态(包括药品及毒品损害)几方面。

(1) 疲劳因素:由于汽车驾驶中驾驶员需要处理大量的外界信息,并作出相应的操纵行为,在车辆始终处于运动和振动状态下,易引起驾驶员较快进入生理和心理疲劳状态,导致感知能力与注意力下降,操纵灵敏性降低等。

(2) 饮酒因素:酒精对驾驶人员的反应时间、跟踪能力、注意力水平、信息处理、运动技能和驾驶操作能力等均会产生重要影响。当人体的血液酒精浓度超过0.05%～0.08%,将明显导致驾驶员注意力下降;速度、距离判断偏差、反应时延长,精神亢奋或意识水平下降等多种不良状态,是造成交通事故(尤其是恶性事故)的重要诱因。

(3) 生理状态:由于生理疾病、服用治疗性药物以及使用毒品均可能导致驾驶员驾驶能力严重下降。此类药物主要指兴奋剂、镇静剂和致幻剂,可能导致驾驶员情绪和意识水平异常,对速度、方向判断差异以及控制的精确性下降等诸多不良后果。

2. 驾驶员生理因素

毋庸置疑,驾驶员驾驶能力在个体方面存在一定的差异。年龄、性别因素,反应时、速度和距离的判断能力以及生理节律都对驾驶员的操作行为产生影响。

统计表明:生理节律方面,人存在每天以及大约每月为周期的体力、情绪和智力节律,人的驾驶能力在该生理周期内呈现正弦波形变化;20～25岁是事故率最高的年龄层,事故率最低的年龄层是35～55岁;女性呈现出较高的事故倾向;视力、色觉、速度和距离判断能力低下使部分驾驶员存在更高诱发事故的可能。

3. 驾驶员心理因素

驾驶员的心理状态可能对其驾驶行为产生严重影响,不良情绪可导致注意力下降、侵犯性驾驶及动作准确性降低等现象出现。影响驾驶员安全行为的心理因素主要有紧张、麻痹、急躁情绪、心理压力过重、情绪应激几个方面。

2.1.2 行人与骑自行车人

我国是世界人口最多的国家,同时又是自行车王国。由于我国道路交通条件差、交通安全宣传力度不够、人们在学校和社会上基本没有接受过交通安全教育活动,交通安全意识淡薄,行人与骑车人随意横穿马路、闯红灯等违章交通现象极其普遍,给道路交通组织与管理带来了极大的难度,成为交通安全的主要隐患之一。行人与骑车人的年龄、性别、心理因素、情绪等均会影响到他们的行为,他们是交通参与者中最为复杂的因素，也是最难控制的对象。

行人的交通特性是由行人的心理特征决定的，主要表现为以下特点：

1. 行人决定是否开始横穿道路的主要依据是自己与驶近的汽车间的距离。根据国外的调查，如果车速为 30～39 km/h，行人开始横穿道路时，与驶近的汽车平均距离为 45 m，当车速为 40～49 km/h 时，平均距离为 50 m。

2. 行人结伴而行时，在从众心理支配下，往往互相以对方为依赖，忽视交通安全而导致事故。行人在横穿道路时，有 70%～80%是个人单独步行，其余 20%～30%是两人或三人结伴步行。调查表明，三人以上结伴步行组合比其他步行组合危险性大。

3. 多数行人横过道路时，往往只注意右方交通而忽视左方交通，使自己闯入了驾驶员的空间也会导致交通事故。有时由于缺乏经验，顾此失彼，往往只顾躲第一辆车而忽视了后边还有第二辆车，或者不注意双向来往车而使自己处于两车流相会的夹缝中，这些都极易导致行人事故。

4. 行人的自由度大，与车辆行驶速度差距很大，在行人捷径心理的支配下，往往会突然闯入驾驶员的空间，特别是上、下班怕迟到和着急回家或有急事的行人，表现得更为突出。

5. 部分行人对汽车性能不甚理解，在"自我为中心"的心理支配下，错误地认为汽车是由人掌握的，所以汽车不敢撞人，也不会撞人，听到喇叭声或看到车辆临近也不避让，不知汽车常常会失控而导致行人事故。此外，有的行人心不在焉、注意力分散或思想高度集中在其他事件上，边走边低头沉思，对过往车辆的行驶声、喇叭声和复杂的交通环境听而不闻、视而不见，极易造成行人事故。

2.1.3 交通安全管理方面的人为因素

交通事故主要表征为个人行为，追根溯源，违章驾驶、酒后开车等非安全行为多可归于管理因素。道路交通安全管理因素可归纳为以下几个方面：

1. 交通违章状况突出：违章驾驶主要包括占道行驶，违章停车、倒车、超车、疲劳驾驶、酒后驾驶以及超载、超高等。同时由于行人、非机动车辆违章占道、随意横穿马路等因素，也是引发事故的重要原因。

2. 管理不到位：交通管理重事后管理，轻源头管理。交通执法中缺乏酒精测试、道路监控等必要的设备和手段，导致执法中权威性不够。

3. 执法不严：交通管理中缺乏服务意识，不遵章执法，执法效率偏低，有法难依、以权谋私等现象时有发生，执法缺乏长期性和一致性等因素是导致道路交通违章现象屡禁不止的一个主要原因。

4. 培训管理和安全教育不到位：车辆行驶证颁发，驾驶员培训、考核等方面的管理存在漏洞，交通法制与道路交通安全教育工作不足。

2.1.4 车辆的人因因素

车辆的人因因素分析主要包括车辆设计、制造；车辆维修保养和安全保护措施等几个主要方面的分析。

1. 车辆宜人化的设计

在车辆的设计中应充分考虑人体对作业的耐受性、人体尺寸、人体的生物力学特性、人的认知反应特性、人体的安全保护等方面，着重研究以下几个方面：

(1) 车辆人机界面的优化：驾驶人机界面包括车内仪表、倒车镜、灯光与油门、刹车踏板、方向盘等。显示器设计充分考虑人的认知行为特性与生理、心理特征，控制器从形状、尺寸、行程、运动方向、阻尼力及布置等方面充分考虑人因因素。

(2) 车辆行车安全性及车内安全保护技术：通过主动安全技术设施（如车道偏离系统、前向车辆碰撞警告系统、夜视系统等）和安全带、安全气囊、行人保护吸能车体等被动安全保护设施，有效避免或减轻乘员或行人的身体伤害。

(3) 车内环境的舒适性：舒适设计包括座椅能否为驾驶人员提供舒适的坐姿；车辆的温度、振动、噪声、通风控制；驾驶员是否具有良好的视野等。

2. 车辆的保养和维修

车辆的维修、保养是车辆保持良好的安全行车性能的重要保障。定期的维修、保养和行车前的安全检查是有效防止车辆出现突发故障、保障驾驶安全的重要手段。常见的检查包括车辆冷却剂、刹车系统、轮胎气压检查等。

2.2 车的因素对交通安全的影响分析

汽车是道路交通过程中的客体，汽车技术状况是驾驶员行车安全的物质基础，直接影响行车的安全性。影响行车安全的车辆技术性能涉及制动系、转向系、传动系、行驶系、照明和信号装置等。汽车技术性能的不断完善，可预防或弥补驾驶员操作上的失误，从而减少交通事故。

2.2.1 汽车的安全行驶性能

1. 汽车的制动安全性

汽车的制动性是指汽车在行驶中能强制地降低行驶速度以致停车，或在下坡时保持一定速度行驶的能力。

制动全过程包括驾驶员看到信号后做出行动反应、制动系协调、持续制定和制动彻底放松四个阶段，其中制动系协调时间包括制动滞后和制动力增长时间。一般制动距离是指从驾驶员踩到制动踏板开始到汽车停住为止所驶过的距离，它包括制动系协调和持续制动两个阶段中行驶的距离。

2. 汽车的操纵稳定性

操纵稳定性包括“操纵性”和“稳定性”两方面含义。操纵性是指汽车能够确切地响应驾驶员指令的能力；稳定性是指汽车受到外力扰动后恢复原来运动状态的能力。汽车的操纵性和稳定性两者密切相关，相互影响，它是汽车基本运动性能之一。

操纵稳定性不好的汽车一般有如下表现：

(1)“发飘”：在驾驶员未发出指令的情况下，车辆自行不断变换行驶方向使乘员感到漂浮不定。

(2)“反应迟钝”：指车辆的转向过程大大滞后于驾驶员的驾驶指令，或转弯动作迟缓的现象。

(3)“丧失路感”：正常汽车的转弯程度会通过转向盘以及车身的侧倾使驾驶员产生相应的感觉，但操纵性能不好的汽车，在车速较高或急剧转向时会使驾驶员丧失这种感觉，影响其做出正确的判断。

(4)“失去控制”：操纵性差的汽车在车速超过某一临界值后，可能会出现驾驶员不能通过转向盘指令控制行驶方向的现象。

由此可见，汽车的操纵稳定性与交通安全有直接关系。操纵稳定性不好的汽车使驾驶员难于控制，严重时还可能发生翻倾或侧滑而造成交通事故。

影响汽车操纵稳定性的因素很多，除汽车本身结构参数，如汽车的轴距、轮距、重心位置、质量分配、轮胎的特性以及悬架导向装置等设计与结构因素的影响外，还有地面不平、弯道离心力以及驾驶员操纵技能等使用因素的影响。

影响汽车操纵稳定性的因素，归纳起来主要表现为以下几个方面：

(1) 轮胎侧偏：汽车轮胎的前进方向并非永远沿着车轮本身的旋转平面，而可能与旋转平面成一侧偏角。轮胎侧偏会改变汽车的既定行驶路线，产生一个不由驾驶员控制的附加转向输入，从而影响汽车的操纵稳定性。

(2) 转向悬架系统的弹性：在汽车转弯时路面横向反力的作用下，由于悬架系统的弹性，使车轮会发生附加变形。这种变形往往构成相应车轮附加转向角，影响有效转向输入。

(3) 测倾转向效应：汽车转弯时车身产生侧倾，由于悬架系统与转向系统的导向运动特性关系，车身的侧倾可能造成车轮或整个车轴在水平面内转动，成为可能改变有效转向输入的附加输入。

(4) 车轮倾斜效应：对于独立悬架汽车，车身侧倾会引起车轮的侧倾，而车轮侧倾会造成轮胎侧倾偏角的变化。

(5) 空气动力影响:不同的影响因素对操纵稳定性能具体项目的影响也不同,往往是相互作用,有时同一影响因素的变化对不同操纵稳定性的作用效果可能相反。

2.2.2 汽车安全装置与结构

汽车的结构对车辆的安全性有较大影响。汽车的结构在设计上应适合驾驶者的心理与生理特点,按照人的有关特性进行布设,同时在发生碰撞事故后,车体结构应有缓解和吸引冲击能量的措施。

1. 汽车灯光

汽车灯光的作用是为汽车行驶提供照明并将其行驶状况向其他交通参与者发出信号。

前照灯:前照灯安装在汽车的头部,所以又称头灯或前大灯,前照灯的作用是照亮汽车前方的道路,为安全快速行驶创造良好的照明条件,同时向其他车辆或行人等显示本车的存在。由于在很远以外即可发现前照灯灯光,其他车辆或行人便可以提前做好避让的准备。如果前照灯出现故障,如左侧前照灯不亮,会被对面来车误认为是摩托车,在会车时,可能因未留下足够的间隙而发生正面相撞事故。

其他灯具:照明和信号灯具在车辆上安装的原则是,灯具的基准轴线应平行于地面;侧反射器和侧位置灯的基准轴线垂直于车辆的纵向中心面,其他灯具的基准轴线均应平行于这个纵向中心面,每一方向的允许误差是$\pm 3^{\circ}$。

2. 车辆的视觉显示系统

车辆的仪表与信号显示是视觉信息的重要来源之一,对保证汽车行驶安全有重要意义。仪表与信号的设计要考虑人的感知觉和思维的特点及大多数人的习惯,以达到醒目和判断准确、迅速、方便的目的。

(1) 车辆的仪表

车辆的仪表用来向驾驶员表示汽车的行驶状态及主要构件的工作状态。一般汽车仪表盘上显示的主要有车速—里程表、电流表、水温表、燃油表、机油压力表(对于气压制动的汽车)。这些仪表各自感应某一物理量并经过转换、传送、指示等工作过程,将测量的数值显示出来,使驾驶员及时、准确地了解车辆的工作和行驶情况。汽车高速行驶时,需要驾驶员注意观察的外部信息量很大,驾驶员不可能用过多的时间去观看仪表显示。因此,仪表的形式、安装位置等必须易于观察判读,使驾驶员用眼一瞥即可正确读出仪表指示。

为了夜间行车时判读仪表,对仪表应有良好的照明,并应注意选择照明方式、亮度、光色、照明方向等。

(2) 信号显示

汽车上的信号显示用来向驾驶员及周围环境通告车辆的状态,起提示和警告作用,对保证汽车行驶安全有重要意义。信号的种类和数量较多,其中以视觉信息最多,如汽车的制动信号灯、尾灯、转向指示灯等。听觉信息较少,主要有汽车喇叭及其他声响报警信号。同时出现的视觉及听觉信号的数量不宜过多。信号灯既要醒目,又不致引起眩目,不同作用的信号灯采用不同的灯色,以防产生歧义。

车内各种报警装置用来向驾驶员报知本车的不安全状态,这对于保证安全行车有积极的作用。我国《机动车运行安全技术条件》中规定,车辆必须设置危险报警闪光灯,车内的各种报警信号,如气压报警灯、车门报警灯、燃料报警灯等,要安装在易于观察的位置,使驾驶员不必转动头部和身体就能看到。

2.3 道路环境因素对交通安全的影响分析

道路是车辆的载体与行驶的基础,道路的等级质量、线形标准等对交通安全有重要影响。由于环境因素人为很难控制,而在行驶过程中,车辆的技术参数一般是不会发生太大改变,这样一来,道路因素对车辆行驶过程中的安全性就具有相当重要的影响作用,所以不良的道路条件很容易诱发道路交通事故。

2.3.1 道路几何线形

道路几何线形要素的构成是否合理,线形组合是否协调是影响交通安全的重要因素:

1. 长直线

长直线具有视野开阔、超车视距大等优点。在长直线上行驶,驾驶行为单一,易使驾驶员精神松弛和心理疲劳,从而反应迟钝。长直线还容易导致高速行车,再者白天易造成眩光,夜间易造成车辆之间车灯相互干扰。综合效果表明,长直线对行车安全极为不利。

2. 线形组合

交通安全的可靠性不仅与平面线形、纵坡有关,而且与线形组合是否协调有密切的关系,虽然线形标准都符合规范,但组合不当易发生交通事故。这一方面是因为驾驶员在这种线形上行车时视觉和心理易产生错觉,另一方面则是因为这种线形不易满足车辆行驶的受力要求。从理论上讲,平曲线包含纵坡(或纵坡包含平曲线)时,行驶车辆的受力状态很复杂,不稳定性增加。因此,要增加车辆行驶稳定性,应对平曲线或纵坡度按一定关系折减予以满足。

3. 竖曲线

道路竖曲线半径过小时,易造成驾驶员视野变小,视距变短,发生事故,随着视距减小,事故率增多;在竖曲线上行驶时,当凸形竖曲线半径过小时,会影响到驾驶员的视距，使其视野变小，也易酿成事故。在凹形竖曲线处，由于汽车下坡行驶，车速变快，引起车辆左右摆动。若汽车在夜间行驶，车灯照距过短，影响视距，也易造成交通事故。

4. 坡度

纵坡过大，对于保持车辆的合理速度，维持连贯的驾驶状态有负面影响。坡段过陡时，车辆下坡会打滑，更有甚者可能造成车辆的翻覆；坡长过大，车辆上坡会爬坡吃力，严重的可产生倒滑现象。因此，纵坡过大将使得道路的安全特性下降。

5. 平曲线

道路平面曲线的曲率越大，转弯半径越小，机动车所受的横向离心力越大，越容易发生侧滑，同时驾驶员的视距也越小，视野盲区也越大。

2.3.2 标志标线

我国高速公路的交通标志标线目前已经相对完善，也比较符合国际标准，但是一、二级和二级以下公路系统的交通标志标线存在较严重的问题，其中由于交通标志不完备而引起的交通事故占很大比例。

目前国内的交通标志标线存在如下问题：

(1) 道路“路权分配”标志缺乏正确应用；

(2) 我国还有不少地区高等级公路进出口的标志或地面标线是非标准设计，引起车辆进入公路的不平滑运动，进而产生对公路交通流的横向严重干扰，同时导致车辆仓促进入公路出口，形成各种交通安全隐患和引发各种交通事故；

(3) 二级以下的公路普遍存在道路中线和地面标线不清晰或退化且更新不及时的问题，由于长期中线和地面标线不清晰，造成驾驶员对交通规则的忽视，进一步引发各种交通安全隐患和造成交通事故。

2.3.3 路侧安全性

目前我国二级和二级以下公路路边防护是交通安全事故防范措施中较薄弱的环节，尤其是在一些山地和路面与路边落差较大的地区，应该设有刚性防护栏的地方，却往往没有这些设施，形成交通安全事故的黑点，有许多特大交通事故发生在这些“黑点”路段。这些公路还在大量采用非车辆防护作用的装置，比如：现在大量采用的离散而单薄的水泥柱和碎石砌成的石墩，它们只能起到安全警示作用，不能起到防护车辆冲出的作用。

2.3.4 道路平面渠化

道路渠化是在道路上采取各种物体分离的措施和方法，使不同方向、不同类型或不同速度的交通流按所划分的道路各行其道，互不干扰。道路渠化作为一种从空间分离交通流的手段，是一种投资少、工期短、效果好的交通组织方式。但是我国二级和二级以下的公路渠化较少，如有的城市道路交叉口处没有渠化或是渠化方法不对，致使“空间路权”分配不明确，驾驶员为了及时找到自己的出路，往往不遵守规则行驶，常在交叉口内与其他方向的车流冲突，造成交通事故，也使事故发生后很难查出事故的责任人。

2.3.5 路面状况

路面状况对交通安全的影响很大。据统计，路面湿润时的事故是干燥路面的2倍，降雪时是干燥路面的5倍，结冰时是干燥路面的8倍。由于路面缺陷而产生的交通事故中，因路面光滑而肇事者占30%。路面光滑会使驾驶员在行车时因方向发飘而控制不住汽车，在制动时发生侧滑或在预定距离内不能减速停车。因此，对路面进行防滑处理，增大其摩擦系数，可以有效地减少交通事故的发生。另外，路面的坑洼不平、人为破坏、施工无明显警示标记也是引发交通事故的原因之一。国家标准《道路交通标志和标线》(GB 5768-1999)，增加了部分道路交通标志以及道路施工安全设施设置典型示例，对减少交通事故尤其是高速公路事故大有益处。

2.4 改善道路交通系统安全的对策

由于道路交通系统是由人、车、路、环境和管理等五部分构成的动态系统，因此要改善道路交通系统的安全也要从这五方面着手。

1. 制订政府交通安全战略，加大科技投入，强化交通安全技术

由于体制上的原因，我国的道路交通法律法规是不完整、不配套的，并具有浓厚的计划经济体制的色彩，与建设社会主义市场经济的要求相差甚远；另外，我国现阶段道路交通管理的思想、管理手段、技术装备、科研水平等都较为落后，因而尽快制订我国道路交通安全的策略，明确国家对道路交通安全的措施及阶段性目标，明确交通安全在交通运输中的地位，完善社会保障机制，是政府对交通安全长期、持久和有效的战略对策。在科学技术日新月异的当今世界，加大科技投入，注重交通事故资料的收集、管理和分析研究，探索其发生原因及规律，强化交通安全技术和配套的法律、法规的研究及应用，依法开展交通，无疑是改善全国道路交通安全形势和促进道路交通安全的根本点。

2. 加强全民交通与交通安全的教育，提高交通道德水平

与道路交通法律法规不完善相应的，是我国全民道路交通法制观念淡薄，不理解或不尊重道路交通运行规律和规章，违章行车行路，侵占交通设施，导致交通事

故逐年上扬。因而抓住交通活动中的主体——人的主观能动作用，是治理道路交通安全的关键。驾驶员应有良好的身体素质、技术水平、交通道德、职业道德素质和良好的交通法规意识，严格遵守交通法规。此外，要加强对全社会的安全法规教育，增强人们的交通法规意识。

3. 关注汽车技术

改善车辆行驶性能、保持良好车况；严禁超速行驶，注意保持车距，严禁超载；对违规车辆进行必要的处罚，并进行安全教育。汽车技术体现了人类的现代文明和科学技术，代表了一个国家的科技水平和经济活力。在车辆整体技术性能和功能不断完善及智能技术得到广泛应用的今天，把车辆的安全性能要求放在最重要的位置是不言而喻的。

4. 改善道路线形设计及加强道路安全审计制度

研究表明，约1/4的交通事故是因人与道路/环境不协调引发的。因此，道路线形的几何设计应确保行车安全，要以用路者的行车需求为依据，从交通的角度，用动态的观点分析问题，用协调的方法进行设计，充分考虑用路者的生理、心理特征，符合行车规律，为保证交通安全创造条件。在事故多发地带要设立醒目标志。

道路安全审计制度的目标是：确定项目潜在的安全隐患；确保考虑了合适的安全对策；使安全隐患得以消除或以较低的代价降低其负面影响，避免道路成为事故多发路段；保障道路项目在规划、设计、施工和运营各阶段都考虑了使用者的安全需求，从而保证现已运营或将建设的道路项目能为使用者提供最高使用标准的交通安全服务。

5. 加强交通管理与控制

道路交通是一个内涵十分丰富的范畴，它包括道路规划、建设、维护、运营，客货物运输（客流、物流）即车辆的组织配置、安全检测、环保措施，还包括驾驶人员的培训、检验、考核、教育，以及配套法律法规的制订、宣传、教育等，简而言之包括道路规划、道路建设、路政管理、运政管理、稽征管理和交通安全管理等方方面面。要理顺管理体制，规范运输市场，完善安全设施，有效扼制超速行驶、疲劳驾驶和违章装载现象；设置完善的道路交通标志、标线与防护设施，创造一个与道路实际情况相适应、有利于驾驶员安全行车的信息反馈系统；主动与气象、高速公路部门协商，建立健全交通事故预警机制和以预防和快速反应为目标的勤务机制。

6. 加强道路交通立法

加强道路交通安全法规体系建设是改善道路交通安全整体水平直接、有效的措施。我国目前的道路交通安全法规体系的内容已涵盖在若干不同的法律、法规以及其他交通管理的规范性文件之中，并且在我国目前的道路交通运营实践中发挥着积极和重要的作用。随着时代的发展，法律体系也要相应地加以修正和调整。

7. 建立事故责任追究制度

为了增强交通安全的责任心和自觉性，应对交通安全主管部门、企业负责人等层层建立事故责任追究制度。对发生事故的原因要作深入而详细的调查，由下到上，建立“倒查”制度，追究企业主要负责人、主管领导的行政责任；构成犯罪的，要依法追究刑事责任。

8. 大幅度提高对交通事故伤亡者的赔偿金额，其金额应由多方承担

交通事故发生后，目前我国相关规定对伤亡者的赔偿金额标准较低，甚至出现交通肇事者将伤者故意致死的恶性事件，这是由于赔偿亡者的费用远远低于伤者的费用。加大赔偿金额的目的在于：一是使受害方得到经济上的补偿；二是要在全体公民中树立生命非常珍贵的理念；三是让事故责任者有所醒悟，可能的话，从此不再从事这个职业；四是将企业与政府有机地结合起来，使政府加强对企业的管理。

第3章

道路交通事故形成机理与分布规律

3.1 道路交通事故的定义、分类和特点

3.1.1 道路交通事故的定义

在2003年10月28日第十届全国人民代表大会常务委员会第五次会议通过并自2004年5月1日起施行的《中华人民共和国道路交通安全法》第一百一十九条中，对道路、车辆、交通事故进行了定义：

1. “道路”：是指公路、城市道路和虽在单位管辖范围但允许社会机动车通行的地方，包括广场、公共停车场等用于公众通行的场所。

2. “车辆”：是指机动车和非机动车。

(1)“机动车”：是指以动力装置驱动或者牵引，上道路行驶的供人员乘用或者用于运送物品以及进行工程专项作业的轮式车辆。

(2)“非机动车”：是指以人力或者畜力驱动，上道路行驶的交通工具，以及虽有动力装置驱动但设计最高时速、空车质量、外形尺寸符合有关国家标准的残疾人机动轮椅车、电动自行车等交通工具。

3. “交通事故”：是指车辆在道路上因过错或者意外造成的人身伤亡或者财产损失的事件。

从交通事故的定义中可知，构成交通事故需具备六要素：

1. 车辆

交通事故各方当事人中，必须至少有一方使用车辆。车辆是造成交通事故的重要条件，如果造成损害的各方当事人中任何一方都未使用车辆，比如行人和行人相撞就不能叫做交通事故。

2. 在道路上

道路是构成交通事故的空间条件，没有道路就谈不上交通事故，应以事故发生时车辆所在的位置，而不是事故发生后车辆所在的位置，来判断是否在道路上。

3. 在运动中

根据交通事故的定义，车辆必须是在运行过程中互撞或行人、固体物发生碰撞，才能成为交通事故。如果行人碰撞处于停止状态的车辆，乘车人从静止的车上跳下造成的伤害都不能称之为交通事故。

4. 发生事态

即发生有碰撞、碾压、刮擦、翻车、追车、爆炸、失火等其中的一种现象。如果未发生上述事态，而是由于行人或旅客因其他原因造成的死亡，则不属于交通事故。

5. 有违章行为的人员

当事人有违反《中华人民共和国道路交通安全法》和其他道路交通管理法规、规章的行为，这是依法追究其肇事责任、予以处罚的必要条件，即造成事态的原因是人为的，而不是因为人力无法抗拒的自然原因。

6. 有损害结果

即要有人、畜伤亡或车物损坏的后果，没有损害结果不能称之为交通事故，但又不是所有的有损害结果的事件都是交通事故。故意用车撞人制造车祸的就不能作为交通事故处理，而属于故意犯罪行为。

以上六个要素和一定的违章行为可作为鉴别是否属于交通事故的依据。

3.1.2 道路交通事故的分类

道路交通事故的分类有很多种划分的方法。主要分类方法有：根据交通事故的对象分类；根据违反交通规则的对象分类；根据导致事故发生的原因分类；根据交通事故的严重程度和事故造成的后果分类。

1. 根据交通事故的对象来分，可分为车辆间事故、车辆对行人的事故、车辆对自行车的事故、车辆单独事故、车辆与固定物的碰撞事故以及铁路道口事故等。

(1) 车辆间事故即车辆与车辆碰撞的事故，包括正面碰撞型、追赶碰撞型、侧面碰撞型以及接触性碰撞型等；

(2) 车辆对行人的事故包括车辆在车行道、人行道轧死、撞伤行人的事故，也包括车辆闯出道路以外所发生的轧死、撞伤行人的事故；

(3) 车辆对自行车的事故包括机动车辆在机动车行车道和自行车道轧死、撞伤骑自行车人的事故；

(4) 车辆单独事故包括翻车事故以及坠入桥下或江河的事故；

(5) 车辆与固定物的碰撞事故是指车辆与道路上作业结构物、路肩上的灯杆、交通标志杆、广告牌、建筑物以及路旁树木等相撞的事故；

(6) 铁路道口事故是指车辆或行人在铁路道口被火车撞死、撞伤的事故。

2. 根据违反交通规则的对象来分，可分为机动车事故、非机动车事故、行人事故以及其他方事故四种。

(1) 机动车事故是指机动车负主要责任的交通事故;

(2) 非机动车事故主要指自行车事故,是指骑自行车人过失或违反交通规则所造成的交通事故;

(3) 行人事故是指由于行人过失或违反交通规则而发生的事故;

(4) 其他方事故是指其他在道路上进行与交通有关活动的人员负主要责任的事故。

3. 根据导致交通事故发生的原因来分,可以将交通事故分为两大类:即主观原因类和客观原因类。

(1) 主观原因类是指造成交通事故的当事人本身内在的因素,即主观故意或过失,主要包括:违反规定、疏忽大意、操作技术等方面的错误行为。

① 违反规定:是指当事人由于思想方面的原因,不按交通法规和其他交通安全规定行驶或行走,致使正常的道路交通秩序紊乱,发生事故。如酒后驾车、非驾驶员开车、超速行驶、争先抢行、故意不让、违章超车、违章超载、非机动车走快车道、行人不走人行道等原因造成的交通事故。

② 疏忽大意:是指当事人由于心理或生理方面的原因,没有正确的观察和判断外界事物而造成的失误。如心理烦恼、情绪急躁、身体疲劳都可能造成精力分散、反应迟钝,表现为瞭望不周、措施不及或措施不当,也有的当事人凭主观想象判断事物,或过高地估计自己的技术,过分自信,引起行为不当而造成事故。

③ 操作不当:是指驾驶车辆的人员技术生疏,经验不足。对车辆、道路情况不熟悉,遇有突然情况惊慌失措,发生操作错误。如有的机动车驾驶员刹车失误踩加速踏板和有的骑自行车人遇特殊情况不能停车而造成的事故。

(2) 客观原因类是指由于道路条件(包括气候、水文、环境等)不利因素导致的交通事故。这类交通事故虽然没有因驾驶人员主观原因发生的事故所占比例高,但在某种情况下,它却常常是产生交通事故的诱因。

4. 根据交通事故的严重程度和事故造成的后果两个方面来进行分类,交通事故可分为轻微事故、一般事故、重大事故以及特大事故四类。

(1) 轻微事故是指一次事故造成轻伤 1~2 人;或现场车、物(含牲畜伤亡)损失折款 1 000 元以下的事故(当事故涉及多方时,包括多方车、物损失)。

(2) 一般事故是指一次事故造成重伤 1~2 人;或轻伤 3 人及以上;现场车、物损失折款 1 000 元至 30 000 元以下的事故。

(3) 重大事故是指一次事故造成死亡 1~2 人;或重伤 3~10 人;或现场车、物损失折款 30 000 元至 60 000 元以下的事故。

(4) 特大事故是指一次事故造成死亡 3 人及其以上;或重伤 11 人及其以上;

或死亡 1 人，同时重伤 8 人及其以上；或死亡 2 人，同时重伤 5 人及其以上；或车、物损失折款 60 000 元以上的事故。

3.1.3 道路交通事故的特点

一般来说，道路交通事故具有以下五个主要特点：

1. 阶段性

交通事故的发生及变化过程是多因素（经济增长因素、道路条件因素、安全意识因素、道路交通管理水平、交通技术等）影响的过程。各种因素的影响及多种因素的联合作用使交通在时间上具有阶段特征，即事故的上升期—高峰期—下降期—波动期—平稳期，这对各国、各地区具有普遍性规律，不同的是各阶段的时间不同，峰值不同，水平不同。

2. 因果性

事故的发生是由驾驶员、骑车者以及行人等交通参与者的不安全行为，车辆与道路环境的不安全状态或管理的缺陷等原因引起的，是某一或多个事故致因因素交互作用的结果。

3. 偶然性

道路交通事故的发生是不可避免的，有其必然性的一面，但就某一事故而言，其将在何时何地发生以及会造成什么样的后果，则具有一定的偶然性。

4. 潜伏性

交通事故的潜伏性是指事故尚未发生或尚未造成后果之前，似乎一切均处于"正常"和"平静"状态，但只要交通系统中的危险因素未被消除，交通事故都处于孕育阶段，只要触发条件成熟，事故便可发生。

5. 危害性

交通事故总会造成一定程度的人员伤亡以及财物损失，具有社会危害性。在欧洲经济合作与发展组织（OECD）国家，道路交通事故引起的损失，占国民生产总值（GNP）的 1.5%～2%。在我国，道路交通安全状况则更严重。

3.2 道路交通事故形成机理

事故是多层次、多方位的，众多因素在一定环境下相互依存、相互影响、相互作用，致使人、物等要素在一定时空发生冲突及抢救处置不良，导致人员的伤亡。

所有的与交通事故相关的因素，概括起来可以归为三大类，即道路、车辆、交通参与者即道路使用者。这三大类因素相互渗透，形成了彼此的交集，它们的逻辑关系如图 3-1 所示，而图 3-2 所示为美国统计的交通事故成因分布比例。

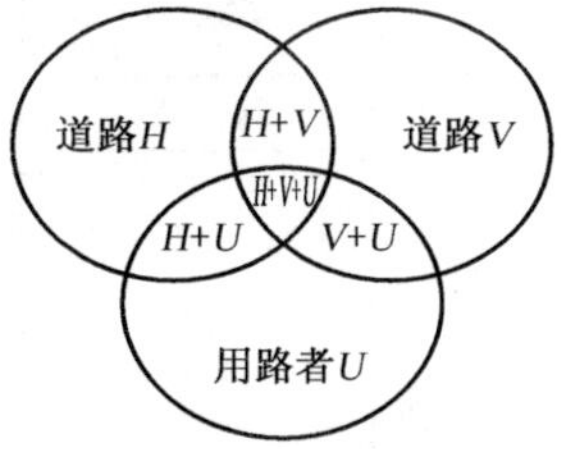

图 3-1　交通事故相关因素的逻辑关系

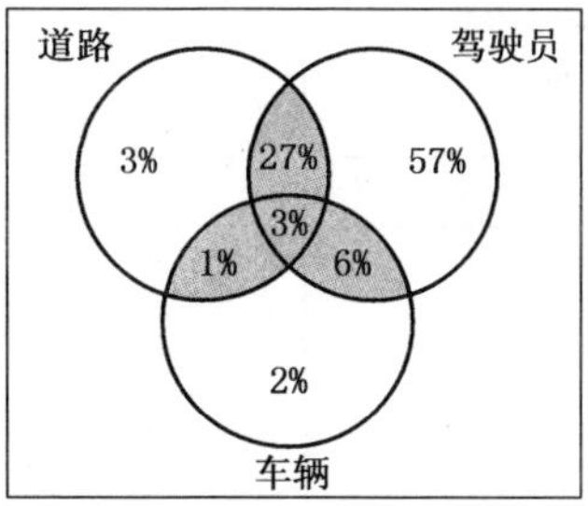

图 3-2　美国统计的交通事故成因分布比例

从图中可知，驾驶员的因素是最重要的一个交通事故成因，直接、间接与其相关或与其他因素共同作用造成交通事故，在所有交通事故的成因中占据了 93%，这意味着绝大多数的交通事故直接或间接由驾驶员，即人的因素而造成。因此，在分析交通事故机理的过程中，人的因素即驾驶行为的研究，是其中的基础与关键环节。

图中还揭示出，尽管人为因素占据着显著的位置，但其他的影响因素同样不可忽视。这些因素可能单独作用时影响并不强烈，但当与其他因素共同作用时，将对交通安全产生显著的影响。这也表明了交通安全机理中的一个基本原则，即人为活动是最重要的，但并不是唯一的，其他因素与驾驶行为相互作用，对行车安全将产生不可估量的影响，必须加以综合分析。

3.2.1　驾驶行为分析

交通事故统计数据表明，人的因素在诱发交通事故的诸因素中占据着主导地位。而人的因素其实就表现为“驾驶行为”，它是交通事故成因中的首要因素。

1. 驾驶行为的层次划分

驾驶行为是由三种基本任务构成的，即导航、指向与控制。三个层次的驾驶行为各自有不同的工作任务和特点。

在导航层次，驾驶员所要完成的主要是出行终点与中间点的选择、起终点之间最短路径的选择等，属于宏观的层面。在指向层次，驾驶员主要完成行驶方向的转换、具体路段的选择、行程时间的掌握等，属于中观层面。在控制层次，驾驶员完成实时的、具体的驾驶任务，例如实时的车速控制，车辆实际行驶轨迹的把握，与道路设施、相邻车间的间距掌握等，属于微观的层面。

在实际的驾驶行程中，控制层驾驶行为(图 3-3)直接影响着车辆的实时状态，并且是车辆安全与否的主导因素。

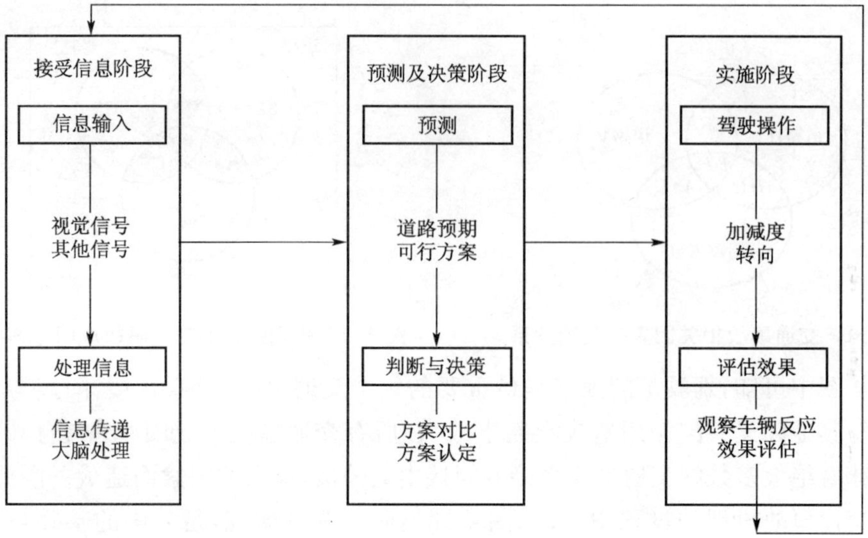

图 3-3　控制层驾驶行为分析图

2. 驾驶行为中的信息处理模型

在不考虑驾驶技术与车辆机械故障的前提下，驾驶员在驾驶行为中的主要工作量是处理道路交通环境信息，然后转化为指导驾驶行为的有效信息的工作负荷量。信息负荷量对于驾驶效果有着至关重要的影响。驾驶信息与道路信息的关系将直接决定驾驶行为的准确性与连续性，继而决定驾驶行为中潜在的安全性。

研究表明，指导驾驶员行为的是驾驶员经过处理后有效指导驾驶行为的可用信息。由于驾驶员不是随时都能完整、准确地判断并分析道路信息，因此，道路信息与驾驶的可用信息并不是一直都是等同的，二者之间存在着有机的规律性。这一规律性可以用信息处理模型描绘，这一模型是驾驶行为的关键指标，其基本形态如图 3-4 所示。

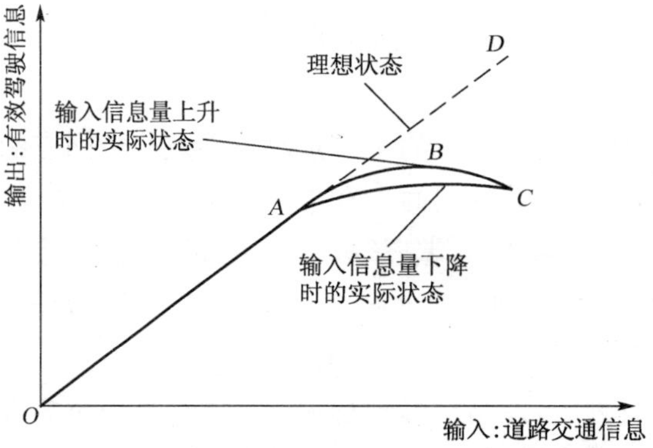

图 3-4　驾驶行为中信息处理模型示意图

由图可知，信息处理模型诠释的是驾驶员处理道路交通信息的过程。道路条件、交通流、环境等是驾驶员所需要的输入信息，这些信息的多少称为供给信息量，而驾驶员能够处理完毕，并且可以用以指导驾驶行为的信息作为输出，称为有效驾驶信息量。模型中显示了供给信息量与驾驶信息量之间的关系。

当供给信息量不是太大时，如图 3-4 中的 OA 段，驾驶信息量等于供给信息量，意味着驾车人可以及时处理所有的信息，并可以相应地作出正确的判断。当供给信息量增大时，会出现一个转点，即图中的 A 点。在 A 点之外，供给信息量继续增大时，输出的驾驶信息量虽然也相应跟随加大，但两个信息量将出现偏差，驾驶信息量开始低于供给信息量。这意味着驾驶员已不能全部、及时地处理道路交通信息，并作出全面、准确地判断。

驾驶信息量跟随供给信息量继续增大的趋势可以坚持到极值点 B，在 B 点之外，驾驶信息量已开始下降，虽然输入的信息量增大，但经过处理和正确判断的信息量却开始减少。这标志着驾驶员不能适应如此大量的信息输入，出现了信息过载现象。

信息过载现象再持续下去，直至在超过 C 点的区段，供给信息量已经开始回落，但过载仍然有残留的影响，驾驶员依然不能增大其驾驶信息量直至降到 A 点为止。

从上面驾驶行为中信息处理过程可知，供给信息量与驾驶信息量之间的偏差会使驾驶员判断失误，产生驾驶过失，这其中包括驾驶员本身因素所造成的驾驶行为能力的缺失，道路、交通、环境条件引发的驾驶过失，驾驶员与道路交通环境互动所引发的过失。车辆在行驶过程中，当道路环境、交通运行状况以及沿线社会环境在某一点或路段范围内变化过于复杂或太快，未能给驾驶员以足够的反应时间并采取措施时，往往就会导致交通事故的发生。

3.2.2 交通事故机理

在道路交通系统中，由于受到涉及驾驶员、汽车、道路环境因素以及三者的道路交通事件的影响，使道路交通系统行为发生变化，如果这种变化是因道路交通事变引起的，即表现为道路交通不安全状态，经特定时间—空间域内状况的转化则形成道路交通事故。由此可知，道路交通事故致因生成模型如图 3-5 所示。

从这一模型中可以识别道路交通系统安全化功能的实现途径和道路交通事故的生成过程。即道路交通系统安全化功能的实现途径为：道路交通事件引起道路交通系统发生正常变化，表现为道路交通安全状态，这一状态一直持续在道路交通系统中即可实现道路交通系统的安全化功能；而道路交通事故的生成过程则为：道路交通事变使道路交通系统行为恶化，表现为道路交通不安全状态，这一状态在特定时间—空间域内持续后形成道路交通事故。

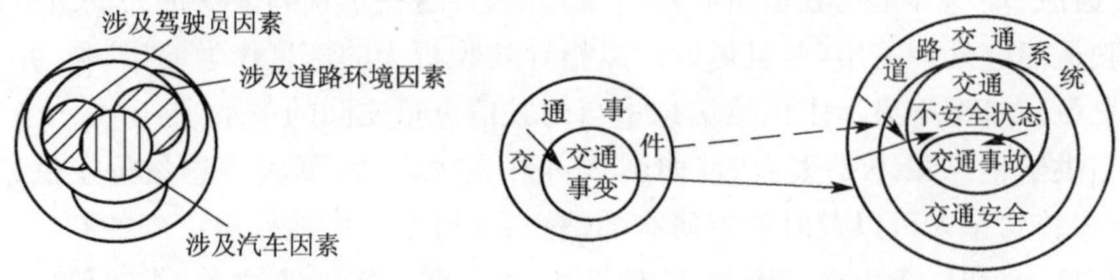

（a）驾驶员、汽车、道路环境因素与道路交通事件、道路交通事变间的关系
注：阴影表示交通事变、非阴影表示交通事件

（b）道路交通系统安全化功能的实现途径和道路交通事故的生成过程
注：实线箭头表示道路交通事故的生成过程，虚线箭头表示道路交通系统安全化功能的实现途径

图 3-5　道路交通事故致因生成模型

事故机理指事故发生的结构、形式和作用的逻辑关系及其规律。它探索隐藏在事故背后的规律，追溯事故生成的过程，以便为人们从技术、社会、教育与经济等各个领域改进交通安全工作指明方向和重点。

3.3　道路交通事故分布规律

研究道路交通事故分布规律的目的在于根据道路交通事故分布规律，分析道路交通事故的原因所在，寻找解决问题的方法和措施，以改善道路交通安全状况。

通常用某一条路或某地区交通事故发生的次数、死亡人数、受伤人数等绝对数据来描述这一条路或该地区交通事故的严重程度，因此，交通事故发生的次数、死亡人数、受伤人数等绝对数量成为研究交通事故的特征量。交通事故的特征量是随机变量，不同时间、不同地点的交通事故特征量都不同。

3.3.1　道路交通事故的时间分布规律

道路交通事故在一定时间段内的统计结果可看出其变化趋势。交通事故的时间分布规律就是指某一条路或某地区交通事故发生的次数、死亡人数、受伤人数等数量随时间变化的特征，通常有交通事故的年分布规律、月分布规律、周变化规律、小时（日）变化规律。

研究道路交通事故的时间分布规律，目的在于根据道路交通事故时间分布的特点，找出道路交通事故发生的时间规律，讨论导致事故规律性发生的原因，进而针对不同时间的道路交通安全问题制定相应的对策，提出减少交通事故发生的方法和措施，以进行有效的控制和管理，减少事故的发生，改善道路交通安全状况。

1. 交通事故的年分布规律

回顾世界上道路交通事故与汽车保有量的演变过程，不难发现不同国家或地区在汽车化初期，交通事故随时间的增加而上升。随着交通事故的不断增加，日益引起各界人士的关注，继而实行综合治理交通和减少交通事故的措施，使交通事故上升的势头得以缓解。此后，随着各国汽车保有量和车辆行驶里程都有较大幅度的增长，交通事故出现振荡变化（有增有减变化）。随着人们对交通事故问题研究的不断深入，使得交通事故持续下降，最终在一定的水平上处于平稳趋势。交通事故的年分布规律图呈波峰线型，即由逐渐上升达到波峰，然后出现振荡，逐渐下降而趋于平稳，如图 3-6 所示。

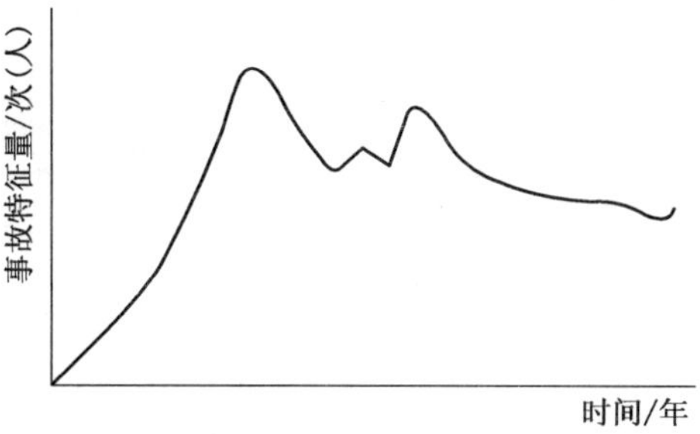

图 3-6　交通事故年分布规律示意图

我国从 20 世纪 60 年代以来，国内的道路交通事故次数、交通事故死亡人数、交通事故伤亡人数持续增长。据三十多年的交通事故数据统计，我国交通事故死亡人数总体呈上升趋势。70 年代初，死亡人数为 10 000 多人；到 90 年代中期，已达 70 000 多人，上升幅度比较均匀。根据国外事故时间分布规律，事故演变过程一般呈波峰线型，即由逐渐上升达到高峰，然后逐渐下降，并趋于平稳，而车辆的增长近似呈直线型。就是说事故变化与车辆发展的关系不是一成不变的，分歧点在事故高发年份。

从 1980～2011 年的情况来看（见表 3-1），随着经济、车辆及运输量的增长，事故总体发展趋势呈上升势头，2003 年开始出现下降现象，见图 3-7 所示。因此，我国交通事故上升幅度将可能有所减少，交通事故次数、伤亡人数年分布曲线可能开始出现振荡现象。

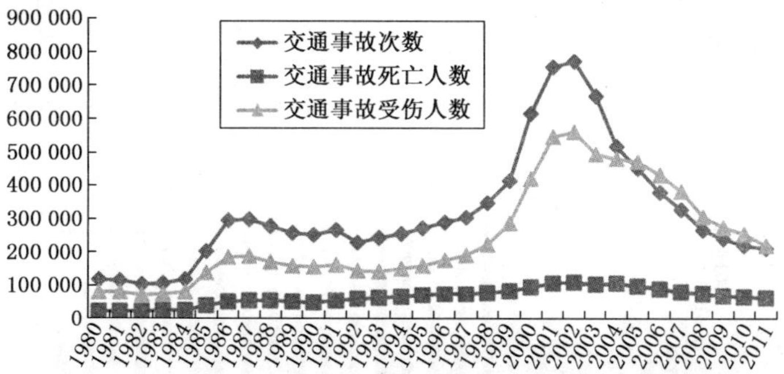

图 3-7　我国交通事故年分布图

表 3-1　我国交通事故特征量统计表

年份	事故次数	死亡人数	受伤人数	年份	事故次数	死亡人数	受伤人数
1980	116 692	21 818	80 824	1996	287 685	73 655	174 447
1981	114 679	22 499	79 546	1997	304 217	73 861	190 128
1982	103 777	22 164	71 385	1998	346 129	78 067	222 721
1983	107 758	23 944	73 957	1999	412 860	83 529	286 080
1984	118 886	25 251	79 865	2000	616 971	93 853	418 721
1985	202 394	40 906	136 829	2001	754 919	105 930	546 485
1986	295 136	50 063	185 785	2002	773 137	109 381	562 074
1987	298 147	53 439	187 399	2003	667 507	104 372	494 174
1988	276 071	54 814	170 598	2004	517 889	107 077	480 864
1989	258 030	50 441	159 002	2005	450 254	98 738	469 911
1990	250 296	49 271	155 072	2006	378 781	89 455	431 139
1991	264 817	53 292	162 019	2007	327 209	81 649	380 442
1992	228 278	58 729	144 264	2008	265 204	73 484	304 919
1993	242 343	63 508	142 251	2009	238 351	67 759	275 125
1994	253 537	66 362	148 817	2010	219 521	65 225	254 075
1995	271 843	71 494	159 308	2011	210 812	62 387	219 521

2. 交通事故小时分布规律

受气候、环境、人们生活规律的影响，道路上的交通事故特征量在一年的 12 个月、一月的 31 天(30 或 28、29 天)、一天的 24 小时中各不相同。一旦掌握某一条路或某地区的交通事故特征量的月分布、日分布、周分布规律就可以在不同的时段内采用不同的管理、教育、工程措施，减少交通事故的发生。如同交通量有高峰小时和非高峰小时之分一样，交通事故的小时分布也有明显的交通事故高峰小时和非高峰小时。道路交通事故的分布随时段不同有着明显的区别，这种差别随不同国家，同一国家的不同地区，同一地区的不同年代而各有不同。

例如，2010 年我国道路交通事故小时分布如图 3-8 所示。从图中可以看出：我国交通事故高峰出现在 18～20 时。从图 3-9 中可以看出，事故死亡率最高的时段是凌晨 3～6 时。

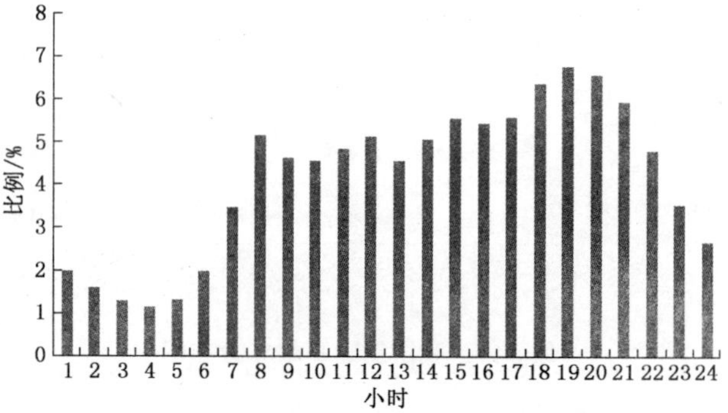

图 3-8　我国交通事故次数小时分布图

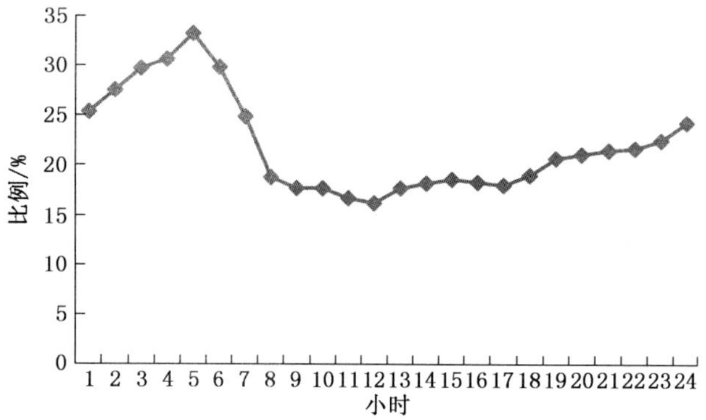

图3-9 我国交通事故致死率小时分布图

3.3.2 道路交通事故的空间分布规律

分析道路交通事故的空间分布规律，了解事故在不同地区、在道路不同位置的分布情况，对于交通管理者根据本地实际情况，有针对性地预防交通事故，改善交通安全状况具有重大意义。

1. 我国道路交通事故的省市空间分布

2010年我国道路交通事故数最多的5个省市分别为广东、浙江、山东、江苏、四川(见表3-2)，发生的道路交通事故总数占全国总量的42.59%，交通事故数最少的几个省市则为西藏、青海、海南、贵州、宁夏；从死亡人数来看，排在前五位的省市分别为广东、浙江、江苏、山东、四川，排最后几位的省市为西藏、宁夏、海南、青海；从事故死亡率来看，最低的是重庆市，仅为10.44%，最高的省市是上海，达35.17%，其次为河北，达31.76%。

表3-2 我国2010年各省、自治区、直辖市交通事故情况汇总表

	事故次数(起)	死亡人数(人)	受伤人数(人)	直接财产损失(万元)	事故死亡率(%)
北京	4 279	974	4 857	2 431.34	16.70
天津	3 165	950	3 671	1 987.10	20.56
河北	5 959	2 693	5 785	3 890.78	31.76
山西	6 962	2 449	8 200	3 593.68	23.00
内蒙古	4 780	1 375	5 202	2 359.84	20.91
辽宁	6 781	2 129	6 428	3 124.89	24.88
吉林	4 438	1 454	5 178	2 666.05	21.92
黑龙江	3 466	1 395	3 740	2 456.60	27.17
上海	2 176	1 009	1 860	956.56	35.17

续 表

	事故次数(起)	死亡人数(人)	受伤人数(人)	直接财产损失(万元)	事故死亡率(%)
江苏	13 793	5 031	13 234	4 951.11	27.54
浙江	21 698	5 382	23 589	9 047.23	18.58
安徽	7 901	2 877	9 596	2 417.65	23.07
福建	12 714	2 822	15 430	4 839.25	15.46
江西	4 126	1 603	4 938	4 184.00	24.51
山东	14 560	4 268	14 611	5 261.18	22.61
河南	7 890	1 825	8 710	3 186.78	17.32
湖北	6 543	1 944	7 884	3 436.46	19.78
湖南	8 413	2 162	1 1621	4 104.41	15.69
广东	30 370	6 203	36 518	8 048.85	14.52
广西	4 351	2 342	5 375	1 678.45	30.35
海南	1 488	471	2 205	552.63	17.60
重庆	5 908	1 017	8 728	1 225.93	10.44
四川	13 072	2 931	16 980	5 398.46	14.72
贵州	1 764	1 136	2 906	1 295.96	28.10
云南	4 739	1 886	5 900	2 530.23	24.22
西藏	781	409	969	620.43	29.68
陕西	6 004	1 944	6 144	3 319.80	24.04
甘肃	3 090	1 506	3 728	1 116.19	28.77
青海	1 206	573	1 494	390.37	27.72
宁夏	1 806	442	2 564	657.97	14.70
新疆	5 298	2 023	6 028	903.33	25.13
合计	219 521	65 225	254 075	92 633.53	1

通过上述数据分析可以发现，经济发达地区道路交通事故数一般高于不发达地区。经济快速发展、客运量增加、交通密度大，是这些地区交通事故较多的主要原因。但是西藏、甘肃等地区由于气候严寒或地形条件恶劣，事故的严重程度高，死亡率也较高。

2. 城乡事故空间分布

公路和城市道路的交通事故数也存在差异(见表 3-3)。城市道路的事故死亡率明显低于公路，这是因为虽然城市道路覆盖地区人口和交通量都很密集，但这些道路车速相对较低，道路交通安全管理设施比较齐全，投资和管理的力度大，交通参与者对安全问题的关注程度高，自觉性高，因此事故率低。

表 3-3　我国 2010 年公路和城市道路事故分布情况

	公路	城市道路	合计
事故次数(起)	124 953	94 568	219 521
死亡人数(人)	46 534	18 691	65 225
受伤人数(人)	149 007	105 068	254 075
事故死亡率(%)	23.80	15.70	20.43

3.3.3　道路交通事故的人群分布规律

1. 驾驶人驾龄分布

根据 2010 年道路交通事故驾驶人驾龄分布图(图 3-10)可以看出,驾龄较短的驾驶人交通事故数较多。例如,驾龄在 1 年以下的驾驶人事故数达到总事故数的 11.37%,驾龄小于 3 年的驾驶人事故数达到 25.82%,驾龄小于 5 年的驾驶人事故数达到 44.26%,而 20 年以上驾龄的驾驶人事故数则只有 4.28%。因此要提升道路交通安全水平,低驾龄驾驶人的安全驾驶行为尤其值得关注。

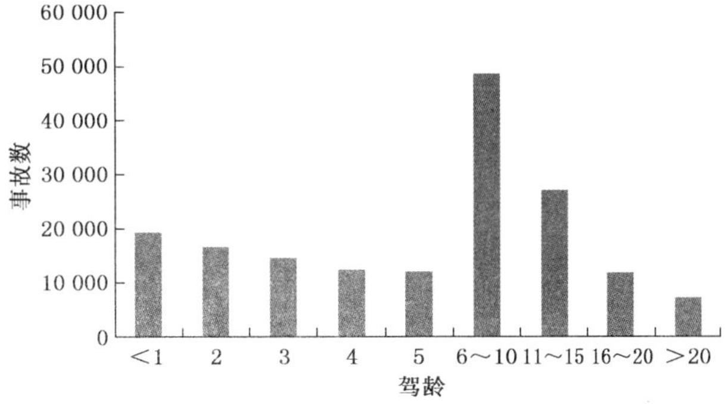

图 3-10　2010 年道路交通事故驾驶人驾龄分布图

2. 肇事人年龄分布

根据 2010 年道路交通事故肇事人年龄分布图(图 3-11)可以看出,21～45 岁的肇事人交通事故数占总数的 77.62%,这与驾驶人整体年龄分布有很大关系。

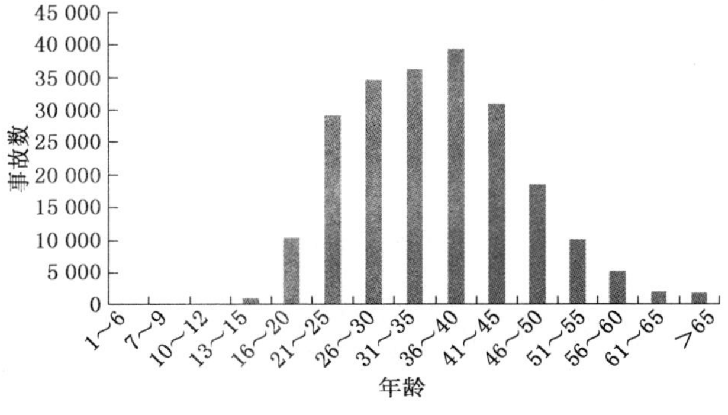

图 3-11　2010 年道路交通事故肇事人年龄分布图

3. 死亡人员年龄分布

根据2010年道路交通事故死亡人员年龄分布图(图3-12)可以看出,中青年是道路出行的主体,这部分死亡人数占总人数的主体。而低龄儿童(1～6岁)和老人(>65岁)的死亡人数也较多,两者合计占总人数的14.15%,作为交通出行的弱势群体,应当受到更多的安全关注。

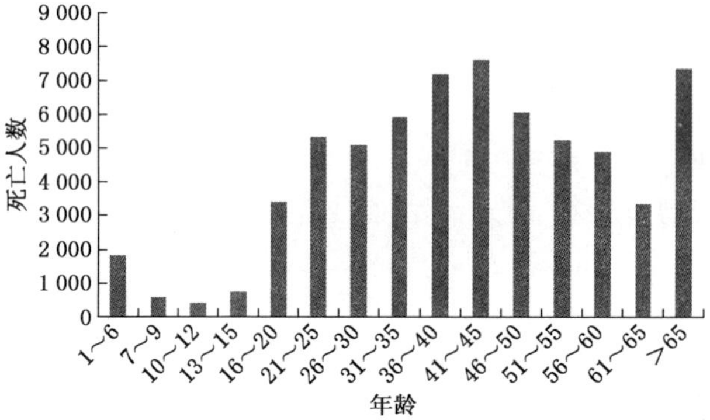

图3-12　2010年道路交通事故死亡人员年龄分布图

3.3.4　道路交通事故车辆冲撞形式分布规律

从各类事故的死亡人数来看,正面相撞、侧面相撞和尾随相撞的后果最为严重,如图3-13所示。

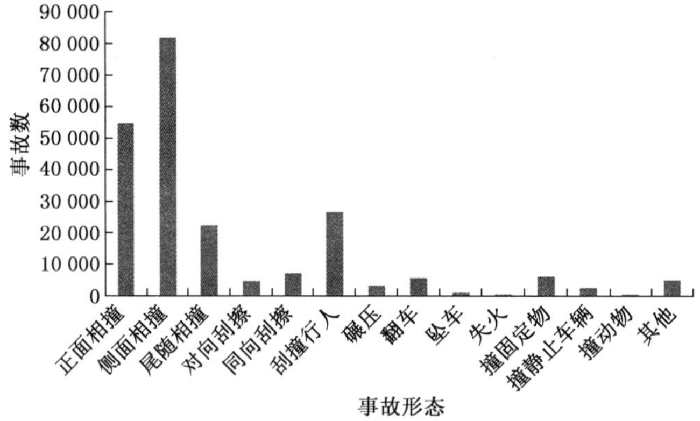

图3-13　2010年各类事故形态事故数分布

正面相撞事故占事故总数的24.82%,死亡人数占交通事故总死亡人数的26.88%,多发生于无中央隔离设施的路段,因此在弯道等正面相撞事故多发地段应标出道路中心线以防车辆占道逆行,同时还需重点提高平头客车、货车的碰撞安全性，并对驾驶员进行相关自我保护措施的教育。侧面相撞事故占事故总数的37.29％，死亡人数占25.29％，多发生于无交通管制的交叉路口，问题最突出的乡村干线公路应普遍采用停车让行和减速让行标志作为防范这类事故的基本措施，明确划分路口的先行权。尾随相撞事故占事故总数的10.15％，死亡人数占13.73％，多发生于高等级公路的同向车道内，主要原因是高速行车引起的驾驶错觉，常使驾驶员对车速和车距判断不准，遇险时来不及采取措施，各类汽车专用路都应尽量多设能帮助驾驶员判断距离的标志，交通管理部门也应组织研究并向驾驶员传授科学判断距离的方法。

第4章 道路交通事故多发点鉴别

4.1 事故多发点理论综述

道路交通事故是一种世界性的公害，为了减少交通事故发生次数、降低事故严重程度，人们一直在进行着不懈的努力和探索。随着各国学者对道路交通事故问题研究的不断深入，交通事故多发点研究成为一个重要的研究课题。交通事故多发点的存在，严重降低了道路的服务质量，也为许多重大、特大交通事故的发生留下了隐患，从而造成巨大的经济损失。因此，开展对道路交通事故的研究和分析，从而进一步采取相应的治理和改进措施，已经成为公路设计部门、施工部门、管理部门和公安交通管理部门一项刻不容缓的任务。国外针对道路交通事故多发点的研究起步较早，成果卓著。近些年来，国内的一些学者也开始重视该课题的研究，并取得了一定的进展。

4.1.1 道路交通事故多发点的概念

国内外的诸多事故调查表明，道路交通事故在路网中的分布是不均匀的。在一定的条件下，道路交通安全系统将在某些地点的某些环节上形成薄弱点，使在该地点的交通要素组合中的潜在危险性暴露出来，形成偶然的劣势组合或特殊的持续劣势组合。具体体现在交通事故的空间分布上，表现为分散型和密集型两种。据统计，分散型分布的事故多与驾驶员及其他交通参与者（骑自行车者或行人）的不安全行为有关，如超速驾驶、冒险会车、强行超车、跟车过近、酒后驾车、疲劳驾驶、行人横穿道路、自行车机动车争道抢行等；而密集型分布的事故则多与道路类型、交通设施和交通环境等有关，如急弯陡坡、视距不良、傍山险道、交通设施欠缺的路口和大交通量干线公路等。这些事故呈密集型分布的地点就成为“交通事故多发点”或“事故黑点（blackspot）”。

4.1.2 道路交通事故多发点的具体定义

由于实际情况的不同，各国对事故多发点的定义各有不同，这也直接影响了实际工作中的应用效果。

对于事故多发点的定义，在2002年4月16日公安部、国家安全生产监督管理局出台的《2002年预防道路交通事故工作方案》中表述为：

1. 省(自治区、直辖市)级排查重点事故多发点段是：2001年以来发生一次死亡5人以上事故的公路点段；高速公路上发生一次10车以上相撞事故的路段；

2. 地、市级排查重点事故多发点段是：2001年以来发生一次死亡3人以上事故的普通公路点段和3次以上带有规律性死亡事故的点段；2级以上新(改)建公路，未划中心隔离线或未设置物理隔离设施的，或虽设置隔离设施，但开口过多或影响视线，发生3次以上带有规律性伤亡事故的点段；

3. 县级排查重点事故多发点段是：2001年以来发生2次以上带有规律性伤亡交通事故的县、乡公路点段。

根据公安部的规定，各省市大多都制定了相应的可操作性较强的标准。例如，在《山西省道路交通事故多发点、段排查工作规范》(2002年8月6日起实施)中，将道路交通事故多发点、段分为一类、二类、三类点、段三种，并具体规定：

1. 一类点、段是指符合下列条件之一的点、段：

(1) 发生1起以上一次死亡6人(含6人)以上特大交通事故的点、段；

(2) 发生3起以上一次死亡3～5人特大交通事故的点、段；

(3) 发生6起以上重大交通事故的点、段；

(4) 高速公路上发生一次10辆车以上相撞交通事故的点、段。

2. 二类点、段是指符合下列条件之一的点、段：

(1) 发生1～2起以上一次死亡3～5人特大交通事故的点、段；

(2) 发生3～5起重大交通事故的点、段；

(3) 发生6起以上一般以上交通事故的点、段；

3. 三类点、段是指符合下列条件之一的点、段：

(1) 发生1～2起重大死亡交通事故的点、段；

(2) 发生3～5起一般以上伤亡交通事故的点、段；

(3) 发生6起以上交通事故的点、段；

4.1.3 道路交通事故多发点的特征

道路交通事故多发点具有如下特征：

1. 时间特征

由于交通事故对于具体路段属于小概率事件，为了避免事故统计的偶然性，多发点时段的确定，通常为1年、2年或3年，目的是寻找出交通事故多发点的时间及空间分布规律，特别是突变性。

2. 空间特征

交通事故多发点表现为点特征、线特征及面特征，如交叉口、路段、局域路网。

3. 统计学特征

不同点、线、面交通事故频数差异分布的统计学意义。这就涉及交通事故的基础水平，地区差异问题，也是事故多发点确立的原则问题，因此事故多发点的确立具有极大的相对性。

4. 阶段性特征

由于经济发展不平衡，导致交通发展不平衡；交通安全发展不平衡，导致交通事故发生不平衡。事故多发点的确立标准具有相对性，因此交通事故多发点诊断标准具有阶段性特征。

5. 交通特征

交通事故多发点的确立离不开交通特征，特别是交通流量、交通结构、交通需求、交通设计、交通管理等等，多发点是相比较而言的。因此强调多发点必须强调交通特征可比性。

6. 频率特征

研究地点交通事故相对的稳定性是确立交通事故多发点的前提，频率特征另一方面是强调事故的频数，而不是事故的严重程度。

7. 分级特征

由于交通事故多发点具有阶段性、交通特征、交通事故频率特征，对于交通事故多发点一定要分级管理，重点整治。

4.1.4 道路交通事故多发点鉴别的意义

分析典型是科学研究的基本方法，事故多发点对研究交通事故与道路的关系就具有典型意义，它是事故的集中表现，事故达到一定数量，特别是事故的某些特征的重复出现，有利于分析事故的特点、原因，从而获得规律性的东西。因此，对事故多发点的研究在国内外都开始得很早，并成为道路安全研究的两大应用领域之一（另一应用领域是道路安全审计）。

从单个道路交通事故来看，它的发生具有很大的偶然性，虽可找到最直接的诱因，但实际往往是驾驶员、车辆和道路等诸多因素综合作用下的结果，如果事故与道路因素无关，则事故的发生地是随机的。虽然不能说道路上零星分布的事故与道路无关，但如果在道路的某些点或路段事故呈现集中的特点（特别是某一类事故呈现集中的特点），则可以肯定地说：这些事故与道路显然存在某种联系。因此，事故多发点对研究事故与道路的关系具有特别重要的意义，是公路的设计和管理部门应特别关心的问题。从事故多发点本身来看，它所占道路的长度通常很少，却集中了较大比例的交通事故，严重的会形成所谓的“魔鬼路段”、“老虎口”，具有极大的危害性。鉴别并对鉴别出的事故多发点采取有针对性的改善措施，能以最小的投入，最大限度地降低全路的事故率，从而取得较大的社会和经济效益。对事故多发点上发生的典型事故进行分析，一方面可以找到事故的主要原因并加以整治，从而改善现有道路的安全水平。而更重要的一方面是通过事故多发点的研究可以获得事故与道路交通条件之间的联系，找出道路交通设计中的缺陷，其研究结果可为道路安全审计提供技术支持，通过道路安全审计，将一些安全隐患消灭在规划、设计阶段。

4.2 事故多发点鉴别及成因分析方法

常用的交通事故多发路段判别方法主要有两大类，即以事故统计资料为基础的直接判定方法和以非事故统计资料为基础的间接判定方法。以事故起数或相对事故率为基础的判定指标直观，易于理解和操作，具有较强的说服力。因此基于事故统计资料的直接判定法以其判定精度高，判定指标具有逻辑上的合理性而得到了广泛的运用。常见的有事故数法、事故率法、事故数—事故率法、累计频率法等。

4.2.1 常用事故多发点的鉴别方法

目前国内外对事故多发点已有一些研究，存在多种判别方法和理论，其适用范围因国情、地区间的差异及研究目的不同而有所区别。现对这些方法归纳如下：

1. 专家经验法

组织道路交通工程的安全专家对道路情况进行实地勘察，并且根据经验，对道路的交通安全性做出评估，从而进行事故多发点的判定。

2. 事故数法

事故数法（英国方法）是将交通事故的历史数据，尤其是交通事故发生次数，作为鉴别交通事故多发点的指标，并根据交通事故的统计特征及交通安全管理目标的要求，确定鉴别标准，当特定地点交通事故发生次数的数值超过鉴别标准阈值时，即可认为该地点属于危险地点。这就是事故数法的基本思路。该方法是由英国首先提出并在其国内广泛使用。英国鉴别事故多发路段的方法是借助构成事故率标准的三个主要组成部分来鉴别事故多发地段，即：

（1）事故次数和事故类型；

(2) 事故发生时间、日期;

(3) 道路长度或区域大小,其规定如下:

① 在 0.1 km^2 范围内,1 年发生过 4 次事故,称为危险地点;

② 在 0.3 km 长的路段上,3 年中发生过 12 次事故,称为危险位置;

③ 在 1 km^2 范围内,1 年中有 40 次或 40 次以上事故,称为事故易发地区。

事故数法的最大特点是简便、易用,鉴别工作对数据的依赖性不大,基本适用于当前的危险地点鉴别工作。但由于该法仅将交通事故的发生次数作为鉴别指标,并未考虑事故地点的交通量、道路条件等因素的影响,尚不能全面反映出交通事故多发点信息。此外,应用事故数法得到的鉴别结果,在分析交通事故多发的成因及制定整治危险地点的策略阶段,所提供的支持作用不大,因而该方法只适用于鉴别小型的交叉口或道路系统。

3. 事故频率法

该方法选取一个临界的事故次数作为鉴别标准,如果某路段的事故次数大于临界值,则被认为是事故多发点。该方法的优点是计算与选择方便、一目了然:缺点是当若干地点事故次数相差不多时,难以做出客观的判断,即该方法没有考虑不同地点的道路环境条件及交通条件差异,可能导致将非事故多发点当作事故多发点进行改善。因而该方法只适用于鉴别小型的交叉口或道路系统。

4. 事故率法

20 世纪 40 年代以后,发达国家普遍开展了交通量调查工作。在鉴别事故多发点时,具有了交通量数据,因此,针对事故数法的不足,有专家提出用事故率(即特定地点交通事故发生次数与相应的日平均交通量的比值)作为道路危险地点的鉴别指标,当该地点事故率的数值超过鉴别标准阈值时,即可认为该地点是危险的。对路段而言,该方法以每年百万车公里的事故次数作为评价标准,交叉口则以百万车的事故次数作为评价标准。当路段或交叉口的事故率超过某一可接受的临界值时,即被认为是事故多发点。

$$\text{事故率} = \text{年事故数}/MEV \text{ 或年事故数}/HMVK \tag{4-1}$$

其中,MEV 为流入路口的百万交通量 / 年,$MEV = \text{每天车流量} \times 365/10^6$;$HMVK$ 为路段亿车公里,$HMVK = \text{日交通量} \times 365 \times \text{路段长度}/10^8$。

由于考虑了交通量与路段长度的影响,该方法要优于事故频率法。但是,这种方法容易导致两种情况:具有低交通量、低事故数的路段拥有高事故率;而具有高交通量、高事故数的路段拥有低事故率。因此,当以它作为唯一标准进行事故多发点的鉴别时,同样也可能导致将非危险路段当作危险路段进行改善,或滤掉了更为危险的路段。

5. 事故数—事故率法

事故频率—事故率法是一种被普遍采用的方法。通常认为,较为理想的多发点鉴别方法是将事故数法和事故率法结合在一起,采用事故数法进行初步筛选,应用事故率法最终确认道路危险地点,以克服事故数法和事故率法两者的缺点。基本概念如下:

事故频率:在一定长度的路段内或路口处,单位时间内发生的事故次数。

事故率:相对于每百万车公里或单位交通流量,道路上所发生交通事故的次数。

具体步骤为:调查收集资料,主要包括近三年的事故次数,交通量,路段、路口的情况等;把收集来的资料按照事故点和事故段鉴别标准进行分类。根据近三年交通事故统计数据,整理出事故段和事故点。先以小于或等于区域平均事故数为阈值,剔除事故频率低的事故段和事故点,然后以大于或等于区域平均事故率为阈值,筛选剩下的事故段和事故点,最后以事故数高低排序,列出筛选结果。

对于事故数—事故率法,美国学者提出了如下公式:

$$y = 0.15x \tag{4-2}$$

式中:x——平均每天流入交叉口的交通量,以千辆计数;

y——每年期望发生的事故数。

若实际事故数大于 y,则超标,列入事故多发点,需要治理;若实际事故数小于 y,则不需治理。该方法适用于一个片区的城区道路。

6. 矩阵法

鉴于事故频率法与事故率法各有优缺点,为了更好地鉴别事故多发点,一些专家提出将事故频率法与事故率法结合考虑的矩阵法(图 4-1)。该方法把事故次数和事故率结合起来作为鉴别事故多发点的标准,水平轴代表事故次数,垂直轴代表事故率。每一路段在矩阵中用一个矩阵单元表示,矩阵单元的位置则表达了路段的危险程度,最危险的路段具有最高的事故次数和最高的事故率,在矩阵中为位于右下角的单元。该方法的优点在于矩阵的大小可以根据使用者的需要来确定,同时兼顾了事故频率法和事故率法;它的缺点是只表示了路段的危险程度,而不能对低事故次数高事故率的路段或高事故次数低事故率的路段作出本质的区别,只是简单地将其

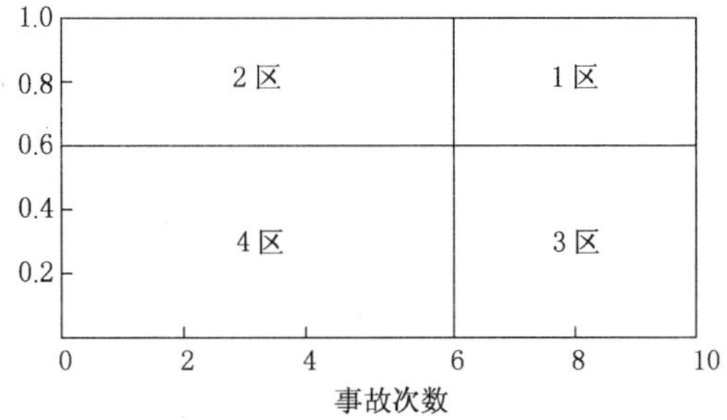

图 4-1 矩阵法

看成是非事故多发点，同时也没有考虑临界值与严重程度的决定性作用。

7. 当量总事故次数法

上面几种鉴别事故多发点的方法，只是单纯利用事故统计值，没有考虑事故损失的严重程度。如果将严重程度不同的事故统一对待，只进行事故次数的简单累加，往往造成判断的失误。例如，拥有同样事故次数的两条路段，其中一条路段的事故死亡人数比另一条路段的事故死亡人数高，很显然，具有高死亡人数的路段的危险性也要高。如果不考虑事故的严重性，将判断为两者具有同样的危险性。因此，为了更准确地判断事故多发点，鉴别时应考虑事故的严重性，因此提出了当量总事故次数法。该方法基于受伤与死亡事故的次数及其严重程度，通过赋予受伤及死亡事故一定的权值来计算事故的严重程度，其基本公式是：

$$ETAN = K_1F + K_2J + TAN \tag{4-3}$$

式中：$ETAN$——当量总事故次数；

F——死亡事故中死亡人数；

J——事故受伤人数；

TAN——总事故次数；

K_1、K_2——死亡、受伤事故的权重。

由于该方法没有考虑交通量和路段长度，也存在与事故频率法同样的缺点，同时权值的确定对结果的影响也非常大。

8. 质量控制法

质量控制法是世界各国广为应用的一种鉴别方法，它可以用来鉴别道路条件及交通条件大致相同的道路上的事故多发点。

假定任何情况下，交通事故发生的概率服从事故频率的泊松分布，即某路段在时间 t 内发生 n 起交通事故的概率可用下式表示：

$$p(n|\mu,t) = \frac{e^{-\mu t}}{n!}(\mu t)^n \qquad (n \geqslant 0) \tag{4-4}$$

式中：μ——该路段的事故频率。

n 的均值和方差分别为：

$$E(n) = \mu t, Var(n) = \mu t \tag{4-5}$$

若这一分布的置信水平取 95%，则上限值 R^+ 为

$$R^+ = \frac{x^*}{m} = \lambda + 1.96\sqrt{\frac{\lambda}{m_i}} + \frac{1}{2m_i} \qquad (i = 1,2,\cdots,n) \tag{4-6}$$

式中：λ——相似路段的平均亿车事故率，单位是次/亿车；

$$\lambda = \frac{\sum E(n)}{\sum m_i} \tag{4-7}$$

将该路段在统计年度内实际的亿车事故率与R^+对比，若大于R^+，则该路段为事故多发点。

9. 统计概率预测法(丹麦模型法)

该方法的基本思想是：任何给定路段上的交通事故均构成一个随机过程。在给定时间段内，该路段上的事故数是一个整数，且随机变量服从泊松分布。这是一个微观模型，它建立了事故与交通量和路段长度的关系：

$$E(U_j) = a \times N_j^p \times L_j \tag{4-8}$$

式中：$E(U_j)$——路段j的事故预测值；

N_j——路段j的交通量；

L_j——路段j的长度；

a、p——回归常数。

按泊松公式，u次事故发生在给定$E(U_j)$情况下的概率为：

$$P_r(U_j = u) = \frac{(a \times N_j^p \times L_j)^U}{u} - (a \times N_j^p \times L_j) \tag{4-9}$$

把道路实际观测的事故次数U_j与预测值E用差值联系起来。若$Z>1$，即可定义为危险地点。

$$Z = \frac{U_j - E(U_j) - 1}{\sqrt{E(U_j)}} \tag{4-10}$$

10. 临界率法

1997年，J. S. CHEN和S. C. WANG总结了事故频率法、事故率法、矩阵法、当量总事故次数法和质量控制法的优缺点，提出了鉴别危险路段的临界率法。该方法首先选取道路使用者能够忍受的最高事故率作为临界率，对于不同的临界率，根据显著性水平，对任一个给定路段给出相应事故多发点最低的事故率。当某一路段的事故率超过临界的事故率时，即被认为是事故多发点。由于统一考虑了事故多发点的重要特征(包括事故的严重程度、交通量和路段长度)，该方法要优于以上各种方法。同时，通过选取不同的危险率，该方法能够确定事故多发点改善的优先次序。但是，随着经济的发展和人民生活水平的提高，临界率也是变化的。因此，有关部门应该及时更新数据库，以便根据交通事故及道路改善资金的情况选取合适的临界率。

11. 事故系数法和安全系数法

事故系数法是前苏联采用的方法。交通事故调查的结果表明，道路条件对交通事故的影响是显著的。某一路段发生交通事故的危险性，用表征道路条件对交通事故影响的事故率系数来评价。它是由不同路段上的各种道路因素相对安全系数的乘积计算得到的。事故率系数超过鉴别标准的，可列为交通事故多发点。事故系数法充分考虑了各种道路因素对交通事故的影响，在量化与综合的基础上，评价特定区段的危险性。该方法选取的指标代表性较强，危险分析较为深入细致。运用事故系数法可直观全面地反映出特定地点的道路条件及交通安全状况，且危险地点鉴别的结果有助于交通事故多发的成因分析和改善措施的选择。在实际应用中，事故系数法既可用于现有道路危险地点的鉴别，又可用于新建道路或道路改建的交通安全分析，具有广泛的实用价值。该方法的不足之处在于数据需求量较大，数据资料分散，采集难度较大。

安全系数法：交通事故在公路路线上的分布是不均匀的，大部分集中发生在较短的路段上。在经常发生事故地点的前后相邻路段上，车辆速度经常发生急剧的变化。安全系数法的核心是用速度的变化来评价特定地点的危险性。尽管安全系数法省去了对于道路条件的详细分析，降低了该方法对有关道路条件方面数据的依赖性，但在事故多发成因及改善策略分析阶段，仍然需要大量的有关道路条件、交通状况、驾驶特征方面的数据，故安全系数法通常与事故系数法等方法配合使用。

前苏联巴布可夫教授对道路各组成部分和行车条件对交通安全的影响做了大量的定量研究，建立了道路事故影响系数与交通量、道路几何参数等的关系，并给出了计算道路事故率影响系数的计算公式：

$$K = K_1 \times K_2 \times \cdots \times K_n \tag{4-11}$$

式中：K——道路事故率影响系数；

$K_1 \sim K_n$——不同道路与交通环境下各因素的事故率影响系数。

这个计算总事故率影响系数公式中所包含的各部分的事故率影响系数 K_1 到 K_n 考虑到了交通量与道路平、纵、横断面各组成部分的影响。现时，规定这些系数的资料还不全面，它们的数值也不是最终的。随着统计资料，特别是我国资料的进一步积累，影响因素的清单与各系数的数值将会精确化。这个精确化应从两方面来进行：

(1) 在有特点的自然(地形)区里，补充考虑当地的道路条件；

(2) 考虑道路使用过程中不良气候条件的影响(如：冰、雾、路面上的泥土、行车道部分由于积雪而变窄等)。

12. 鉴别指数法

挪威学者提出：

$$mf=\frac{v\times 10^6}{365\times ADT\times t\times l} \tag{4-12}$$

式中：mf——事故多发点鉴别指数(实际值)；

v——事故总起数；

ADT——日平均交通量；

t——统计年份；

l——事故多发段长度(事故多发点不考虑)。

判断某处是否为道路事故多发点，先要对现有路网进行调查，根据日平均交通量、道路特征、统计年份、事故总起数与分布等参数建立数据库，确定路网内各项事故多发点理论事故多发点鉴别指数$\overline{mf}$(平均值)的大小，如果某一点或某一段的$mf>\overline{mf}$，则可确定该处为道路事故多发点。该方法适用于整个路网。

13. 交通冲突技术(TCT)法

事故多发点的冲突判定法是以交通冲突技术作为理论基础的。交通冲突被定义为两个或多个道路使用者在一定的时间和空间上彼此接近到一定程度，此时若不改变其运动状态，就有发生碰撞的危险的现象。对路段交通状况进行冲突观测分析，建立以交通冲突为基础的路段交通事故多发点判定方法。其理论依据主要有以下几个方面：

(1) 严重冲突与事故之间有良好的相关关系，严重冲突间接地反映了地点安全程度的好坏；

(2) 严重冲突能够较好地反映地点安全状况的变化趋势；

(3) 严重冲突的严重性可以反映交通参与者的安全感好坏；

(4) 路段每天严重冲突的发生规律较好地服从泊松分布。

通过对路段严重冲突的大量调查和统计分析，选择代表正常安全性的冲突值作为判定正常与异常的标准，如果观测到的冲突大于该值，则认为该路段在安全性方面发生了显著变化，出现了不安全因素，应当作为一个事故多发点来进行治理。该方法只能在对路段的安全性能有一定了解，认定该路段的冲突比较高的情况下才好使用。所以，准确地说，该方法只是一种事故多发点验证方法。

14. 模糊评价法

该方法是在被鉴别的路段的道路条件、交通条件差别较大，采用其他方法难以保证鉴别精度的情况下，针对交通安全概念的模糊性，评价思维方式的多样性及评价结果常以口语化方式表达的特点，建立模糊评价模型，对路段的危险性进行综合排序，从而确定整改的顺序。该方法确定了整改顺序，但并没有明确确定事故多发点。

15. 累计频率曲线法

累计频率曲线法是一种比较实用的判别方法，其核心思想是：以单位长度发生的事故次数为纵坐标，以发生大于某一事故次数的累计频率为横坐标，绘制累计频率曲线。将累计频率小于等于15%的路段作为事故多发路段。该方法在确定事故多发路段的判别标准时采用了一个相对的概念，能够适应我国当前事故状况差别大，道路安全基础研究缺乏的实际情况。

基本原理：在一条道路上，如果道路条件处处一样（不一定是无缺陷），则可认为事故发生的位置与道路无关，在统计量足够大时，事故沿道路分布理论上是均匀的。但实际上道路条件不可能处处一样，道路条件的不同，使实际的事故发生分布沿路是不均匀的，虽然其中有一定的偶然性，但有一点是可以肯定的，即发生少量事故或不发生事故的路段占大部分，集中发生较多事故的路段是少部分，并且事故数越高的路段占的比例越小，将事故数（率）发生的频率排序，计算其累计频率，则能分离出累计频率很小，但事故数（率）很高的位置，作为事故多发点的可能位置。

方法：累计频率法是基于统计学原理的一种方法，该方法以每一单位长度（常用1 km）发生的事故次数为纵坐标，以发生大于某一事故次数的累计频率为横坐标，绘制累计频率曲线。

适用性分析：

(1) 累计频率曲线法在确定事故的“正常值”和“突出值”时采用了一个相对的概念，对一条道路不是先定“正常值”是多少，“突出值”是多少，而是直接找出“突出”的点，则“突出点”上的事故数（率）就是这条路上的“突出值”。这样就避免了一个统一的“正常值”不能适应各条道路不同的事故状况的矛盾。因此它能够适应中国目前事故状况差别大、道路安全基础研究缺乏的实际情况。

(2) 对不同的公路，累计频率的突变点会在一定范围内变化，根据事故多发段所占比例的多少，累计频率的突变点会有所不同：事故多发段少，则突变点越靠近原点（累计频率值就小），反之突变点处的累计频率值就大。

(3) 当事故分布较集中，位置比较确定时，曲线突变点比较明显；当事故离散，事故多发路段的特征不明显时，累计频率曲线上的突变点则不明显。因此，实际分析中需要根据当地条件选择事故多发路段的分界点。

(4) 因为需要统计的道路被分成等长的单元，这会造成“削峰”的可能，因此，在实际应用中，选择累计频率突变点的时候应偏小一些，作为初步结果；另外，对初步选出的事故多发路段前后的单元也应注意检查。

4.2.2 各种鉴别方法的评述

1. 总体评述

对于常用的交通事故多发点鉴别的两类方法如下：

当有足够可靠的事故记录，并且在一定时期内交通状况没有大的变化时，直接判别法有明显优点，如制定指标符合逻辑、精度高等。但这与实际情况往往会有差别，主要是由交通事故统计资料缺陷造成的，如事故的偶然性将导致统计周期的延长，事故统计的不完善将限制样本准确性。

间接法是直接对交通运行环境中各因素的相互关系进行分析，在短期内可以快速判断交通系统的安全缺陷，并对安全改善措施的有效性进行快速评价，节省人力、物力和财力。但需要制定一套完整的、切合实际的理论体系，这需要进行系统的、大量的交通与事故资料的调查。而且，对各种影响因素，对事故影响程度的计算具有一定的主观性和武断性，不能精确地描述各种路段的微观状态的真实情况。

例如，可以定义发生事故概率为5%的路段(口)为事故多发点，或者也可采用路段平均事故次数法，并适当考虑保证率：

$$K \geqslant 1.5\frac{1}{n}\sum_{i=1}^{n}x_i \tag{4-13}$$

式中：x_i——i 路段内发生的事故次数；

n——统计路段数。

对在计算周期发生 K 次事故的路段进行分析，排除非道路因素，若因道路条件产生的事故次数大于或等于 K 次，则该路段即为事故多发点。

2. 分类评述

事故多发位置的鉴别方法是根据选定的指标，将指标值“异常”的位置从“正常”的指标中选出来。这里包含着两项工作：一是正常值的确定，即认为在什么范围内的指标值是正常值；二是被鉴别位置处的指标值与正常值的比较方法。

(1) 绝对值方法

绝对值方法是指所采用指标的正常值在一个国家或一个地区被确定为一个常量，这个常量是经过大量和长时间的调查统计所得到的，任何一个事故指标大于这个常量的位置均被认为是可能的事故多发位置。绝对值方法包括：事故次数法和事故率法。

(2) 矩阵方法

鉴于事故次数法和事故率法各有优缺点，单独使用对反映事故状况都有片面性。作为一种修正，一些专家提出了将两者结合起来考虑的矩阵法。

矩阵法对每一个被研究的道路单元进行事故数和事故率计算，然后将事故次数作为横坐标，车公里事故率为纵坐标，点出两者的分布。整个坐标可分为4个区：1区为高事故率、高事故数区；2区为高事故率、低事故数区；3区为低事故率、高事故数区；4区为低事故率、低事故数区。如数据落入1区则可列为事故多发路段，落入4区则为安全路段，落入2、3区则应对这些点进行进一步分析后做出判断(图4-1)。

(3) 预测方法

预测法是将事故次数与影响事故的几个因素进行回归分析，求得该地区各路段事故数的预测模型，然后根据统计原理求得一定置信度的置信区间(图 4-2 和式 4-14)，从而区分出危险区、中间区和安全区。

$$\left|\frac{Y_i-\hat{Y}_i}{\sqrt{\hat{Y}_i}}\right|=K \tag{4-14}$$

式中：Y_i——实测值；

$\hat{Y}_i$——预测值；

K——统计常数，如果置信度为95%时，$K=1.96$。

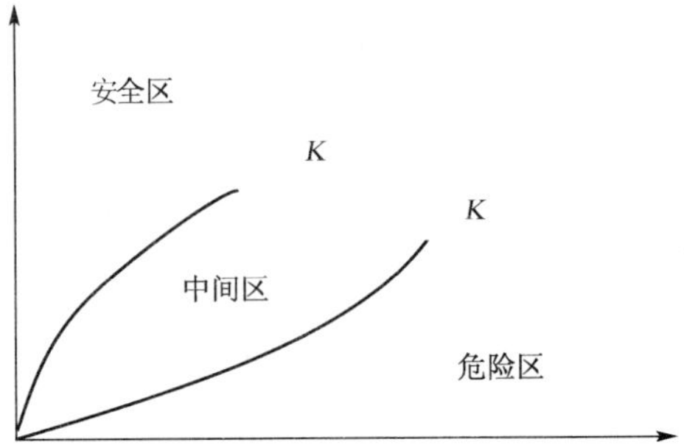

图 4-2　预测置信区间

在预测法中，由不同的预测方法可得到不同的鉴别方法，分别是质量控制法、丹麦模型法和交叉口模型法。

综上所述，如何在各种不同方法中选择与实际情况相吻合的方案将是一个极其复杂的难题。这需要进行综合考虑，才能最终确定方案。

4.2.3　事故多发点鉴别的调查方法

事故多发点的调查方法主要有三种：事故多发点现场查看、勘察法；问卷调查法和抽样调查法。

1. 现场查看、勘察法

现场查看、勘察法是交通事故调查的最基本方法，也是对事故多发点进行调查的主要方法。调查者通过对事故多发点进行仔细查看与勘察，收集相关信息。这种方法的缺点是比较费时费力，但所得到的数据效果最好，而且是第一手的现场资料，可以作为科学分析和预测的重要依据。

在运用这种方法时，要注意做好以下几点：

(1) 客观性：要科学、客观地反映道路交通中的真实情况，数据要可靠；

(2) 全面性：观察分析要从整体出发，从不同的角度、不同的方式全面分析事故产生的原因；

(3) 自然性：在对事故多发点现场调查中，要尊重现实，不能为了达到某种调查目的，而有意设计或诱导事故成因。只有这样，才能为下一步的研究提供可靠的基础数据资料。

道路特征勘察的主要目的是鉴别对道路安全不利的道路元素和交通环境因

素。因此,调研时需要注意道路环境、交通构成以及调查方式等。同时还要多做记录,包括照片和录像,对可能需要进行改造的地方,更应该做好记录和重点标记。

2. 问卷调查法

问卷调查法是一种简捷的书面调查方法。事实证明,这种让被调查对象毫无顾忌地对所提问题的内容发表自己见解的方法,能够比较全面、公正、合理、迅速、集中地收集到各种信息,是交通安全调查中一种不可低估的调查方法。

交通安全调查中采用的问卷形式要注意以下三点:

(1) 所提问题必须是与安全事故中交通参与者所共同关心的问题,而且题目或问题不宜过大,要让被调查者易于回答;

(2) 对每一个要回答的问题事先设计出几种答案,让被调查者随意选择其中之一或几个,以减少被调查时间,让参与者乐于参加调查,并方便分析;

(3) 如果可能的话,尽量将要调查的内容和结果公布于大众或给予被调查者必要的答复。

3. 抽样调查法

抽样调查法是一种常用方法,这种方法是抽出研究对象中具有代表性的地点、人群或车辆类型作为调查对象,所用物力较少,时效性较高,比较适应于高效率、快节奏的现代生活和工作模式。

进行这项调查时,要做好以下两点:

(1) 调查的地点、人群或车辆类型具有典型性、代表性;

(2) 调查对象按照调查计划进行实际调查,并根据抽样调查数据估算总体结果,写出调查报告。需要注意的是,道路安全问题在不同的地点和人群中可能有不同的表现,而且差异也较大,因此抽样调查有一定的局限性,要根据具体情况和实际需要慎重把握。

在实际运用中,往往是直接调查与间接调查相结合,问卷调查、抽样调查、全面调查并用,以获取大量准确信息,便于进行综合分析,找出安全隐患。由此可见,调查固然重要,研究才是根本。只有通过深入的调查,科学的研究,才能形成一个客观、有效的调查结果,才能找到切实可行的解决交通安全隐患的办法。

4.2.4 事故多发点鉴别的步骤及诊断的技术路线

1. 道路上的事故多发点的鉴别可按以下步骤进行:

第一步:收集资料

(1) 事故数据采集,内容包括:事故地点、时间、死亡人数、受伤人数、车辆损坏、直接经济损失、天气、路面状态、交通控制方式、照明条件、事故分类、事故原因、事故形态、交通方式、行驶状态等(可以从各省市交警队获取《道路交通事故信息采集表》,必要时也可收集事故现场照片、事故现场勘测图等资料)。

(2) 公路设施资料采集,内容包括:路线平面、纵断面和横断面竣工或现状资料:路面状况、路肩状况;安全设施(护栏、标志标线等);道路周边环境(行道树、路侧建筑物等);交叉口等。

(3) 收集分段交通量资料,该资料一般来源于各省公路管理局编制的《××省公路交通情况调查资料汇编》。

第二步:分段单元划分

将整条公路划分成等长的小单元,本研究采用 1 km 为单位,计算每一单元上的事故数。

第三步:计算发生 n 起事故的频率和累计频率

根据统计学原理计算发生 n 起事故的频率,并计算累计频率,绘制累计频率曲线。

第四步:初步选定事故多发点

(1) 根据累计频率曲线上的变化点,初步选定累计频率小于变化点的路段为事故多发点。

(2) 对事故集中在某分段单元两端的情况,应对其前一单元或后一单元的事故作进一步分析,以避免由于等间距分隔单元而遗漏事故多发点。

第五步:现场踏勘

对初步选出的路段进行必要的现场踏勘和分析,现场踏勘的内容包括:道路状况调查、车辆行驶状况调查、周边环境调查及其他。

第六步:最后确定事故多发点

综合分析收集资料和现场调查资料,对照事故特征、事故原因和事故处的道路线形,排除由于人为因素、车辆因素及其他特殊原因引起的事故,最后确定事故多发点。

第七步:分析事故原因并提出改进措施

2. 交通事故多发点诊断的技术路线

道路交通事故多发点诊断技术路线的表达是多维的,体现在规划层技术路线(图 4-3),设计层技术路线(图 4-4),管理层技术路线(图 4-5),维护层技术路线(图 4-6)。

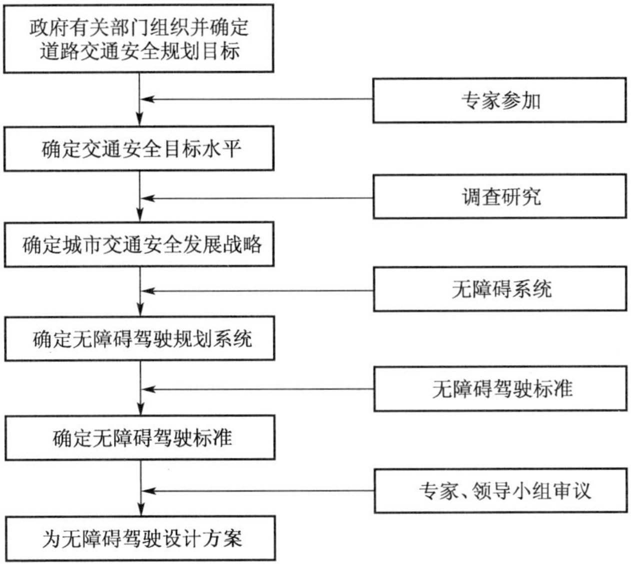

图 4-3　交通安全无障碍规划流程

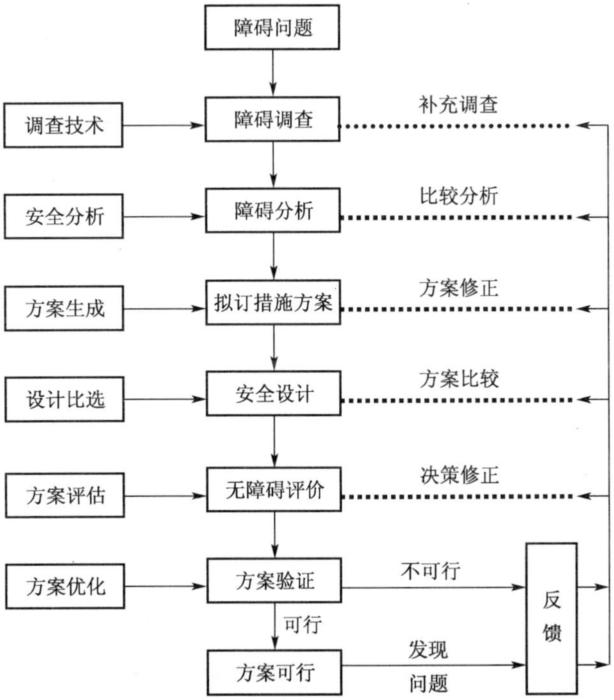

图 4-4　交通安全无障碍设计流程

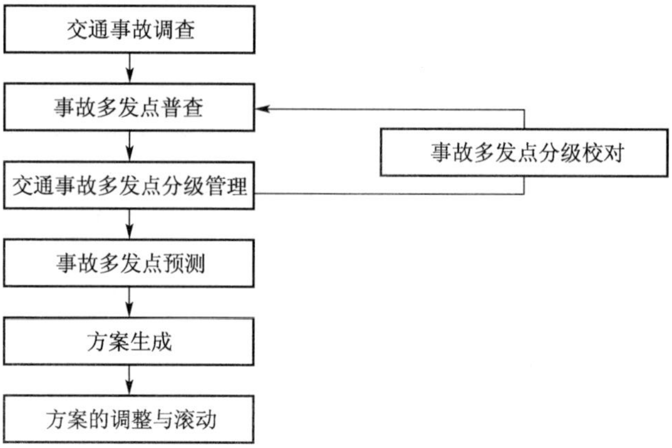

图 4-5 道路交通事故多发点管理流程

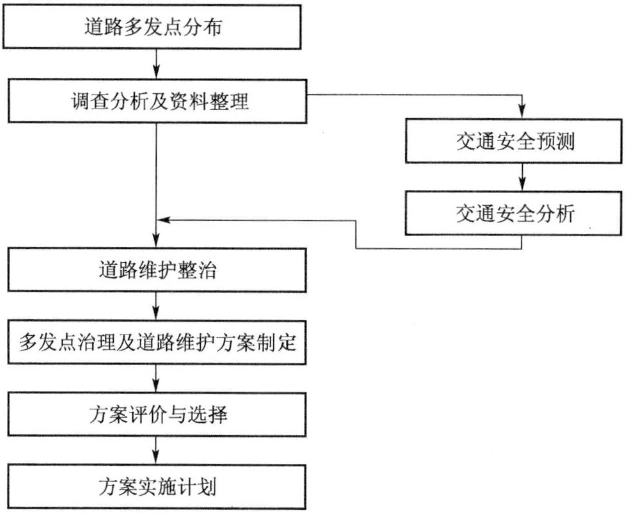

图 4-6 道路交通事故多发点排除流程

4.2.5 交通事故危险点综合成因分析模型

采用“地点危险指数”P_d 来表征“交通事故危险点”的危险程度是比较理想的。它综合考虑了事故次数、事故严重程度、伤亡人数和直接财产损失，可以替代“事故次数”或“事故率”等参数来进行地点交通安全评价。同时也总结了已知一系列“交通事故危险点”，求“地点危险指数”与事故原因之间灰色关联度的方法。

由于数据来源的原因，上述分析主要侧重于驾驶员原因的分析，这只是交通事故原因的一个方面。实际交通事故的发生是一个非常复杂的过程，具体到单个“交通事故危险点”,因为驾驶员的违章或操作失误而造成交通事故只是一个表象,实际上交通事故的发生和道路、车辆和交通环境都有很大关系。

为了确定交通事故危险点发生交通事故的真正原因,需要建立“交通事故危险点”的综合成因分析模型。综合成因分析模型有定量分析和定性分析两种。

1. 定性分析

定性分析是一种实践性很强的工作,必须根据经验和智慧推断出问题的症结,并据此提出合理的解决办法。定性分析的一般步骤如下:

(1) 收集某事故危险地段及区域 1～3 年的事故资料,进行事故分类统计;参阅每一次事故现场图和现场勘察记录,并尽可能把所有的事故发生过程叠加到一张现场图上,从中寻找事故突出因素;

(2) 参照国家或有关部门制订的事故因素判别“经验规则”推断主要的事故因素;

(3) 现场勘察,找出可能被遗漏的事故因素,如路边障碍、交通标志等;

(4) 确定事故的主要诱导因素,提出相应的工程措施。

2. 定量分析

定量分析是采用统计分析方法找出对危险点事故发生有明显影响的因素或因素组合。定量分析不但可以找出单个事故成因,更重要的是还可以揭示这些因素之间的综合作用对事故发生的影响,而这种综合作用往往是多数事故发生的主要原因,更具有危险性。定量分析一般分三个步骤:

(1) 确定显著变量

以定性分析为基础,逐个挑出对事故有明显影响的因素,并按照影响作用的大小排序。

(2) 事故单元列表

按照排序的先后分栏目将各因素综合列表,表中每一格为一个事故单元,据此把该“交通事故危险点”的地点危险指数划分为许多单元的危险指数,再把这些单元的危险指数与区域平均水平相比较,用定量的方法找出危险事故单元,进而分析较危险的事故因素组合。事故危险单元可用下列方法计算:

① 计算第 k 个单元事故的地点危险指数概率 $P(k)$:

$$P(k)=\frac{\sum_{i=1}^{n}P_d(i,k)}{\sum_{i=1}^{n}P_d(i)} \tag{4-15}$$

式中:$\sum_{i=1}^{n}P_d(i,k)$ ——全路段第 k 个单元总地点危险指数;

$\sum_{i=1}^{n} P_d(i)$——全路段总地点危险指数。

② 计算某“交通事故危险点”第 k 个单元理论“地点危险指数”：

$$E(k) = P_d \times P(k) \tag{4-16}$$

式中：P_d——“交通事故危险点”的“地点危险指数”。

③ 用某事故单元的实际“地点危险指数”$P_d(k)$与理论“地点危险指数”$E(k)$相比较，计算第 k 个单元的 Freeman-Turkey 残差 $Z(k)$：

$$Z(k) = P_d(k)^{0.5} + [P_d(k)+1]^{0.5} - [4E(k)+1]^{0.5} \tag{4-17}$$

如果 $Z(k)$的值大于+1.5，则认为该单元是事故危险单元，也就是说实际“地点危险指数”明显高于预测“地点危险指数”，且 $Z(k)$越大表明该单元越危险。

(3) 分析

根据事故危险单元，分析推断事故成因。

4.3 连续型事故多发点鉴别

4.3.1 连续型事故多发点的分析定义

1. 传统定义的局限性

最终确定事故多发点时，传统方法均将事故作为单独的离散点来考虑，一起事故发生即定义为道路上的一点，将所有的点标出后，依据点与点之间的关系进行安全性能的评判来确定多发点路段。最基本的多发点定义(评判方法)是：如果某定长路段 1 在规定的时段内发生 n 起以上事故，则定义该路段为事故多发点路段。

这种定义有其优越性，它简单明了，容易理解，多发点的确定过程清晰明确，可以给人以直观明晰的感觉。但这种定义方法也有不足之处，具体体现在以下几个方面：

(1) 造成事故的原因是多方面的，诸如道路条件因素、交通量与交通成分因素、驾驶人的群体素质等，由于定义缺乏严格性和统一性，造成多发点研究的多重概念。如当定义事故多发点仅是道路条件造成时，则与事故的严重程度等无关；若以治理的效果为出发点，定义事故多发点考虑交通量、交通成分等因素时，则应考虑事故严重性等。但传统的定义方法对各种事故一视同仁，无论事故的严重性如何，均简单地视其为一个点，忽略了事故的严重程度。

(2) 如果从道路条件的角度进行分析，一起事故发生的原因，是由于事故发生地点附近显现的或潜在的道路交通环境对驾驶人进行误导或使驾驶人操作困难，导致驾驶人做出错误判断或操作不当而发生事故，事故发生点是危险点，但以危险点为中心的一定距离内道路的危险程度也会很高。

例如弯道的视距变化，实际视距小于安全视距时，道路条件变得危险，此时实际视距越小，其危险程度越高，如图 4-7 所示，实际视距是由 $A\to B$ 和 $C\to B$ 逐渐缩小的，实际视距最小的点 B 为最危险点，这段道路的危险性是以这点为中心向两侧逐渐变小的，是一条逐渐变化的曲线。

传统定义确定事故多发点所考虑的只是一个点，忽视了这一点前后两侧的情况，即事故的分布规律。例如图 4-7 的情况，$A\to C$ 之间路段被确定为事故多发点路段，但在其前后两侧应该说其危险程度也是很高的而却被排除在外。

(3) 传统定义进行事故多发点排查时，其筛选过程一般以一定步长进行循环确定多发点，此时步长的选择就显得非常重要，当步长过大时，某些危险路段就会被漏掉。如图 4-8 所示，判断 4 km 内发生 3 起事故时为事故多发点路段，那么图中这 3 起事故发生段将被忽略。

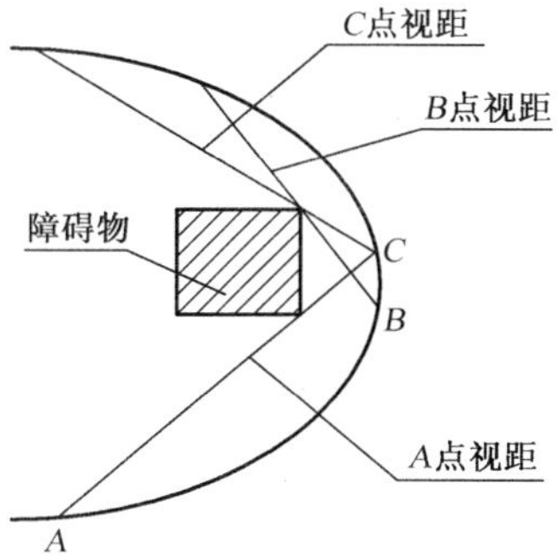

图 4-7　道路视距变化情况

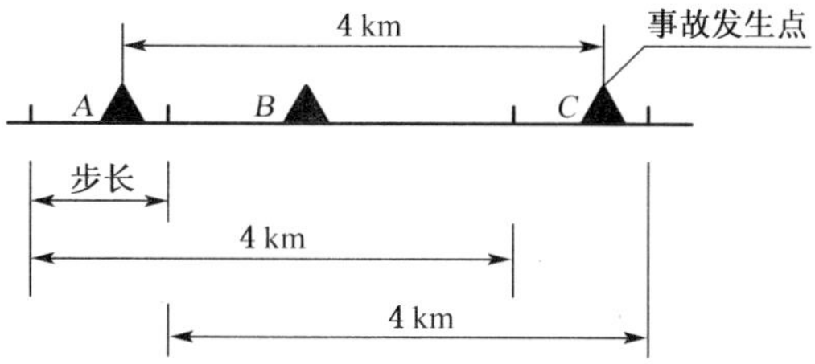

图 4-8　传统定义排查事故多发点路段

当步长过小时不仅会成倍地增加计算量，而且将非多发点路段包括进来，造成浪费。因此合适步长的选取显得非常重要，实际工程中很难做到，这也是传统定义的局限性。

2. 事故多发点的属性研究

分析传统事故多发点定义，可以看出，事故作为一个独立的点进行考虑，没有考虑到其扩散性，是依据离散的点与点之间的关系即主要是点与点之间的距离进行判断的，着重在考虑点与点之间的关系，而对于点自身考虑很少。

因此，在给出事故多发点新定义时，首先对点自身做一个比较细致的研究，然后以此为基础，对点与点之间的关系进行研究做出判断，这样的定义过程所包含的信息量增加了，其结果会更加趋于合理。

(1) 事故发生点的属性研究

如图 4-9、4-10 分别是某高速公路一个 10 km 路段和一个 1 km 路段统计的事故分布情况。

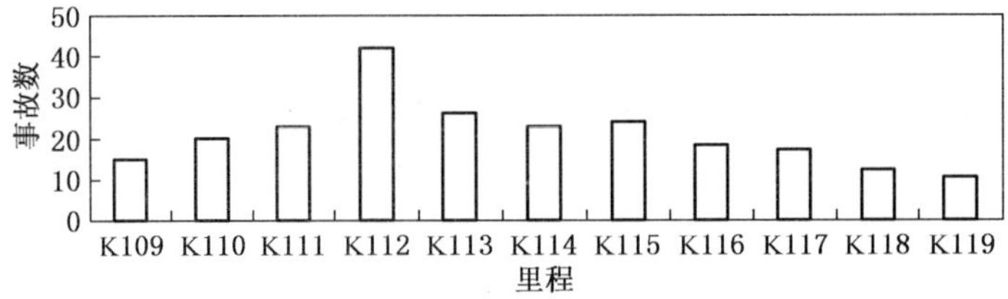

图 4-9　典型事故路段事故统计分布(1)(每 1 km 路段)

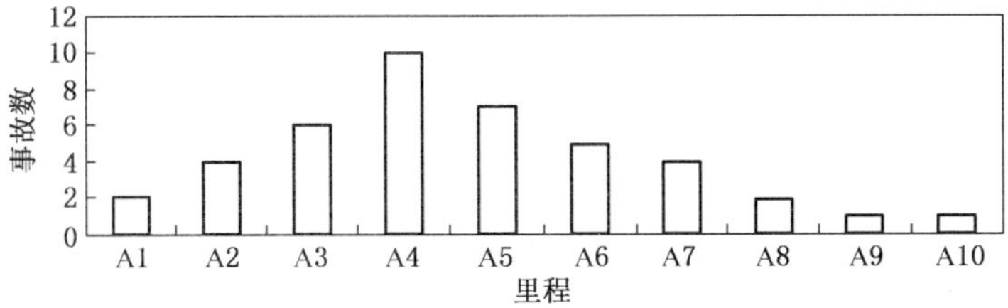

图 4-10　典型事故路段事故统计分布(2)(每 100 m 路段)

可见,在典型的多发点路段事故分布都近似服从正态分布,因此可以假定事故发生点是危险点,以危险点为中心的一定距离内道路的危险程度也会很高。道路上每一点的安全性能是不同的,为此先定义一个值 A,以此值代表道路上点的危险性,A 值越大道路上该点的危险性越高,反之,A 值越小越安全。以道路里程 S 为横轴,以危险性 A 为纵轴,那么道路安全性能可用危险曲线的形式直观表现出来,如图 4-11 所示。

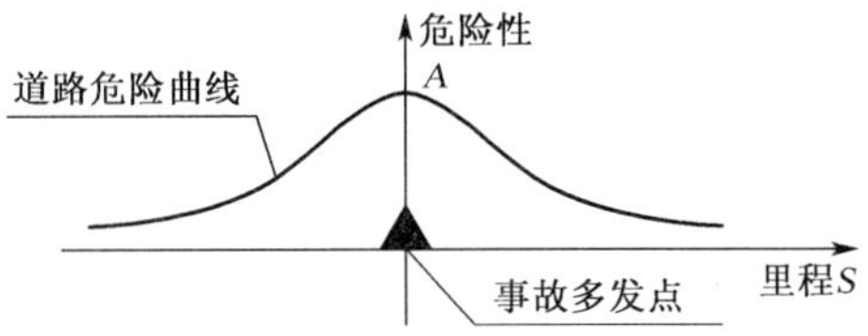

图 4-11　道路危险性曲线

在事故发生点,道路的危险性是最高的,在临近发生点其危险性也会较大,随着距离的增加,道路危险性逐渐减弱,即道路危险性曲线接近于一条以事故发生点为中心的正态分布曲线。从道路本身情况来说,由于道路条件不好造成行车危险性增高,而不好的道路条件决不会是单独一个点,必须是道路上的一段或者说是一个区域。例如:很多下坡弯道,由于路面超高或路面防滑性能方面的问题,成为事故多发点路段。汽车往往是在离心力达到最大的位置冲出行车道,这一点(一般来说是曲率最大点)发生的事故最多,其危险性最高,但有少数车辆由于速度太快,可能在没有到达该点时就发生事故了,也可能由于转向过度,车辆经过该点之后,从道路的另一面滑出。

(2) 事故发生路段的属性研究

从上面的分析可以确定，道路上一个点的道路条件异常，使该点的行车危险性增加的同时，也会使这点前后不远的一个领域内的行车不安全。如果道路上存在道路条件缺陷的几个点相距不远，这些点的安全特性就会相互影响，形成一个不安全的路段，如图 4-12 所示。这一点可以从事故调查数据的分析中得到证实。

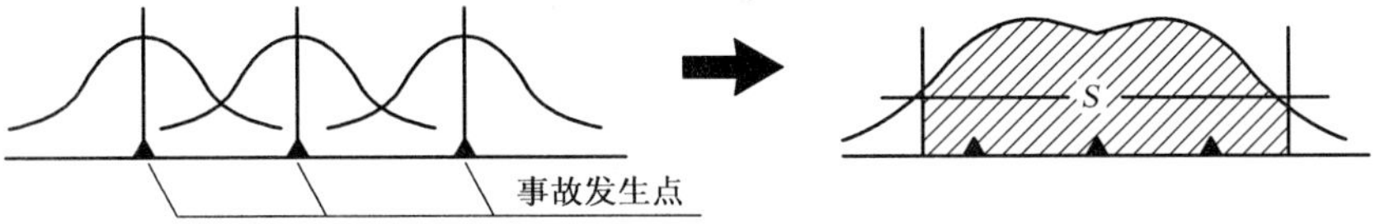

图 4-12　事故发生段属性

从以上分析可知，引发事故的道路特征只存在于道路上的一点或一小段，但其影响的范围却可能要大得多，反过来说，危险发生的范围较大，但危险的起源却只是一个点或一小段。因此对于已确定的事故多发点或路段，要进行危险产生点的分析，可以利用如交通冲突观测技术来查找危险点的产生原因。

3. 连续型事故多发点的分析定义

根据以上分析，首先将初步排查的事故多发点每一点的累计事故数以曲线的形式进行形象的表示，曲线所表达的是道路事故危险性程度。对所有曲线的重叠部分进行叠加，最后会得出一条综合曲线，综合曲线即代表了道路事故的真实危险情况，从另一个角度反映了道路的交通安全性。曲线纵坐标越大的点，其安全性越差，当连续的安全性能比较差的路段超过一定长度时，则此路段就应定义为事故多发段。如图 4-13 所示。

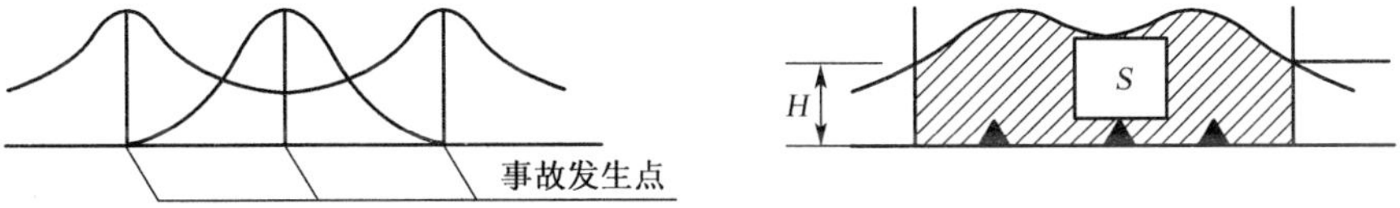

图 4-13　事故多发点定义

定义 1：对综合曲线的高度超过某一值 H 的路段进行曲线积分求其面积 S，当连续超过 H 的路段 r 的面积 S 超过某一界定值时，则定义该路段为事故多发点路段。

对于定义 1 中的 H 值，实际上就是在定义周期内发生事故次数的界限数，传统定义一般取 3 起事故，由于 H 值的研究是事故多发点研究的核心问题之一，它取决的因素非常复杂，因此单从道路的危险性角度考虑，定义 1 可以转化成下面的说法：

定义 2：如果某定长路段 f 在规定的时段内发生 n 起以上事故，若该路段的危险性综合曲线函数为 $F(x)$，Q 为一界限值，当 $S=\int_{-\frac{l}{2}}^{\frac{l}{2}}F(x)\mathrm{d}x\geqslant Q$ 时，则定义该路段 l 为事故多发点路段。

事故多发点路段长度 l 不是事先规定的，而是通过求曲线面积确定的，即危险范围。

4.3.2 连续型事故多发点的正态模型

根据事故多发点的分析定义，描述道路危险性是以曲线方式，因此首先要解决的问题就是建立多发点模型，即该曲线函数的确定。结合所讨论问题的性质，通过对各种函数曲线的研究，发现事故曲线比较符合正态函数。

影响道路危险性的因素很多，其中道路自身条件就包括道路线形（直线长度、曲线半径、纵坡、超高等）、道路结构（路面形式、路面材料、路基高度等）以及道路等级等；另外，道路所处环境条件也会对交通安全产生影响，例如当道路两侧一片荒芜时驾驶员就很容易疲劳而引发事故。道路安全性能是这些因素的综合影响的结果，一起事故的发生也是在这样一个复杂系统内各因素发挥作用的结果，而每一个因素的影响是不确定的，根据中心极限定理，其综合作用的结果，即道路危险性这一指标应该是近似服从正态分布的。危险性指标采用的是单位事故率，这样它才是连续型的随机变量。另外，有大部分交通事故，尤其是长期大面积监测的交通事故，均服从正态分布，因此正态分布曲线作为事故多发点模型有技术基础。

1. 模型参数(μ,σ)的选取

确定了多发点模型是正态函数以后就要选取合适的参数以明确这一定义。随机变量 x 服从正态分布，其概率密度函数为：

$$f(x)=\frac{1}{\sqrt{2\pi}\sigma}\mathrm{e}^{-\frac{(x-\mu)^2}{2\sigma^2}}\qquad(\sigma>0,-\infty<x<+\infty)\tag{4-18}$$

标准正态分布：

$$f(x)=\frac{1}{\sqrt{2\pi}}\mathrm{e}^{-\frac{x^2}{2}}\qquad(-\infty<x<+\infty)\tag{4-19}$$

在一般正态函数中有两个参数即 μ 和 σ，分别对 μ 和 σ 进行讨论。

(1) 参数 μ 的确定

在正态函数中 μ 代表函数的均值，参数 μ 的意义是确定了函数曲线的位置。对于不同的 μ 值，函数曲线将位于 x 轴上的不同位置。对于我们所研究的问题，参数 μ 可用于确定事故曲线位于路线上的具体位置，即在道路的哪一点发生的事故。

(2) 参数 σ 的确定

参数 σ 在正态曲线中用于描述函数的方差，σ 越大，则随机变量的离散性越大。表现在曲线上，即曲线越平。反之 σ 越小，随机变数的离散性越小，曲线越陡，随机变量的值越靠近均值 μ，即 $f(x)$ 越大。参数 σ 变化时曲线图形的变化情况如图 4-14 所示。

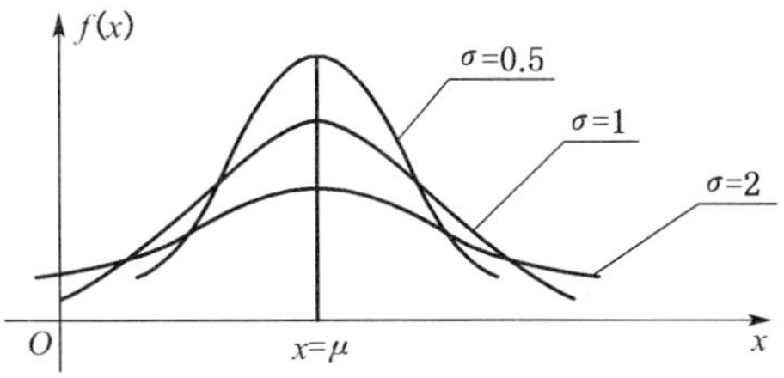

图 4-14　不同 σ 的正态曲线

由于 σ 的值决定了事故的离散情况，过大时多发点的可能性很小。首先假设以 σ 作为事故严重程度的描述指标，从图形分析来看，显然不妥，因为 σ 值小时，曲线峰值较大且集中，故相对于一般事故，其曲线各点应等高，即整个曲线均位于一般事故曲线之上。如果以 σ 来代表事故的严重程度，事故越严重，σ 值越大，此时得出的不同严重程度的事故曲线是相互重叠的，σ 值大的曲线两侧高于 σ 值小的曲线，但在中间则刚好相反，并不满足上述条件，所以不能以 σ 值作为衡量参数。既然 σ 并不能对事故的性质进行刻画，那么取以恒定值 1，即选取标准正态函数。

2. 事故多发点的影响范围

标准正态曲线是一条向两端无限延伸的连续线，用它作为衡量事故的曲线，那么对应每一起事故的危险曲线也是一条向两端无限延伸的连续线。如果选取整条曲线，计算量将非常大，分析曲线也可以发现，其两侧逐渐减小，超过了一定的范围，其值很小。这样可以对曲线进行合理的截取，取其关键的大部分，而对数值比较小的部分可忽略不计。截取时要满足这样的要求：既要涵盖曲线的绝大部分又要使其范围尽量小。在概率论上对于标准正态分布有“3σ 原则”，可以利用这一原则对曲线进行截取。

在确定事故多发点影响范围之前，应首先确定初步排查事故多发点的标准，即当一段路上发生的事故数超过鉴别标准阈值则为事故多发点。为了研究方便，这里假定在统计周期(3 年)内一段 4 km 的路上发生 3 起一般事故作为事故多发点的判定临界值，对这种情况下的曲线特性进行分析，得出此时曲线的指标值作为此判断标准下的临界值。根据这一临界值，对曲线其他部分进行判断，满足这一要求时即确定为事故多发点。

根据前面的论述，一起一般事故对应的曲线长度为 $\pm 2\sigma$ 内部分，总长为 4σ，而 4σ 应该是一起一般事故的影响范围。根据上面的假设判断标准，3 起事故中每一起对该 4 km 的段路的危险性均起作用，也就是说，一起事故的影响范围应为4 km，即 4σ 应为 4 km，画成事故危险曲线，曲线的长度取为 4 km。σ 为 1 时，曲线的长度对应 1 km，如果判断标准中的路线长度不为 4 km，此时应根据具体数值进行折算。例如，如果判断标准中指出一个统计周期内一段 5 km 的路段上发生 3 起一般事故为事故多发点的确定临界值，那么一起一般事故对应的曲线长度为 5 km，则 $\sigma = 1$ 时，曲线的长度对应 1.25 km。

4.3.3 连续型事故多发点的类别与鉴定

1. 连续型事故多发点的类别

事故多发点按其表现形式可以分为规划设计类多发点、施工建设类多发点和管理类多发点。

(1) 规划设计类多发点(Ⅰ类)

图 4-15 规划设计类多发点事故表现

此类多发点主要是在路网规划、道路线性设计等存在严重问题时，例如一长陡坡接一个弯道等。这类多发点的表现是事故集中在一点，如图 4-15 所示，根据分析定义 2，可得：

推论 1：(初步判定依据)规划设计类事故多发点路段 l 值一般很短，其危险性综合曲线极值高度满足：$H = Q$。

(2) 施工建设类多发点(Ⅱ类)

此类多发点主要是在施工过程和养护过程中路面质量、行车环境等有重大缺陷时，例如弯道处的视距障碍、路面横坡超标等。这类多发点的表现是事故集中在一个区域，如图 4-16 所示，根据分析定义 2，可得：

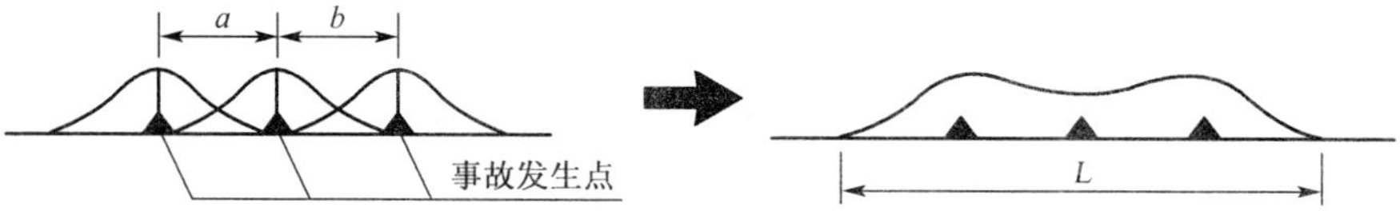

图 4-16 施工建设类多发点事故表现

推论 2：(初步判定依据)施工建设类多发点中，事故与事故的间距 a，b 的值很小，其危险性综合曲线极值高度满足：$H < Q$。

(3) 管理类多发点(Ⅲ类)

此类多发点主要是在管理过程中违反客观事实或严重疏漏造成行车和行人事故的管理行为，例如错误的标志与标线设置、错误的强制交通措施等。这类多发点的表现是不仅事故集中在一处，而且对路网周边或路段有定向影响，如图 4-17 所示，根据分析定义 2，可得：

推论 3：(初步判定依据)管理类多发点影响区域 l 值遵循一定的规律，其危险性综合曲线极值高度满足：$H \leqslant Q$，且综合曲线极值在短距离内有若干个，并且遵循一定规律变化。

图 4-17　管理类多发点事故表现

2. 连续型事故多发点的鉴别标准

按前节假定的初步排查事故多发点的鉴别标准，即 4 km 内发生 3 起一般事故为事故多发点段，事故多发点的危险曲线就是依据 3 起事故而定，由于最终曲线是由 3 条独立曲线叠加形成的，各条曲线的位置不同，叠加后的曲线也会大不相同。按此方法确定事故多发点是合成后的曲线，因而必须对上述三类不同情况下的曲线进行分析，找出其共同的特点，依此确定事故多发点的鉴别标准。

首先计算出 1 起一般事故所围曲线的面积 S：

$$S=\int_{-\frac{1}{2}}^{\frac{1}{2}}\left(\frac{K}{\sqrt{2\pi}}\mathrm{e}^{-\frac{x^2}{2}}-h\right)\mathrm{d}x=\int_{-2}^{2}\left(\frac{K}{\sqrt{2\pi}}\mathrm{e}^{-\frac{x^2}{2}}-h\right)\mathrm{d}x=0.736$$

分析上面三类多发点情况，三条合成后的曲线与 x 轴所围面积均为 $3S$，而且曲线在 x 轴上的合成长度 l 分别为 8 km、4 km、8 km，即最长为 8 km。另外，对曲线进行分析可以发现，除边界为 0 外，事故多发点段只有在Ⅲ类(图 4-17)情况下曲线内出现了一个 0 点。也就是说曲线在事故多发点段内不会出现两个 0 点。对此进行理论分析也可以得出这一结论，因为 0 点只能出现在距离一起事故发生点 2 km 以外的地方，如果曲线上出现两个 0 点，那么两个 0 点对应的两起事故相距必然大于4 km，而不会等于 4 km，不符合鉴别标准。

经综合分析与比较确定事故多发点段的鉴别标准，依据分析定义 2 得：

曲线判定依据 1：

(1) 曲线与 x 轴所围面积大于或等于 $3S$；

(2) 曲线在 x 轴上的长度小于或等于 8 km；

(3) 事故曲线内最多只有一个 0 点。

同时满足上面三个条件的路段才是事故多发点，其中前两个条件分别定义了事故数量和事故的集中程度。必须发生 3 起以上事故才能满足条件，而条件 3 则界定了这3起事故的发生位置，必须是集中在4 km的路段内，如果超过4 km，则不能满足这一条件。因为如果3起事故中位置处于外侧的两起事故之间的间距a和b大于4 km，那么合成后的事故曲线长度为$L = l + 2\ \text{km} + 2\ \text{km} > 8\ \text{km}$，而一起一般事故的事故曲线是以事故发生点为中点向两侧各延伸2 km。条件(3)则主要是为了防止将事故多发点段的范围错误地扩大。

道路交通管理是一项系统性、综合性和社会性的工程。道路交通管理成效最具检验性的是重、特大交通死亡事故的减少。事故多发点的消除可以明显减少重、特大交通死亡事故的发生，因此其社会效果显著。有计划、有步骤地诊断、处理清楚交通事故多发点问题，必须全社会参与，政府直接领导，专业队伍、专业主管部门负责。

第5章 道路交通安全系统数据调查与统计分析

5.1 道路交通安全系统数据调查与统计概述

道路交通安全的研究首先是针对道路交通事故进行调查、统计与分析，再对发生过程、结果进行模拟、预测等方面展开研究，总结出交通事故发生的总体规律和降低交通事故发生的具体方案、措施。国外许多学者从广义的角度把道路交通不安全因素统称为交通公害，包括交通事故、噪声、大气污染、振动、电磁波干扰、日照影响、环境污染等。目前我国主要是从交通参与者、车辆和道路等方面来研究道路交通安全。

交通安全研究具有综合性应用研究的特征，涉及许多相关学科知识。这包括工程技术（如机械工程、土木工程等方面）、信息处理技术、通信技术、材料科学、计算技术、力学、实验科学、预测科学、人体工程、医学、心理科学、系统工程、管理工程等领域。随着现代科学技术的不断发展，应适时地丰富和完善交通安全的研究内容。

5.1.1 交通安全系统组成

道路交通安全系统是可以分为基础层、过程层和阶段层的三层空间研究体系。体系结构的基础为理论和技术体系研究；重点为道路交通事故预防体系、道路交通安全保障体系和道路交通事故救援体系的过程层研究；目标为交通安全规划、设计和管理理念的阶段层研究，如图5-1。

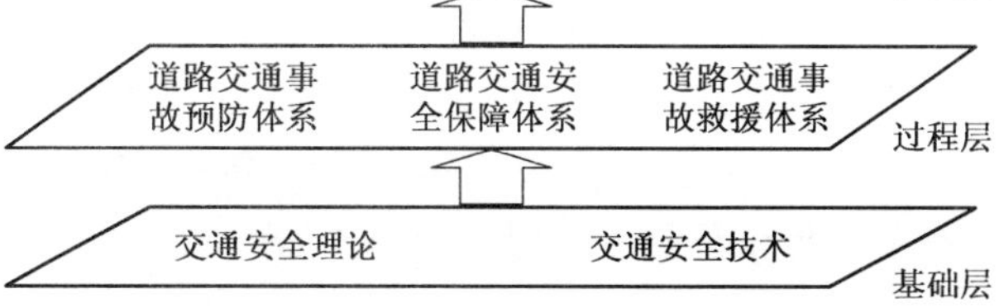

图5-1 道路交通安全体系

对过程层各部分实施分级，建立梯级模式。本文引入交通事件的概念，即交通违章、交通设施不合理、交通管理不协调等影响交通效绩的事件统称为交通事件，目的是强化预防体系。

道路交通事故预防体系分为：一级预防，即交通事件预防，包括违章行为、违章车辆、危险设施、不对称性管理等；二级预防为交通冲突预防，包括人车冲突、车车冲突、车路冲突等等；三级预防为事故预防，此时由事件目标转化为事故目标，对诱发事故的诸因素进行预防控制。

道路交通安全保障体系分为：一级保障，即交通行为保障，包括交通行为监督系统、交通行为风险系统；二级保障为交通设施保障，包括交通安全设计保障，路网设计安全保障，路段、节点安全保障；三级保障为交通管理保障，包括交通安全控制保障、交通诱导安全保障、交通组织安全保障等等。

道路交通事故救援体系分为：一级救援，一般交通事故救援系统，包括快速处理系统、快速排障系统；二级救援，重特大交通事故救援系统，包括快速救护系统、快速消防系统、快速事故勘察处理系统、快速排障系统。

5.1.2 道路交通事故统计分析的作用

道路交通事故是现代汽车文明的一大灾害。世界各国道路交通事故屡发不止，它已成为影响全球经济发展和人民生活质量的一个重要因素。因此，对道路交通事故进行统计、分析，找出引发交通事故产生的原因，以便采取有效的手段对交通事故进行控制和消除显得非常重要。道路交通事故统计是一项基础性工作，道路交通事故统计指标是道路系统采集交通事故信息的依据。

5.1.3 道路交通事故的调查及报告

道路交通事故的调查是指事故办案人员在处理案件过程中收集、审查证据，并运用证据查明和证明案件事实的活动。在这个活动中，证据是连接两个事实要素的桥梁，而且往往一方面连接已知案件事实，一方面连接嫌疑客体，确实充分的证据将保证法定事实最大化地归依于客观事实。

目前，交通事故（证据）调查的问题主要集中在两个方面：一方面是证据“数”的问题，即办案人员掌握的取证手段过于单一，无法发现充足的证据来源，对证据素材的加工不到位；另一方面是证据“质”的问题，即证据的证明力不强，证明方向不统一。要解决这些问题，保证交通事故的确实充分，除了要求办案民警要具备积极、负责的取证态度外，更重要的是办案民警还要具备一定的取证技巧和专业知识，只有这样才能有效地保证证据的质量。

5.2 道路交通安全系统数据采集

5.2.1 城市道路交通安全系统数据采集

1. 采集设备

由于计算机技术和通信技术的快速发展，目前的交通流数据采集已经脱离人工方法，进而转向全自动的采集设备，目前比较成熟的有视频采集系统、气压管传感器、磁映像原理传感器、微波传感器，代表设备有深圳神州公司的 Video Trace TM VT2100R 视频采集系统、美国 Flow Traffic 公司的 Autoscope－2004 视频采集系统、美国 Nc-metrcs 公司的 NC－97 袖珍交通流量计、澳大利亚 Microcom Pty 公司的 Metro Count 5600 车辆分型统计系统和加拿大电子集成系统公司的RTMS 远程交通微波传感器。各种设备有自己的适用范围和条件，在采集数据时可单独使用，也可以组合使用。

由于各种设备采用不同的识别技术，工作原理也不尽相同。视频车辆检测器是一种基于视频图像分析和计算机视觉技术对路面车辆运行情况进行检测分析的集成系统。它能实时分析输入的交通图像，跟踪图像中的车辆，获得各种交通数据。

视频车辆检测器采用摄像机作为视频传感器。摄像机架设在道路的合适位置（道路上方、路中央的隔离带），视频信号经视频线输入视频检测系统，利用图像工程学（图像处理与机器视觉）的方法，实时监测各个现场的图像，并去除各种环境造成的影响，通过图像分析处理获得所需的各种交通数据，检测线和检测区可在计算机或监视器的图像画面上自由设置。系统检测到的各种交通数据既可存储在设备本身的大容量非易失存储器中，也可以通过通信接口，将检测数据传输到远端数据中心。

视频车辆检测器的安装相对简单（见图 5-2），摄像机可以安装在路面上方、路中间的隔离带上。摄像机的安装高度通常在 7～20 m 之间。通过输入从现场测量的摄像机高度、路面检测区标定长度等参数对检测器进行校准，现代的视频检测器在校准时也无需其他额外设备，系统自身即可完成，Video Trace TM VT2100R 视频采集系统和 Autoscope－2004 视频采集系统就是典型代表。使用者对照显示器或监视器上的现场图像设置好检测区域（模拟线圈）（见图 5-3），当车辆经过这些模拟线圈时，各种交通数据就被提取出来，检测数据可以实时发送，也可存在设备里，在合适的时间传送。

图 5-2 摄像机正在采集视频图像

图 5-3　检测器在检测视频图像

2. 采集方法

城市快速路系统按其构造形式及车流运行特征的不同可划分为基本路段、交织区、匝道及匝道连接点(包括匝道合流区和匝道分流区)三部分。这三部分之间的关系见图 5-4,并且基本路段可分为直线路段、曲线路段和纵坡路段,匝道可分为入口匝道和出口匝道。由于快速路各组成部分的设备安装方法、安装要求不同,因此调查方法也不同,分述如下。

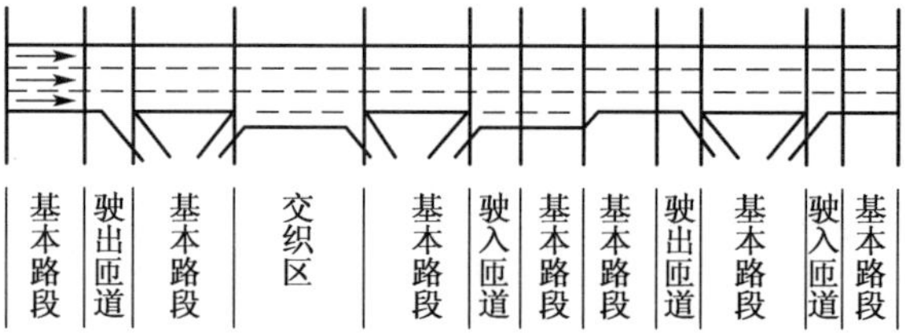

图 5-4　快速路系统的各组成部分图示

(1) 直线路段交通流数据采集

直线路段交通流数据采集可采用两种设备组合方式。

① 为 Metro Count 5600 系列路旁单元和摄像机组合测量 2 个断面。当快速路为双向 4 车道时,需要 2 组 Metro Count 及两台摄像机;当快速路为双向 6 车道及 8 车道时,需要 4 组 Metro Count 及两台摄像机。设备布设见图 5-5。

② 为 8 个 NC-97 袖珍交通流量计测 1 个断面。当快速路分别为双向 4、6 及 8 车道时,分别需要 4、6 及 8 个 NC-97,并用数码摄像机进行短期交通状况记录。设备布设见图 5-6。

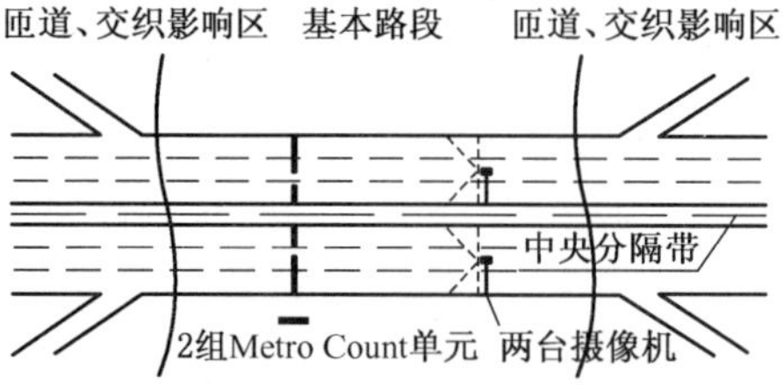

图 5-5　快速路直线路段设备布设简图一

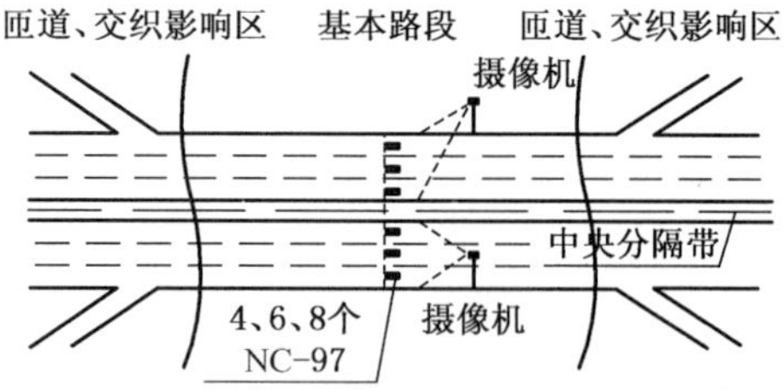

图 5-6　快速路直线路段设备布设简图二

（2）曲线路段交通流数据采集

为了了解整个曲线路段的交通流规律，至少要采集3个断面的交通流数据，即曲线起点、中点和曲线终点。双向4车道：利用6组Metro Count 5600系列路旁单元，同时观测3个断面。此时气压管布设在曲线起点、终点处及曲线中点三个断面。设备布设见图5-7。双向6、8车道：双向6车道及8车道利用1台RTMS远程交通微波传感器、6或8个NC－97袖珍交通流量计及4组Metro Count 5600系列路旁单元观测3个断面；仪器布设在曲线起点、终点处及曲线中点三个断面。设备布设见图5-8。

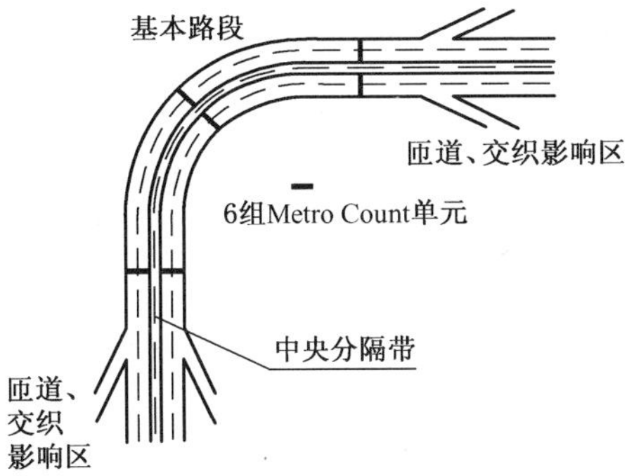

图5-7　快速路4车道曲线路段调查设备布设图

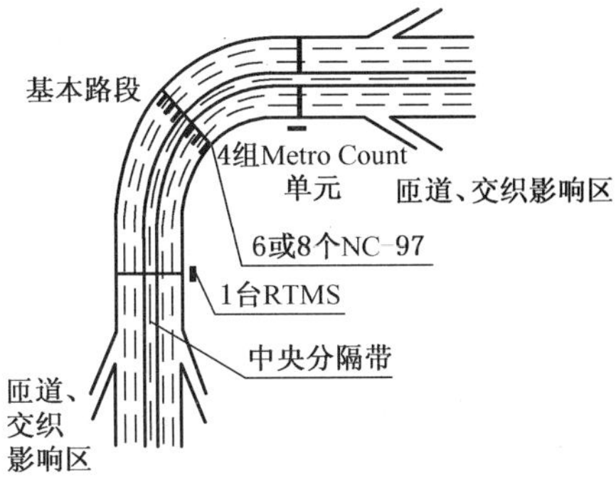

图5-8　快速路6～8车道曲线路段调查设备布设图

（3）纵坡路段交通流数据采集

与曲线路段相似，纵坡路段至少要采集3个断面的交通流数据，即坡顶、坡中和坡底。

双向4车道：将两组Metro Count 5600气压管布设在坡顶直线段，8个NC－97布设在坡段上，共调查3个断面。设备布设见图5-9。

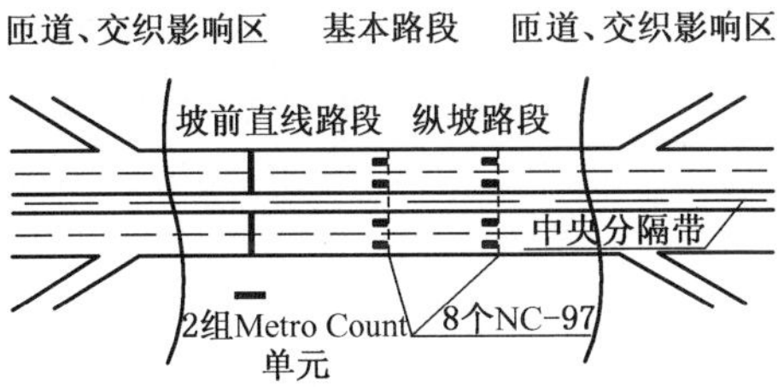

图5-9　快速路4车道纵坡路段调查设备布设图

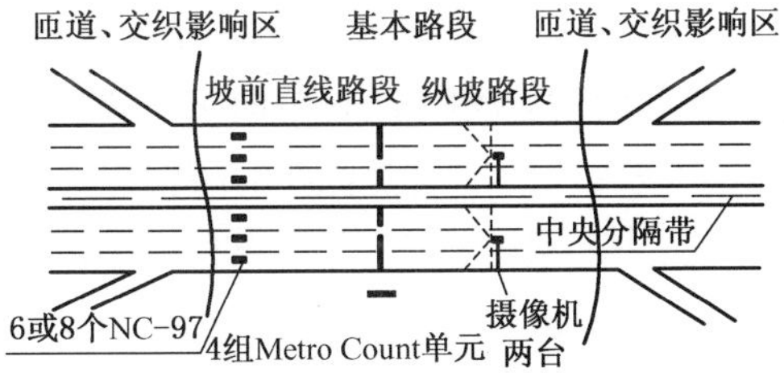

图5-10　快速路6～8车道纵坡路段调查设备布设图

（4）入口匝道交通流数据采集

如果条件具备，尽量采用视频采集法，摄像机的安装要根据具体情况具体来定，尽量找在摄像机安装位置有人行天桥或跨线桥，龙门架的匝道处进行交通流采集，方便摄像机的安装。设备安装示意图见图 5-11。

如果不具备安装摄像机的条件，可以采用 Metro Count 5600 和 NC－97 两种设备组合进行检测，调查单向 2 车道时，需要 6 台 Metro Count 5600 和 5 个 NC－97；调查单向 3 车道时，需要 6 台 Metro Count 5600 和 7 个 NC－97，并用摄像机进行短期交通状况记录，设备安装示意图见图 5-12 和图 5-13。

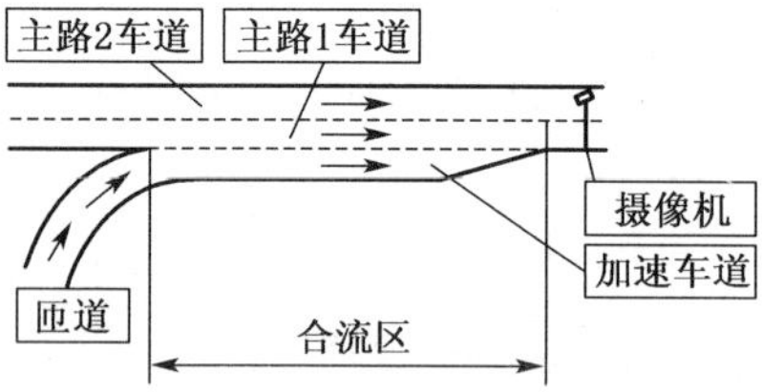

图 5-11　视频方法观测入口匝道交通流设备布设图

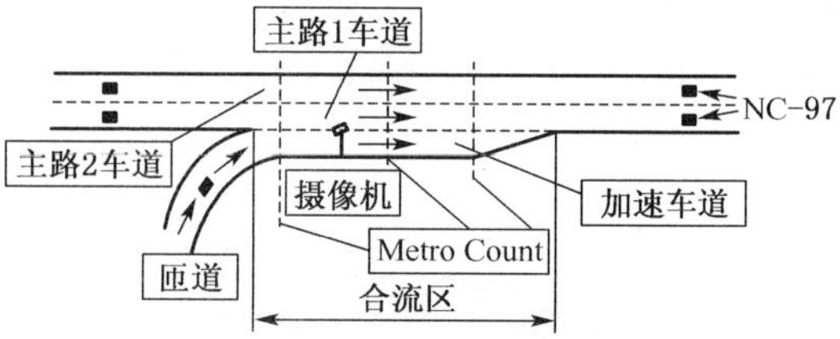

图 5-12　主线 4 车道入口匝道交通流设备观测布设图

(5) 出口匝道交通流数据采集

出口匝道的交通流检测也是尽量采用视频采集法，摄像机安装原则同入口匝道，并用数码摄像机进行短期交通状况记录。设备安装示意图见图 5-14。

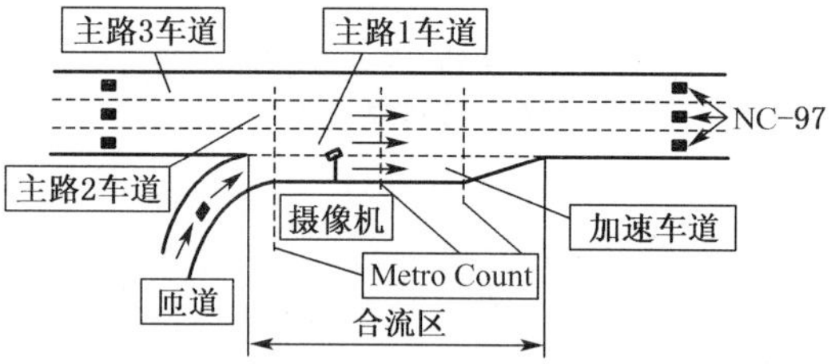

图 5-13　主线 6 车道入口匝道交通流设备观测布设图

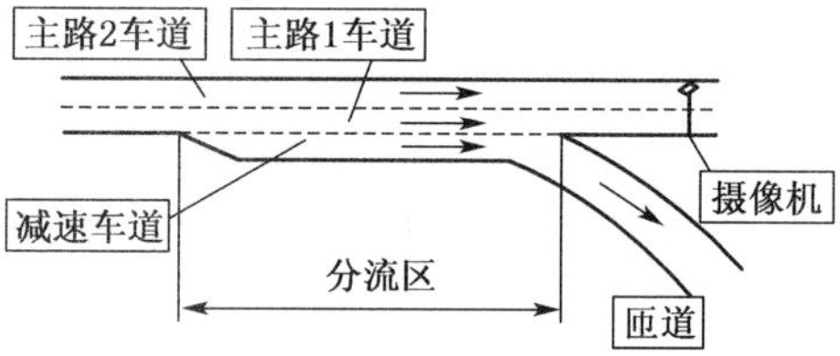

图 5-14　视频方法观测出口匝道交通流设备布设图

如果不具备安装摄像机的条件，可以采用 Metro Count 5600 和 NC－97 两种设备组合进行检测，调查单向 2 车道时，需要 6 台 Metro Count 5600 和 5 个 NC－97；调查单向 3 车道时，需要 6 台 Metro Count 5600 和 7 个 NC－97，并用数码摄像机进行短期交通状况记录，设备安装示意图见图 5-15 和图 5-16。

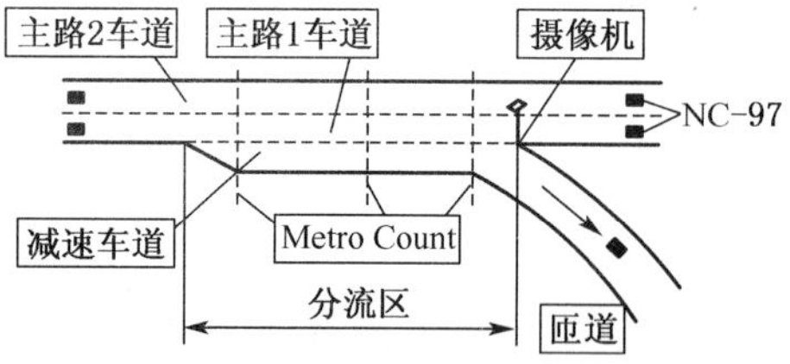

图 5-15　主线 4 车道出口匝道交通流设备观测布设图

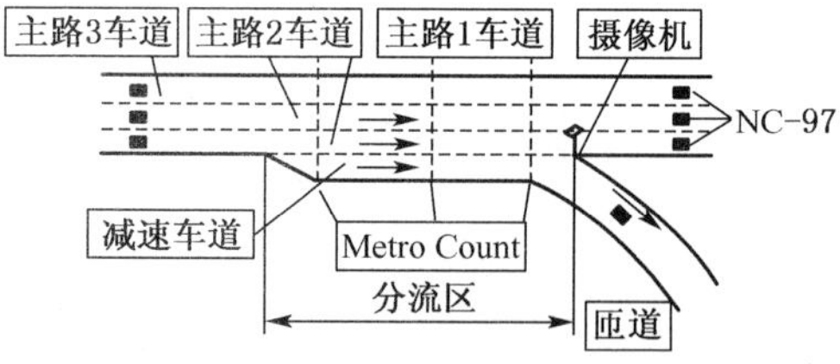

图 5-16　主线 6 车道出口匝道交通流设备观测布设图

(6) 交织区交通流数据采集

采用气压管法 Metro Count 5600 系列路旁单元和磁映像法 NC－97 袖珍交通流量计，布设在上、中、下游 3 个或 4 个断面，中游辅以视频设备观测车辆运行特点。调查设备布设见图 5-17、5-18。

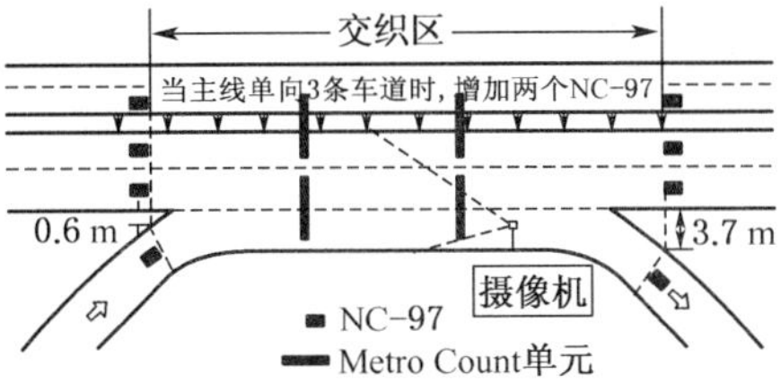

图 5-17　主线单向有 2 或 3 条车道时设备布设图

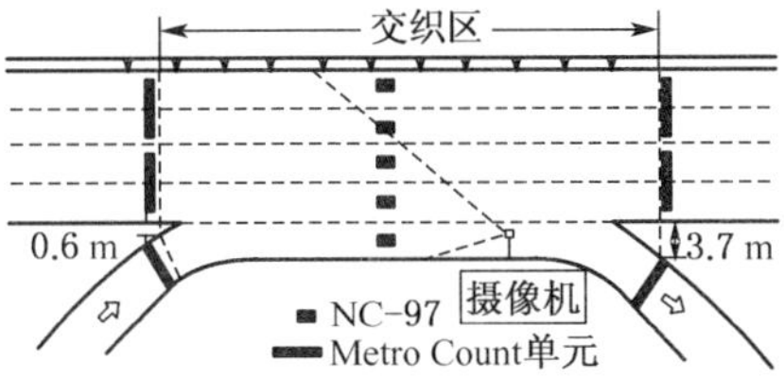

图 5-18　主线单向有 4 条车道时设备布设图

5.2.2　高速公路交通安全系统数据采集

1. 现有检测手段

随着我国智能交通系统概念的日益普及和应用的迅速发展，交通数据采集和交通事故检测已经作为智能交通系统的重中之重，对其优先发展。基础交通信息和交通事故主要包括车流量、车速、车间距、车辆类型、道路占有率、车辆违章信息、交通事故检测等。在这种情况下原有的环型线圈检测器信息采集开始显得力不从心，而微波检测、视频检测、红外检测等多种检测手段正越来越多地应用在高速公路项目建设中。

(1) 环形线圈检测器

利用环型线圈检测器获取交通信息是目前世界上技术已经十分成熟的车辆检测方法。它可以获取当前监控路面的交通流量、占有率、速度等数据，以判断道路阻塞情况，然后通过外场信息发布设备相关信息。

感应线圈检测经过几十年的发展到现今已实现标准化，技术成熟，易于掌握，计数非常精确，同时系统非常稳定，不受环境的影响。

环型线圈检测器存在着其固有的一些缺点：如其必须在车道上开槽埋设线圈。这在实际使用时，由于沿海很多地区高速公路软基问题和路面维护时线圈损坏率较高，维护工作量和费用相对增大；车检数据虽然精确，但相对而言还不够直观，有时车辆检测器发出警告时消息已滞后，或者监控人员担心是数据错误而犹豫，进而导致延误或错误地向现场设备发出进一步指示。因此环型线圈检测器需要一些可视的监测手段来辅助，适用范围主要在高速公路、桥梁、隧道，而对于城市交通则不适宜。

(2) 微波车辆检测器

微波车辆检测器即智能交通微波传感器 ITMS(Intelligent Traffic Microwave Sensor),是利用微波技术和高速数字信号处理技术,同时检测多车道或检测区域内的车流量、道路占用率、车速、车长等信息。ITMS 可广泛应用于城市交通路口或高速公路的交通信息检测,是一种价格低、性能优越的交通检测器。

微波车辆检测器是利用雷达线性调频技术原理,对路面发射微波,通过对回波信号进行高速实时的数字化处理分析,检测车流量、速度、车道占有率和车型等交通流基本信息的非接触式交通检测器。

微波车辆检测器主要应用于高速公路、城市快速路、普通公路交通流量调查站和桥梁的交通参数采集,提供车流量、速度、车道占有率和车型等实时信息。此信息可用隔离接触器连接到现行的控制器或通过串行通信线路连接到其他系统,为交通控制管理、信息发布等提供数据支持。它的主要特点如下:

① 多数检测器是单道设备。在多车道的公路上应用时,在每一安装处都需由多个检测器单元组成。因此带来高额的成本和复杂的安装,并且随着检测器单元和布线的增加使得可靠性下降且更不便于维修。微波车辆检测器能够根据车的长度探测到行驶在八条车道的每一条车道上的车的类型、道路占用率、流量和平均速度。多道性使微波车辆检测器在每一条车道上安装的性价比很高,具有方便性、可靠性、稳定性等特点。

② 微波车辆检测器独一无二的区域检测能力可使它从多角度应用,而其他检测器则很难维持这种准确性。

③ 除环型线圈车辆检测器需要在路面设置环型线圈外,其他可以选择的检测器都是正向架空安装设备,即只能安装在标志桥或过街桥上面,这就限制了它们在有很多桥或需要在常规路口新建桥的部署。也就是说,架空安装的检测器在安装和维修时检测器下方的道路必须被关闭。但微波车辆检测器能够在不中断交通的情况下安装在现有路侧电线杆上,而且安装不会造成交通中断,最多设置路边围栏。

高等级公路车流量大、车速高,需要采集设备具有易安装、易维护的特点,而微波检测器无需开挖路面,路侧安装,易于维护,恰恰满足此项要求。

道路环境条件多变,要求交通信息采集设备能够适应诸如雾、夜晚、大风等不同环境。微波车辆检测器的全天候工作特性使其能够很好地满足道路应用的要求。

在我国,尤其是南方省份,由于气候潮湿、夏天日晒强烈、超载车辆多、路面维护频繁等因素,导致地感线圈非常容易损坏,微波车辆检测器完全可以避免这种影响。

目前国内使用的微波车辆检测器主要是加拿大的RTMS，美国的MTD和SMART SENSOR。

(3) 视频车辆检测器

视频车辆检测器是通过视频摄像机作传感器，在视频范围内设置虚拟线圈，即检测区，车辆进入检测区时使背景灰度值发生变化，从而检测到车辆的存在并以此检测车辆的流量和速度。

视频车辆检测器可以获取多种交通数据，如每车道的交通流量，每车道的平均车辆行驶速度，每车道的平均车头时距，每车道的平均车辆时间间距，每车道的按不同车辆类型统计的车流量（按车长划分）、车道占用率、逆行/停车等非正常交通事件检测报警，烟雾/薄雾及雨雪等低能见度报警，用户自定义数据采集间隔；还可为管理人员提供可视图像，使管理更直观。单台摄像机可检测多车道。夜晚进行车辆检测的精度比白天要低一些，但是可以使用低照度的高灵敏度（红外补偿）黑白摄像机来改善检测与分割的效果。

视频车辆检测器采用了动态区域设置技术（DZR），该技术允许在任何时刻对一个检测区域进行修改，而不影响正存在的检测区域。一旦检测设置被保存，它便立即开始检测，所以操作非常简单，基本的培训工作不超过一小时便可完成。

同时视频车辆检测器还可以通过远程管理系统，监测现场交通流，提供用户支持及系统诊断等功能。基于Windows平台的软件能够轻松地安装在任何笔记本电脑或台式机上，使用者可以在监控中心实现以下功能：

① 远程浏览现场图像单帧或连续帧两种模式；

② 浏览多个Vantage摄像机的图像；

③ 为每台摄像机重新设置检测区域；

④ 远程执行系统诊断；

⑤ 远程获得交通统计数据；

视频车辆检测器的安装也相对简单，可以利用道路监控摄像机或者另外架设摄像机获取道路交通视频图像，所以外场设备的费用较低。

目前在国内应用较多的视频车辆检测器为美国Iteris公司生产的VANTAGE视频检测器、比利时Trafficon公司生产的VIP视频检测器、法国Citilog公司生产的视频检测器、深圳中盟科技生产的Athenex视频检测系统、浙大中控生产的VTD视频检测器。

(4) 红外线车辆检测器

红外线车辆检测器的原理是通过线性排列的红外光发射和接收来实现对车辆的同步扫描，并将光信号转换为电信号从而实现对车辆数据的综合检测，与其他检测技术相比，红外线车辆检测器产品技术相对成熟，安装简便，高速响应，抗干扰性强，可输出丰富的车辆数据信息，能可靠检测各种特殊车辆。

红外线车辆检测器通常由红外发射阵列和接收阵列组成，一般相对安装在车道两侧，主要应用于公路收费系统中，用于车辆计数、车辆分离和车型分类，此外，还可以获取交通流量、车辆速度等交通信息。

2. 信息采集现状

目前的交通工程设施是开展快速事故响应和紧急救援的基础，当前国内高速公路采用的信息收集设施及手段主要有以下几种：

（1）车辆检测器

主要收集道路上的交通量、车速、道路占有率等交通数据，是交通管理与控制的基本数据来源。环形线圈检测器是目前广为使用的车辆检测器，但环形线圈的破损率较高，有效寿命不长，基于这类检测器的事故检测和预测系统在实际应用中会受到制约。

（2）紧急电话

紧急电话便于在交通事故发生时，当事人与控制中心即时取得联系，利于控制中心即时提供快速救援。通常，紧急电话的设置一般保持在 1～2 km 一对的分布密度。由于建设资金的限制，大多数初期建设的高速公路并不能提供良好的紧急电话服务，但是目前国内的情况正在逐步好转。认识水平和观念的改变，促使近期开通和在建的高速公路一般均安装了紧急电话，尤其是最新出现的采用普通程控交换机技术实现的紧急电话系统使得系统成本大幅度降低，将进一步促使紧急电话的普遍应用。

（3）巡逻车

巡逻车配备无线电台，在高速公路上巡视，对事故发生做及时预防和处理，达到交通管理和救援的目的。巡逻车数量越多，事件检测和事故响应就越快，但管理成本和运营费用亦增加较多。在长距离公路上，通常实行划段管理，每个站负责管辖约 20～30 km 的路段。在恶劣的气象条件下，巡逻车值勤人员的劳动强度较大。据调查，巡逻车一般 1 至 2 小时出巡一次。这种人工主动检测方式，虽然很有效，但事故检测的实时性不够。

（4）闭路电视(CCTV)

闭路电视安装在路旁云台上，通过视频系统为监控中心提供图像信息，CCTV 一般安装在经常出现事故和需作出快速响应的地段。由于 CCTV 系统成本较高，而且每台摄像机的视野范围不超过 1 km，所以除了象北京首都机场高速公路这种提供高等级服务水平的特殊路段，CCTV 能基本上实现全线监视外，在其他普通高速公路上，CCTV 仅监视关键路段。

（5）气象检测器

气象检测器用来检测气温、浓雾、风向、风力、雨量、积雪及冰冻情况，在恶劣气象条件下，交通管理部门将据此关闭和开放特定路段，避免交通事故的发生以及事故对道路基础设施系统的破坏。关闭高速公路将直接影响高速公路运营公司的经济收益，因此，依靠科学方法确定合理的关闭条件是非常重要的。

以上是目前国内大多数高速公路可获得的信息采集手段。如果信息采集设施不健全，再加上缺乏行之有效的管理，那么监控中心对事故的响应和处理会不敏感。信息的采集是一个耗时的过程，是快速事故响应中最关键的一环。事故信息和其他必要信息如果不能及时反馈给道路使用者，更易迅速导致事故的恶化。

5.2.3 普通道路交通安全系统数据采集

交通量数据主要由路政管理部门获取，不同级别的道路交通量的观测特点不同。其中国道交通量由观测站进行观测，有间歇式和连续式两种。省道和县道为人工观测，而且省道为每个月在该路上观测一个星期取平均水平，县道为每个季度在该路上观测一天取平均水平。

1. 数据采集范围

根据我国公路的级别，以及相应的建设标准，我国的双车道公路主要是二、三级别的公路，部分 4 车道公路由于路基宽度指标较高，达到了双车道的标准，在研究中也进行了考虑。由于事故的偶发性和随机性，研究的时间周期太短，可能没有一个稳定的安全状况，时间太长道路条件已有所变化。为此需要一个较稳定的周期，考虑到目前交通事故档案记录的情况，以及道路大修的周期，数据采集的时间周期定为 3～5 年。具体如下：

(1) 二、三等级双车道公路和部分 4 车道等级公路；

(2) 数据的时间跨度为 3～5 年。

2. 路侧、接入口、线形信息采集方法

由于历史和经济等原因，除了已经进行大修等的路段，我国双车道公路的线形资料的保存还很不完善，大多没有设计图纸。在此情况下，线形数据的采集多以安装全球定位系统的道路线形检测车 Gip si-trac 系统采集数据为主，图纸数据起参照作用。

(1) Gip si-trac 系统简介

Gip si-trac 系统包括如下几个部分：

① 用于测量距离、速度和加速度的传感器；

② 用于测量纵坡的加速度计；

③ 用于测量横坡的加速度计；

④ 用于测量方向变化的陀螺仪；

⑤ 获得绝对终点的 GPS 接收器；

⑥ 采集、汇总数据的微处理器。

上述部件源于惯性、测算系统。便携计算机在 DOS 状态下，运行 Gip si. exe 程序即可运行 Gipsitral 系统。操作人员通过 Gipsitrac 程序控制系统运行：①一系列标定程序；②对 GPS 接收器的一系列初始化程序；③PC 机选择文件用的菜单；④基于检测数据的文字与图形显示。

所收集的数据被传送到计算机，经过后处理后以报告格式输出。另外，系统还允许操作人员在检测期间利用计算机进行后处理，以校验所采集数据的准确性。

(2) 具体采集手段

路侧、接入口、线形信息的采集是同时进行的，该部分完成了以目前技术条件可以采集的全部道路要素数据。

在采集过程中，路侧和接入口、交叉口信息由人工判断和记录，同时拍摄录像以便以后辅助判定；道路的平纵横要素由线形车检测。具体采集方法如下：

① 在每个县区开始检测前，先研究该县区内双车道公路的路网结构，各条道路在该县区内的起始位置和终止位置，以便测量尽可能多的双车道公路，同时尽可能使测量过程形成回路，提高测量效率。

② 为了保证每条道路信息的完整性，对于由不同级别道路组成的道路(例如：一条路包括一级、二级、三级路段)，要把全部道路里程都进行测量。

③ 为方便路侧、接入口和交叉口信息的记录，车辆行驶方向为小桩号开往大桩号方向。

④ 根据可行性分析，以及效益和经济性分析，路侧记录以 100 m 为记录单元，以保证既可以记录下路侧信息，又保证一定的检测速度。

⑤ 检测过程中，车辆行驶速度为 30～35 km/h，500 m 桩号和整公里桩号车辆行驶速度为 10～15 km/h。

⑥ 检测人员配置为 4 人，司机负责驾驶车辆，以及在没有百米桩和公里桩的路段根据车辆里程读数报百米和整公里数据；一人负责拍摄道路录像，同时负责报道路百米桩号和进行路侧信息描述(左右接入口、左右村庄情况、左右及十字交叉口、其他道路信息描述)；一人负责以百米为单元记录路侧信息(包括路侧分级信息、测量起终位置、特殊要素的描述等)；一人负责检测仪器的操作(建立文件、标定里程等)。

⑦ 对于百米桩和公里桩不全的路段，依靠车辆里程表读数标定里程。

⑧ 对于可能导致误差的情况，在路侧信息记录中要尽可能详细地进行记录。

⑨ 路侧、接入口、交叉口的分类标准见交通部公路交通安全工程研究中心的《西部地区公路安全评价》课题研究报告。

⑩ 用米尺测量道路标准路基断面和路肩的宽度，并记录路肩类型。

5.3 道路交通安全系统数据统计分析

道路交通事故统计分析是道路交通安全研究的一个很重要的方面，但道路交通事故是涉及多方面因素的复杂现象。一起交通事故的发生，既有其特定的、偶然的原因，同时又受总体的共同性因素支配，只有调查了足够多的交通事故后，才有可能对总体情况有所认识。另外，事故统计分析需要有明确的数量概念，主要通过具体的数据而不是文字叙述来揭示交通事故现象的本质和内在规律。

道路交通事故的统计，就是通过在一定范围内对事故的各种形态和相关因素进行定量分析并寻找事故发生规律的一种方法。道路交通事故的调查是道路交通事故统计分析的基础，道路交通事故统计分析为交通事故的成因分析、道路交通事故的预测和道路交通的安全评价提供数据依据。

5.3.1 道路交通安全系统数据统计分析的作用

道路交通事故统计分析对于科学地搞好交通管理，减少和防止交通事故的发生，保证道路交通安全具有十分重要的意义。道路交通事故统计分析的主要作用如下：

1. 发现和识别事故高发区域、交叉口和路段；
2. 可以分析交通事故成因、特征、规律及交通安全工作中的薄弱环节，明确交通安全管理工作的重点和对策；
3. 可以证实道路几何设计、车行道设计、交叉口设计、交通控制装置的设置及参数选择的合理性；
4. 可以证实交通建设投资的合理性；
5. 可以鉴定某些交通管理方法的实际效果；
6. 可以提供交通管理机构设置的合理性论证资料；
7. 检验交通法规中所规定的款项的合理性，了解哪些款项应进一步完善和补充；
8. 检验驾驶员培训、交通安全教育的作用；
9. 检验道路交通规划的合理性；
10. 可以分析出影响交通安全的诸因素及其影响的轻重程度，预测交通事故的发展趋势。

5.3.2 我国道路交通安全系统数据的统计分析

除公安系统外，中国的道路部门目前尚无专门用于交通安全评价的交通事故数据分析系统，目前交警部门使用的交通事故数据分析管理软件是由公安部开发的交通事故信息系统(Traffic Accident Information System)。该系统本身具有一些事故数据分析功能，可以输出一些标准的和用户自定义查询项目的报表。如每年的资料汇编，能给有关部门和从事交通安全管理的工作人员在进行分析、研究和决策时提供一定的参考。

汇编对事故数据的统计分析主要从六个方面进行，归类如下：

1. 事故原因、现场及形态

(1) 按事故主要原因对交通事故进行统计分析

(2) 按事故现场对交通事故进行统计分析

(3) 按事故形态对交通事故进行统计分析

2. 时间分布特征

(4) 季度、半年为期的事故情况

(5) 分月交通事故情况

(6) 星期一至日的交通事故情况

(7) 1 日至 31 日交通事故情况

(8) 0 至 24 时交通事故情况

3. 地域分布事故统计

(9) 各省、自治区、直辖市交通事故情况

(10) 各地区交通事故与去年同期比的情况

(11) 36 个大中城市交通事故情况

4. 道路交通条件方面进行事故统计

(12) 各种照明条件下的事故情况

(13) 各种交通控制方式下的事故情况

(14) 各种道路类型的事故情况

(15) 各种道路线形的事故情况

(16) 各种路口路段类型的事故情况

(17) 各种车行道设置横断面的事故情况

(18) 各种路面类型的事故情况

(19) 各种路面条件下的事故情况

(20) 各类地形的事故情况

(21) 各种天气条件下的事故情况

5. 责任者情况进行统计

(22) 各种交通方式的责任者事故情况

(23) 驾驶机动车人肇事情况

(24) 肇事驾驶员驾驶证种类

(25) 不同驾龄的驾驶员肇事情况

(26) 不同年龄的责任者肇事情况

(27) 各类单位所属行业的责任者肇事情况

(28) 不同出行目的的责任者肇事情况

6. 伤亡人员情况

(29) 伤亡人员的交通方式

(30) 伤亡人员的年龄

(31) 伤亡人员的类型

(32) 伤亡人员的出行目的

(33) 伤亡人员的性别

5.3.3 道路交通安全系统数据统计项目

1. 相关数据量的统计分析

(1) 不同性别、年龄、驾龄下驾照持有者数量、构成比率统计；

(2) 不同类型机动车保有量、构成比率的统计分析；

(3) 历年人口数量发展趋势分析；

(4) 历年不同类型机动车保有量发展趋势分析；

(5) 历年不同性别下驾照持有者数量、构成比率的趋势分析等；

(6) 不同道路类型的道路通车里程发展趋势分析等。

2. 历年道路交通事故状况发展趋势分析

(7) 历年不同车辆类型下的事故情况统计分析；

(8) 历年不同的血液酒精度引发的死亡事故统计分析以及占总的死亡事故的比率分析；

(9) 历年驾驶员不同驾龄和不同性别下的事故情况统计分析；

(10) 历年不同年龄段、不同性别下的事故情况统计分析；

(11) 历年不同公路等级上的事故情况统计分析；

(12) 历年不同的城市道路类型下的事故情况统计分析；

(13) 历年不同省份、直辖市、自治区的事故情况统计分析；

(14) 历年全国道路交通事故数据十万人口死亡情况统计分析；

(15) 历年全国道路交通事故数据万车公里死亡情况统计分析；

(16) 历年全国道路交通事故数据亿车公里死亡情况统计分析等。

3. 当年道路交通事故情况统计分析

当年的道路交通事故分析项目可以从以下这些方面进行：

(17) 不同事故时间下的事故情况统计分析；
(18) 不同事故形态下的事故情况统计分析；
(19) 不同事故类型下的事故情况统计分析；
(20) 不同事故原因下的事故情况统计分析；
(21) 不同事故急救反应时长下的事故情况统计分析；
(22) 不同人员类型下的事故情况统计分析；
(23) 不同人员年龄下的事故情况统计分析；
(24) 不同人员性别下的事故情况统计分析；
(25) 驾驶员不同驾龄下的事故情况统计分析；
(26) 驾驶员不同性别下的事故情况统计分析；
(27) 不同血液酒精度下的事故情况统计分析；
(28) 不同人体损伤部位下的事故情况统计分析；
(29) 不同车辆类型下的事故情况统计分析；
(30) 不同安全带使用情况下的事故情况统计分析；
(31) 不同车辆行驶状态下的事故情况统计分析；
(32) 不同道路上，事故多发点、断的道路特征，事故情况以及整条道路的事故情况统计分析；
(33) 不同路面状况下的事故情况统计分析；
(34) 不同道路横断面路宽下的事故情况统计分析；
(35) 不同道路类型下的事故情况统计分析；
(36) 不同道路横断面形式下的事故情况统计分析；
(37) 不同路口路段类型下的事故情况统计分析；
(38) 不同道路线形下的事故情况统计分析；
(39) 不同交通控制方式下的事故情况统计分析；
(40) 不同天气状况下的事故情况统计分析；
(41) 不同照明条件下的事故情况统计分析；
(42) 不同事故时间、不同事故类型分析；
(43) 不同事故时间、不同事故现象分析；
(44) 不同人员类型、不同年龄段下的事故情况统计分析；
(45) 不同人员类型、不同人员性别下的事故情况统计分析；
(46) 驾驶员不同年龄、不同性别下的事故情况统计分析；
(47) 人员不同年龄、性别下的事故情况统计分析；
(48) 驾驶员不同年龄、不同血液酒精度下的事故情况统计分析；
(49) 不同车辆类型、不同行驶状态下的事故情况统计分析；

(50) 不同车辆类型、不同安全带使用情况下的事故情况统计分析；
(51) 驾驶员不同性别、不同血液酒精度下的事故情况统计分析；
(52) 不同人员类型、不同血液酒精度下的事故情况统计分析；
(53) 不同路面类型、不同路面状况下的事故情况统计分析；
(54) 不同道路类型、不同路面状况下的事故情况统计分析；
(55) 不同道路类型、不同路面类型下的事故情况统计分析；
(56) 不同道路横断面路宽、不同道路状况下的事故情况统计分析；
(57) 不同路面状况、不同路口类型下的事故情况统计分析；
(58) 不同路面状况、不同路段类型下的事故情况统计分析；
(59) 不同路面状况、不同照明条件下的事故情况统计分析；
(60) 不同路面状况、不同道路线形下的事故情况统计分析；
(61) 不同路口类型、不同路面类型下的事故情况统计分析；
(62) 不同路面类型、不同路段类型下的事故情况统计分析；
(63) 不同路面类型、不同道路线形下的事故情况统计分析；
(64) 不同道路横断面形式、不同交通控制方式下的事故情况统计分析；
(65) 不同路口类型、不同交通控制方式下的事故情况统计分析；
(66) 不同路口类型、不同照明条件下的事故情况统计分析；
(67) 不同路口类型、不同天气状况下的事故情况统计分析；
(68) 不同路段类型、不同天气状况下的事故情况统计分析；
(69) 不同路段类型、不同照明条件下的事故情况统计分析；
(70) 不同道路类型、不同道路线形下的事故情况统计分析；
(71) 不同道路类型、不同天气状况下的事故情况统计分析；
(72) 不同道路类型、不同照明条下下的事故情况统计分析；
(73) 不同道路类型、不同路口类型下的事故情况统计分析；
(74) 不同天气状况、不同照明条件下的事故情况统计分析；
(75) 不同车辆类型、不同事故现象下的事故情况统计分析；
(76) 不同车辆类型、不同事故类型下的事故情况统计分析；
(77) 不同事故类型、不同安全带使用情况下的事故情况统计分析；
(78) 不同事故类型、不同车辆行驶状态下的事故情况统计分析；
(79) 不同事故类型、不同驾驶员驾龄下的事故情况统计分析；
(80) 不同事故类型、不同驾驶员性别下的事故情况统计分析；
(81) 汽车驾乘人员、不同安全带使用情况下的事故情况统计分析；
(82) 不同驾驶员驾龄、不同车辆行驶状态下的事故情况统计分析；
(83) 不同驾驶员性别、不同车辆行驶状态下的事故情况统计分析；

(84) 不同车辆类型、不同人员年龄下的事故情况统计分析；
(85) 不同人员类型、不同道路线形下的事故情况统计分析；
(86) 不同人员类型、不同道路类型下的事故情况统计分析；
(87) 不同人员类型、不同路口路段下的事故情况统计分析；
(88) 不同人员类型、不同交通控制方式下的事故情况统计分析；
(89) 不同人员类型、不同天气状况下的事故情况统计分析；
(90) 不同驾驶员驾龄、性别、不同路面类型下的事故情况统计分析；
(91) 不同驾驶员驾龄、性别、不同道路类型下的事故情况统计分析；
(92) 不同驾驶员驾龄、性别、不同道路线形下的事故情况统计分析；
(93) 不同驾驶员驾龄、性别、不同路口路段下的事故情况统计分析；
(94) 不同驾驶员驾龄、性别、不同天气状况下的事故情况统计分析；
(95) 不同驾驶员驾龄、性别、不同照明条件下的事故情况统计分析；
(96) 不同驾驶员驾龄、性别、不同路面状况下的事故情况统计分析；
(97) 不同驾驶员驾龄、性别、不同道路横断面下的事故情况统计分析；
(98) 不同驾驶员驾龄、性别、不同交通控制方式下的事故情况统计分析；
(99) 不同车辆类型、不同路面类型下的事故情况统计分析；
(100) 不同车辆类型、不同道路类型下的事故情况统计分析；
(101) 不同车辆类型、不同道路线形下的事故情况统计分析；
(102) 不同车辆类型、不同路口路段下的事故情况统计分析；
(103) 不同车辆类型、不同天气状况下的事故情况统计分析；
(104) 不同车辆类型、不同照明条件下的事故情况统计分析；
(105) 不同车辆类型、不同路面状况下的事故情况统计分析；
(106) 不同车辆类型、不同道路横断面下的事故情况统计分析；
(107) 不同车辆类型、不同交通控制方式下的事故情况统计分析；
(108) 不同车辆行驶状态、不同道路线形下的事故情况统计分析；
(109) 不同车辆行驶状态、不同道路类型下的事故情况统计分析；
(110) 不同车辆行驶状态、不同天气状况下的事故情况统计分析等。

5.4 道路交通安全信息管理系统

5.4.1 道路交通安全信息管理系统的应用现状

由于计算机技术的迅速发展和普及，信息管理系统也随之在不断更新和进步。道路交通数据库是交通安全信息管理系统的重要组成部分。道路交通数据资料是开展交通安全研究所必备的基本条件之一，也是评价一个国家或地区交通安全与否，制定交通安全政策的依据。国外大都建立有完善的道路交通数据库，如欧洲许多国家的道路交通数据资料库，都向社会公开。联邦德国公路研究中心建立了国际交通和事故数据库，该数据库搜集了许多国家有关道路交通方面的相关数据资料，并通过研究中心的网站向社会提供公开服务；瑞典建立了交通事故数据库（Traffic Accident Database），该数据库不但提供各种与事故相关的数据资料，还提供警察和医院对每起道路交通事故的详细事故报告。所有这些信息都可通过互联网查找，非常方便，为道路交通安全研究提供了极好的条件。

在欧洲，从欧盟各成员国到各国的地区都设有道路交通安全研究机构。如欧洲交通安全委员会（ETSC）、联邦德国公路研究中心（BAST）、瑞典道路交通安全研究所（VTI）、等等。这些研究机构负责各自范围内的道路及道路交通安全研究。由于道路交通安全研究涉及多学科、多部门，这些研究机构一般都是综合性的研究机构，从道路的规划、设计到建设、维修，从道路交通管理到交通政策的制定等等提供全方位的安全研究服务。

与欧洲各国相比，我国的道路交通安全研究起步较晚，到目前为止还基本处于无序状态。我国道路交通安全出现目前的严重局势，其原因之一就在于对交通安全研究不够，拿不出有效的措施解决目前存在的问题。而进行交通安全研究的一个重要的基础——事故数据的不足，严重阻碍了交通安全的研究。我国有关道路交通安全及相关方面的数据资料不足，现在主要有交警部门的事故报告及国家规定的四项指标，但仅靠这些资料是不能提供更深层次的道路交通安全研究的。

随着中国道路的大量建设，道路交通安全信息管理的研究在中国也逐渐开展起来。道路交通安全信息管理系统是个较庞大的系统，涉及大量的信息，道路安全信息包括与安全密切相关的道路信息和与道路相关的安全信息。道路交通安全信息系统最终的目的是服务于道路安全评价，为其提供可靠而全面的信息（数据）支持（依据），交通安全信息系统还应能提供用户化的、方便的查询与输出功能。作为一个反馈系统，交通信息系统的效率是极其重要的：一方面，安全评价系统应能从交通信息数据库中迅速得到所需的数据；另一方面，输出的数据应以适当的形式方便地为安全评价系统所用。

5.4.2 交通安全系统数据分布及其特点

1. 交通安全系统数据分布情况

全国公安交通安全系统网络分三级：一级网为公安部—总队，二级网为总队—支队，三级网为支队—大队。目前已建成遍及全国 31 个省交警总队、367 个地市交警支队的统一计算机软/硬件平台，并初步建成以支队为基本数据存储单位，在总队建立机动车/驾驶人查询数据库汇总全省机动车/驾驶人数据、在公安部建立全国机动车/驾驶人信息资源库汇总全国机动车/驾驶人数据的三级交通管理信息数据库。具体见图 5-19。

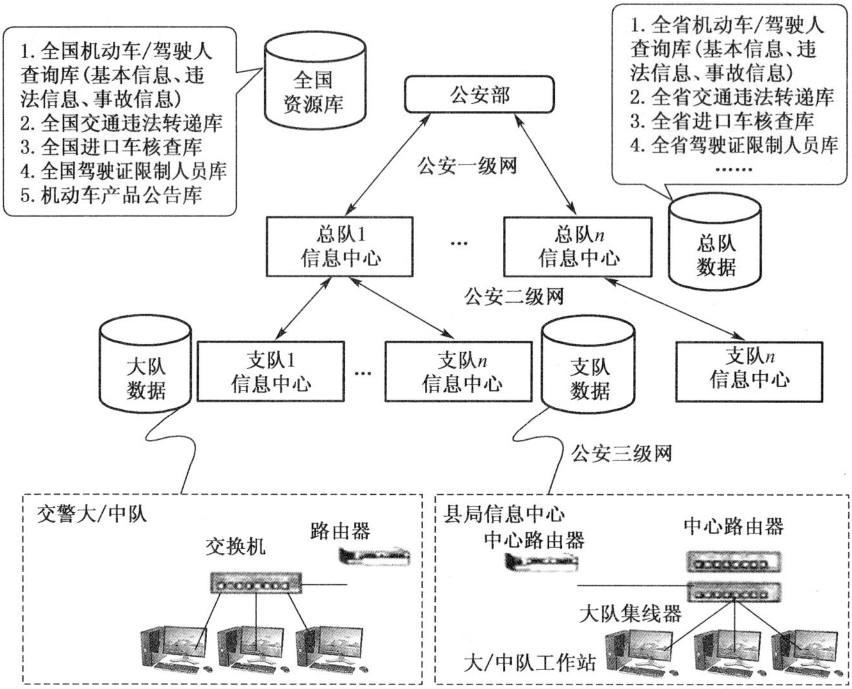

图 5-19　交通管理信息数据库基本结构

如上图所示，支队通过机动车登记/驾驶证管理信息系统、道路交通违法处理信息系统、道路交通事故信息系统等实现全国机动车/驾驶人基本信息、违法信息、事故信息等源头数据的采集；然后通过公安二级网实现与总队之间的省内机动车/驾驶人信息的交换和共享；总队和公安部通过公安一级网实现全国机动车/驾驶人信息的交换和共享。

2. 交通安全系统数据分布的主要特点

一是交通管理数据分布呈现出“点多面广”的分散式格局；二是交通管理数据的存量与增量都相当巨大，数据的存储及更新滞后；三是交通管理数据异地传输与交换速率慢，部、省及各支队之间内外数据的共享性较差，不适应日益发展的交通管理形势的需要；四是各地数据库的建设与发展参差不齐，所购置的硬/软件设备类型不一，设备性价比及其系统运行稳定性与兼容性较弱，容灾能力也很难达标。

3. 现存交通安全管理数据存储的风险分析

交通管理信息资源与三级数据库息息相关，互为作用。一旦信息资源遗失或数据库发生崩溃,交通安全系统势必瘫痪,由此造成的影响和损失无法估量。系统数据存储风险主要来自人、机、自然与环境等四个方面:一是人为风险。主要表现为工作人员违规操作、维护不当;或是发生失火和浸水事件;乃至病毒侵袭、黑客攻击、恐怖活动和战争破坏等导致信息系统瘫痪。二是自然风险。主要表现为地震、洪水等恶劣自然灾害;或是耗子、白蚁等生物侵害而造成灾难性后果。三是设备质量风险。主要包括软/硬件设备及其线路老化;系统安装与调试不规范等隐患,可能导致系统崩溃。四是机房环境风险。机房环境污染严重,经常发生电压不稳、断电等现象,机房室内温度、湿度、空气净化度不达标,影响系统运行的稳定性。

据调查,近几年,因交通管理信息数据储存失控导致系统瘫痪的现象时有发生,既影响了执法效率,又造成不良社会影响。为提高公安交通管理部门的管理效率和服务质量,建设交通管理数据备份中心势在必行,目的是在交通安全系统发生单点故障或局部问题时,通过发挥备份中心的技术优势,在短时间内排除故障、恢复数据,保障系统正常运行。

5.4.3 道路交通安全系统数据库建设方案概述

1. 建设目标、原则及依据

(1) 建设目标

一是实现交通管理信息数据的离线备份,在信息系统发生单点故障和局部问题时,不影响信息系统的整体运行;二是实现交通管理信息数据异地备份和远程维护,提高信息系统的容灾能力和防护能力;三是实现交通管理信息数据备份智能化,发挥自行拷贝、智能监控、自动报警等技术优势;四是实现基础数据的逐级采集、分级存储与管理,汇充一级数据库数据总量,确保上下融通、信息共享;五是实现国际标准所规范的操作系统和应用程序文件、数据库数据拷贝和在线访问的时间和功能。

(2) 建设原则

一是因地制宜原则。经济发达、有财力资助的地市交通管理部门,软硬件设备和机房整体建设最好一步到位;经济欠发达、缺少财力资助的地市交通管理部门,争取地方财政或自筹资金,创造条件逐年投入、滚动积累、稳步推进,先行雪中送炭,再作锦上添花。二是安全至上原则。交通安全系统数据备份中心建设的安全原则要贯穿始终,通过有效的技术和管理手段,在数据备份安全、系统运行安全、机房环境安全等各个环节,确保数据安全。三是先进实用原则。采用先进成熟的技术和设备,满足当前及未来业务需求,以适应数据高速传输和未来技术升级的需要。四是异地备份原则。除了日常数据增量备份外,数据总量应异地集中备份,并通过层级管理、设置多重防火墙和数码密钥等办法,以提高数据的容灾能力。五是规范建设原则。交通管理数据备份中心整体设计，要严格按照国际标准和国家标准，坚持统一规范原则，并保持灵活性和可扩展性，为设备增容奠定基础。

（3）建设依据

主要包括《计算站场地技术条件》GB 2887—89、《计算站场地安全要求》GB 9361—88、《电子计算机机房工程施工及验收规范》ST/T 30003—93、《电子计算机机房设计规范》GB 50174—93、《全国机动车/驾驶人信息管理系统改造及资源库建设任务书》、《全国机动车/驾驶人信息管理系统改造及资源库建设实施方案》、《交通违法业务处理系统建设指导意见》、《容灾白皮书》、《Oracle 数据备份和恢复》等。

2. 实施方案

备份中心建设包括备份中心机房建设和备份中心数据备份系统建设两部分。

（1）机房建设

机房建设主要包括：机房装修、机房供/配电、机房照明、防雷、接地系统、UPS系统、机房空调系统、机房消防、机房智能门禁管理系统、机房环境综合监控系统等。其中机房环境综合监控系统是整体机房的神经中枢，使整体机房控制室具有高度自动化，它主要包括以下子系统：供配电监控系统、UPS 后备电源监控系统、空调监控系统、漏水监测系统、温/湿度监测系统、门禁管理系统、多媒体语音报警系统、电话语音报警系统。而 UPS 系统则保障机房供电的安全性，其基本要求如下：①机房用电原则上实行市电双回路，按三相五线制供电，双回路电源要求从不同的供电所引入供电；②UPS 供配电系统各回路应具有电流、电压、功率因数检测和断路状态指示功能，单相负荷均匀地分配在三相线路上，可在线调整三相负载平衡度并使三相负荷不平衡度小于 20%；③配置电源应急开关，实现与火灾自动报警系统联动和手动两种控制方式；④UPS 满负荷供电时间应大约 1 小时。

（2）数据备份系统建设

① 数据备份结构

数据备份有网络备份、存储区域网备份等多种结构。

在网络备份中，备份数据的传输以网络为基础，配置一台服务器作为备份服务器，将其他服务器配置为备份服务器的客户端。备份服务器接受运行在客户机上的备份代理程序的请求，将数据通过网络传递到它所管理的、与其连接的本地磁带机资源上。这一方式提供了一种集中的、易于管理的备份方案，并通过网络共享磁带机资源提高了效率。

网络备份结构的优点是节省投资、磁带库共享、集中备份管理；它的缺点是对网络传输压力大。网络备份结构如图 5-20 所示。

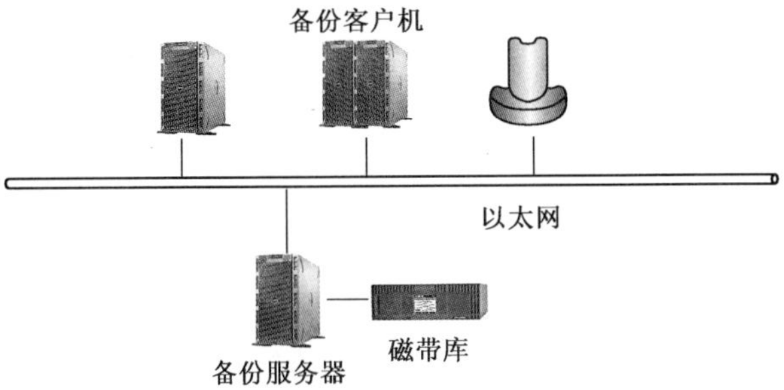

图 5-20　交通管理信息数据网络备份结构图

存储区域网备份将磁带库和磁盘阵列作为独立的光纤结点，多台主机共享磁带库，备份时数据流通过光纤交换机直接从磁盘阵列传到磁带库内，是一种无需占用网络带宽的解决方案。存储区域网备份结构的优点是数据备份统一管理、备份速度快、网络传输压力小、磁带库资源共享；缺点是投资高。存储区域网备份结构如图 5-21 所示。

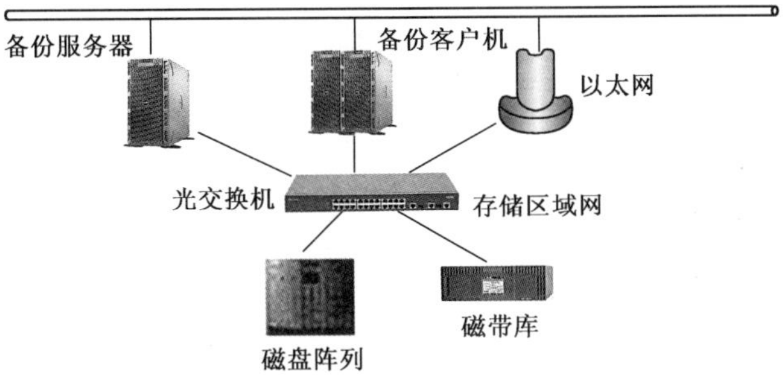

图 5-21　交通管理信息数据存储区域网备份结构图

② 数据安全备份软件

数据安全备份的核心是数据库备份，数据库均有自己的数据库备份软件。在数据量少、要求不高的情况下，采用数据库自带备份软件可以在低投入的基础上实现数据备份和恢复目标，但数据库自带备份软件不能实现自动备份，而且只能将数据备份到磁带机或硬盘上，不能驱动磁带库等自动加载设备，无法满足大数据量、高要求的数据备份工作。在备份要求较高的情况下，必须采用具有自动加载磁带库与数据库在线备份功能的自动备份软件。

③ 数据安全备份介质

数据安全备份是使用较低廉的存储介质，定期将数据备份下来，保证数据意外丢失时能尽快恢复，将用户的损失降到最低。常用的存储介质类型有：磁盘、磁带、光盘和磁光盘等。磁盘和磁带介质使用比较广泛。

3. 数据异地备份

当发生数据中心灾难时，如果没有异地数据备份，交通安全系统将遭到毁灭性的打击，造成非常严重的后果。因此，交通安全系统数据的异地备份工作至关重要。

(1) 地市支队数据异地备份建设

各省应在总队建立本省交通管理信息集中备份数据库，通过公安二级网络，将本省各地市交通管理信息数据备份到总队备份数据库中，实现各地市交通管理信息数据的异地备份。数据备份系统采用网络备份方式，总队需购置数据备份服务器、备份数据库服务器(配置磁盘阵列)和专用数据备份软件。数据备份软件安装在总队专用备份服务器上。总队系统管理员可利用备份管理软件，根据制定的数据备份策略，将数据备份到备份数据库服务器上。

备份系统的工作流程为：备份服务器通过网络向需备份的各地市服务器发出备份指令，地市服务器通过预装在自身机器上的备份软件客户端从相应的磁盘读取数据，通过公安二级网将数据传输并备份到总队备份服务器中，同时备份服务器将备份数据的索引信息写入需备份的地市服务器分配给它的磁盘空间。

备份系统第一次投入运行时需要对各地市交通管理信息数据做一次全备份，在运行过程中，为了不影响交通安全系统工作时间内的数据可用性，应选择在每天晚上进行数据增量备份。在地市交通管理信息数据发生问题崩溃时，用户可以通过专用数据恢复软件进行本地市数据的恢复。省交通管理信息数据集中备份结构图如图 5-22 所示。

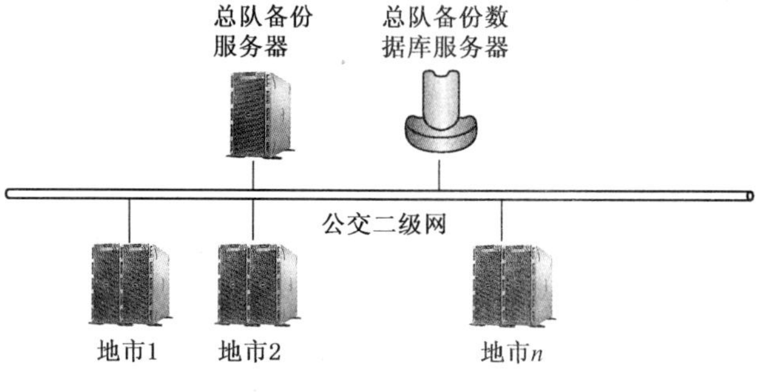

图 5-22　省级交通管理信息数据集中备份结构图

(2) 省总队交通管理信息数据异地备份建设

公安部将在公安部交通管理科学研究所(简称科研所)建立全国交通管理信息数据备份中心，通过公安一级网络，将全国各省总队交通管理信息数据备份到科研所备份中心，实现各省数据的异地备份。

数据备份系统采用网络备份方式，科研所购置数据备份服务器、备份数据库服务器(配置磁盘阵列)和专用数据备份软件。数据备份软件安装在科研所专用备份服务器上。科研所系统管理员可利用备份管理软件,根据制定的数据备份策略,将车驾管数据备份到备份数据库服务器上。

备份系统第一次投入运行时需要做一次各省交通管理信息数据全备份,同时选择在每天晚上进行数据增量备份。在各省数据发生崩溃时,用户可以通过专用数据恢复软件进行本省车驾管数据恢复。

第6章 道路交通安全系统安全状况分析与问题诊断

6.1 道路交通安全系统安全状况分析概述

我国道路交通安全系统管理体制有过两次大的改革，一次是20世纪70年代初期交通部将105个城市的交通监理移交公安部改为警察管理；另一次是1986年10月国务院交通系统决定将交通监理机构成建制划归公安部门。2004年5月1日实施的《中华人民共和国道路交通安全法》标志着我国交通安全管理走向法制化轨道。

目前的管理架构是：公安机关负责统一管理全国城乡道路交通安全管理，其管理范围是交通安全宣传教育、交通指挥、维护交通秩序、处理交通事故和车辆检验等，而公路部门则负责公路的规划、建设、养护、经营、使用和管理等。尽管在制度安排上有主观趋优的一面，但与美国、英国等发达国家比较存在以下问题：

1. 我国交通安全管理体制条块分割、政出多门，缺乏一个强有力协调机构的统一领导，以致不能很好地整合管理资源，没有形成合力。

2. 尽管我国道路交通安全法规体系在不断完善，但社会法制环境还不尽如人意，人们法制观念淡薄，还没有在全社会树立起法律的威严，在执法和守法方面有法不依、执法不严的问题较为突出。

3. 道路交通安全管理职能划分欠科学，执法主体权责不够明晰。表现在部门间有分工但配合不默契、协同执法不力，既有受利益驱动，部门管理职责越位的现象，也存在推卸责任、互相推诿扯皮的问题。

此外，我国的道路交通安全管理方法、手段滞后于我国快速发展的公路运输形势。我国大多数地区采取的管理方式仍是以人工管理为主，主要通过警察执法权威纠正交通参与者行为，手段单一，主要是以罚代管的经济管理手段。

从主观上讲，道路交通安全管理工作仍处于经验型、低水平的层次上，思想保守、观念陈旧、管理方法落后、科技含量低，极不适应市场经济运行机制的要求。

从客观上讲，经济持续高速发展，交通需求旺盛，交通供需矛盾加大，道路安全设施不完备，平面混合交通的通行模式短期内得不到改善，这都需要交通安全管理方法与手段的不断创新。

6.2 高速公路交通安全系统安全状况分析与问题诊断

6.2.1 高速公路交通安全系统现状

高速公路具有通行能力高、运输成本低、经济效益好、安全舒适等特点，它已经成为我国综合交通运输体系的重要组成部分。我国的高速公路建设是从20世纪80年代开始的，1997年以后，进入了高速公路快速发展时期。截止到2010年底，我国公路网总里程达到398.4万千米，高速公路通车总里程已超过7.4万千米，仅次于美国，仍居世界第二位。我国在"十二五"期间，将要按照《国家高速公路网规划》的要求，完成8.5万千米国家高速公路网络计划，可以预见，今后10至20年，我国高速公路建设仍将保持较高的增长速度。

伴随着高速公路的快速建设，尤其近几年，随着我国汽车工业的发展，大部分高速公路交通量明显增大，与此同时高速公路交通事故迅猛增长。我国高速公路亿车公里事故率指标与日本相当，但从亿车公里死亡率来看，我国则明显高于日本，几乎是日本的10倍。同时，我国道路交通死亡人数仅次于印度，位居世界第二，而且交通事故中每死亡三个人就有一个以上是由货车肇事造成的。随着高速公路里程的迅速增加，高速公路的交通安全问题日益凸显，已经成为了社会各界高度关注的热点问题。

由图6-1、表6-1中可以看到，2000～2010年我国高速公路历年的交通事故四项指标中，事故起数从2006年起有所下降，其他三项指标无论在绝对数量上，还是在同期相应的全国交通事故指标中所占的比例在2006年达到最高值，2007年以后交通事故各项指标有所下降。2006年高速公路交通事故造成的死亡人数、受伤人数、直接经济损失，分别占到了全国交通事故总数的7.43%、3.97%、31.50%。

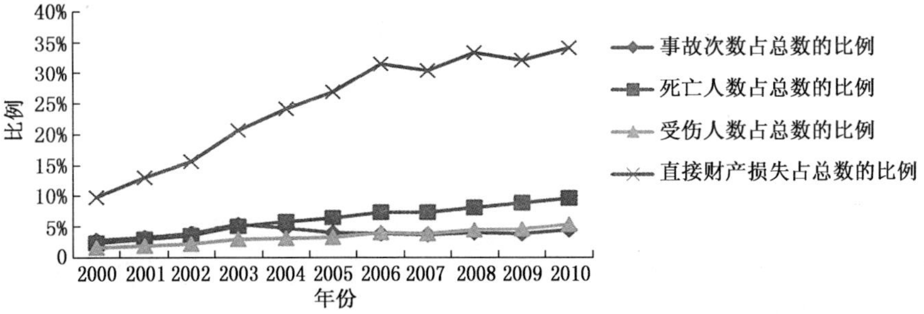

图6-1 2000～2010年我国高速公路事故占全国交通事故四项指标百分比统计图

表 6-1　2000～2010 年我国高速公路事故占全国交通事故四项指标统计表

年份	事故起数		死亡人数		受伤人数		直接财产损失(亿元)		通车里程(千米)
	数量	占总数(%)	数量	占总数(%)	数量	占总数(%)	数量	占总数(%)	
2000	16 916	2.74	2 162	2.30	6 442	1.54	2.631	9.86	16 314
2001	24 565	3.25	3 147	2.97	9 978	1.83	4.009	12.98	19 437
2002	29 611	3.83	3 927	3.59	12 253	2.18	5.219	15.70	25 130
2003	36 257	5.43	5 269	5.05	14 867	3.01	6.982	20.72	29 745
2004	24 466	4.72	6 235	5.82	15 213	3.16	5.78	24.17	34 288
2005	18 168	4.04	6 407	6.49	15 681	3.34	5.089	27.01	41 005
2006	14 432	3.81	6 647	7.34	17 116	3.97	4.692	31.50	45 339
2007	12 364	3.78	6 030	7.39	14 628	3.85	3.654	30.48	53 913
2008	10 848	4.09	6 042	8.22	13 768	4.52	3.364	33.31	60 302
2009	9 147	3.84	6 028	8.90	12 780	4.65	2.935	32.10	65 056
2010	9 700	4.42	6 300	9.66	13 739	5.41	3.159	34.10	74 113

高速公路是全封闭、多车道、分向形式、全立体交叉、控制出入、多种安全服务设施配套齐全的汽车专用公路。高速公路具有行驶速度快、通行能力大等特点，由于高速公路采取了一系列的安全措施，如设立在下坡路段的紧急避险车道、敷设在路面的减速带等，交通事故大为减少，其事故率只有一般公路的 20～30%，但是由于高速公路上车速快，一旦发生事故，其严重性增大，高速公路事故的死亡率是一般公路的两倍。对我国高速公路事故进行分析，与国外高速公路事故情况对比，目前我国高速公路事故有 2 个特点：

1. 事故总量高位徘徊

我国高速公路单位里程事故率和亿车公里死亡率趋于下降，但交通事故总量仍在高位徘徊，且高速公路交通事故的严重程度呈逐年上升趋势。从表 6-1 和图 6-2 的高速公路交通事故指标看到，我国高速公路近年来交通事故总数伴随着里程数增长迅速，死亡人数及受伤人数也稳步上升。2000 年至 2010 年，我国高速公路里程年均增长率达 35.4%，死亡人数年均增长率达 19.1%，受伤人数年均增长率达 11.3%。

2. 通车里程增加，单位里程事故率下降

近十年，我国高速公路单位里程事故率持续下降，降幅明显，单位里程死亡人数和受伤人数明显下降，百公里事故起数从 2007 年开始下降幅度增加，年均下降率为 14.3%(2007 年至 2010 年)。

3. 事故损害程度加重，死亡比率小幅上扬

随着伤亡人数的增加，高速公路致死率与死伤人数逐年小幅上升，2010 年达

到了 0.31 与 0.46，十年间年均增长率为 0.25%和 0.37%。高速公路事故严重程度也逐年增加。交通事故每死亡 11 人，就有 1 人死于高速公路，伤亡人数占公路交通事故比例逐年提高。

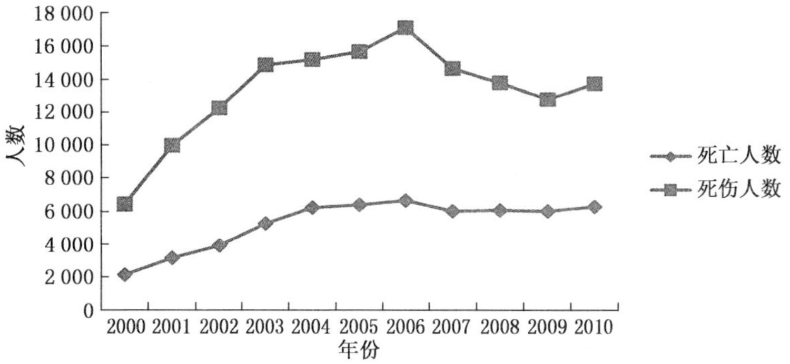

图 6-2　2000～2010 年我国高速公路事故死伤人数统计图

4. 高速公路安全水平高于普通公路

2010 年，全国公路共发生交通事故 219 521 起，死亡 65 225 人，受伤 254 075 人；高速公路发生交通事故 9 700 起，死亡 6 300 人，受伤 13 739 人。数据分析表明，高速公路百公里事故起数、伤亡人数和亿车公里死亡率等指标均低于国道，说明高速公路安全性高于普通公路。

6.2.2　高速公路交通安全系统问题诊断

1. 管理层面

(1) 理顺道路交通管理体制，成立统一的管理机构。1984 年以前，我国的道路交通基本由交通部门一家管理，1984～1986 年，因农村经济的发展，农机部门参与了农用运输车辆的管理。1986 年以后，我国道路交通的管理演变成了交通和公安两家共管的局面：交通部门负责道路规划、建设、路政管理、运政管理、稽征管理等，公安部门负责交通安全管理。1986 年的体制改革过分强调依靠公安部门的权威和强制手段解决交通安全问题，而在很大程度上严重忽视了道路交通的经济发展问题。这种将内涵丰富的道路交通管理体制简化为道路交通安全(秩序)管理体制，突出强调以其为中心而实际上削弱了交通部门其他道路交通管理职责的分治体制，其弊端是显而易见的。道路交通事故形势严峻，是两家分别立法，行政管理职责交叉，管理措施难以到位并相互牵制的必然后果，严重制约了道路交通运输和生产力的发展。

(2) 制定适合我国国情的高速公路交通安全战略。根据国际经验，一个国家应有自己基本的交通安全战略，它是当前许多国家减少交通事故的具体对策之一。

如今,世界主要交通发达国家已相继提出了自己的交通安全战略。早在20世纪60年代,日本就向全民发布过《第一次交通战争宣言》,发动了全国性交通安全运动。瑞典国家交通安全委员会则提出了一个国家级目标:从1985年到2000年交通事故死亡减少25%,到2010年减少40%。经过综合治理,瑞典的交通事故死亡人数已日渐下降,国际上公认瑞典是世界上目前交通安全搞得最好的国家之一。1997年,瑞典国会批准了“零死亡”计划,其基本含义是“没有人应在道路交通事故中死亡或受到严重且永久的伤害”,以此激励人们为交通事故“零死亡”的宏大目标进行不懈努力。

(3) 尽快制定出台与高速公路交通安全相适应的标准和法规。高速公路安全标准和法规是保证高速公路健康、安全、舒适、有序、可持续发展的必要保证。但是到目前为止,还没有一部针对高速公路交通安全的专门法律,与高速公路交通安全相关的标准规范还很不完备。当前紧迫的问题是需在车辆结构与性能、驾驶员驾驶行为、道路构造、高速公路管理等方面尽快制定出与高速公路交通安全要求相适应的标准与法规,以有效规范交通参与者的行为。

(4) 加强高速公路日常和维修施工期间的交通安全管理。高速公路日常交通管理应实行24小时勤务制度,加强巡查,及时清除事故隐患,及时查处、纠正超速、客车超员、客车违法上下客、货运车辆超限超载、违法违规运输危险化学品、不按规定的车道行驶、不按规定停车和行人在高速公路行走等危害高速公路安全的交通违法行为。应加强高速公路维修施工期间的交通安全管理,规范施工人员、施工车辆的行为,加强对过往车辆的交通引导,以避免交通事故的发生。

(5) 加强对驶入高速公路车辆技术性能的检测与管理。针对高速公路运输的特殊性和我国在用汽车技术性能参差不齐的现状,在补充和完善汽车行驶安全标准中高速行驶部分内容的同时,应加强对在用车辆技术性能的检测与管理。对检测符合高速公路行驶要求的车辆,准予上高速公路行驶;对检测不符合高速公路行驶要求的车辆,坚决禁止上高速公路行驶,并加强对驶入高速公路的危险品运输车辆的监控和管理。

2. 技术层面

(1) 全面推行安全评价制度。道路安全评价是从预防交通事故、降低事故产生的可能性和严重性入手,对道路项目建设的全过程,即规划、设计、施工和服务期进行全方位的安全审核,从而揭示道路发生事故的潜在危险因素及安全性能,是国际上近期兴起的以预防交通事故和提高道路交通安全为目的的一项新技术手段。

(2) 推行先进设计理念,通过精心的道路设计降低驾驶员发生事故的可能性。良好的道路环境有助于减轻驾驶员的工作强度,减少因失误或错误而诱发事故的可能性,应推行宽容设计理念(Forgiving Design Concept)和路侧净区概念(Clear Zone Concept)等先进设计理念。宽容设计理念是指在一定程度上允许驾驶员操作失误或操作错误。路侧净区概念是指不管什么原因使车辆驶出路外,路侧环境都应该为侵入路侧的车辆提供一个平缓而且没有障碍物的空间,这个区域叫做净区。目前我国绝大部分高速公路均采用高路基,路侧连续设置护栏,这样一来不光造价很高,护栏还大煞路边的风景,也很不利于行驶安全。没有给驾驶员留有容错的空间,一旦车辆失控冲出护栏,由于路面落差很大,就非常容易翻车形成严重事故。应推广宽容设计和路侧净区等先进设计理念,采用低路基和缓边坡设计,车辆即使冲下路基也不会导致翻车。对于高速公路而言,良好的道路环境并非宽阔平直,而是指在道路的规划、设计过程中充分考虑驾驶员的心理、生理特点,并使驾驶员在驾驶过程中保持适当的紧张度,如曲直路段相间就比单纯直线路段效果好。在道路规划、设计过程中应尽可能体现以人为本的思想,不断提高高速公路设计水平,将行车过程中事故发生的可能性降低至最低程度。

(3) 对高速公路事故多发、易发路段进行专项整治。针对高速公路上交通事故易发、多发的一些特别路段,在调查弄清事故产生原因的基础上,应有针对性地进行专门的道路改造,以彻底根除事故诱发源。实践表明:这是目前降低高速公路交通事故发生率、提高行车安全性的有效捷径之一。

(4) 建立健全高速公路安全应急机制和预案。如2005年“3·29”京沪高速公路淮安段泄漏事件就凸现出目前我国高速公路应急处理机制的不足,而且现行应急处置机制缺乏科学性、专业性,在处置中容易出现“打乱仗”的现象。处置这类突发事件的预案严重滞后,建立健全危险品运输安全应急机制和预案刻不容缓。危险品运输安全应急机制和预案只是高速公路安全应急机制和预案的一个方面,在当前全面落实科学发展观的大环境下,应该建立健全高速公路安全全面普遍性的应急机制,这将具有十分重要的现实意义。

(5) 建立高速公路交通安全紧急救援体系。高速公路快速发展的同时,交通事故所造成的人员伤亡和财产损失却大大高于普通公路。根据对大量的交通事故调查表明,死亡人员中除少数人在事故当场立即死亡外,大多数是受重伤无法得到及时有效的救护而死亡的。如果交通事故发生后,伤者能够得到合理的现场救护并迅速送至医院,那么受伤者的死亡率就会减小,康复的机会就会增大。另外,在车祸死亡者中只有大约40%是当场死亡的,而60%的人是死于医院或送往医院的途中,其中约30%的受伤者是因为抢救不及时而死亡。目前,我国的交通事故紧急救援工作还未成体系,并且没有相应的法规予以保证,建立适合我国国情的高速公路交通安全紧急救援体系已刻不容缓。

(6) 向驾驶员提供实时动态信息。现有的高速公路上可适当增加一些动态信息标牌,以利驾驶员驾车过程中随时了解道路前方的交通状况。对道路上的修路施工处、突发交通事故区域或散落物发生等道路临时被挤占情况,通过设立临时性的醒目标志及时向运营车辆提供紧急信息，以使驾驶员提前预知，便于采取相应措施。

(7) 提高现有驾驶员高速公路的驾驶技能。许多驾驶员由于长时间行驶于混合交通环境，当在高速公路上驾车时，有时自觉不自觉地将混合交通环境中的一些驾驶方式照搬于高速公路驾车中，这往往成为高速公路事故发生的根源。应采取适当方式，提高现有驾驶员在高速公路上的行车技能。

(8) 在驾驶员培训科目中增加高速公路的相关内容。据调查，98%以上的驾驶员在驾车上高速公路行驶前未曾接受高速公路驾车的专门训练。由于目前对驾驶员培训暂无高速公路驾车的考核要求，加上教练车不允许上高速公路行驶，因而对驾驶员的培训在高速公路方面存在先天不足。

(9) 提高国产汽车的性能和舒适性。国产汽车性能与国外汽车相比还有一定的差距，还无法完全实现与高速公路的合理有效匹配。国内汽车生产企业应努力提高国产汽车高速行驶时的动力性、可靠性、制动性和操纵稳定性，以满足高速公路运输市场不断扩大的需要。

3. 科学研究

科学技术是第一生产力，也是交通发展的重要推动力量。随着运输工具和交通出行的高速增长，由交通事故造成的人员伤害和经济损失明显增多，人们安全、便捷、经济、舒适的出行需求与交通事故居高不下的矛盾更加突出，交通安全问题成为交通新的跨越式发展面临的又一重大挑战。除了强化交通安全法规和人员培训之外，必须依靠科学技术的力量加以解决。要不断提高我国高速公路交通安全水平，必须大力加大科技投入，加强科学研究。在充分借鉴国外高速公路交通安全科学研究成果的基础上，从我国高速公路运输交通安全的现状出发，国内交通管理部门、有关科研院所、汽车制造厂商应联手开展我国高速公路交通安全课题的系统研究，探索我国高速公路交通事故发生的机理，探究不良气候条件下高速公路安全保障对策，寻找出与我国国情相适应的高速公路交通安全对策，真正将高速公路交通事故的危害性降低到最低限度。

4. 人才培养

科学技术是第一生产力，人才是第一资源。当前制约我国交通发展的“瓶颈”仍然是缺乏高素质的人才，要实现我国交通事业的大跨越，必须培养和造就一大批高层次交通专业人才和管理人才。目前我国人才资源呈现结构性短缺，如高层次、技能型人才短缺，人才队伍素质和能力与交通事业快速发展的需求不相适应。相对于普通公路而言，高速公路的科技含量、管理难度都明显增大，这就要求高速公路交通管理人员既要具备现代科学知识，又要有市场经济头脑和现代管理技能。为适应我国高速公路运输快速发展的需要，必须加强高速公路专业化人才培养。

5. 宣传教育

与道路交通法律法规不完善相对应的是，我国全民道路交通法制观念淡薄，不理解或不尊重道路交通运行规律和规章，违章行车，侵占交通设施，导致交通事故逐年上扬。因而抓住交通活动中的主体——人的主观能动作用，是治理高速公路交通安全的关键，应加强全民交通与交通安全教育，提高交通道德水平，大力普及高速公路交通安全知识，提高交通参与者的安全意识。

6.3 一般公路交通安全系统安全状况分析与问题诊断

6.3.1 一般公路交通安全系统现状

统计表明，各国高速公路的交通事故率和死亡率分别只有一般公路的1/3和1/2。日本高速公路交通事故死亡人数仅为普通公路的1/40，受伤人数为1/62。根据2010年的统计，高速路和一级路的事故数占总事故数的21.78%，二级及二级以下道路占78.22%；国省道路事故数占60.33%，县乡道路占39.67%。从死亡人数看，高速路和一级路的死亡人数占总死亡人数的26.46%，二级及二级以下道路占73.54%；国省道路占67.72%，县乡道路占32.28%。这些数据说明我国公路的交通事故大部分分布于中低等级公路上，存在较为严重的交通安全隐患。

表6-2　2010年我国不同类型公路事故四项指标统计表

类型	事故起数		死亡人数		受伤人数		直接财产损失(亿元)	
	数量	占总数(%)	数量	占总数(%)	数量	占总数(%)	数量	占总数(%)
合计	124 953	100	46 534	100	149 007	100	6.929	100
高速	9 700	7.76	6 300	13.54	13 739	9.2	3.159	45.59
一级	17 525	14.03	6 012	12.92	19 576	13.14	3.159	45.59
二级	41 702	33.37	16 454	35.36	48 672	32.66	1.569	22.64
三级	28 883	23.12	9 965	21.41	34 287	23.01	0.907	13.09
四级	15 140	12.12	4 581	9.84	18 333	12.30	0.366	5.28
等外	12 003	9.61	3 222	6.92	14 400	9.66	0.294	4.24
合计	124 953	100	46 534	100	149 007	100	6.929	100
国道	34 903	27.93	15 924	34.22	43 071	28.91	3.706	53.48
省道	40 488	32.40	15 590	33.50	47 181	31.66	1.640	23.66
县道	32 948	26.37	10 151	21.82	39 000	26.17	0.980	14.15
乡村道	15 540	12.44	4 180	8.98	18 374	12.33	0.300	4.34
其他	1 074	0.86	689	1.48	1381	0.93	0.303	4.37

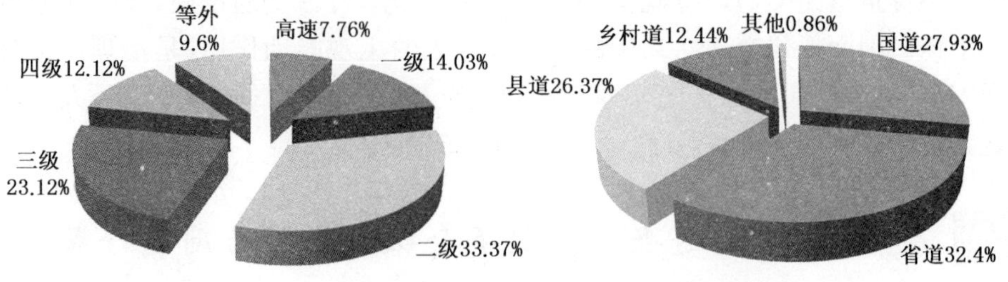

图 6-3　2010 年我国不同类型公路事故起数分布统计图

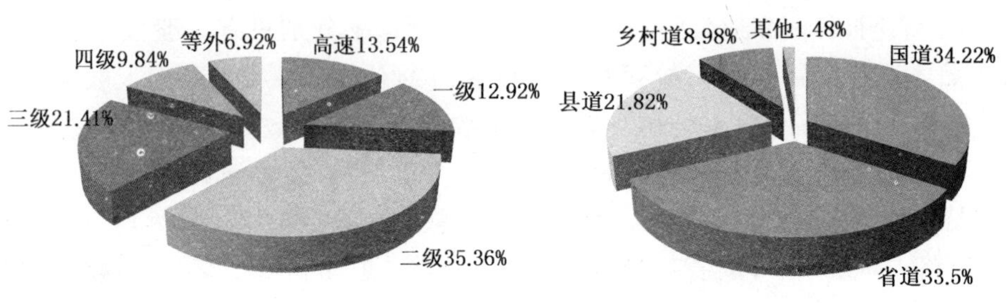

图 6-4　2010 年我国不同类型公路死亡人数分布统计图

从我国目前情况来看,我国公路建设在交通安全设施方面严重匮乏。一般来说,高速公路情况稍好一些,其他二级和二级以下的国道、省道、县道公路都缺乏必要的交通安全设施,公路等级越低,情况就越严重。

1. 低等级公路路边护栏缺乏或无防护能力

目前我国二级和二级以下公路路边防护是交通安全事故防范措施中比较薄弱的环节。公路路边防护目前还大量采用非车辆防护作用的装置,如大量采用的离散而单薄的水泥柱和碎石砌成的石墩,它们只能起到安全警示作用,不能起到防护车辆冲出的作用。而在一些山区道路以及路边落差较大的地区,应该设有刚性护栏的地方,却往往没有这些设施,形成交通安全事故多发"黑点"。

在我国公路护栏设置不合理的路段上,由于各种原因发生车辆侧翻至路侧山坡、深沟、悬崖下,从而造成车毁人亡的特大交通事故不乏其例。

2. 低等级公路桥梁护栏普遍不安全

公路和桥梁的护栏应采用能够承受车辆撞击的护栏,在事故发生时确保车辆不跌落到桥下。路边接近桥梁处应有刚性护栏与桥梁护栏紧密连接,以避免车辆跌落的可能。我国低等级公路桥梁普遍缺少应有的交通安全防范设施,部分桥梁的水泥桥护栏根部仅仅在桥面浅部用水泥固定,而非钢筋结构,这样的水泥护栏仅仅能起到保护行人和警示作用,无法对车辆的安全起到保护作用。另外一个普遍存在的问题是目前我国低等级公路桥梁的侧面与路面连接处,常常设计高 15～

20 cm，宽 60～80 cm 的行人台阶，目的是保证车辆和行人的通行安全，但实际却形成一个路障，对车辆非但起不到安全防护作用，反而因为在桥头处突然高出的台阶可能给迎面开来的车辆造成事故。同时由于桥梁与公路连接前段缺少安全保护护栏，存在车辆翻入桥梁前端侧面桥沟的可能。

3. 道路中间无隔离装置

我国很多二级和二级以下公路在一些需要设置中间隔离设施的路段，却一般没有设置。由于没有中间隔离装置而形成交通安全隐患点和事故多发点的地段，多在双车道公路的转弯部分。因为没有中线隔离设施，加上在道路转弯部分视距太短，许多车辆跨越中线行驶在对向车道上，如某路段已经接连发生多次车辆对撞的事故。

4. 公路路段地面标线不规范

我国二级和二级以下公路地面标线存在的主要问题，一是地面标线不够清晰，在许多路段上根本没有道路中线，还有一些路段由于长时间使用，更新不及时，地面标线只是隐约可见，长时间地面标线不清楚或没有道路中线，造成了驾驶员对交通规则的忽视，由于车辆行驶时超越中线，随意进入对方车道行驶，从而引起各种交通安全隐患；二是在视距不够和不安全的地段(如转弯地段等)，道路中线设为虚线，这种错误的中线虚线设置可能导致在超车时产生严重的车辆对撞事故。

5. 公路交叉口无标志、标线

我国二级和二级以下公路在许多平面交叉口无任何交通标志、标线来分配交叉口车辆的通行权，车流在无控制、无先后次序、混乱的状况下自由行驶。如果冲突方向的交通流都具有同等权利进入无交通控制措施的交叉口，就形成严重的交通事故隐患“黑点”。若两辆车同时进入交叉口时都不减速、都不让其他车辆先行，就会发生严重的交通事故。

6. 公路通过城镇地区缺乏必要的安全措施

当公路穿越城镇街道时，行人、自行车、各种车辆对公路干道车流造成严重干扰，而驾驶员经过长时间的行驶之后，没有意识到车速过快，也会形成很大的安全隐患。因此，缺乏公路车速限速标志是目前二级和二级以下公路交通安全隐患的另一个问题，尤其是缺乏国道、省道进入城镇区域之前的车速减速标志。目前普遍存在的状况是仅有一个提示进入城镇的标志，没有多级减速标志(给驾驶员一个较充分的减速警示准备)以及以此为依据的执法措施。正是由于缺乏充分的车速限速标志，目前比较严重的交通安全问题是车辆进入城镇区域时车速过高，从而导致车辆与行人、自行车，车辆与车辆相撞的事故。

6.3.2 一般公路交通安全系统问题诊断

一般公路的通行量增大，超限车辆的运行，加上养护、管理机构尚未健全，使其

"先天不足"的状况又雪上加霜:陡坡不便车辆上行运输;急弯容易发生翻车;过沟路段也因为水毁而变成一辙险路;过路水渠冲毁路基造成阻车;堆积物占道形成"卡脖子"路段;路面严重损坏,影响行车速度等,如不及时采取养护管理措施,道路修筑投入的大量资金将毁于一旦,有必要对其进行改造。

1. 线形改造

按现状衡量,距离在 1 000 m 以上的路段,平均纵坡超过 5.5%的,必须进行彻底改线。遵循公路几何要素标准,按交通发展预测,乡道达三级标准,村公路达四级标准。还要考虑利用地形,把公路放置在向阳的坡面上,以防止公路建成后遇冬季冰冻和积雪,因地势阴冷久冻不融,造成阻车或行车不安全。利用地形,把平、竖曲线有机配合起来,以求得顺适、安全的效果。避免桥头急弯、长直线陡坡或急弯,消除司机驾车难度,尽量少用或不用反向弯道,创造安全的交通环境。

2. 路基达标

低等级公路大都是路基的宽度不够,随地形而建,不是地形服从公路,而是公路服从地形,勉强通车,有许多"卡脖子"路段。有的在河湾沟涧地方,属软土地质路段,晴通雨阻。大部分路堤边坡坡比小于 1∶1.5,还有爬坡种植现象,使路堤越来越窄。路堤段填土高度大部分不足,下边坡塌陷,多容易变成险道。路堑边坡坡比大部分都过小或根本没有坡度,上方边坡若遇塌落,泥石将会阻塞交通。对上述情况,必须重新测量放线,按标准实施路基改造,把好路基宽度、坡度关。处理好直线与曲线的有机结合,还必须重点做到两点:一是路堤段修筑要从底层分层碾压填筑,保证路基有足够的压实度,避免一次填成,往后出现逐年沉陷,路基长期不稳定现象。二是过沟路堤(即土桥)的改善。一般低等级公路在初建时十之八九都是把过沟路堤放在凹型竖曲线的最低点,目的是可以节约修建公路的土方。可是建成以后每遇到雨季,沟两侧路面,边沟和边坡的雨水都汇集到路堤上,在路堤疏松又无排水设施的情况下,雨水只能顺边坡下泻,先是冲刷边坡、路肩,进而冲毁路基、路面,严重地冲毁路堤,形成豁口或穿洞,中断车辆运输。一旦发生这种情况,雨后修复费用很大,不仅工程量大,而且必须动用车辆拉运土方,同时还需分层垫筑夯实。即使将路堤修复好,下次遇大雨还会再次造成水毁。鉴于此,过沟路段必须彻底改善,其方法是:先到现场,通过测量确定凹型竖曲线的最低点放置在沟的哪一侧路堑地点比较合理,试做出两种方案进行对比,权衡利弊,再仔细观察看哪侧有较好的地形,可以将汇集的雨水排出路堤坡脚外。该段纵坡要大于公路横坡,以利雨水通过路堤时顺纵坡流向路堑一方,避免横向流入路堤,造成新的水毁。在调整坡度时所动的弃方,合理地加宽、加高路堤,做到一举两得。在纵坡调整好后,还要继续做好路堑段排水防护设施,不论是打土洞、加固,还是作排水沟及急流槽引入水沟,都要将水排出路堤坡脚之外。在路基宽度设计上,尽量按双车道路基设计,以适应交通发展的需要，如果在交通量偏少，又遇地形复杂的尽头公路，也可以采用单车道设计，但必须设置好错车道和必备的堆料台，以有效提高公路的通行能力。对特殊路基(如软土地基、岩石)还要采用相应的方法，把好路基质量关。

3. 调整纵坡

低等级公路，都是群众运动的产物，没有经过勘察、测量，更谈不上设计，因此，公路出现不合理频繁起伏，超限坡段很多，成为交通最大的障碍。对于这种现象，凡超过 9%的纵坡都要进行改造，纵坡设计尽量不超过 6%。对于起伏路段，采用绕行的方法解决；不能绕行的，要考虑局部改线，尽量杜绝公路不必要的起伏。对纵断面的线形变化尽量平缓，结合地形变化，线段最短不能少于 100 m，从根本上消除因纵坡过大而导致阻车现象。

4. 改善弯道

低等级公路大都有陡坡急弯相连。车辆在陡坡段高速运转，一旦遇到急弯，很容易造成翻车事故。改造的方法是：首先，采用可利用的地形或创造条件改造弯道，杜绝超限半径，把弯道半径尽可能放大。平曲线与竖曲线能分开设置的，尽量分别设置。平曲线与竖曲线不可能分开设置的，将平曲线半径尽量放大些，做到“平包竖”，使平、竖曲线协调统一起来。其次，加大弯道视距，把弯道内侧阻碍视线的灌木挖除掉，墙壁、建筑物、障碍物拆除，突出的土崖削平，给驾驶人员提供足够的行车视距、会车视距。第三，给弯道设置足够的缓和段，内侧加宽，外侧超高，减少车辆在弯道处的离心力，使车辆顺适、平稳、安全地驶过弯道。

5. 增设排水的桥涵和设施

低等级公路大部分缺少桥涵或桥涵长度不足。要解决的范围包括：第一，凡是跨沟过涧的土桥，大部分没有桥涵或只有小涵洞，与其上游的汇水面积和流量不相匹配，每逢雨季，随时都有冲毁土桥的危险，必须按实际汇水面积设置桥涵，并加长、修整现有桥涵，或在两侧土质稳定、坚实的沟底穿凿土洞，再用石头铺底、砌台，青砖拱顶，增加土桥处的宣泄能力。第二，对于横穿土路的农用灌溉涵洞，因为经常流水，应防止渗漏，尽快引过公路，严禁积水侵蚀路基、路面，或占用边沟做水渠。第三，对于边沟所排雨水，应利用纵坡特点，分流排向农田或沟洞涧里，需要加固的边沟、排水沟、截水沟、急流槽、跌水及盲沟等都要做到完好无缺，还有必要的防护边坡、挡土墙等都要考虑安排，保证公路不受水害侵袭。

6. 加强路面改造

在公路线形合理，路基坚实，基层平整，宽度一致，纵坡适度，弯道顺适，路拱适度的基础上，再对公路进行砂石硬化，先用拳石或料疆石作基层骨料，均匀摊平，整好路拱，撒上粘土粗粒料洒水碾压成型，最后上细粒石料进行封面，设置好磨耗层，做好压实度和平整度，使路面达到中级。有经济条件的地方，鼓励群众铺设沥青表处路面，达到次高级路面，体现油路的特殊优越性，以点带面，争取3～5年内把低等级公路全部高标准油路化，只有这样，才能达到晴雨通车，彻底提高公路的通行能力。

7. 设置标线和标志

为了进一步提高公路通行能力，在交通量较大并且路面较宽的低等级公路上，还应划分公路中心线，使车辆各行其道，以保证行车速度和安全，设置警告标志和指示标志，告诫司乘人员注意前方道路状况，给参与交通的人提供安全和方便。

8. 加强日常养护和小修保养

低等级公路都是投资低、路况差、基本没有公路保护设施，承受不起自然的和人为的损坏，所以要长期树立“三分建、七分养”的战略思想，注重养护。抓紧和搞好日常养护和小修保养是一项长期的、重要的、艰巨的任务，它直接有效地服务于当地群众的生产、生活和经济发展，因此在养护上应抓好以下三个方面：

一是对路基的养护和保养。保持路基的稳定性和应有的强度是路基养护的关键，而使路基经常处于干燥状态是关键的关键。首先是经常保持路肩横坡要大于路面横坡，使雨水能从路面迅速通过路肩排入边沟。杜绝路肩无横坡或反超高，雨水顺路面边缘纵向奔流的现象。路堑段的上边坡造成的塌落和滑坡，要及时清除，以防止堵塞边沟，形成积水，路堤路段的边坡为了防止雨水冲刷，特推荐栽植根系发达的紫穗槐、洋槐树和草皮，保护好路基。对路基出现的沉陷、坑槽，采用砾石白灰土，在含水合适时铺装，整平碾压成型。对翻浆路段要采用抛石增强或挖弃换土的方式处理比较好。对于路基下塌方，多是水毁所为，采取合理疏导的方法杜绝水源，再用最佳含水量的粘土分层夯实，垫筑平整，种上草皮，保护起来。还要注意路肩的宽度一致和边沟畅通。

二是对路面的养护。贯彻“以养好路面为中心”的养护方针。众所周知，路面的优劣与通行能力成正比例关系。所以，对于砂石路面要提前多备运磨耗层养护料，按技术参数配合粘土，整齐堆放在路肩一侧。一旦出现坑槽、车辙、露骨、波浪、平整度差、路拱不适等病害，借用雨后路面湿润，堆料含水适度的良好机会，集中劳力突击填补和铺装，一次整平碾压成型，提高路面平整度和使用周期。对于油路路面出现的沉陷、坑槽、松散、拥包、泛油、啃边、龟裂、网裂、脱皮等病害，每年冬春季进行普查，将病害记录入档，利用初夏来临时的高温少雨良好机会，集中人力、机械突击修补，加铺沥青混合料或喷油罩面。

三是对排水设施的养护和修复。防水、防汛一直是公路养护的重要环节，因此，对公路上的所有桥涵、排水设施都要建立档案，定期检查，发现破损，及时采取修复措施，并做好清淤疏浚工作，使其保持良好的排水功能，边沟要按标准开挖，杜绝无边沟路段。对于与公路平交的道路，都要设置排水洞，使边沟畅通无阻，严禁平交道阻塞边沟造成水害。特别提倡冒雨上路巡查水毁，只有此时才能查明雨水的流向和流量，制定出符合实际的防护措施，把水害损失减少到最小程度。

9. 加强路政管理

对于公路交通，路政管理有着举足轻重的作用，它是公路畅通的保护神，尤其表现在低等级公路上，本来就狭窄的路面，一旦堆放杂物、设立集市，公路就形成经常性堵车，何谈运输效益？所以诸如在公路范围内堆放建筑材料、倾倒垃圾、占路堆肥、碾场晒粮、跨路挖渠或堵渠放水、摆摊设市、占道经营等行为都违反了《中华人民共和国公路法》，应坚决予以制止。利用宣传工具教育沿线群众，增强爱路护路意识，依法治路。对于损坏公路路产，侵犯公路路权的行为要进行必要的经济赔偿，对严重损坏公路者要依法追究其刑事责任，争取创造一个宽松、有序、良好的交通环境。

6.4 城市道路交通安全系统安全状况分析与问题诊断

6.4.1 城市道路交通安全系统现状

城市道路交通安全是指某一城市路线、路段或交叉路口交通的安全程度，是交通事故发生情况是否严重的客观反映，它在一定程度上体现了交通安全设施与交通管理的水平。近年来，随着城市化进程的进一步加快以及城市机动化程度的日益提高，加剧了中国长期以来形成的城市机动车增长与道路设施滞后的结构性矛盾，决定了中国道路混合交通严重，道路交通设施匮乏的状况依然存在。城市道路交通面临社会需求高与实际管理水平滞后、社会交通法制意识薄弱的矛盾，表现为交通拥堵加重，交通秩序不佳，交通事故呈上升态势。

据资料统计，城市道路交通事故的时间分布明显地呈现出三个高峰时段，即：9:00～11:00(约占12.06%)、14:00～17:00(约占17.49%)、20:00～22:00(约占10.91%)，此三个时间段共占全天交通事故发生总量的40.46%。深夜23:00～1:00和凌晨5:00～7:00这两个时间段内所发生的交通事故次数虽不多(分别约占7.05%和4.77%)，但死伤情况严重。

从城市地理空间来看，城市道路交通事故高发点多集中在城乡结合部位的出入口道路上，这主要是由于：①城乡结合部位多为过境交通，货车较多，机动车组成复杂，行驶特性差异大，对行车安全造成了不利影响；②城乡结合部位是城市道路与公路连接点，城际之间的连续交通流在此受阻，在公路上行驶的车辆一般车流连续、车速快，而到达城乡结合部位时，转入城市道路交通管控方式，开始遇到信号控制以及行人的侧向干扰，连续交通流经常受到强制性阻断，城乡结合部道路管理归属不明确，导致管理松散，且各类市场较多，管理混乱；③流动人口多，交通安全、交通法规意识薄弱。

由于交通流特性(比如车速、交通量、交通组成等)的不同导致交通事故在不同等级道路上的分布存在很大的差异性。以西安市为例,城市道路交通事故中约有3/4发生在城市主干路上,之所以大量的交通事故集中在城市主干路上,究其原因主要有:①城市主干路上交通繁忙,机动车、非机动车流量都比较大,因此发生交通事故的机率也远高于其他等级道路;②道路交通工程设施不健全,中国大部分城市主干路交通渠化不够或未加渠化,而使机动车与非机动车之间、机动车与机动车之间侧向干扰大,同时,主干路通常既具有交通性功能,又具有商业性功能,造成主干路上行人穿越需求较大,由于缺乏必要的行人过街设施,使得行人违章穿越行车道,增加了主干路上的交通安全隐患;③交通视距不足。在城市道路的有些地方,过高的、过密的绿化树及广告牌的设置阻挡了驾驶员的视线,使他们不能及时掌握交通状况。

6.4.2 城市道路交通安全系统问题诊断

自改革开放特别是进入21世纪以来我国城市化进程不断加快,截止到2010年我国市区人口超过100万的城市数量超过了78个,超过1 000万的城市达到了7个,城市化水平接近50%。城市的快速兴起和不断集中的人口规模给城市道路交通安全带来了非常大的压力,城市机动车保有量的不断攀升以及大量的交通事故伤亡人数都在预示着城市交通状况的潜在隐患。

影响城市道路交通安全的因素很多,综合起来可以分为两大类,一类是直接原因,一类是间接原因。直接原因方面主要包括的因素有:交通参与者的失误,车辆机械故障,道路状况不佳等,而产生这些问题的原因多是由相关的交通安全教育培训、规章制度、组织管理和交通环境的缺失而引起的;间接原因方面主要包括的因素有:车辆缺乏基本的检查维护和保养,道路及其辅助设施缺乏养护,交通环境的综合治理力度不够以及车辆安全行驶制度落实不力等。

道路交通事故是汽车的伴随物,涉及人、车、路,以及法规政策等种种因素,要完全消除道路交通事故是不现实的,但通过有效的管理和实施相应的对策,减少交通事故的发生量,降低交通事故的严重程度是可以实现的。

1. 加强事故高发时段的交通管理

在高峰时段内,应加大警力及人员安排,有针对性地组织好交通流。对于凌晨和夜间行车,应合理地限制车速,控制车流的速度。同时,完善道路照明设施,对降低事故的发生,提高行车安全性有很大作用。此外,为避免过密的车流堵塞交通,影响道路的通行能力,在道路交通管制上,硬管制与软管制双管齐下,即一方面用行政手段直接管制,如限制某些车辆在某些路段、某些时间通行,车牌单双号轮流受限等；另一方面用经济手段进行软管制，如对交通流过于密集的路段、时间采取付费通行等做法。

2. 改善道路交通环境，降低事故发生率

(1) 加强对城乡结合部位的道路改善和交通管理。城乡结合部位交通事故频频发生，应加强该区域的道路改善和交通管理工作，提高行车条件，对此应该注意：①道路标准由公路到城市道路的平顺过渡；②完善该部位的交通工程设施；③明确道路管理归属，并对各种市场进行严格的规范管理；④建议对货车提供专用的行车空间或时间，合理规划货运枢纽。

(2) 改善主干路交通环境。主干路是城市道路交通事故的易发路段，改善主干路交通环境，可有效控制交通事故：①完善道路工程设施，加强主干路渠化工程，保持交通流的连续和单一，对主要交叉口进行科学的信号配时和渠化设计；②改良道路线形，使道路的线形和绿化保证安全视距，合理布置行人过街设施；③通过学习、引进国外先进的管理理念、方法和手段，建设城市现代化交通信息系统，建立能实时监测车辆、路段状况，及时传输交通信息的网络。

3. 加强交通安全教育，提高交通安全意识

研究制定符合中国交通特点的城市交通政策，加强对机动车驾驶员、行人、事故高发人群的教育，增强群众安全意识，普及交通安全常识。

(1) 出租车驾驶员。出租车每天绝大部分时间都处于运营状态中，出租车驾驶员是良好交通秩序得以实现的重要群体，针对出租车肇事比例较高，应加强对出租车驾驶员的管理和交通安全教育，提高驾驶员素质。

(2) 非机动车驾驶员。中国城市交通中机非混行问题严重，从而导致机非之间的交通事故频繁，在很长一段时期内非机动车在中国很多城市都将存在极大的市场，因此应合理分隔机动车与非机动车的行驶空间，尤其在易发生事故的路段必须设置安全设施。

(3) 行人。针对目前行人事故死亡率高，行人乱穿马路现象严重等问题，在对行人进一步加强交通安全教育的同时，建议在行人穿越街道繁忙的路段或交叉口设置必要的行人过街设施，有条件的城市可考虑形成独立的行人系统，增强行人安全系数。

4. 进行交通发展策略研究

从交通结构构成、交通需求管理等方面降低交通事故的发生率。从本质上讲，城市交通问题是个供求关系问题，城市交通的最终目的是满足人们的可达性需求，因此，在增加城市道路供给的同时，更应该在抑制需求上下功夫，优先发展公共交通，鼓励群体交通，适当发展私家车。

5. 事故救援

完善交通事故救援、出警系统，增强快速反应和处置能力，建立起能快速反应

的交通事故紧急救援联动系统，把事故造成的损失降低到最低程度。

在中国，城市道路交通事故伴随着机动化程度的提高仍在不断上升，交通事故的伤害程度还比较严重。随着中国城市化进程的日益加快，城市道路交通安全应引起有关部门的足够重视，针对城市道路交通事故的特点制定相应的防范措施，在加大基础设施的投资力度，加强交通管理，提高广大城市居民的交通安全意识的同时，尽快完善城市道路交通安全的相关政策法规，尽量减少交通事故的发生。

第7章

道路交通事故成因分析与对策

交通运输包括道路运输、铁路运输、水路运输、航空运输和管道运输，它除了给人们带来方便并满足交通需要外，也带来了交通事故。在许多国家，由交通事故引起的人员伤亡数比火灾、水灾和意外爆炸等事故造成的伤亡人数总和还要大得多。从经济损失方面来考虑也是如此，例如美国的火灾经济损失只有交通事故经济损失的13%左右，中国的火灾经济损失只相当于交通事故经济损失的10%。道路交通事故带来的人员伤亡与经济损失在全部交通事故中所占的比例(80%以上)最大，远远大于其他交通方式。

全世界每年因道路交通事故死亡的人数超过130万，受伤或致残的人数达数百万。因道路交通事故而死亡的人数已居非自然因素死亡人数之首。据统计，目前，我国道路交通发展快，人车路矛盾突出，影响道路交通安全的隐患大量存在，道路交通安全形势非常严峻。中国的道路交通事故无论是与发达国家如美国、日本、英国、瑞典，还是与发展中国家如巴西、印度尼西亚、马来西亚相比，在道路交通事故次数、死亡人数及受伤人数上均居前列。据统计，近年来我国道路交通事故死亡人数每年都在7万左右，受伤人数约30万，直接经济损失近10亿，进入了道路交通事故高发期。

交通事故的原因是分析研究交通事故的主要内容之一，是采取预防交通事故对策的依据，也是鉴定交通事故当事人责任的关键。交通事故是随机事件，现象千变万化，原因错综复杂，即构成交通事故的原因是多因素互相作用影响的结果，很难用一个固定的模式或数学表达式精确地描述它。

交通事故的原因有主观的，也有客观的；有直接的，也有间接的；有造成事故的原因，也有引起事故后果的原因。通常讲“违章是肇事的前因，肇事是违章的后果”，从某种意义上讲不无道理。但是，不能把违章无条件地列为事故的原因，并作为认定责任的依据。违章和事故之间并不一定存在必然的因果关系。研究交通事故原因的方法可通过两个途径，既可以通过宏观的统计分析，也可以通过微观的案例分析。前者着重于找出造成交通事故原因的规律，为采取预防交通事故的对策提供依据；后者则侧重于坚定事故的责任，满足事故处理的需要，当然也具有事故预防的意义。

7.1 道路交通事故发生机理分析

事故致因理论(Accident-causing theory)是从大量典型事故的本质原因的分析中提炼出的事故机理和事故模型。这些机理和模型反映了事故发生的规律性，能够为事故原因的定性、定量分析，为事故的预防，为改进安全管理工作，从理论上提供科学、完整的依据。

国内外关于道路交通事故致因理论的研究大致经历了两个时期：单因素理论和多因素理论。单因素理论只偏重于人的分析，不能全面系统地揭示事故发生的规律；多因素理论的贡献主要在于使人们改变了对交通事故成因的单向性、局部性思维，开始从整体的角度来考虑道路交通安全。

到目前为止，道路交通事故致因理论的发展还很不完善，还没有给出对事故分析和预防方面的普遍和有效的方法。随着科学技术的发展和社会的进步，事故发生的本质规律在不断变化，人们对事故原因的认识也在不断深入，先后出现了十几种具有代表性的事故致因理论。然而这些事故致因理论都不是产生于道路交通事故研究，不是从道路交通事故中提炼出的事故机理和事故模型，因此这些理论能否和在多大程度反映了道路交通事故发生的规律，有待于结合道路交通事故对各种理论进行分析研究。

各种事故致因理论，对事故发生规律的认识侧重点不同。在道路交通事故的分析研究中，有必要比较各种事故致因理论，提出道路交通事故致因理论。

7.1.1 事故倾向性格论

1919 年，由格林伍德(M. Greenwood)和伍兹(H. Woods)提出了“事故倾向性格”论(Accident proneness theory)，后来又由纽伯尔德(Newboid)于 1926 年以及法默(Farmer)于 1939 年分别对其进行了补充。该理论认为，从事同样的工作和在同样的工作环境下，某些人比其他人更易发生事故，这些人是事故倾向者，他们的存在会使生产中的事故增多；如果通过人的性格特点区分出这部分人而不予雇佣，则可以减少工业生产的事故。这种理论适应了资本主义工业化生产，强调人应适应机械的自动化。该理论把事故致因归咎于人的天性，至今仍有某些人赞成这一理论，但是后来的许多研究结果并没有证实此理论的正确性。

至今为止，所能获得的道路交通报告并未对人的性格特点进行分析。因此这一早期的事故致因理论是否符合道路交通事故发生规律，无法得到证实。事故致因理论的目的是认识和预防事故，要区分驾驶人的事故倾向性格而不予驾驶，在实践中不可行。因此致因理论无法用于道路交通事故规律性的认识和分析，也无法用于道路交通事故的预防。

7.1.2 事故因果连锁理论

1. 海因里希因果连锁理论

海因里希最早提出了事故因果连锁理论（Accident causation sequence theory），他用该理论阐明了导致伤亡事故的各种因素之间，以及这些因素与伤害之间的关系。该理论的核心思想是：伤亡事故的发生不是一个孤立的事件，而是一系列原因事件相继发生的结果，即伤害与各原因之间具有连锁关系。

海因里希提出的事故因果连锁过程包括如下五种因素：

（1）遗传及社会环境（Ancestry and social environment）。遗传及社会环境是造成人的缺点的原因。遗传因素可能使人具有鲁莽、固执、粗心等对于安全来说属于不良的性格；社会环境可能妨碍人的安全素质培养，助长不良性格的发展。这种因素是因果链上最基本的因素；

（2）人的缺点。即由于遗传和社会环境因素造成的人的缺点。人的缺点是使人产生不安全行为或造成物的不安全状态的原因。这些缺点包括诸如鲁莽、固执、易过激、神经质、轻率等性格上的先天缺陷，也包括诸如缺乏安全生产知识和技能等的后天不足；

（3）人的不安全行为或物的不安全状态（Unsafe act or unsafe condition）。这两者是造成事故的直接原因。海因里希认为，人的不安全行为是由于人的缺点而产生的，是造成事故的主要原因；

（4）事故。事故是一种由于物体、物质或放射线等对人体发生作用，使人员受到或可能受到伤害、出乎意料的、失去控制的事件；

（5）损害或伤害。即直接由事故产生的财产损害或人身伤害。

上述事故因果连锁关系，可以用5块多米诺骨牌形象地加以描述，如图7-1所示。如果第一块骨牌倒下（即第一个原因出现），则发生连锁反应，后面的骨牌相继被碰倒（相继发生），最后一块牌即为伤害。因此，该理论又被称为多米诺骨牌理论（Domino theory）。海因里希曾经调查了75 000件工伤事故，发现其中88%是由于人的不安全行为造成的，10%是由于物的不安全状态造成的，2%是不明原因造成的。即使有些事故是由于物的不安全状态引起的，其不安全状态的产生也是由于工人的错误所致。海因里希认为，企业安全工作的中心是要移去中间的骨牌，以防止人的不安全行为或消除物的不安全状态，从而中断事故连锁的进程，避免伤害的发生。

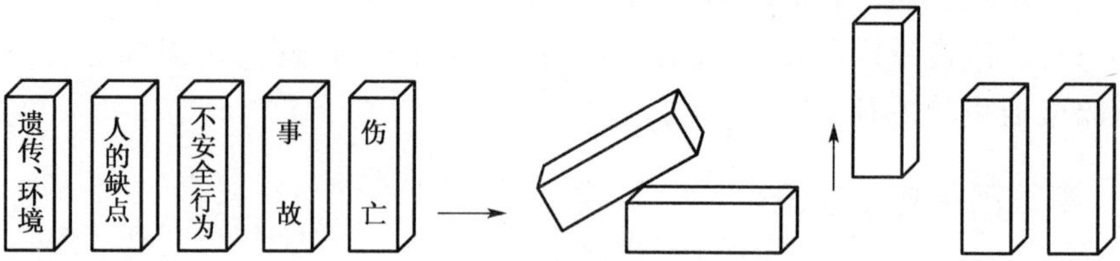

图 7-1 海因里希事故因果连锁图

海因里希的事故因果连锁理论建立了事故致因的事件链(Chains of events)这一重要概念,促进了事故致因理论的发展,成为事故研究科学化的先导,具有重要历史地位。

2. 海因里希因果连锁理论与道路交通事故

海因里希认为人的不安全行为是事故发生的主要直接原因,这一结论与道路交通事故的初期研究结果一致。因此认为海因里希的事故致因理论关于事故发生的直接原因是符合道路交通事故发生规律的。然而,如何消除导致事故的直接原因,即人的不安全行为或物的不安全状态,海因里希并没有给出具体方法。直接原因的前一骨牌是人的缺点,包括性格上的先天缺陷和知识技能的后天不足,而这些又是遗传和社会环境所致。在现代道路交通条件下,遗传造成的人的性格上的先天缺陷是难以控制的,造成后天知识和技能不足的社会环境则过于笼统,无法直接用于道路交通事故分析和预防。另外,对直接原因中的不安全状态,在海因里希因果连锁中缺乏前一层的致因。而道路交通事故中,道路标志标线的缺乏、道路线形的不合理、道路视矩不良、路面潮湿、道路积水以及轮胎质量差、车辆制动不良、制动失效、转向失效等状态,也常常是造成道路交通事故的直接原因之一。按照海因里希因果连锁理论,所有直接原因的上层原因皆为人的缺点,不符合道路交通事故的实际情况。以人的缺点来解释所有物的包括环境的不安全状态,进而主要针对人采取预防措施,不完全符合现代交通安全管理的系统论思想。

因此,海因里希的事故因果连锁理论虽然可用于说明道路交通事故发生的直接原因,但不能完整说明事故发生机理。

3. 博德事故因果连锁理论

美国前国际损失控制研究所所长小弗兰克·博德在海因里希事故因果连锁理论的基础上,提出了加强管理观点的事故因果连锁理论。

博德的事故因果连锁过程同样为 5 个因素,但每个因素的含义与海因里希的都有所不同,具体如下:

(1) 管理系统。对于大多数工业、企业来说,由于各种原因,完全依靠工程技术措施预防事故既不经济也不现实,只能通过完善安全管理工作,经过较大的努力，才能防止事故的发生。企业管理者必须认识到，只要生产没有实现本质安全化，就有发生事故及伤害的可能性。因此，安全管理工作是企业管理的重要一环。安全管理系统要随着生产的发展变化而不断调整完善，十全十美的管理系统不可能存在。由于安全管理上的缺陷，致使能够造成事故的其他原因出现。

(2) 个人及工作条件的原因。这方面的原因是由于管理缺陷造成的。个人原因包括缺乏安全知识或技能，行为动机不正确，生理或心理有问题等；工作条件原因包括安全操作规程不健全，设备、材料不合适，以及存在温度、湿度、粉尘、气体、噪声、照明、工作场地状况(如打滑的地面、障碍物、不可靠支撑物)等有害的作业环境因素。只有找出并控制这些原因，才能有效地防止后续原因的发生，从而防止事故的发生。

(3) 直接原因。人的不安全行为或物的不安全状态是事故的直接原因。这种原因是安全管理中必须重点加以追究的原因。但是，直接原因只是一种表面现象，是深层次原因的表征。在实际工作中，不能停留在这种表面理解上，而要追究其背后隐藏的管理上的缺陷原因，并采取有效的控制措施，从根本上杜绝事故的发生。

(4) 事故(incident)。博德使用“incident”而不使用“accident”，排除了对偶然发生的事故或者人为过错造成的事故的否定的含义。这里的事故被看作是人体或结构与超过其承受其阈值的能量接触，或人体与妨碍正常生理活动的物质的接触。后来，博德扩展这个定义，将“超过人体或结构承受阈值”包括环境污染。显然，这一定义无形中应用了能量转移的观点，防止事故就是防止接触。可以通过对装置、材料、工艺等的改进来防止能量的释放，或者训练工人提高识别和回避危险的能力，佩戴个人防护用具等来防止接触。

(5) 损失。在许多情况下，可以采取恰当的措施使事故造成的损失最大限度地减小。例如，对受伤人员进行迅速正确的抢救，对遇险车辆实施救助以及平时对有关人员进行应急训练等。

托普斯对这一理论进行了简单的改变，在事故之后引入初始损失(initial loss)和最终损失(final loss)构成如下的因果连锁：管理缺陷——基本原因——直接原因——事故——初始损失——最终损失。在事故与初始损失之间可设置屏障，在初始损失后可通过应急行动防止或减少最终损失。

博德事故因果理论认为，事故的根本原因在于管理上的缺陷，当前道路交通安全管理的理论与实际也有这一趋势，有专家提出了“人性化思想”。鉴于此，瑞典提出了“道路安全零事故”目标，作为20世纪90年代后期制定的一个交通安全政策，提出了伦理道德、责任、安全理念以及创建变化机制。因此博德理论可作为道路交通事故原因分析和采取安全管理措施的理论基础。

4. 亚当斯事故因果连锁理论

英国伦敦大学约翰·亚当斯(John Adams)教授提出了一种与博德事故因果连锁理论类似的因果连锁模型,该模型以表格的形式给出,如表7-1所示。

表7-1 亚当斯事故因果连锁模型

管理体系	管理失误		现场失误	事故	损失
目标 组织 机能	领导者在下述方面决策错误或没作决策: 方针政策 目标 规范 责任 职级 考核 权限授予	安技人员在下述方面管理失误或疏忽: 行为 责任 权限范围 规则指导 主动性 积极性 业务活动	不安全行为 不安全状态	伤亡事故 损坏事故 无伤害事故	对人 对物

在该理论中,事故和损失因素与博德理论相似。把人的不安全行为和物的不安全状态称为现场失误,其目的在于提醒人们注意不安全行为和不安全状态的性质。亚当斯理论的核心在于对造成现场失误的管理原因进行了深入的研究。操作者的不安全行为及生产作业中的不安全状态等现场失误,是由于企业领导和安全技术人员的管理失误造成的。管理人员在管理工作中差错或疏忽,领导人的决策失误,对企业经营管理及安全工作具有决定性的影响。管理失误又由企业管理体系中的问题所导致,这些问题包括:如何有组织地进行管理工作,确定怎样的管理目标,如何计划、如何实施等。管理体系反映了作为决策中心的领导人的信念、目标及规范,它决定各级管理人员安排工作的轻重缓急、工作基准及指导方针等重大问题。

亚当斯的因果连锁理论对建立安全管理体系具有理论上的指导意义,对分析交通事故具有较好的借鉴作用。然而该理论对人的因素、道路条件和环境因素较少涉及,运用于道路交通事故分析和控制具有局限性。

5. 北川彻三事故因果连锁理论

上述几种事故因果连锁理论,把考察的范围局限在企业内部。实际上,工业伤害事故发生的原因很复杂,一个国家或地区的政治、经济、文化、教育、科技水平等诸多社会因素,对伤害事故的发生和预防都有着重要的影响。基于这种考虑,北川彻三对海因里希的理论进行了一定的修正,提出了另一种事故因果连锁理论,如表7-2所示。

表 7-2　北川彻三事故因果连锁模型

基本原因	间接原因	直接原因		
学校教育 社会 历史	技术 教育 身体 精神 管理	不安全行为 不安全状态	事故	伤害

在北川彻三的因果连锁理论的基本原因中的各个因素中，虽然已经有部分超出了道路交通安全管理工作的范围。但是，充分认识这些基本原因因素，认识宏观环境对道路交通事故的影响，对综合利用可能的科学技术、管理手段、法律法规、教育改革、安全文化建设等措施来改善间接原因因素，达到预防事故发生的目的，是十分必要的。

6. 多原因理论

多原因理论（Multiple causation theory）是多米诺理论的发展，它认为对于一个单一的事故可能存在多个促成因素、主原因和次原因，这些因素的某种组合导致事故发生。根据该理论，促成因素可分成行为的（Behavioral）和环境的（Environmental）两个类别。行为因素包括属于劳动者的因素，诸如不正确的态度，缺乏知识，缺乏技能，以及生理和心理上的不良状态。环境因素包括对其他有危险的工作要素的不适当的保护，由于使用导致设备性能的下降，以及不安全的程序。

该理论的主要贡献在于指出了一起事故很少是由于单一的原因或行为导致的，该理论有助于道路交通事故的调查、分析和预防。从大量道路交通事故报告的分析可知，绝大多数的事故既存在行为要素（人的因素），又存在环境要素（道路因素），然而该理论未对行为要素和环境要素的背后原因作深入的分析，因而对于事故的预防缺少理论的指导。

7.1.3　能量转移理论

1. 能量转移理论的概念

第二次世界大战之后，产生了一门新兴学科——人机工程学，标志着工业生产中人与机器关系的重大改变。从以前是按机械的特性来训练工人，让工人满足机械的要求，转变为根据人的特性来设计机械，使机械适合人的操作。这种在人机系统中以人为主、让机器适合人的观念，促使人们对事故原因进行重新认识。越来越多的人认为，不能把事故的发生简单地说成是工人的性格缺陷或粗心大意，应该重视机械的、物质的危险性在事故中的作用，强调实现生产条件、机械设备的固有安全，才能切实有效地减少事故的发生。这一点正是现代交通"人性化"交通的基础。

1961年由吉布森(Gibson)提出,并于1966年由哈登(Haddan)引伸的“能量转移论”(Energy transfer theory),是事故致因理论发展过程中的重要一步。该理论认为,事故是一种能量的异常或意外的释放,每一次能量改变都存在一个能量源、一个路径和一个接受者。因此,应该通过控制能量源或者切断能量转移的路径的载体或帮助能量接受者采取防范措施来预防伤害事故的发生。

2. 能量转移理论与事故控制

(1) 可通过下列措施控制能量源:从源头上加以消灭;改变工作站要素的设计或规范;预防性维护。

(2) 可通过下列措施改变能量转移的途径:途径封闭;设置屏蔽;设置吸收物;将能量与人隔离。

(3) 可通过下列措施帮助能量转移的接受者减少因能量转移产生的伤害:限制暴露;人员防护设备的使用。

能量转移理论与其他事故致因理论相比,具有两个主要优点:一是把各种能量对人体的伤害归结为伤亡事故的直接原因,从而决定了以对能量源及能量传送途径加以控制作为防止或减少伤害发生的手段这一原则;二是依照该理论建立的对伤亡事故的统计分类,是一种可以全面概括、阐明伤亡事故类型和性质的统计分类方法。

能量转移理论的不足之处是:由于意外转移的机械能(动能和势能)是造成工业伤害的主要能量形式,这就使得按能量转移观点对伤亡事故进行统计分类的方法尽管具有理论上的优越性,然而在实际应用上却存在困难。它的实际应用尚有待于对机械能的分类作更加深入细致的研究,以便对机械能造成的伤害进行分类。

能量转移理论在道路交通事故管理中有着许多应用。不仅能用于解释道路交通事故的伤亡或损失的直接原因,更重要的是可应用这一原理预防和避免道路交通事故的发生。事实上,交通运输实践中已经在许多领域运用了这一理论。

能量源头控制措施的例子:车辆的年检制度、高速公路对驶入车辆的要求、速度限制、利用可变信息标志标牌、禁止疲劳驾驶、酒后驾车、治理超载;

控制能量转移路径的措施的例子有:道路中央隔离带的使用、道路两侧防碰撞物体的利用、安全带的使用、安全气囊的研制开发和大力的推广使用。

尽管能量转移理论可以从能量转移的角度解释道路交通事故的直接原因和诸多预防事故的道路交通安全管理措施,但该理论无法对道路交通事故深层次原因做出完整的解释。此外,要灵活运用该理论,需要对各种形式的能量尤其是机械能有深入的理解,对各种道路交通事故从能量意外释放原理上做出科学的解释,这种理解和解释过程本身增加了事故分析和预防的难度和复杂性,用于理论上的分析或许可行,但在道路交通事故调查分析和道路交通安全管理中却难以行得通。因此，该理论可帮助分析和认识道路交通事故，而不能独立地用于全面分析和预防道路交通事故。

7.1.4 瑟瑞事故模型门

近几十年来，科学技术不断进步，生产设备、工艺及产品越来越复杂，信息论、系统论、控制论相继成熟并在各个领域获得广泛应用。对于复杂系统的安全性问题，采用以往的理论和方法已不能很好地解决，因此出现了许多新的安全理论和方法。

在事故致因理论方面，人们结合信息论、系统论和控制论的观点、方法，提出了一些有代表性的事故理论和模型。其中瑟瑞事故模型是最具有代表性的模型之一。

1969 年瑟瑞提出了一种事故模型，以人对信息的处理过程为基础描述事故发生的因果关系。该理论认为，人在信息处理过程中出现失误从而导致人的行为失误，进而引发事故。这一模型称为瑟瑞事故模型(Surry's accident model)。与此类似的理论还有 1970 年的海尔模型，1972 年威格里沃思(Wiggles Worth)的"人失误的一般模型"，1974 年劳伦斯(Lawrence)提出的"金矿山人失误模型"，以及 1978 年安德森(Anderson)等人对瑟瑞模型的修正等等。

这些理论均从人的特性与机器性能和环境状态之间是否匹配和协调的观点出发，认为机械和环境的信息不断地通过人的感官反映到大脑，人若能正确地认识、理解、判断、做出正确决策和采取行动，就能避免事故和伤亡；反之，如果人未能察觉、认识所面临的危险，或判断不准确而未采取正确的行动，就会发生事故和伤亡。由于这些理论把人、机、环境作为一个整体(系统)看待，研究人、机、环境之间的相互作用、反馈和调整，从中发现事故的致因，揭示出预防发生的途径，所以，也有人将它们统称为系统理论(System theory)。

瑟瑞把事故的发生过程分为危险出现和危险释放两个阶段，这两个阶段各自包括一组类似人的信息处理过程，即知觉、认识和行为响应过程。在危险出现阶段，如果人的信息处理的每个环节都正确，危险就能被消除或得到控制；反之，只要任何一个环节出现问题，就会使操作者直接面临危险。在危险释放阶段，如果人的信息处理过程的各个环节都是正确的，则虽然面临着已经显现出来的危险，但仍然可以避免危险释放出来，不会带来伤害或损害；反之，只要任何一个环节出错，危险就会转化为伤害或损害。

该理论把事故的深层次原因归结为人的原因，这一观点已得到交通工程界部分研究人员的认可，但是该理论忽略了诱发事故的其他原因，因此无法用来分析道路交通事故。

7.1.5 动态变化理论

1972年，本尼尔(Benner)提出了在处于动态平衡的生产系统中，由于“扰动”(Perturbation)导致事故的理论，即事故扰动理论(P-theory of accident)，进而提出了“多线性事件连锁法”(Multilinear events sequencing methods)的事故调查方法。此后，约翰逊(Johnson)于1975年发表了“变化—失误”模型，1981年佐藤吉信提出了“作用—变化与作用连锁”模型。

1. 扰动理论

本尼尔认为，事故过程包含着一组相继发生的事件。所谓事件是指生产活动中某种发生了的事物，如一次瞬间或重大的情况变化，一次已经被避免了或已经导致另一事件发生的偶然事件等。因而，可以将生产活动看作是一个自觉或不自觉地指向某种预期的或意外的结果的事件链，它包含生产系统元素间的相互作用和变化着的外界的影响。由事件链组成的正常生产活动，是在一种自动调节的动态平衡中进行的，是在事件的稳定运行中向预期的结果发展。

事件的发生必然是某人或某物引起的，如果把引起事件的人或物称为“行为者”，而其动作或运动称为“行为”，则可以用行为者及其行为来描述一个事件。在生产活动中，如果行为者的行为得当，则可以维持事件过程稳定地进行；否则，可能中断生产，甚至造成伤害事故。

生产系统的外界影响是经常变化的，可能偏离正常的或预期的情况。扰动将作用于行为者，产生扰动的事件称为开始事件(Beginning event)。当行为者能够适应不超过其承受能力的扰动时，生产活动可以维持动态平衡而不发生事故。如果其中的一个行为者不能适应这种扰动，则自动平衡的过程被破坏，开始一个新的事件过程，即事故过程(Process of accident)。该事件过程可能使某一行为者承受不了过量的能量而发生伤害或损害，这些伤害或损害事件可能依次引起其他变化或能量释放，作用于一个行为者并使其承受过量的能量，发生连续的伤害或损害。当然，如果行为者能够承受冲击而不发生伤害或损害，则事件过程将继续进行。

综上所述，可以将事故看作由事件链中的扰动开始，以伤害或损害为结束的过程，这种事故理论叫做“事故扰动理论”。扰动理论仅仅可以用于认识和解释道路交通事故的现象，还不足以用来进行道路交通事故的分析和预防工作。

2. 变化—失误理论

约翰逊(Johnson)认为：事故是由意外的能量释放引起的，这种能量释放的发生是由于管理者或操作者没有适应生产过程中物的或人的因素的变化，产生了计划错误或人为失误，从而导致不安全行为或不安全状态，破坏了对能量的屏蔽或控制，即发生了事故，由事故造成生产过程中人员伤亡或财产损失。如图 7-2 所示的为约翰逊的变化—失误理论模型。

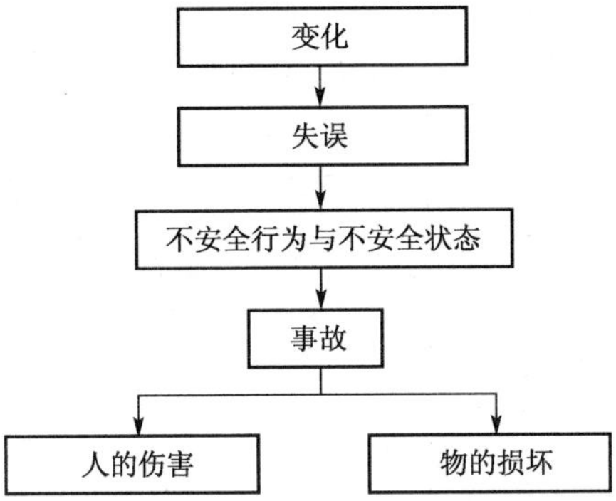

图 7-2　约翰逊变化—失误理论模型

变化—失误理论和模型能够对各种事故做出理论上的解释，该理论主要是着眼于事后的行动，不适宜作为道路交通事故预防的理论指导。

7.1.6　轨迹交叉论

1. 轨迹交叉论的概念

轨迹交叉论(Orbit intersecting theory)的基本思想是：伤害事故是许多相互联系的事件顺序发展的结果。这些事件概括起来不外乎人和物(包括环境)两大发展系列。当人的不安全行为和物的不安全状态在各自发展过程中(轨迹)，在一定时间、空间发生了接触(交叉)时，伤害事故就会发生(轨迹交叉论如图 7-3 所示)，而人的不安全行为和物的不安全状态之所以产生和发展，又是受多种因素作用的结果。

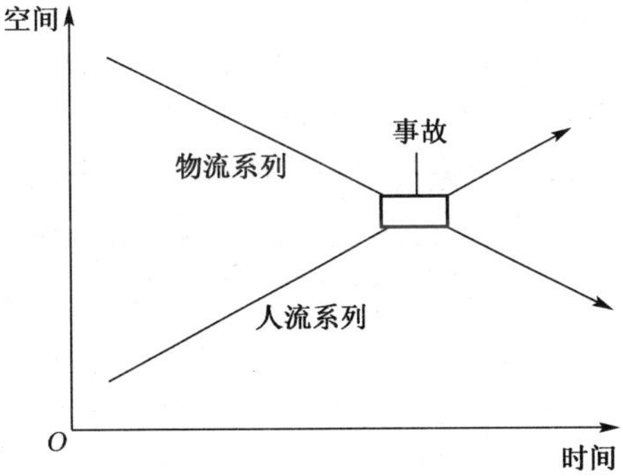

图 7-3　轨迹交叉论事故模型

在人和物两大系列的运动中，二者往往是相互关联、互为因果、相互转化的。有时人的不安全行为促进了物的不安全状态的发展，或导致新的不安全状态的出现；而物的不安全状态可以诱发人的不安全行为。因此，事故的发生可能并不是如图 7-3 所示的那样简单地按照人、物两条轨迹独立地运行，而是呈现较为复杂的因果关系。

2. 深层次原因

人的不安全行为和物的不安全状态是事故的表面的直接原因，如果对它们进行更进一步的考虑，则可以挖掘出二者背后深层次的原因。这些深层次的原因的示例见表 7-3。

表 7-3　事故发生的原因

基础原因(社会因素)	间接原因(管理缺陷)	直接原因
遗传、经济、文化、教育培训、民族习惯、社会历史、法律	生理和心理状况、知识技能情况、工作态度、规章制度、人际关系、领导水平	人的不安全行为
设计、制造缺陷，标准缺乏	维护保养不当/不良、故障、使用错误	物的不安全状态

轨迹交叉理论作为一种事故致因理论，在实质上属于海因里希因果连锁理论的发展。该理论强调人的因素和物的因素在事故致因中占有同样重要的地位。按照该理论，可以通过避免人与物两种因素运动轨迹的交叉来预防事故的发生。

目前，越来越多的学者认同轨迹交叉论，该理论在道路交通事故的分析和预防方面比博德或者亚当斯的因果连锁理论更优越，因为该理论突出了物的不安全状态，而将人的原因与物的原因放在同等重要的位置，并且将事故定位在人、物两大系列时空运动轨迹的交叉，这一思想对于研究分析道路交通事故及交通事故预测预防具有理论指导作用。

7.1.7　哈顿模型

三十几年前，威廉·哈顿(William Haddon)将道路交通描述为一个设计不好的“人造机器”系统，需要对它进行全面系统的“治疗”。他提出了著名的“哈顿矩阵”模型，阐明了在车祸发生碰撞前、碰撞时和碰撞后的三个阶段中互相作用的三个因素：人、车和环境。该九格矩阵构成了系统动力学模型，如表 7-4 所示。矩阵中每一个格都有机会采取干预以减少道路交通伤害的发生。哈顿模型极大地加深了人们对行为因素、道路因素和车辆因素的认识，正是这些因素影响着道路交通事故的人员伤亡数量和严重程度。

表 7-4　哈顿矩阵模型

阶　段		因　素		
		人员	车辆和设备	环境
碰撞前	防止碰撞	信息 态度 损伤 交警执法力度	车辆性能 照明 制动 操控 速度管理	道路设计和道路布局 速度限制 行人装备

续 表

阶段		因素		
		人员	车辆和设备	环境
碰撞时	在碰撞时防止受伤	固定装置的使用损伤	乘员固定系统 其他安全装置 防碰撞设计	道路两侧防碰撞物体
碰撞后	生命支持	急救技术 获得医疗救助	容易进入车内 起火的危险	救援设施 交通阻塞

根据哈顿的观点,"系统"的方法就是寻找和纠正能引起致死性或严重交通伤害的主要原因或设计上的缺点,并通过下列方法来减轻伤害的严重程度和后果。

1. 减少暴露于危险因素的机会。
2. 预防交通事故的发生。
3. 减轻事故伤害的严重程度。
4. 通过改进碰撞后的救治来减轻伤害的后果。

一些高度机动化国家的经验表明,这种道路安全综合措施方法明显减少了道路交通事故的死亡和受伤程度,然而该系统方法应用的可操作性对道路安全的决策者和专业人员来说是一个重大的挑战。

7.2 道路交通事故成因分析

7.2.1 道路交通事故影响因素概述

道路交通事故是由于特定的交通环境影响,人、车、路等因素配合失控而发生的偶然现象。因此,分析道路交通事故成因最重要的是明确人、车、路和环境对交通事故造成的影响。"人"是交通安全的核心,交通安全的关键在于"人"。国内外的统计表明,大约80%以上的交通事故是由人造成的,其中包括驾驶人员,也包括行人和骑自行车人,因此,在交通安全中,人的因素是最主要的因素。当然,车辆的技术性能、道路标准及道路相关设施、路网密度等等都对交通安全有着直接的影响。道路交通系统与系统环境是密不可分的,人、车、路都处于整个社会环境之中,都不同程度地受到整个社会环境的影响。整个社会环境包括政治、经济、人口、文化、法律、教育等等。鉴于以上思想,可以将交通安全的影响因素分为两大类:微观因素(即道路交通系统因素)和宏观因素(即系统环境),总体结构关系如图 7-4 所示。

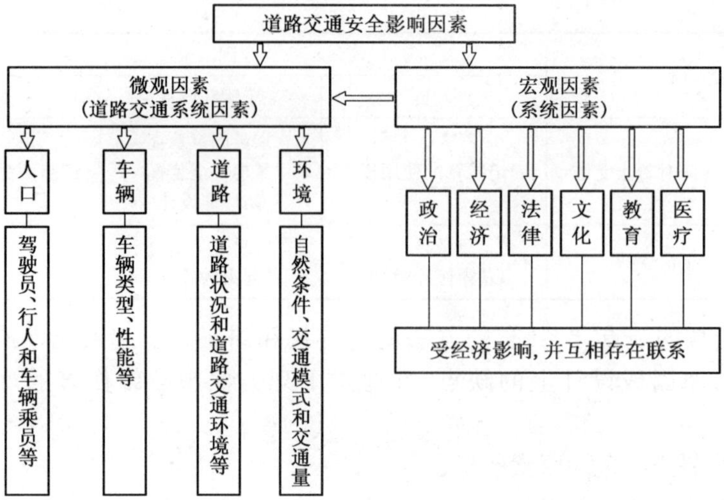

图 7-4　道路交通安全影响因素结构图

7.2.2　道路交通事故宏观成因分析

1. 人口因素

当前,中国城市化进程日益加速,城市化面积迅速扩大,农业生产力的提高以及农村可利用土地的缩减,过剩的农业劳动力大量涌入城市,城市人口数量和流动人口比重日益增加,客货运输量的不断增加,交通需求与供给矛盾加剧威胁着中国的道路交通安全。由于中国人口基数居世界首位,交通事故 10 万人口死亡率即使很低,交通事故死亡的绝对数居世界首位。

据西方一些发达国家的统计,道路交通事故的 80%～85%与驾驶人有关。抛开其他原因,这可以追溯到驾驶人自身的交通行为基本素质问题上,具体包括遵纪守法意识的强弱、交通系统或交通行为的综合知识与技能、危机处理意识与知识,以及驾驶经验的多少等。实践证明,国民的基本素质,是决定其交通行为安全水准的根本因素。人们群体文化素质高,易挣脱传统束缚,能够更快地适应新的交通环境,树立新的交通观念,养成规范交通、文明交通的习惯。国民的基本素质,通常以国民受教育程度来表征其综合素质。国际上所有国家的统计资料都指向一个共同的事实:人均受教育程度越高,则人口素质越高,遵纪守法意识相对较强,整个国家的道路交通安全水平就要高一些;反之则遵纪守法意识较弱,整个国家的道路交通安全水平也低一些。美国和欧洲国家以及亚洲的日本、新加坡、韩国人均受教育年限普遍高一些,绝大部分在 8 年以上,这些国家相应的万车死亡率都比较低,一般都在 20 人以下,尤其是发达国家万车死亡率多在 5 人以下。而印尼、印度、巴基斯坦等发展中国家,人均受教育年限明显偏低(不到 4 年),其万车死亡率大大高于其他国家，甚至几十倍于发达国家。

城市人口所占总人口的比例、失业人口的比例等都是影响交通出行变化，从而影响交通安全的因素，但这些指标都不是影响交通安全的直接因素，这些指标都与一个国家的发展阶段、经济发达程度有着密不可分的关系。

国家或区域人口结构本身的特点，是与交通安全本身不相关的因素，如人口结构的年龄金字塔。但是在所有的国家，年轻人的交通事故危险率至少是中老年人的3倍。因此，在其他条件相同的条件下，青年人口占多数的国家交通事故率相对于老龄化社会要高一些。

2. 社会经济状况

社会环境状况对道路交通安全有着较为深刻的影响。在社会环境系统中，尤以社会经济状况为重，其贯穿于社会各个层面，渗透到法律法规和文化教育之中。法律法规及文化教育只能定性分析，从量上无法量化。一般情况下，一个国家的经济越发达，该国家的法律法规就越完善，人们遵纪守法的意识就越强。文化教育亦是如此，随着一个国家经济水平的提高，人们生活质量的提高，文化教育水平也会相应提高。反之，当人们为了温饱问题而疲于奔命时，是没有精力发展教育、提高文化水平、完善法律法规、重视交通安全的。中国交通安全专家段里仁在研究中发现，道路交通事故与国民经济的发展有非常密切的关系。当国民经济年增长率达到一定界限时，交通事故大幅上升，而当国民经济低速增长时，交通事故下降。例如中国在1960年至1964年国民经济低速增长时，道路交通事故每年下降了20.5%，而从1993年至2003年十年间，交通事故平均每年增长17.5%；美国从1952年至1972年国民经济高速增长时，交通事故平均每年增长5.4%，而从1972年到1994年，每年却下降了2%；日本、韩国等国家的情况也是如此。

(1) 世界范围内的整体规律

根据1970～2008年数据的统计分析发现，交通事故死亡人数随人均实际GDP增加而先增加后下降，交通事故与经济发展间的倒U型曲线关系在世界范围内普遍存在。反转点在7 000美元至10 000美元之间，当一国人均实际GDP超过反转点后，即使机动化水平继续升高，交通死亡率也会下降，且交通事故百万人口死亡数对实际人均GDP的弹性系数逐渐变大，表明随着经济不断发展，交通死亡率的下降速度加快(见图7-5)。同样，随着机动化率的提高，死亡率也呈现下降趋势(图7-6)。

经验表明，进入到高收入阶段后，发达国家的交通安全状况均不断改善。以美国为例，虽然机动化水平不断上升，但交通死亡率自70年代后持续下降，见图7-7和图7-8。美国的交通死亡率在2010年达到了1950年以来的最低点。同期，瑞典的交通死亡人数也降至100年来的最低点，德国和挪威等国的交通死亡人数也创下了50年来的最低数字，即使是人口稠密的日本，交通死亡人数也实现了连续10年的下降。可见样本国家均已进入倒U曲线的下降区间，机动化水平上升并未恶化交通安全环境，说明交通便利与交通安全这两份经济发展的红利可以兼得。

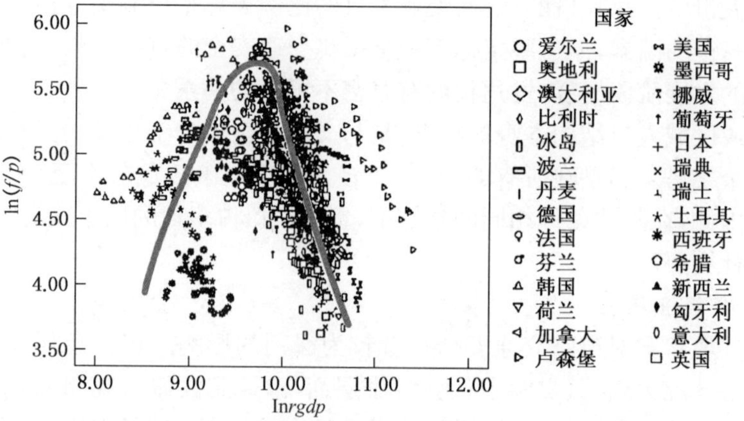

图 7-5　部分国家百万人口死亡率与经济发展水平关系图

注：f 为当年交通事故死亡人数，p 为当年人口数，v 为当年机动车保有量，$rgdp$ 为人均实际 GDP(2005 平价美元)。

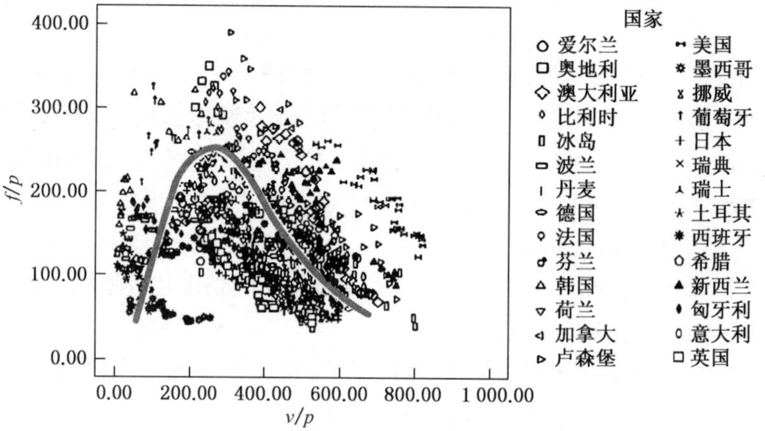

图 7-6　部分国家百万人口死亡率与机动化率关系图

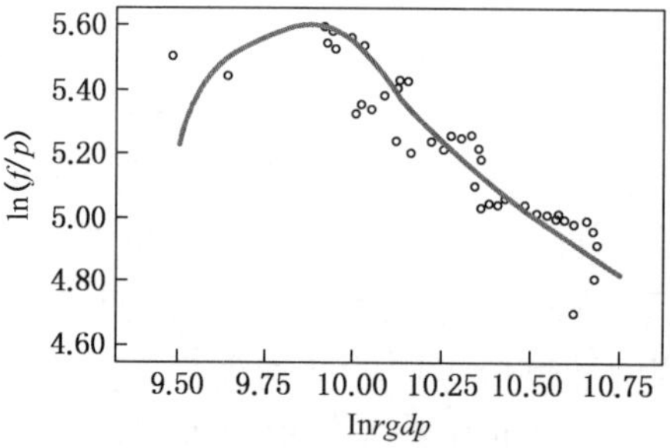

图 7-7　美国百万人口死亡率与经济发展水平关系图

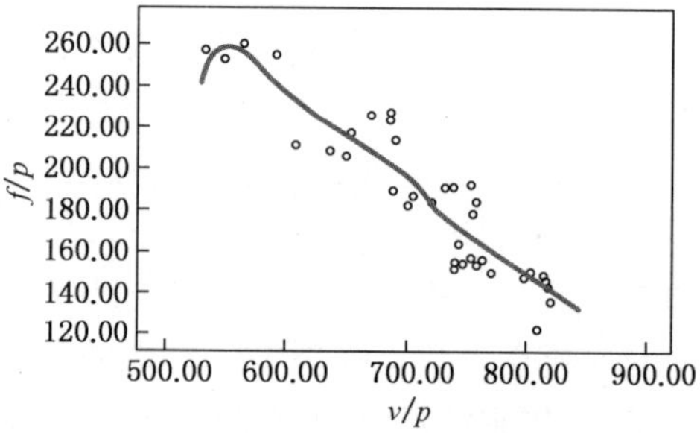

图 7-8　美国百万人口死亡率与机动化率关系图

与我国有诸多相似之处的韩国也清晰地呈现了这一统计规律，从图 7-9 和图 7-10 中可见，韩国的道路交通事故死亡率随着实际人均 GDP 和机动化水平的增长都表现出二次函数曲线关系，表明韩国在经济发展过程中注重交通基础设施的完善和交通法规的完善，最后成功实现倒 U 型反转。对于发展中国家而言，这一规律阐明了未来的严峻形势，但结局是乐观的，应该积极开展交通安全治理，尽早实现反转，减少交通事故所造成的经济损失。当然，反转并非自发形成，这些国家在交通安全方面均建立了完善的管理体制，交通安全意识已经上升到社会层面，是支撑这一结果的根本原因。

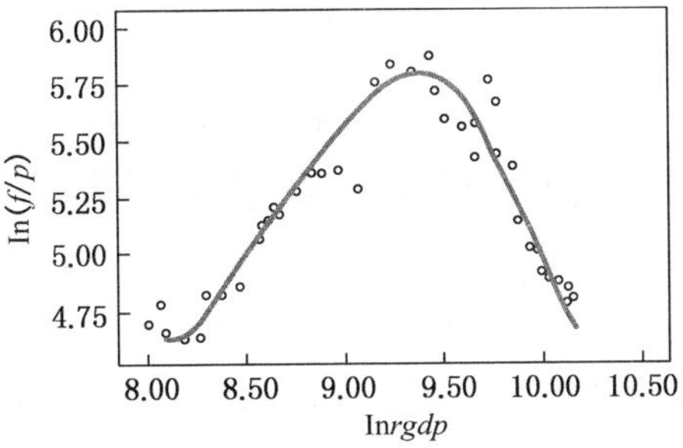

图 7-9　韩国百万人口死亡率与经济发展水平关系图

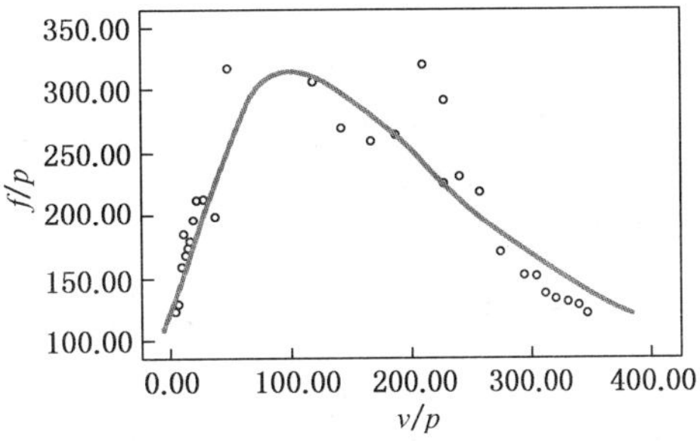

图 7-10　韩国百万人口死亡率与机动化率关系图

(2) 中国的形势

1980 年代之前，我国的机动化水平过低，相应的交通死亡人数很少。1951 年，中国的交通事故死亡人数为 852 人，美国的数字是 35 309 人。从 1980 年代开始，随着经济的快速发展，我国的机动化水平迅速提高，交通死亡人数在 2005 年之前不断增长。到了 2004 年，美国的交通死亡人数为 42 836 人，人均机动车保有量为 808 辆/千人，中国的机动车保有量为 21 辆/千人，而死亡人数是 107 077 人，两国的车均死亡人数相差悬殊。图 7-11 反映了 1950～2007 年我国的人均 GDP 与交通事故死亡率的变化趋势。2005 年后，各项交通安全的治理措施的成效开始显现，道路交通安全水平逐步改善，2005～2010 年间，道路交通死亡人数和受伤人数逐年降低，交通事故造成的直接经济损失由 2005 年的 188 401.2 万元降至 2009 年的 91 736.8 万元，平均年增长率达到－19.7%。基于 1951～2010 年的数据，统计分析得出中国的交通事故死亡率与实际人均 GDP 的关系如图 7-12。

可见随着我国经济的不断深入发展，我国百万人口死亡人数与人均实际 GDP 之间已经呈现反向变动关系，未来应继续致力于交通安全治理，建立健全交通安全管理体制，增加交通安全教育投资，改善车辆安全水平和道路条件，确保交通死亡人数加快下降。

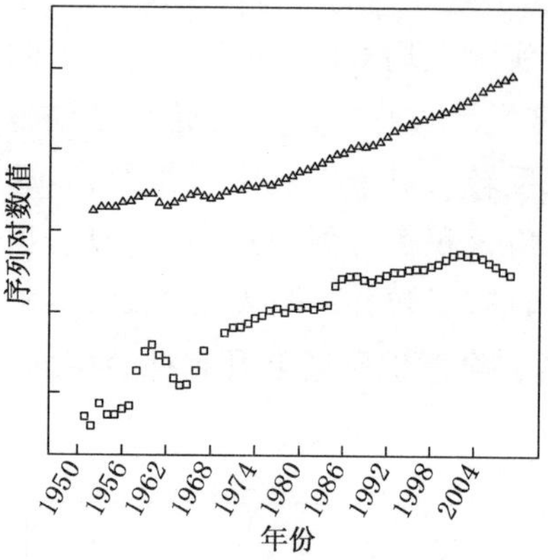

图 7-11　1950～2007 年我国人均 GDP 与交通事故死亡率趋势图

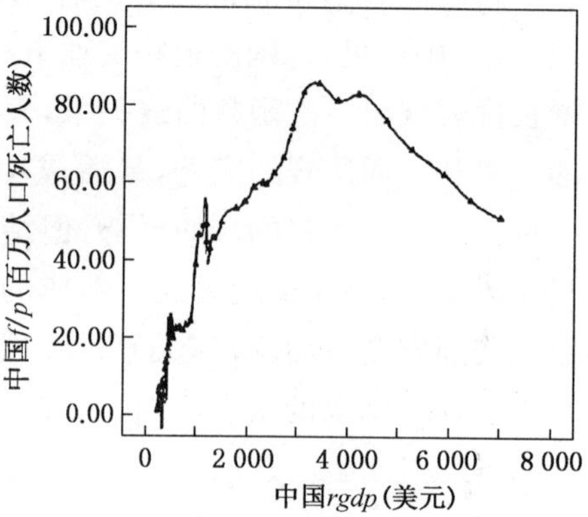

图 7-12　中国百万人口死亡人数与人均实际国内生产总值关系图

3. 车辆因素

交通事故是汽车化不断发展的产物，车辆是交通出行中的载体，是交通事故的直接“参与者”和“肇事者”。汽车自问世以来，自身的技术水平不断提高，产量大幅度增加，成本逐步降低，使保有量得以迅速增长。数量激增的机动车为经济发展和提高人们的生活质量做出了巨大贡献，同时也促进了道路的建设，反过来又进一步刺激了汽车技术水平的提高。仅就影响安全的重要因素之一的行驶速度而言，已由发明之初的每小时不足 10 km，发展到现在可以达到甚至超过每小时 200 km。

机动车的拥有量和增长率可以作为反映一个国家经济发展水平的指标之一。有资料表明，在今后 20 年内不会面临来自能源短缺、环境危机、社会排斥或旅游竞争方式的严重威胁，车辆设计者及技术专家们继续改善汽车质量及保证行车安全性，不断以高科技手段去适应变化中的驾驶条件，机动车辆的使用将继续增长。在给人们日常工作生活带来高效、方便并积极促进社会经济发展的同时，汽车的使用又带来了巨大的社会问题，集中表现在交通拥挤、交通事故增加、环境污染日趋严重、能源过度消耗等方面，而且愈演愈烈，站在公众利益的角度，汽车产品的使用行为，日益成为危及自然环境和社会生活的一大公害。

7.2.3　道路交通事故宏观成因指标及预测原理

1. 宏观成因指标

在道路交通安全系统里面，交通安全水平普遍采用事故次数、死亡人数、受伤人数和经济损失这四个统计指标来衡量。

事故次数指标主要统计涉及人员伤亡的事故，而那些仅涉及物损的事故在统计中被大量遗漏。有的国家、区域统计，而有的国家、区域不计算在内，并且遗漏的程度也不同，因此这一指标不应该引进模型当中。对于经济损失而言，由于各个国家和地区的货币体系的不同、事故处理人员的认知程度不同，统计主观因素很大，而缺乏可比性，因此在构造模型时亦应将其剔除。受伤人数的统计也存在诸多问题，例如：法国定义轻伤受伤者需要医疗（住院治疗或者不住院治疗），日本定义轻伤为必须治疗 30 天以上，希腊定义为生命不在危险状态中。因此这一指标也缺乏可比性。

到 2000 年，根据国际道路交通事故数据库（IRTAD）的统计，从 1965 年开始的 30 个国家交通事故数据统计中，只有死亡人数的统计使用国际标准，或者应用国际统一的换算系数。交通事故死亡是交通安全危害最大的一种结果，人的死亡给家庭和亲属带来巨大的精神和物质的损失，同时也给社会造成了不安定因素，并且涉及人员死亡的道路交通事故历来受到高度重视，在统计中很少遗漏，所以它最能表征安全与不安全的特征。而且从各国、各区域的数据统计上来看都对死亡情况作了详细记录，可比性也较强，因此应将死亡人数作为衡量交通安全程度的指标。

2. 道路交通事故宏观预测的基本原理

预测是根据历史规律判断未来，科学预测的认识基础可以表述为以下几条原理。

（1）可知性原理

人们不但可以认识推测对象的过去和现在，而且还认为事物都有一个延续发展的原则，可以通过其历史和现状以及这种延续性推测未来，关键是要掌握事故发展的客观规律，注意事物发展的全过程的统一，即过去、现在和将来的有机统一。

（2）可能性原理

预测对象的发展有各种各样的可能，而不是只存在单一的可能性。对预测对象所做的预测，实际上是对它的发展的各种可能性进行预测。

（3）相似性原理

将预测对象与类似的已知事物的发展状况相类比，从而推测预测对象的未来。

（4）关联性原理

事物之间都有其相互依存的关系，同一事物在不同的发展阶段也有一定的因果关系，称为事物的关联性。在预测过程中，常常通过对这些关系的研究，对预测对象做出某种判断。

（5）系统性原理

预测过程中要强调预测对象内在与外在的系统性，要突出系统的功能和系统的完整性。缺乏系统观点的预测，将导致顾此失彼的决策。

3. 道路交通事故宏观预测的要求

预测的途径主要是因果分析、类比分析以及统计分析等，其中所采用的手段和技术通常是较先进的，因此预测结果具有一定的科学性和先进性。

无论采用何种预测方法，预测过程都不同程度地依赖于信息，而所采用的信息主要从历史资料中获取，历史资料的准确性与完整性都将影响到预测的准确程度。同时，预测时需要对实际问题进行抽象、简化，其中包含了一定程度的近似，因而使预测结果具有近似性。

预测结果所面临的对象往往受外部因素的影响，而外部因素的发展常常受到人为因素的干扰，使预测对象的发展具有多样性和不确定性，因而预测结果具有不确定性。

由于预测结果具有近似性和不确定性，从而使预测结果具有局限性，决策者不能完全按照预测结果去决策。同时，作为预测者必须从决策者的角度出发，尽量考虑全面，尽可能得到实用可行的预测结果。预测者不仅要依靠历史数据和公式计算完成预测，还需要拥有深刻敏锐的洞察力和富有远见的判断力。

合理的预测结果可以给出未来道路交通的发展方向和如何改进现有系统的有用信息，具有良好的导向性。它们有助于提出未来的努力目标责任制，从而促使人力、物力和财力都向这个目标调整。

描述道路交通事故规律的模型中，有些基于理论研究与推导，有些基于统计分析与经验性研究，均从不同角度描述道路交通事故的基本形态和发展趋势。综合国内外对道路交通事故宏观预测模型的研究，常用的有回归分析法、时间序列预测法、灰色理论预测法等。

7.2.4 道路交通事故微观成因分析

对于人、车、路三因素在事故中的作用，学术界一直有较大的争论，美国的Treat和英国的Sabey经过对大量事故的深入研究得到表7-5的结论。图7-13为澳大利亚统计结果。

表7-5 各因素对事故的影响程度

原因	Treat的结论(%)	Sabey的结论(%)	原因	Treat的结论(%)	Sabey的结论(%)
路	3	2	人和车	6	4
人	58	66	路和车	1	1
车	2	2	人车路共同	3	1
人和路	27	24			

从表7-5和图7-13中可以看出与道路有关的原因大约是28%～34%，与人

有关的原因是94%～95%，与车有关的是8%～12%，这表明人是事故的关键因素。

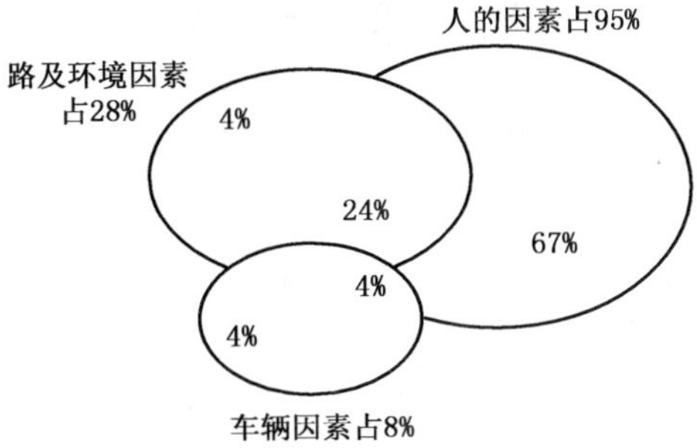

图7-13　澳大利亚人、车、路在事故因素中的比例

1. 人

人是交通安全的主体。这里的“人”包括所有道路使用者，如驾驶人、乘车人、骑自行车者、行人，其中以驾驶人引发的事故为最多。在道路交通系统中，驾驶人是一个积极因素，而不是消极因素。因此，驾驶人既要对危险情况做出反应，又要处理好这些危险。假如驾驶人低速行驶可以减少驾驶压力，相反驾驶人追求危险大的刺激就可能增大驾驶压力和危险。根据驾驶人的心境、需要和能力变化，驾驶操作水平随时间与环境而变化。

据西方一些发达国家的统计，如表7-5和图7-13，道路交通事故的94%～95%与驾驶人有关。抛开其他原因，这可以追溯到驾驶人自身的交通行为基本素质问题上，具体包括驾驶经验的多少、驾驶信息获取、处理和决策过程的正确与否(即交通系统或交通行为的综合知识与技能)、遵纪守法意识的强弱。

(1) 驾驶经验

驾驶人的驾驶经验对于行车安全来说是至关重要的。驾驶经验越丰富，处理各种突发事件的能力就越强，相应来说避免道路交通事故的可能性就越大。西方发达国家通过调查已经发生的事故对驾驶人进行统计研究，得出结论：最易发生事故的是20岁左右的青年人，老年人次之，最安全的则是中年人。西方发达国家汽车工业发达，人均机动车的拥有率远远高于中国，2002年美国人均拥有汽车0.82辆，英国0.45辆，中国0.015辆，到2008年，美国人均拥有汽车0.83辆，英国0.53辆，中国0.037辆。在发达国家20岁左右的青年人大都拥有自己的汽车，而目前中国在此年龄很少拥有自己的汽车。因此，以年龄代表驾驶经验在中国是不实际、不科学的，必须寻找一个新的指标，既能反映驾驶人驾驶经验的积累，而且在数据收集方面又不存在太大困难。

(2) 驾驶信息获取、处理和决策行为

在道路交通系统中，驾驶人是道路交通系统中的客观对象，驾驶汽车需要其从外界获取瞬息万变的信息，在短时间内迅速做出判断处理，根据道路环境和自身车辆状态的变化去控制操作车辆。如若不能全面及时地感知、正确地思维、准确地判断、灵敏地操作反应，就要酿成交通事故。

驾驶信息的获取是通过驾驶人的感觉、知觉、视觉获得的。当驾驶人感觉、知觉目标时，首先对通过个别注视获取的信息进行重建和说明，然后大脑解释这些感觉输入，只有当这些输入变为有意义的时候，驾驶人才对目标有知觉。大量研究表明，驾驶人的知觉能力随着对事物突出的结构特征的逐渐把握而发展起来，驾驶人的经验对触觉能力有一定的影响，经验越丰富，知觉也越丰富，从事物中看到的东西便会越多；驾驶人视觉注视反映信息获取过程及其损伤。有经验的驾驶人可以把注意力固定在视区中与需要有关的范围上。在无阻碍道路上，驾驶人趋于把注视集中在扩张焦点上，当道路几何形状变化时，驾驶人的视觉注视类型也相应变化。经常观察道路环境的变化对安全驾驶是很有必要的。有统计表明，如果驾驶人都注意观察事故发生前的危险情况，则可以防止 40%的交通事故发生。

如果驾驶人连续驾车一段时间后，体力和精力消耗超过正常限度而出现的生理、心理机能衰退，表征是：肌肉酸痛，身体困乏，视觉模糊，血压升高，注意力分散，感知觉失调，记忆和思维减退，反应迟缓，在这种情况下，外界环境稍有变化，极易因判断失误或操作不当而导致事故发生。这就印证了驾驶人在疲劳的情况下驾驶车辆极易发生交通事故。

信息处理过程是安全驾驶的一个重要方面。驾驶人只能将有限的能力用于接受必要的信息上，他对信息的处理是在一定的时间限制下进行的。驾驶人信息处理的限制不在于接受信息量的多少，而在于信息处理的速度上。而信息处理的速度受到车辆时速的影响，当行车环境比较复杂、信息量大时，此时驾驶人应当降低车速，使接受信息的速率适当，有充裕的时间处理信息时间；相反，驾驶人不降低车速，信息量又超过了他的处理能力，此时易发生交通事故。因此速度控制极为重要，在特殊路段需要设立醒目的标志、标牌提醒驾驶人降低速度行驶。

驾驶人在凭感觉、知觉和视觉获取了信息并对信息处理的同时，根据经验、期望、人为规则和其他非感觉信息进行决策。决策时间的长短则决定驾驶人处理信息的能力。在驾驶过程中，需要处理的信息随时都在变化，决策时间较短的，可以在紧急的危险情况下做出较快的反应，做出正确决策，从而采取正确的措施，避免事故的发生；相反，决策时间较长的，则可能因信息量超过自己的处理能力而做出错误的决定，导致事故的发生。

驾驶人的信息获取、处理和做出决策过程的个体差异很大，这和驾驶人的知识水平、遵纪守法意识的强弱都息息相关。但这些指标均只能进行定性分析无法量化而且资料难以收集，因此研究中不直接采用这些指标进行建模，可通过事故中的驾驶人行为显示作为代替指标，诸如：超速行驶、违章超车、逆向行驶、疲劳驾驶、违法会车、不按规定让行、违法装载等等。

2. 车

车辆是道路交通系统的重要组成元素，与交通安全有着密切的关系。西方发达国家统计中与车辆有关的交通事故仅占8%～12%，在三要素中所占最少。事实上，先进安全车辆的设计对减少交通事故、降低交通事故伤害程度、保障交通畅通、提高交通通行能力起着不可替代的作用。车辆在运行过程中，混合交通条件、车辆的机械性能情况、交通环境的优劣等因素直接影响着车辆在交通实现中的安全状态，进而影响到交通系统的安全。下面就车辆在现代交通过程中常见的情况做如下分析。

(1) 车种比例

车流中大小车比例对道路交通安全有较大的影响，交通事故与载货汽车、轻型汽车、小客车的混合比例有关。有学者对载货汽车的比例作过研究，得出结论：随着载货汽车混入率的增加，交通事故减少。事故率与载货汽车的混入率见表7-6。

表7-6　事故率与载货汽车混入率

昼间大型车混入率(%)		0～9.9	10.0～19.9	20.0～29.9	30.0～39.9	40.0以上
事故率(人/亿辆)	交叉路口	115	50	40	25	24
	路段	115	80	70	60	62
	合计	230	130	110	85	86

目前我国对于车种混合比例与交通事故关系的研究很少，这些数据也没有作为一项重要的指标列入日常交通流量监控中，所以这方面数据目前还很难获得。

(2) 车辆性能

在国内的道路交通事故统计中，一些地区高等级公路事故统计中，因车辆原因导致的道路交通事故更多。分析其原因，这是因为部分国产汽车操纵稳定性差、发动机长时间高负荷运转、油电路不良及轮胎质量不好等原因，导致了在高速行驶的条件下易出现制动失效、制动不良、爆胎、失火及转向失效等故障，从而引发交通事故，即部分国产汽车固有性能差是中国道路上因车辆故障引发的交通事故明显多于国外的客观原因之一。

另外，中国对车辆的安全技术性能检查上力度不够、措施不当，致使部分带病车辆行驶在公路上，使得道路上存在着严重的车辆故障隐患。但鉴于表7-5和图7-13所示，由于与车辆有关的事故仅占全部事故的8%～12%，故车辆性能不作为主要影响因素加以考虑。

3. 道路

人的因素和车辆因素对交通安全的影响可以说只是局部影响，而道路环境因素则是影响交通安全的整体。英国与道路环境有关的道路交通事故所占比例达到28%，美国高达34%，澳大利亚则为28%，而在中国的事故数据统计中，这一比例则明显偏低。这是由于中国对道路环境条件认识不足，往往因追究当事者责任的需要而过分强调人的因素及车辆因素，由于在事故处理中，只能确定一种作为主要原因，故作为次要原因的道路环境因素在统计中往往被忽略了，将本来是由于道路环境因素引起的道路交通事故看成是前两者的原因。一般在分析道路交通事故的影响因素时，只有那些很明显与道路及道路构造物失修、路面光滑、缺少护栏以及路肩状况不良等有联系的事故，才用道路环境条件来解释。而实际上，道路因素是不容忽视的影响道路交通安全的一个重要因素。

道路环境方面的因素有很多，涉及交通量、车道、竖曲线半径、纵坡、分隔带宽度、视矩、交叉口、路面附着系数、路旁建筑等。

(1) 交通流量

交通流量与交通事故率的关系受到道路车道宽、路肩宽、视矩及路侧状况等因素的影响。通常在交通流量小时，车辆行驶主要取决于道路条件和车辆本身的性能，交通事故的发生与这两者有关；随着交通流量的增大，交通条件占主流地位，由于车辆相互影响导致交通事故。因此交通流量的大小是影响道路交通事故的重要因素。

交通事故的多少与道路上各种车辆行驶速度的离散程度成正比，即速度太快或太慢均易肇事，而顺应交通流的一般速度则是安全的。

(2) 车道—路面

美国 TRB 认为普通公路的车道宽度从 2.7 m 拓宽到 3.4 m，高速公路宽度从 3 m 拓宽到 3.7 m 可将交通事故减少 22%。车道宽度在 3.4～3.7 m 时道路具有最低的事故率，车道宽度太小会产生多车相碰事故；太宽则会鼓励非法超车。与极限最小车道宽度相比，车道宽度增加有助于降低交通事故，如表 7-7 所示。

表 7-7　车道宽度与交通事故

车道宽度增加(m)	交通事故降低(%)	车道宽度增加(m)	交通事故降低(%)
0.3	12	0.9	32
0.6	23	1.2	40

但是也有国外学者研究表明，车道宽度过宽，交通事故增加。随着道路宽度的增加，每公里事故发生的次数也增加，尤其在相当于干线道路的 13.0 m 以上的道

路上，事故发生的可能性更高。交通事故发生状况也因道路的种类、规格而变化，在同样的日交通量（ADT）下，交通条件越差，交通事故量越大。同时，研究还表明，交通事故的次数与车道数也有关系，6 车道道路发生的交通事故比 4 车道道路增加比例小。

（3）平、纵几何线形

① 平面线形

一般情况下，直线段的事故风险要低于曲线段，特别是在潮湿或积雪路段。影响安全的平曲线技术指标及线形与环境的协调较多，如半径、超高等。美国学者研究认为，平曲线段高于直线段的 3 倍，驶出公路的事故率则高出 4 倍，同时在曲线段内还可能发生严重的因路面积水、结冰而发生的事故；英国研究人员认为曲线半径小于 500 m 就会明显增加事故率；澳大利亚的研究人员认为半径小于 600 m 就会产生更高的事故率；瑞典的学者认为对于两车道公路，曲线半径小于 1 000 m 时事故率显著增加，但半径大于 3 300 m 时，某些情况下曲线太长，导致曲线内超车，也会带来因超车的事故率明显增加。

1987 年美国国会委托 TRB 的研究结论认为，事故与公路线形的关系主要还是与整个路段的道路几何特征的均衡性有关；并认为当交通量超过 750 辆/d，平曲线段设计车速低于 85%车速 25 km/h 以上时，改造平曲线才会有技术经济效益。中国《公路工程技术标准》从经济、行驶速度的角度确定了各级公路的最小半径，如表 7-8 所示。显然，如果参照国外的研究成果，这些规定值中不少都处在事故率较高的范围内。中国的《公路项目安全性评价规范》通过对高速公路平曲线半径和事故的关系进行了调查，综合分析得出结论：当平曲线半径小于 1 500 m 时，曲线半径越小事故率越高：特别是当半径小于 600 m 时，事故率几乎是同类几何线形元素和全路事故率的 1.5 倍。因此参照国内外研究成果，以及中国目前的道路状况，平曲线半径对道路交通事故的影响起着举足轻重的作用。

表 7-8　中国公路最小平曲线半径

设计速度(km/h)	120	100	80	60	40	30	20
一般最小半径(m)	1 000	700	400	200	200	65	30
极限最小半径(m)	650	400	250	125	60	30	15

② 纵断面

经济合作与发展组织的研究认为，事故率和事故的严重程度随着坡度（上坡或下坡）的增大而增加。

纵断面线形包括坡度和竖曲线，如果与平曲线配合得当，一般凹形竖曲线具有较少的事故率；凸形竖曲线由于受到视距的影响，较陡的坡度可能导致制动失灵等都会产生较高的事故率。对于山岭重丘和微丘区,纵坡是影响行车性能,特别是货车行驶安全的重要因素。

瑞典学者认为坡度大于6%时,就会有较高的事故率;坡度在2.5%~4.0%之间的坡道比一般水平路段事故率要高出10%~20%。中国的学者普遍认为:纵坡小于3%时,对汽车的影响不大;纵坡大于3%时,应对其前后平竖曲线设置情况进行认真的安全分析;大于4%的纵坡应当尽量慎用。因此,纵坡度亦是道路因素中影响道路交通事故的重要要素之一。

③ 平纵组合

平纵曲线组合不当是产生危险路段的重要原因之一,组合情况对安全的影响要远远大于单个平、纵曲线的影响。平、纵线形不应单独考虑其配合。美国总结平、纵曲线组合的经验如下:单个曲线的技术指标与安全的关系不能解释产生事故危险段点的道路环境方面实质性的原因,危险段点可能是一个大交通量的交叉口、长直线后转弯、多个连续的同曲线中存在大小半径比问题,这些组合超出了驾驶人员对前方道路环境的预料,导致事故发生。这一情况已被认为是主要的事故原因。美国有学者指出几种不利因素组合(坡度、曲线、交叉口)路段比一般路段的事故率高出6倍。

④ 路口路段

在平面交叉口的路段,由于两个方向的交通流叠加在一起,因而交通量增高。一部分汽车要在交叉口处转弯,它会使后随的直线方向行驶的汽车发生困难。在通过交叉口时,交通流的行驶状况会发生变化,因此行驶驾驶人往往不清楚那些不明确或不及时完成队形改变或发出准备转弯信号要求的其他驾驶人的意图。通常,驶近交叉口时横向越过的道路的视距要比其他基本路段的视距小很多。在纵段面中交叉口的布置同样具有重要的意义。交叉口置于两条道路的直线段,并在纵断面的凹形竖曲线处具有最好的视矩条件;置于凸形竖曲线处,视距条件最差。上述这些特点将导致道路交通事故的增加。

欧洲联合经济委员会1976年的统计资料表明,各国在交叉口处发生行车事故占总事故的10%~40%。而目前,西方先进国家,发生在路口的事故远远多于路段事故。中国2010年在普通路段上发生的交通事故死亡人数占总的事故死亡人数的80.23%,在交叉口及特殊路段上发生的交通事故死亡人数所占比例仅为19.77%,这与欧洲国家70年代的交通安全水平是一致的。

交叉口发生事故的比例虽然少,但考虑到交叉口在整个路段所占比例,因此交叉口亦是影响道路交通事故的重要因素之一。

⑤ 附着系数—路面情况

附着系数对道路交通事故影响颇大。路面潮湿将会增加事故率,当雨雪天气或者路面排水不畅存在积水时，水在车轮和路面之间产生了水楔，而水楔的形成导致道路路面的附着系数降低，致使车辆的临界安全车速降低，一旦车辆需要减速或停车时，会发生水膜滑溜现象，导致车辆制动性降低，制动稳定性差，从而引发交通事故。

单纯的因路滑造成的交通事故并不多见，如果此时遇到复杂的道路状态，或弯道、或坡道、或综合线形，将会导致事故发生，或翻车、或撞击护栏、或者追尾。美国学者 LAY 研究认为，6 mm 厚的水膜能使路面横向摩擦系数减小到零，车辆会发生横向漂移。

道路上某地点的事故预测一直是比较棘手的问题，因为引起事故的原因很多，有些因素很难量化，用传统的预测方法（回归或时间序列预测）根本行不通。道路交通事故预测模型中，有些基于理论研究与推导，有些基于统计分析与经验性研究，都从不同角度阐述了对道路交通事故的基本形态和发展趋势的深刻认识。从已发表的文献中，国外对道路交通事故微观预测模型的研究主要有概率预测法、、Tanner 的平方根法则、英国非线性回归模型、交通冲突预测、基于突出性原理成因分析模型、灰色系统理论的预测模型、贝叶斯预测模型等。

7.3 道路交通事故预防对策

在对交通事故发生机理研究和我国道路交通事故特点及宏观规律研究分析的基础上，结合道路交通安全的相关理论，从人、车、道路、管理、科技、事故应急机制等方面给出道路交通事故防范与控制的对策建议，旨在建立一个道路交通事故防范与控制的系统理论、方法与技术体系。

7.3.1 控制人为因素、强化交通安全教育

人是交通活动的主体，因此，要想有效预防、控制人为事故的发生就必须依据人机工程学和交通安全心理学等原理，运用人为事故规律和预防、控制事故原理对交通事故进行超前预防与控制。同时，要强化对交通出行者尤其是驾驶员的交通安全教育和安全常识教育，提高交通出行者遵守交通法规的自觉性。

1. 加强对驾驶员行为的管理

对驾驶员实施严格的管理首先应规范驾驶员培训市场，严格按照机动车驾驶证管理和机动车驾驶员操作技能训练与考核管理办法的规定，严格培训、考核发证程序。对于不能正确掌握安全驾驶性能或存在其他不能保证安全因素的驾驶人员，坚决不能发证；杜绝买证卖证的不法行为。

进一步规范已取得驾驶资格的驾驶员的行为。切实加强交通安全教育和交通

事故肇事相关法律法规的宣传与教育;交通安全教育长抓不懈且注重实效;强制驾驶员佩带安全带;推广记分卡制度;对从事危险品运输和客运的驾驶员进行专门的运输安全培训与考核,严格执行安全驾驶各项规定,以保证货物和人员的安全。

营运汽车驾驶员在中国占有很大比重,这些人受文化教育程度一般较低,经济水平和社会地位决定了他们驾驶汽车是他们谋生的手段。这些人作为职业驾驶员,一般驾驶技术娴熟,处理各种交通事件能力强。但是,一方面由于经济利益的驱使,往往忽视交通安全;另一方面,有时受到各种执法不公和社会不良现象冲击,对执法人员心存反感,对交通法规故意藐视,违反交通规则现象较多。提高这些群体的交通安全水平,关键在于思想素质和职业道德的提高。除了持之以恒地对职业驾驶员进行交通安全宣传教育之外,执法人员以身作则遵纪守法和公正执法,也是间接的、有效的、重要的安全教育对策之一。

对农用机动车、摩托车的驾驶员也应适当采取以上措施,保证安全行车。另外,从人的心理行为来看,通常人都存在一定的逆反心理。逆反心理是指人们彼此之间为了维护自尊,而对对方的要求采取相反的态度和言行的一种心理状态。某些驾驶员对交通管理部门的规定、管理及旁人的忠告置之不理,严重的竟然背道而驰。这样一来,不但增加了交通事故的发生率,而且也加剧了事故的严重后果,使个人、家庭和社会蒙受巨大的损失。因此,以交通管理部门为主的能对驾驶员发生作用的主体,还应当以正确的方式引导驾驶员正常行车,保证交通安全。

2. 加强对机动车乘员、骑乘自行车人员及行人的管理

这部分人员较多,文化素质也参差不齐,对这部分人员的管理应以宣传教育为主。交通部门、交通管理部门和大众传媒应加强道路安全法规的宣传教育,使安全意识深入民心:一方面规范机动车乘客行为,另一方面使乘客监督驾驶员行为,保障安全行车;规范非机动车及行人行为,如过街走人行横道或天桥,禁止翻越栏杆等,利用这些措施,尽量避免其与其他交通流发生冲突,减少交通事故的发生。

3. 加强对交通执法人员的管理

执法者的存在是为了保证正常的交通秩序,其行为会对交通秩序产生重要影响。目前,在中国基层,执法人员素质参差不齐,一些地方存在管理时松时紧,执法尺度不规范等现象,这也在一定程度上增强了驾驶员侥幸心理倾向。所以对执法人员的培训和管理同对驾驶员的培训和管理一样重要。

7.3.2 制定城市道路交通安全管理规划

通过制定城市交通安全管理规划,进一步明确当前乃至今后交通安全的发展方向,彻底改变安全工作的事后处理状态,做到防患于未然。同时,综合协调道路—交通流—管理者之间的关系,建立健全道路交通安全管理体系,将城市道路交

通安全管理不断推向数字化和信息化。

7.3.3 建立城市交通事故紧急救援系统

交通事故紧急救援系统利用快捷的信息传递方式,使公安交通管理人员和救援人员能够迅速赶到现场,对突发事件进行及时有效的处理,减少交通事故对道路交通的影响,使整个路网的众多人员和车辆受益。

7.3.4 加强车辆和道路的安全化建设

车辆造成的交通事故及其损害后果与车辆性能是分不开的,而道路的安全化是保障道路交通系统安全功能得以正常发挥的重要组成部分。因此,应加强车辆的安全性研究和车辆日常维护与技术检查及道路的安全设计,协调道路与周边环境,完善交通标志标线,保障道路两旁交通标志的醒目。

7.3.5 加大交通安全的科学研究力度

要不断提高我国道路交通安全水平,必须大力加强科学研究。充分利用人类科技进步的成果,把一些高科技成果在资金和条件允许的前提下尽快应用到道路交通安全上来,以确保系统交通的安全功能,减少交通事故的发生频率和人员、财产损失。

目前,我国交通事故发生量、交通事故死亡人数均呈现下降趋势,但是,状况仍然不容乐观。尽管本文预测交通事故发生量先增加后减少、交通事故死亡人数呈一直下降的趋势,但是,还应该清醒地认识到交通系统是一个庞大的系统,影响交通安全的因素多、关系复杂,要想真正实现快速、便捷、安全的出行仍然需要做大量的工作,也需要我们个人、政府和社会的共同努力。

在人—车—路组成的交通系统中,人的因素包括总人口数量、驾驶员数量、驾驶员技术水平和人口安全意识等;车的因素包括车辆保有量、机动车安全性能等;路的因素包括公路里程、公路等级、公路工程设施等;环境因素包括 GDP 总量、交通法规、交通管理等。本文仅选择驾驶员人数、车辆保有量、公路里程、GDP 作为自变量,这些量化的因素基本上能够代表所选各个方面,而对不可量化的因素给予忽略,以后可以运用其他方法将忽略的因素量化,模型预测精度会更高一些。

第 8 章

近期交通安全改善管理规划

按道路交通安全管理规划的时限不同，可以将交通安全改善管理规划分为：近期交通安全改善管理规划(2～5 年)、中期交通安全改善管理规划(6～10 年)、远期交通安全改善管理规划(11～20 年)。

近期交通安全改善管理规划主要是有计划、有重点、分层次地解决目前道路交通安全的实际问题，重点在于针对道路现状安全设施、交通管理、法规及宣传等方面存在的不足进行改进和治理，通过一系列具体措施的规划实施来改善各个大中城市近期内存在的交通安全问题。

8.1 路网安全管理

8.1.1 路网安全管理的意义

一个高效、安全、快捷的路网，可以将暴露于道路上的交通事故危险因素降至最低。对于汽车而言，绕路意味着要消耗更多燃料，而行人则需要消耗更多体力，因此他们总是选择最便捷和直接的路线。合理的路网可以减少出行距离，同时也能鼓励出行者选择更便利的出行方式，如公共交通。因此，路网安全管理可以有效地提高道路安全水平。

8.1.2 路网安全管理的措施

1. 道路分级以及根据功能进行限速

不同等级的道路有不同的功能，供不同种类的车辆和行人使用，不同等级的道路上，车辆的速度、质量也不尽相同。在城市道路上，不同类型的机动车与摩托车、自行车常常发生冲突。因此，从功能上对道路进行分类，如同高速公路中的“等级制”，对于保障道路交通安全非常重要。这种分类需要考虑土地使用状况、事故多发路段、车辆和行人流量及速度控制的目标等相关因素。目前全国很多地方的道路已根据实际情况进行了分级，如国省道、县乡道，并且也在一些道路上实施了限速措施，这对减少交通事故次数和减轻事故损失起到了积极的作用，但道路限速值除了整条道路整体考虑外，还要就具体的事故多发交叉口、事故多发路段尤其是沿线村庄较多，有较多村民穿越道路的路段具体考虑该处是否需采取偏低一些的限速值以及条件是否满足。除此之外，限速标志牌除在交叉口附近设置外，路段每隔一定距离也应设置，以提醒驾驶员，这需要在以后的工作中进一步研究、完善。

2. 限制不同的路网进入途径

预防行人和自行车进入机动车道和预防机动车进入行人区也是减少高速行驶的车辆和没有保护的道路使用者接触的两个完善有效的措施。因为车辆从物理上与行人区隔离，将使得行人安全有保障，同样也会惠及与行人分享道路的骑自行车者。就行驶距离而言，机动车道在整个路网当中的事故发生率最低，原因在于它们仅供机动车使用以及其明确分隔不同车道和车辆交汇路口。

3. 在路网中给予执行特殊任务的车辆行驶优先权

让执行特殊任务的车辆优先行驶，一方面可以减少这些车辆的行驶时间，快速高效地完成任务，另一方面也可减少对其他社会车辆的干扰，避免引起其他社会车辆间的紊乱，由此可以减少道路交通安全事故，提高道路交通安全水平。

8.2 路段安全管理

8.2.1 道路运行车速管理

道路运行车速管理是指为保证道路行车的顺畅和安全，结合道路、交通、气象等条件，合理确定车辆在各等级道路上行驶时的合理限速值，并采取相应措施控制车辆实际运行速度的管理过程。

国内外的研究表明，在大多数情况下，如无强制措施，驾驶员驾驶车辆在道路上行驶时所采取的车速并不完全受限制车速的限制，而主要是根据自身对道路条件、交通条件、气象条件等的判断选定一个合适的车速，有一个期望车速问题。许多研究认为，道路上 70%左右的驾驶员会在限速路段超速行驶。根据国内的一些实地观测，小汽车和性能良好的大客车、空载货车超速行驶现象也非常普遍。因此，在制定车速限制标准时应该考虑限制少数超高速行驶的车辆而满足大多数车辆的行驶要求，选用实测行车速度的第 80 位车速 $V80$ 或第 85 位车速 $V85$ 作为车速限制的标准。车速限制不宜高于 $V85$ 同时也不宜低于 $V67$。

另外，同一路段上车辆间速度差的大小与事故率、事故严重程度紧密相关。因此为保证行车安全，在限制最高车速的同时，还应该限制最低车速。在制定最低限制车速时，既要从安全的角度同时又要从运输效率的角度考虑。按安全的观点，要能减小不同车辆之间的行车速度差值，而为了提高运输效率，还要保证一定的运行车速。因此，从安全和高效两方面考虑，要既能提高平均运行车速同时又使不同车辆之间的速度差尽可能的小。参照最高车速限制标准的制定，可以选用第 20 位车速 $V20$ 或第 25 位车速 $V25$ 作为最低车速限制标准。

单单只有科学的道路安全措施还不足以使道路交通安全状况有根本的改变，只有将这些科学的措施真正落到实处才能从根本上改变道路交通安全状况，对此，我们可以通过以下两个方面来保证科学的道路交通安全措施得以实行。

1. 交警部门要加大对车速的管理力度

(1) 加强交警巡逻

交警巡逻对抑制超速行车的作用显著。在国外的实践中，为了进一步加强驾驶员按限制车速行车的意识，有的国家甚至采用隐性巡逻的方式，即交警巡逻车并不装备警灯等设施，警车与普通车辆无任何差别。这种方式从某种意义上会使超速行驶的驾驶员防不胜防，从而自觉按照限制车速行驶。

(2) 使用电子拍照系统

在容易超速行驶的地点装备摄像或拍照装置，当车辆超速时自动拍下违规车辆的照片或图像，作为处罚的证据。实验证明，电子警察非常有效。据国外资料统计，在有电子警察的地点，车速平均降低了 6.8 km/h，事故率降低 28%。另一个优点是它可以全天候地连续工作，还可以使交管人员有更多的时间和精力去完成其他工作。电子拍照也不是万能的，事实证明，有这方面经历的驾驶员有时会在设置电子拍照的地点减速，但过后又会加速行驶。因此，建议此类设备更多地安装在事故多发路段。

(3) 交通监控

利用高等级道路的监控系统特别是视频识别技术来有效进行车速限制。将视频技术与计算机技术及 ITS 技术进行集成，利用布置于道路沿线的外场摄像机监视车辆运行情况，当某一车辆的车速超过限制车速时由主计算机自动根据设定的算法记录下该车的车牌号、车速及超速时的车辆经过的地点。

(4) 知觉技术

利用视觉和触觉原理，通过设计特别的路面标线，让驾驶员产生行车道变窄或受限的感觉，降低行车速度。

(5) 限速装置和超速报警装置

在车辆上安装限速装置，直接限制车辆的最高行驶速度。超速报警装置可以直接测定来车的运行速度，当超过设定的限制车速时通过视觉信息向驾驶员发出超速行驶信息。超速报警装置可以是移动式的，也可以是固定式的。

(6) 管理人性化

设置一些向驾驶员提供建议性操作的标志，而不是冷冰冰的强制性的命令。

国外现在已有移动式的车速测试设备，当车辆驶近时自动测定车辆的车速并与限制车速对比，当车速超过限制车速时向驾驶员显示限制车速及车辆的实际车速，提醒驾驶员注意。

2. 加强对交通参与者的宣传教育

安全宣传教育是一项根本的整治超速行驶的有效措施，其最终目的是提高全社会的公共道路交通安全意识，有 3 种常见的做法：①就车速限制进行立法，并强制实施；②加强驾驶员的安全培训和再教育；③利用媒体广泛宣传，促进全社会都来关心道路交通安全问题。通过相应的宣传和教育可达到以下目的：①使驾驶员意识到按限制车速行驶是行车安全的基础；②使驾驶员明白车速限制不仅对驾驶员自身安全有益，同时也是对其他道路用户负责，是尊重他人人权，特别是健康权和生存权的具体体现；③车速限制是有法律依据的，不按限制车速行驶，将受到相应的惩罚；④通过安全继续教育，进一步强化驾驶员的安全意识。通过相应的车速管理宣传教育，还可以培养道路管理部门工作人员的安全意识和服务意识，使所管理的道路基础设施达到道路安全工程的相关要求并始终处于一个较高的安全水平上。

8.2.2 路段安全改造设计

道路路段安全改造设计的主要目的是增强现有路段的安全防范措施，减少事故隐患，降低事故发生几率。对于国内各个城市来说，我们可以根据各地的实际情况进行路段安全改造，我们可以从道路功能、路段几何要素以及出入口控制等因素进行考虑。

1. 道路功能的确定

对于已有的城市道路，随着交通量以及区域经济的发展，道路的功能也在发生着变化，道路的功能不能适应交通的需要，也是导致事故的重要原因之一。现在，在进行路网安全核查的时候，要检查道路的等级是否与其所承担的交通相吻合。国省道主要是在各省之间以及省内各市之间起联系作用的道路，主要为远距离交通服务，有较高车速和较大的运送能力；县乡道主要是在各县之间以及县内各乡之间起联系作用的道路，是县域内部的交通动脉，交通量相对较小，道路两旁村庄、出入口相对较多，其上行驶的车辆农用车、小货车较多，性能较差、车速较低。必须分清各条道路的道路性质和具体情况，这样才能针对不同的情况采取不同的交通安全管理措施，使各道路在道路网中安全畅通，充分发挥其功能作用，适应当地经济发展的需要。

2. 道路几何要素设计

在道路平面线形中，直线段的事故风险较低，但要核查相邻出入口之间间距是否过小。发生在平曲线段的平均事故率较高，其中平曲线半径是主要影响因素，如果道路平曲线半径采用极限值，则应该设置急弯警告标志，同时保证满足视距的要求。

随着道路纵坡的增大，事故率和事故严重程度都会增大，纵断面曲线如果与平曲线配合得当，一般凹形竖曲线的事故率较小，但是凸形竖曲线会受视距限制产生安全问题，若视距不满足要增设警告标志。对于县乡道纵坡的设置还应该考虑非机动车的行车需要。

平、纵曲线组合不当是产生危险路段的重要原因之一，组合情况对安全的影响要远远大于单个平、纵曲线的影响，如当一个平曲线正好在一个凸形竖曲线内时，容易产生事故多发路段。道路平、纵断面如果频繁地出现弯、坡线形等，应将这些线形进行适当的组合，化多为少，删繁就简，变突兀为平顺，可将多个连续、频繁起伏的纵断面曲线改为一个较长的竖曲线。

车道宽度情况和道路交通事故也有着一定的联系。车道宽度太窄会产生多车相碰事故；太宽则会导致非法超车。因此对于行车道宽度较宽的道路可以变更车道的宽度或者采取标线的形式从视觉上减小宽度；对于行车道宽度较窄的道路，应考虑拓宽车道，若因道路条件限制无法拓宽时，则应采取限速、严禁超车等标志保障安全。

驾驶员的心理总是期望认为道路线形保持着一定的惯性，或具有可重复的变化规律。引发事故的线形要素中，很多就是由于道路上视线不良、转换突变等原因，使得驾驶员不能及时了解下一路段。因此，道路沿线的线形条件应该保持均衡性，可与驾驶员的预期心理相吻合，从而提高行车安全。反之，线形的突变，如某区段设计标准的波动，大半径平曲线中出现孤立的小半径曲线等，都会造成驾驶员的不适应，容易引发事故。对于道路线形条件不连续、不一致的路段应该设置视线诱导标志、标线，在视觉上自然诱导驾驶员的视线，并保持视觉的连续性。在进行路线改造的时候，可以通过提高视距，舒缓变化点等措施，提高道路的可预见性。

3. 出入口控制措施

道路两侧存在较多的出入口，会导致其他机动车频繁地汇入主线交通，从而干扰主线的交通秩序，同时大量的非机动车和行人经过出入口随意地横穿道路，形成事故多发路段，研究表明事故随出入口的密度增加而急剧增加。针对此，我们可以通过以下途径来解决：

（1）合并减少道路通过村庄时过多的分隔带开口，在原有开口处加隔离桩进行物理隔离。

（2）在出入口处施划人行过街横道线，并设置相应的标志标线。

（3）设连接线和村前道路，将出入口交通量汇总到交叉口，需要时采取交通信号灯控制，减少事故的发生率。

8.3 交叉口安全管理

交叉口是道路交通系统的重要组成部分，是道路网的节点和枢纽。交叉口的存在提高了交通的灵活性和可达性，但由于交叉口交通量大、冲突点多及视线盲区大，所发生的交通事故也多，因此应合理规划、设计交叉口，确保行车安全，提高通行能力。

交叉口内影响道路安全的主要因素有：相交道路数、交叉角度、视距、线形、辅助车道、渠化交通、路面摩擦系数、转弯半径、照明、车道和路肩、机动车道、道路优先权分配（作用、标志、信号灯）、驶进交叉口的车速等。

相交道路数、交叉角度、线形、辅助车道、路面摩擦系数、转弯半径、车道和路肩、机动车道等因素由于改造起来较困难，因此在平面交叉口设计时就需要严格进行规划设计，以符合交通安全要求。而改造的重点则是视距、渠化交通、道路优先权分配（作用、标志、信号灯）、驶进交叉口的车速等内容。

8.3.1 视距

为保证车辆能安全通过交叉口，驾驶员必须在进入交叉口前一定距离，能确认交叉口的存在，并能看清交叉口处的交通信号和交通标志等。不同交通管制条件下所需的视认距离不同。对于公路和城市道路交叉口的视认距离，不论设置信号灯还是设置停车与让路标志，都应根据计算行车速度来确定。

对于无控制的交叉口，视距必须足够，使得进入交叉口的车辆能看清其他方向进出交叉口的交通情况。对于有控制的交叉口，若无进行分车道控制，也应提供理想的视距。使用停车让行标志的道路，应为其提供足够的视距，以保证停驶的车辆有时间启动、加速，安全地穿过主线道路，右转或左转。

对视距有限制作用的物体应移除。对于一些绿化程度比较高的交叉口地区，我们要定期对这些路口进行检查，看这些路口是否存在植物遮挡视线的情况，如果发现有遮挡情况，应当立刻移除。此外，标志设置的位置应适当，不能影响主线和支线上交通的视线。

8.3.2 交叉口渠化

渠化交通就是人、车分离，各种车辆各行其道，互不干扰，按顺序行驶。渠化设施包括各类标志牌、地面标线以及隔离措施等。

交叉口安全设计的原则之一就是要减少冲突点数量，使冲突区域减小到最低限度。交叉口渠化能减少冲突点数量、减小冲突区域，分离冲突的交通流。在实际情况中，某一特定地点的渠化布置应由当地的交通方式、交通流、地区经济发展、地形、自行车和行人运动、道路发展计划和现有道路布局等决定。在渠化时，应注意使导流岛的数量减少到最低限度。合理的渠化将大大提高交叉口的安全性。对于一些地方存在的畸形交叉口，应进行合理的治理渠化，主要是按不同的方向分离车流，对于每个方向的车流划分出一条独立的车道，尽可能分散车流冲突点；可以通过车道划线或设置渠化岛的方法将车流分离。

8.3.3 照明

安装照明设施是减少道路交叉口夜间事故的重要措施，交叉口照明对减少交叉口的夜间事故具有重要意义。

对于有些路段和交叉口事故的多发点，尤其是在夜间，对此类地方可考虑安装照明设施，但应注意司机由暗处驶来以及由亮处驶入黑暗路段的视觉变换问题，另外对于一些机动车、非机动车交通量较大的道路也可考虑安装照明设施，提高安全性。

8.3.4 标志标线

在道路交通标志中，禁令标志、警告标志和道路标线对道路交通安全的影响最大。这三种设施配合使用，是除信号控制以外最重要的交通控制手段。标志是交叉口的有效控制措施，科学合理的交叉口标志可以为驾驶人员提供必要的信息，帮助其采取合适的车道变更方式，避免突然忙乱的变道导致事故。

运行车速较高的道路上的交叉口可能使驾驶人员产生"突然变化"的现象，特别是当交叉口的间距较长时。驾驶人员较长距离范围内高速行驶，不期望突然制动或与其他方向进入交叉口的车辆相遇。在这种情况下，应设置必要的措施迫使驾驶人员注意到交叉口的存在，从而改善安全，例如用闪灯信号"前方信号控制"或强制减速橡胶条，可以警示驾驶员前方将遇到信号控制交叉口或其他不常见交叉口（如视距受限的交叉口）。

对于使用停车让行标志标线控制的交叉口，应为停车让行标志标线提供足够的视距。如果由于几何线形和障碍物限制了视线，应提前设置"前方停车让行"的警告标志。以上几种标志可采用闪灯型标志。

8.3.5 车速管理

通过交叉口交通流的运行车速主要由道路线形、道路环境、交通流和交通组成、交通控制设施的类型以及冲突点的数量、可能方案的数量、相对速度方案等确定。

相对速度是指车辆向一个冲突点行驶时，他们之间的矢量速度。安全在很大程度上取决于较低的相对速度。当一车流以较高相对速度穿越另一车流时，应使它们之间的角度大约等于90°，这样可以使驾驶员的判断错误达到最小，而且还必须通过线形设计（如使车辆迂回行驶）或控制设施（如交通标志和信号）的方法降低引道速度，使两车流的相对速度降低。在交织、合流与分流方案的选定时，应使两车流的相对速度较低。在这种情况下，驾驶员将接受一个最小的车头时距，这样可以提高行车安全性，减少延误并提高通行能力。交叉口获得较低相对速度一般可考虑设置交通岛（主要是在市区道路），划分转向车道和安全区域，提供变速车道，安装交通控制设备等方法实现。

8.3.6 行人交通组织

交叉口行人交通组织的主要任务，就是要组织行人在人行道上行走，在人行横道线内安全穿越道路，使人、车分离，各行其道，互不干扰，保证行人安全。交叉口是人流和车辆汇集的地方，当通过交叉口的人流很多时，经常会在交叉口转角的人行道上拥挤，以致行人不得不从车行道上通过，这样容易产生交通阻塞现象。因此，除了合理布置人行横道外，还应该把交叉口转角处的人行道加宽。交叉口处一般宜在路牙弯道以外即直线部分设置，使行人通过距离最短。信号控制交叉口人行横道位置须与信号灯位置配合，一般在停车线前相距不小于1.5 m。人行横道过长应考虑在道路中央设安全岛或中央分车带（主要是在市区道路）。

8.4 黑点安全管理

8.4.1 路段黑点的处理与安全设计

影响道路交通安全的因素很多，对于黑点路段的处理，要结合有关规范和设计指南，针对不同的情况采取不同的处理方法。

1. 总体控制

对于新建道路，所选用的设计标准要能满足交通发展的需要；对于道路交通事故黑点的处理和改造设计，首先要评价目前道路所具有的技术指标是否与现有路网能力匹配，是否能满足目前的交通状况，设计标准过低是否是导致交通事故发生的主要原因。

(1) 设计车速与实际运行车速。设计车速是道路设计的重要技术指标，其他技术指标都要服从于设计车速。对于黑点路段，可对设计车速和实际运行车速进行对比。若实际运行车速远高于设计车速，则应加以限速标志或采取其他降低速度的措施，如果远低于设计速度，则应进行线形、路面等的处理。

机动车驾驶员在很多情形下，面对不同的路况一般都采用不同的行车速度，以适应路况和道路环境的变化。当道路线形明显较差时，驾驶员还是比较愿意接受一定的速度限制的。在道路几何线形技术指标等无法得到保证的情况下，即在某些特殊地形的路段，必须采取合理的措施来提醒驾驶员，例如设置转弯警告标志、陡坡标志、隧道标志等。

(2) 道路等级。随着区域经济的发展，现有路网中某些等级的道路已不再适应交通发展的需要，对道路交通安全造成不同程度的影响。

统一的设计规范可以减少驾驶员的错误行为，有利于道路交通安全。此外道路设计时应具有一定的容错能力，使驾驶员有纠正错误行为的余地。

澳大利亚研究了不同道路类型的安全情况，其事故率(事故数/千万车・公里)如表 8-1 所示。从表中可以看出，道路类型对事故率有着不同程度的影响。

表 8-1　不同类型道路的事故率

道路类型	事故率(事故数/千万车・公里)	备注
单车道道路	800～1 200	双向两车道
窄的两车道道路	100～200	双向四车道
宽的两车道道路	20～100	
不分车道行驶的干线道路	20～100	
所有高速道路平均	10	
新建高速道路	5	
所有道路平均	200～800	

(3) 出入口控制。出入口控制应保证驾驶员在路口有足够的反应时间，并可及时采取相应的补救措施。

事故随出入口密度的增加而急剧增加，国外研究表明出入口控制是减少事故数和降低事故率的一条重要途径。

在我国，由于经济条件、地形限制等方面的原因，道路上许多出入口的设置位置、设计标准不规范，造成许多出入口成为事故的多发点，对道路交叉口处理时应尽量做好以下几点：

① 对于穿越城镇的路段，应做好连接道路的设计；

② 适当减少交叉口数量或改变交叉口形式；

③ 增设必要的警告、限制或禁止标志。

2. 路段黑点处理

(1) 中央隔离带设置。对于中央隔离带的安全性设置，主要应考察隔离带的宽度、隔离带类型(以路面为准,是高出型、平齐型、还是下沉型)、中央隔离带护栏的有无等。其中,中央隔离带宽度与安全的关系可以用图8-1表示。

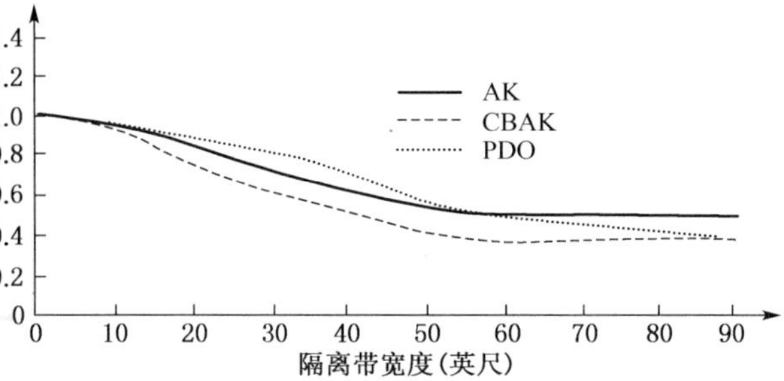

图8-1　隔离带宽度与安全功效的关系

图8-1中横坐标为中央隔离带宽度,纵坐标表示其对应的安全功效系数,这是一个0～1之间的系数,表示由于有了中央隔离带后事故减少的幅度。图中曲线揭示了中央隔离带宽度越大,对应的安全功效系数越低,对于事故的折减幅度越明显。图中的三条曲线代表不同的事故类型所取得的不同折减系数(AK表示死亡与重伤的事故,CBAK表示死亡与所有的受伤事故,PDO表示仅有财产损失的事故)。一般情况下,宽的中央分隔带可为驾驶员提供较充裕的纠错空间和余地,保证在紧急情况出现时,可以最大程度地纠正驾驶错误行为。

表8-2所示为有分隔带与无分隔带相比事故的减少情况。

表8-2　分隔带使用后的情况

分隔带类型	减少事故(%)
窄的标线分隔带	30
窄的突出路面分隔带	48
宽的分隔带	54

《公路路线设计技术规范》规定,在等级较高的道路设计时,都必须设置适当的中间分隔带,以提高路段的安全性。其表面形式可分为凹形和凸形两种,凹形适用于宽度＞4.5 m的隔离带,凸形适用于宽度≤4.5 m的中间带。中央分隔带表面处理可采用植草皮或栽种小灌木等。一般情况下,宽度＞4.5 m的中间带植草皮、栽灌木,宽度≤4.5 m的中间带采用栅栏封闭等。

(2) 横断面设置

① 典型横断面。在我国的道路规范设计中,对不同等级道路的横断面作了相应的要求。关于横断面设计的安全性评估,国内外已有很多经验公式,其中国内有一些关于横断面计算的经验公式,如式(8-1)所示:

$$AO/M/Y = 0.0019(ADT)^{0.8824} \cdot (0.8786)^{W} \cdot (0.9192)^{PA} \cdot (0.9316)^{UP} \cdot (1.2365)^{H} \cdot (0.8822)\,TER1 \cdot (1.3221)^{TER2} \quad (8\text{-}1)$$

式中：$AO/M/Y$——每千米每年的相对事故数；

ADT——日均交通量(辆/日)；

W——车道宽度(m)；

PA——平均硬路肩宽度(m)；

UP——平均软路肩宽度(m)；

H——路侧危险度，该值通过路侧环境的危险程度确定，在式中表述为从1到7的数字(7表示最危险的程度)；

$TER1$——平原区取值为1，其他取值为0；

$TER2$——山区取值为1，其他取值为0。

通过上式，可以判断所设计的横断面是否符合所要求的安全特性，以及确定横断面要素的设计取值空间。

② 车道宽度。一般情形下，车道设计宽度如果设计太小，会引起交通堵塞和车辆相碰事故；若太宽，又容易诱发违法超车。美国在车道宽度与交通事故关系方面的研究结果表明，公路在极限最小车道宽度时，车道加宽对事故的降低作用是明显的(表8-3)。

表8-3 车道宽度与交通事故

车道宽度增加(m)	交通事故降低(%)
0.3	12
0.6	23
0.9	32
1.2	40

我国的公路标准除四级路车道宽度＜3.5 m外，其余等级的公路车道宽度均≥3.5 m，与上述要求比较一致。但据统计资料表明，过宽的车道也是不安全的，我国有不少二级公路平丘区路面达到9 m，虽可并行三辆车却仅划分两个车道，随意超车现象严重，反而增加了事故发生的可能性。

③ 路肩宽度。国外的部分研究资料表明，交通事故率随着路肩宽度的增加而减少，并认为最佳的路肩宽度为1.5 m；我国混合交通现象严重，对黑点路段路肩应作适当加宽处理，或移除两侧的障碍物，以充分保证行车的安全。

④ 横坡。路拱横坡与路面排水有关，路面潮湿将会增加事故率。我国相关设计规范对道路横坡作了明确规定，特别是在南方多雨地区的公路设计中，应注意路拱横坡不宜太缓，在北方的多降雪地区，应注意路拱横坡不宜太陡。

(3) 视距。在行车过程中,驾驶员应能随时看到前方一定距离范围内的物体,一旦发现前方公路上有障碍物或来车,能及时采取措施,避免相撞,这一必须的最短距离称为行车视距。视距如果受到影响,将会导致驾驶员对前方情况判断不准确和反应不及时,从而引发交通事故。影响视距的因素比较多,如线形、季节性生长的农作物、建筑物、广告牌等。在我国很多低等级公路中,很多地段的视距都得不到保证。

有研究资料表明,公路平面曲线路段的视距,对于公路交通安全具有直接的影响,如果处理得当,不仅投入成本不高,而且会有效改善道路的安全性。

(4) 平、纵几何线形

① 平面线形。道路直线段的事故率一般要低于曲线路段,特别是在潮湿或积雪路段。而在设计平曲线时,其技术指标要求与很多其他相关条件相适应,如半径、缓和曲线、超高等。许多国外专家都对曲线设计的要素与交通事故间的关系作了不少设想,归纳了平曲线与有关交通、道路几何线形因素的关系,如曲线半径、曲线长度、曲线路段交通量、车道和路肩宽度、路侧障碍物、停车视距、平曲线内的竖曲线、平曲线间距、交叉口距离及交通控制设施等。其中,曲线半径是尤为重要的一个因素。

在有关曲线的设计中,我国的《公路工程技术标准》从不同的角度确定了各级道路的最小半径,如表 8-4 所示。在地形条件允许的情况下,尽量不要使用极限最小半径。

表 8-4　各级道路最小曲线半径

道路等级	汽车专用道路							一般道路					
	高速公路			一		二		二		三		四	
地形	平原微丘	重丘	山岭	平原微丘	山岭重丘	平原微丘	山岭重丘	平原微丘	山岭重丘	平原微丘	山岭重丘	平原微丘	山岭重丘
一般最小半径	1 000	700	400	700	200	400	100	400	100	200	65	100	30
极限最小半径	650	400	250	400	125	250	60	250	60	125	30	60	15

② 纵断面。纵断面的设计应经济合理,具有一定的平顺性,这样保证车辆能以一定的速度安全行驶。在纵断面因素中,坡度和半径对事故有着直接影响。一般情况下,随着坡度的增加及半径的减少,事故率和事故严重程度都会随之增大。

纵断面线形包括坡度和竖曲线,如果与平曲线配合得当,一般都很少会产生事故。我国《公路工程技术标准》(JT J001—97)对各级公路最大纵坡及纵坡长度作了相关规定,规定了在山岭重丘区的二、三、四级公路中,如果连续纵坡大于 5% 时,应设置纵坡 $<3\%$ 的缓和坡道,同时高速公路坡度即使达到 2%,坡长也不宜

过长。这些规定都考虑了经济性和车辆行驶安全性的要求。

③ 平纵组合。平曲线与纵曲线组合不良，即使两者都符合设计规定，也常常会成为道路交通安全的隐患。黑点路段中引发的事故与平、纵曲线组合有很大的关系，这些组合对交通安全的影响要远远大于单个因素的影响程度。

《公路路线设计规范》中指出，对于行车速度 > 60 km/h 的道路，必须注重平纵组合的合理性，并提出了下列具体的组合要求：

- 视觉上能自然诱导驾驶员的视线，并保持视觉的连续性；
- 平、纵线形的技术指标应大小均衡，使线形在视觉和心理上保持协调；
- 合成纵坡应组合得当，以利于路面排水和行车安全。

通过近年来的道路设计，专家们已经认识到设计要素连续性与匹配性的重要性，设计时在减少道路不连续性的同时应尽可能避免导致不安全行车的因素。

3. 桥梁、结构物与涵洞处理

在建设高速公路、一级道路、二级道路时，要满足 5 m 高的净空，三、四级道路要满足 4.5 m 的净空，并注意与桥梁、结构物和涵洞的协调。

《道路与城市道路的几何设计标准准则》和最新的《道路桥梁标准规范》提到了桥梁结构物的设计标准。根据此标准，事故黑点处理时应考虑以下几点：

(1) 桥墩与桥台和路肩边缘的距离等；

(2) 桥梁栏杆的硬度和高度及过渡；

(3) 桥梁横断面设计与外部边缘的最小距离，紧急路侧停车带的设计等；

(4) 窄桥的过渡，护栏的安装设计等；

(5) 平行结构物。

4. 路侧安全处理

路侧是指位于道路外路肩边缘与道路路权界线之间的区域，虽然不是正常的行车区域，但对于各等级的道路，路侧设计与道路的安全性有着较大的关系。在道路安全设计中，路侧防护措施的目的就是为了给驶离路面的车辆提供合理的机会，使其重新返回路面，或者找到相对安全的停靠点，并避免给非机动车或行人造成侵害。对路侧的处理，不同地带有着不同的处理方法：

(1) 净空区内障碍物和隐患的处理可采用下列方法：

① 排除障碍；

② 将障碍物移至边缘以外；

③ 排除隐患，如将涵洞洞口建成可越式；

④ 降低障碍物的危险程度，如：可利用解体消能式灯杆、易断的标志杆等；

⑤ 危险区域内安装防撞缓冲设备，如：安全护栏和防撞垫等。

(2) 桥梁对道路使用者也会造成危险，故应考虑以下几方面：

① 从路面边缘到桥墩、桥台和挡土墙间的净空应尽量扩大；

② 如果净空比规定的小，则须在路旁设置护栏和防撞垫；

③ 中央分隔带较窄时，不应在里面设置高架桥墩；

④ 两独立结构物如果靠得很近，则应将其合并成一个，以清除中央有两个护栏的潜在危险；

⑤ 引道路侧护栏应与桥梁护栏设计成一体。

(3) 护栏与边坡。按照国际惯例，边坡坡度等于1∶1.5、1∶2.0或1∶3.0，路堤高度分别高于2 m、3 m或6 m时，就需要设立安全护栏。若边坡≤1∶4.0时，则无须设置安全护栏。

(4) 中央分隔带护栏。按照国际惯例，分隔带护栏一般不采用单柱双面波纹板护栏；在交通量大、中央分隔带狭窄的地方，一般首选刚性混凝土。车速超过60 km/h的路段，路缘石不应设于波纹板护栏前沿。如果不能满足这个条件，则只能使用可越式缘石或半可越式缘石。

8.4.2 交叉口黑点的改造设计

交叉口包括平面交叉、互通立体交叉和分离式立体交叉等类型。据资料统计，道路上有1/3的事故发生在交叉口（如法国24%、英国33%、荷兰28%、德国11%、日本41%、瑞典17%、奥地利34%）。因此，做好交叉口黑点地段的改造设计对交通安全来说是非常有意义的一项工作。

1. 平面交叉口

在道路交通网络中，平面交叉口是最易发生事故的部分，我国以前修建的很多道路交叉口不甚合理，存在的主要问题是：与机动车车流方向不符的锐角交叉连接，特别是在有大量左转车的情况下，行车很不方便。交叉口的改造主要应注意以下几点：

(1) 平面交叉路线尽量为直线正交，必须斜交时，其交角不宜小于45°，各相交道路距交叉口前后停车视距范围内，应保持通视，受条件限制时视距可减少30%，但必须在醒目的位置处设置减速标志。对锐角相交的特殊车流，可修建一专门的匝道来协助解决安全问题。

(2) 平面交叉地点应设在水平路段，且紧接水平路段的纵坡一般不大于3%，困难地段不得大于5%。

(3) 一、二级公路的平面交叉，根据需要应设置转弯车道、变速车道、交通岛；转弯车道宽度不小于3 m，并根据道路等级设置适当的缓和段，有时还要进行不同程度的渠化。

(4) 改造不合适的道路连接，这需认真考虑车流方向，在某些情况下还要利用视觉原理，使驾驶员在心理上受其影响而降低车速。

(5) 减少冲突点。交叉口的冲突点减少后，其事故数会相应减少。

(6) 控制相对速度。对于交叉口，可采取物理隔离或交通信号控制等措施使交叉口交通流的相对速度降低。

在我国，除少数进出城镇区的平面交叉口采用信号控制外，大部分尚未有控制措施，不少交叉口甚至没有标志标线，仅靠交通法规规定的行驶优先权管理。随着高等级道路的发展和城镇的增加，在平面交叉口，可逐步采取一些控制措施，如对交叉口进行渠化，有条件的采用信号控制等。

初始阶段，可先采用渠化和增设标志等管理与约束手段。标志应有一定的提前量，以警示前方交叉口的存在，这有利于驾驶人员预先减速。

对于交叉口的改造，一般要做好包括减少车辆/行人的冲突点、提高通行能力、提高信息提供质量等工作。

交叉口改善技术处理包括对进入交叉口的路段和交叉口本身（如变更交叉口和路段的几何线形、控制方式、路侧安全等）的改善。

对于交叉口的安全设计，通常从以下几个方面来进行：

(1) 交叉口的特征

① 转弯车道。据有关资料分析，对左转和右转设置专门的车道，对提高交叉口的安全十分有利。《道路与城市道路几何设计》给出了关于转弯车道的设计标准，包括加、减速车道和渐变段的设计。另外，右转车道会给自行车交通产生一定影响，应采取相应措施协调。

② 视距。交叉口的视距，要能使驾驶员容易观察到其他各个入口的车流状况，对于有控制的交叉口，若仍有进出交叉口的路线没有控制也应提供理想的视距。对使用停车让行标志的道路，应为其留有足够的视距，以保证停驶的车辆有时间启动加速，安全地穿过主道、右转或左转。

我国《道路与城市道路几何设计》对此提出了具体的要求，包括对视距有障碍的物体应予以移除，交叉口要定期加强养护管理等。

(2) 交叉口的组织管理。道路的安全性和组织管理的效率，经常受制于交叉口和出入口的设计、组织管理、养护等因素。

① 交通控制设施。交通控制设施要符合一定的标准，包括指示箭头、符号和车道线等，要有利于驾驶员安全通过交叉口。当必须为通过交叉口的驾驶员进行控制或引导时（如错位交叉、复杂的多路交叉或使用多个转弯车道的交叉口），可使用虚线延长，必要时使其连通整个交叉口。

科学合理的标志是交叉口的有效控制措施，能为驾驶员提供必要的信息帮助，使其采取合适的车道变换方式，避免突然变道而导致事故。

对于使用停车让行标志标线控制的交叉口，应为停车让行标志标线提供足够的视距。

② 照明。安装照明设施是减少道路交叉口夜间事故的又一措施。

2. 道路互通立体交叉

(1) 基本情况。互通立体交叉与平面交叉形式的路口相比，其安全性更高。但立交形式也会带来另一些不安全的因素，如立交类型与布局、交通控制和立交间距等。反映其特征的主要是匝道、集散匝道的布局，而匝道、连接道的交通事故主要随交通量的增加和其半径的减小而增加。立交的交通控制主要体现在进入立交区的各种分离设施、引导标志标线、警告和禁令标志，这些设施、标志标线设置的位置、尺寸、颜色直接关系到交通安全。

立交是高速公路和一级公路或主干道等大容量车流相交的主要形式。国外专家认为，影响立交范围内道路安全的关键因素为立交特征、交通量和间距，经研究发现：

① 匝道和连接道路上的事故随交通量增加和半径减小而增加；

② 上坡匝道具有较低事故率，连接线上跨高速公路或主干道比较安全；

③ 匝道安全设计应该给予货车更多的考虑，因为货车在匝道上产生翻车和侧滑比例较高；

④ 苜蓿叶式匝道、剪刀形匝道和离开中央分隔带的匝道具有较低的安全性能；

⑤ 交通量高的立交，集散道路对其安全十分有利，特别是使用环形和苜蓿叶环形匝道的立交；

⑥ 让交通流在几个出入匝道上汇流或分流比在单个交通流大的匝道上汇流和分流更安全；

⑦ 将旧立交改造成满足现行标准的立交，对安全很有利。立交与特定的交通环境的适应程度也是影响安全的关键因素。

(2) 立交的处理。立交的均衡性、车道的连续性、通行能力、视距、标志、速度差异最小化、对驾驶员干扰最小化等等思想，都是立交设计和组织管理时应考虑的重要因素。

① 设计均衡性。立交设计的均衡性，主要是要考虑驾驶员对道路变化的预估问题。一般来说，驾驶员都愿从右侧进入立交(或驶出)，如果左手出口靠近右手，因交通流方向不同而不可避免地需横穿所有车道去下一出口，会严重影响交通安全。

在通常的设计中存在很多不均衡现象，如：左手驶入接右手驶出、有或没有集散车道的组合立交、部分互通立交等。现在新的道路设计中，由于在采用更长加速车道的同时，又保留了原来短的加速车道，也造成不均衡性。

② 车道连续性和车道平衡。为便于出口和进口方向优化组织和安全运营，应减少车道变化，并用标志标识前方的道路去向，使车道达到平衡。在出口处，车道的平衡要求离开点的车道数等于进入该点车道加一个车道；在入口处，两个车流汇合之前的车道数不小于汇合之后的车道数减一；且车道的终止只能从右侧开始，每次终止一个车道。

③ 立交间距和类型。立交间距大的高速道路、全定向和菱形立交一般事故较小；城区 1.5 km 和郊区 3 km 的立交间距是比较理想的最小立交间距。匝道间距过小，即便使用附加车道，也会因汇流与分流等原因而导致安全问题。从设立交通标志的可行性和易于驾驶员辨识的角度考虑，立交设计应尽量简单。

④ 匝道。匝道的设置次序、间距、出入口的布置、设计速度、视距等对事故有较明显的影响。一般来说，高流量导致高事故率，虽然有些小流量的农村匝道出口的事故率与城区差不多，但事故率一般随交通流量增大而增高。另外，出口匝道比入口匝道的事故率要高。

3. 分离式立体交叉

分离式立体交叉口的处理也要依照一定的路线设计规范。

（1）跨线桥应满足桥下道路的净空规定，跨线桥交角最好 $>45°$；当位于平曲线内时，视距要满足停车视距。

（2）主干道跨越快车道时，要保证其桥墩不影响次干道的视线，同时桥墩的设置位于次干道中央分隔带时，前后位置需加设防撞护栏；桥墩不得设在双车道中间；桥梁上部应设防撞护栏。

（3）主干道下穿时，上跨桥应保证一孔跨越，同时尽量避免中央有桥墩，若不可避免，应在桥墩前后加防撞护栏或防护网，并与车道相协调。

（4）在铁路与公路的分离式立交中，道路上跨时保证铁跨净空要求即可；下穿时，其要求与主干道下穿时一致。

第9章 道路交通事故预测理论与方法

道路交通事故的发生在时空分布上具有一定的规律性，但何时、何地发生何种性质的交通事件很难事先准确预测。交通事故的总趋势和总体走向是可以预测的。

道路交通安全趋势分析与预测，是根据该地区历年交通事故的统计资料，分析道路交通事故的影响因素，运用预测技术和模型确定近期、中期、远期各规划年份的道路交通安全状况，为制定道路交通安全管理目标、战略和政策提供依据。

9.1 道路交通事故预测的概述

9.1.1 交通事故预测的定义

道路交通事故预测是根据交通事故过去的发展变化的客观过程和某些规律，参照已经出现或正在出现的各种可能性，运用现代系统学、数学方法，对道路交通事故未来可能出现的趋势和可能达到的水平所做的科学推测。

对道路交通事故的预测一般包括三个方面的分布预测，即时间分布预测、空间分布预测、人群分布预测。而在预测过程中，对历史数据信息的依赖程度是很大的，这主要是因为信息是预测的基础，拥有长期积累的准确而又全面的历史数据是进行预测的必要条件。

9.1.2 交通事故预测的分类

交通事故预测按预测范围可分为宏观预测和微观预测；按预测的结果可分为定性预测和定量预测。

宏观预测是指对时间较长或区域较大的总体性能和趋势性的交通事故预测。微观预测是对时间较短或某一地点、路段交通事故变化情况的预测。

定性预测是运用定性预测技术，对交通事故未来情况作性质的预测。定量预测是运用定量分析技术，对交通事故未来状态作出数量的估计。定性预测除单独使用外，还常与定量预测结合使用，用作定量预测的先期分析和后期判断，这样有助于提高预测精度。

9.1.3 交通事故预测的目的

道路交通事故预测的目的是为了掌握交通事故的未来状况，以便及时采取相应的对策，避免工作中的盲目性和被动性，有效地控制各影响因素，达到减少交通事故的目的。

9.1.4 交通事故预测的主要作用

1. 预测道路交通事故的发展趋势和转折点，为制定宏观预防事故对策和交通安全宣传教育提供依据。

2. 预测道路交通事故的变化特点，为制定针对性防范措施和交通法律、法规提供依据。

3. 预测道路交通事故的近期状态性，为合理制定交通安全管理目标值提供依据。

4. 预测控制条件下的道路交通事故状况，对交通安全措施的可行性和实施效果进行合理评价。

5. 预测新修建道路将来事故多发的地点及事故发生的状态，采取必要的预防警示措施。

9.1.5 交通事故的预测程序

交通事故预测一般分为以下三个阶段：

第一阶段是设计过程，从确定预测目标开始，经过收集、分析有关信息，到初步选定预测技术。

第二阶段是建模过程，建立预测模型并验证模型的合理性。

第三阶段是评价过程，进行预测并对预测值进行检验、评价。在此过程中，要综合分析各种因素的影响，采用多种方法研究和修正。通过科学的判断后，得到最后的预测结果。此后，要对预测结果继续跟踪检测，以证实它是否适用，并在必要时建议修正预测值。

总的来讲，交通事故的预测程序如下：确定预测目标→收集并分析有关信息→选择预测模型→建立预测模型→进行预测→分析与评价预测结果→预测结果跟踪。

9.2 道路交通安全发展预测分析

道路交通安全预测技术可分为两类:定性预测和定量预测。

定性预测是在数据资料掌握不多,或需要短时间内做出预测的情况下,运用人的经验和判断能力,用逻辑思维方法,把有关资料加以综合,将定性资料转换成定量的估计值来预测未来。常用的定性预测技术有专家会议法、德尔菲法、主观概率法、趋势判断法、类推法、相互影响分析法等。定量预测是在历史数据和统计资料的基础上,运用数学或其他分析技术,建立可以表现数量关系的模型,并利用它来计算预测对象在未来可能表现的数量。目前对于道路交通事故的预测一般采用定量预测的技术。下面介绍几种常用的定量预测方法。

9.2.1 数学曲线预测法

根据预测对象的观测值序列随时间而变动的不同趋势,用线性、二次曲线、生长曲线等数学曲线进行拟合,进而进行未来年的预测。线性预测主要应用在预测对象随时间呈线性变化趋势,预测模型为: $y=at+b$,式中 a、b 为模型系数。对数抛物线是一种特殊的增长曲线,它随着时间的推移而逐步增长,当增长到一定程度时,数值又会逐渐下降,曲线模型为: $y=ae^{bt}$,式中 a、b 为模型参数。对两边取对数可得 $\ln y=\ln a+bt$,令 $Y=\ln y, A=\ln a$,从而上式可写为线性模型: $Y=bt+A$。下面重点介绍增长曲线预测法和对数抛物线预测模型:

1. 增长曲线预测法

许多事物的发展规律类似于生物的自然增殖过程,可以用一条近乎 S 型的曲线来描述:发展初期增长速度较慢,一段时间后,增长速度会逐渐加快,到接近于某一增长极限时,增长速度又会放慢。国民生产总值、交通事故、客货运量等的增长过程,都具有这种特点。

有多种 S 型增长曲线模型,常用作预测的有戈伯兹曲线和逻辑曲线。

(1) 戈伯兹曲线预测模型

戈伯兹曲线的数学模型为(见图 9-1)

$$y=ka^{b^t} \tag{9-1}$$

式中: y——预测函数值;

t——时间变量;

k——渐进线值;

a,b——模型参数。

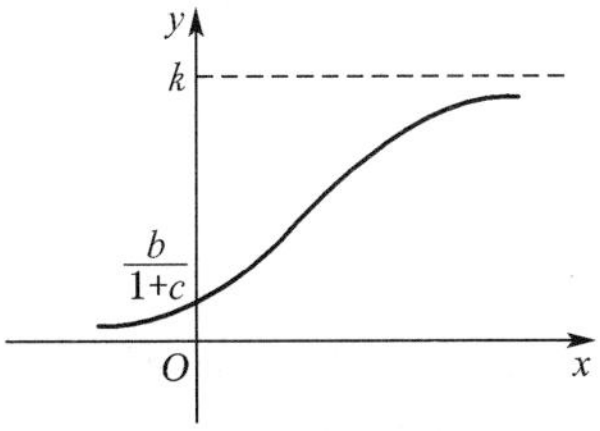

图 9-1 戈伯兹曲线

如果通过对时间序列数据的观察分析,认为可以用戈伯兹曲线拟合，可按如下步骤计算 k、a、b 等三个待求参数。

① 进行时间编序，第一年 $t=0$，第二年 $t=1$，依次类推；

② 将时间序列数据分为三段，每段 n 年，计算各时间段内实际数据之对数和：

$$\begin{cases} \sum_1 \lg y = \sum_{t=0}^{n-1} \lg y_t \\ \sum_2 \lg y = \sum_{t=n}^{2n-1} \lg y_t \\ \sum_3 \lg y = \sum_{t=2n}^{3n-1} \lg y_t \end{cases}$$

式中，y_t——第 t 年的实际数据。

③ 计算 k、a、b：

$$b^n = \frac{\sum_3 \lg y - \sum_2 \lg y}{\sum_2 \lg y - \sum_1 \lg y} \tag{9-2}$$

$$\lg a = \left(\sum_2 \lg y - \sum_1 \lg y\right) \cdot \frac{b-1}{(b^n-1)^2} \tag{9-3}$$

$$\lg k = \frac{1}{n}\left(\sum_1 \lg y - \frac{b^n-1}{b-1}\lg a\right) \tag{9-4}$$

由 b^n、$\lg a$、$\lg k$ 求得参数 b、a、k，再代入式(9-1)中，即可得戈伯兹曲线预测模型。

(2) 逻辑曲线预测模型

逻辑曲线的数学模型为(见图 9-2)

$$y = \frac{k}{1-b\mathrm{e}^{-at}} \tag{9-5}$$

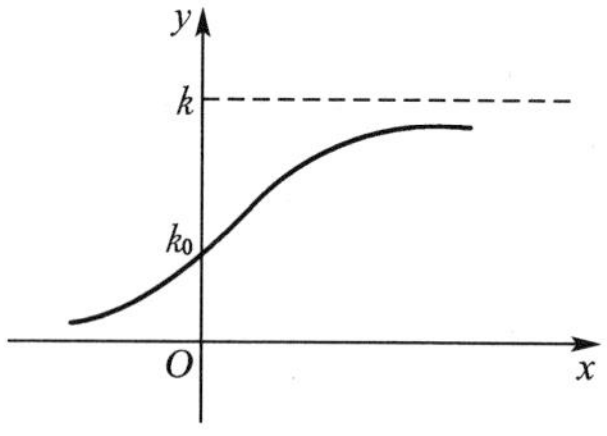

图 9-2 逻辑曲线

式中：y——预测函数值；

t——时间变量；

k——渐进线值；

a，b——模型参数；

e——自然对数的底。

待定参数 k、a、b 的计算方法如下：

① 将时间编序，第一年 $t=1$，第二年 $t=2$，依次类推；

② 将时间序列数据分为三段，每段 n 年，计算各时间段内实际数据的倒数之和，分别记作 S_1、S_2、S_3，设

$$\begin{cases} S_1 = \sum_{t=1}^{n} \frac{1}{y_t} \\ S_2 = \sum_{t=n+1}^{2n} \frac{1}{y_t} \\ S_3 = \sum_{t=2n+1}^{3n} \frac{1}{y_t} \end{cases} \tag{9-6}$$

$$\begin{cases} D_1 = S_1 - S_2 \\ D_2 = S_2 - S_3 \end{cases} \tag{9-7}$$

③ 计算 k、a、b：

$$k = \frac{n}{S_1 - \frac{D_2}{D_1 - D_2}} \tag{9-8}$$

$$a = \frac{1}{n}(\ln D_1 - \ln D_2) \tag{9-9}$$

$$b = \frac{kD_1}{C(D_1 - D_2)} \tag{9-10}$$

式中

$$C = \frac{e^{-a}(1 - e^{-na})}{1 - e^{-a}} \tag{9-11}$$

将求得的 k、a、b 代入式(9-5)中，即可得逻辑曲线预测模型。

2. 对数抛物线预测模型

对数抛物线是一种特殊的增长曲线，与前述两种增长曲线不同，戈伯兹曲线与逻辑曲线的预测对象数值随时间推移而逐步增长，而对数抛物线的预测对象在增长到一定程度后，数值将会逐渐下降，如式(9-12)所示：

$$y = a e^{bt+ct^2} \tag{9-12}$$

式中：y——预测函数值；

t——时间变量；

e——自然对数的底；

a,b,c——模型参数。

将式(9-12)两边取对数，得到

$$\ln y = \ln a + bt + ct^2 \tag{9-13}$$

令 $y' = \ln y, a_0 = \ln a, x_1 = t, x_2 = t^2$，则得到二元线性回归方程：

$$y' = a_0 + bx_1 + cx_2 \tag{9-14}$$

运用二元线性回归的方法，可求出 a_0、b、c 三个参数，再经变换后即可求出对数抛物线预测模型。

对于戈伯兹曲线和逻辑曲线，也可采用变量代换的方法，将其变换为一元线性回归曲线，并运用一元线性回归的方法计算待定参数。经过对数变换后，模型的参数是一个有偏估计。

9.2.2 回归分析预测法

回归分析预测方法是一种定量地描述变量之间的数量关系的预测方法，是定量预测方法的基础。回归分析预测法是根据事物内部因素变化的因果关系来预测事物未来的发展趋势。回归分析预测法就是对其中具有相关关系的变量，通过数理统计方法建立起变量间的回归方程，从而对变量间的密切程度进行描述，并实现对变量回归的估计和测定，进而应用回归方程进行预测。

回归分析预测模型按照变量的个数，可以分为一元回归分析和多元回归分析；按照变量之间的关系，又可分为线性回归分析和非线性回归分析。其中大多数非线性回归分析的问题都可以转化为线性回归分析的问题来处理，通常的做法是采用变量代换法将非线性回归转化成线性回归问题，利用线性回归方法进行求解。多元回归分析的原理又同一元回归分析的原理一致。

1. 多元线性回归方程

其基本步骤如下：

(1) 建立多元线性回归方程

设因变量为 y，与因变量有关的 m 个自变量为 $x_1, x_2, \cdots, x_m$，若存在线性关系，则可建立回归预测方程：

$$y = a + b_1x_1 + b_2x_2 + \cdots + b_mx_m \tag{9-15}$$

式中，$a, b_1, b_2, \cdots, b_m$ 为回归系数。

(2) 计算回归系数

回归系数由下列方程组计算得到：

$$\begin{cases} l_{11}b_1 + l_{12}b_1 + \cdots + l_{1m}b_m = l_{1y} \\ l_{21}b_1 + l_{22}b_2 + \cdots + l_{2m}b_m = l_{2y} \\ \vdots \\ l_{m1}b_1 + l_{m2}b_2 + \cdots + l_{mm}b_m = l_{my} \\ a = \overline{y} - (b_1\overline{x}_1 + b_2\overline{x}_2 + \cdots + b_m\overline{x}_m) \end{cases} \tag{9-16}$$

式中：
$$\overline{y}=\frac{1}{n}\sum y_i(i=1,2,\cdots,n)$$
$$\overline{x_j}=\frac{1}{n}\sum x_j(j=1,2,\cdots,n);$$

$\sum$ 表示 $\sum\limits_{i=1}^{n}$ 或 $\sum\limits_{j=1}^{n}$，n 为数据组数。

$$\begin{cases} l_{11}=\sum x_{i1}^2-n\overline{x}_1^2 \\ l_{22}=\sum x_{i2}^2-n\overline{x}_2^2 \\ \quad\vdots \\ l_{mm}=\sum x_{im}^2-n\overline{x}_m^2 \end{cases} \tag{9-17}$$

$$\begin{cases} l_{12}=l_{21}=\sum x_{i1}x_{i2}-n\overline{x}_1\,\overline{x}_2 \\ l_{13}=l_{31}=\sum x_{i1}x_{i3}-n\overline{x}_1\,\overline{x}_3 \\ \quad\vdots \\ l_{1m}=l_{m1}=\sum x_{i1}\cdot x_{im}-n\overline{x}_1\,\overline{x}_m \end{cases} \tag{9-18}$$

$$\begin{cases} l_{1y}=\sum x_{i1}y_i-n\overline{x}_1\overline{y} \\ l_{2y}=\sum x_{i2}y_i-n\overline{x}_2\overline{y} \\ \quad\vdots \\ l_{my}=\sum x_{im}y_i-n\overline{x}_m\overline{y} \end{cases} \tag{9-19}$$

(3) 相关检验

多元线性回归模型的相关性检验通过计算复相关系数进行，计算公式为：

$$R=\sqrt{1-\frac{\sum(\hat{y}-\overline{y})^2}{\sum(y_i-\overline{y})^2}} \tag{9-20}$$

R 值越接近于1，回归模型的预测效果越好。一般要求计算出的 R 值大于临界复相关系数 R_c 值（查有关数表可得），否则回归模型不能成立。

(4) F 检验

F 检验的目的是判别全部自变量 $x_1,x_2,\cdots,x_m$ 作为一个整体与因变量 y 的线性统计关系是否显著。

$$F=\sqrt{\frac{\sum(\hat{y}-\overline{y})^2/(m-1)}{\sum(y_i-\overline{y})^2/(n-m)}} \tag{9-21}$$

它服从第一自由度为 $m-1$，第二自由度为 $n-m$ 的 F 分布，因此，对于它给定的置信水平 α，查 F 分布表可得临界值 $F_\alpha=(m-1,n-m)$。

若 $F>F_\alpha=(m-1,n-m)$，则认为一组自变量 $x_1,x_2,\cdots,x_m$ 与 y 的线性统计关系显著；否则，则说明其线性统计关系不显著。

(5) t 检验

t 检验的目的是检验每个自变量对 y 的影响程度，从而决定 $x_1,x_2,\cdots,x_m$ 中哪些为主要自变量。第 j 个自变量的值 t_j 的计算公式为：

$$t_j=\frac{b_j\cdot\sqrt{\sum x_{ij}^2-n\overline{x}_j^2}}{\sqrt{\frac{1}{n}\sum(y_i-\hat{y}_i)^2}} \tag{9-22}$$

当 $|t_j|>t(\alpha/2,n-m)$ 时，说明自变量 x_j 对 y 有显著影响；否则说明没有显著影响。

(6) 求置信区间

在取置信度 $1-\alpha=0.95$ 的情况下，对于任意的 $x_{j0}(j=1,2,\cdots,m)$，相应的 y_0 的置信区间近似为 $\hat{y}_0\pm 2S$。S 由下式给出：

$$S=\sqrt{\frac{\sum(y_i-\hat{y}_i)^2}{n-(m+1)}} \tag{9-23}$$

在多元线性回归分析中，二元回归具有极其重要的地位。

[**例 9-1**] 已知某区域 1998～2007 年交通事故次数和非机动车、机动车拥有量如表 9-1。初步分析知 y 是 x_1 和 x_2 的线形函数，试建立回归方程。

表 9-1 某区域交通事故次数与车辆拥有量统计表

序号	年份	交通事故发生次数/万起	非机动车拥有量/万辆	机动车拥有量/万辆
1	1998	0.06	510	156
2	1999	0.23	570	131
3	2000	0.77	546	115
4	2001	1.40	557	123
5	2002	1.58	556	122
6	2003	2.07	592	123
7	2004	2.39	642	175
8	2005	3.13	743	183
9	2006	3.52	739	233
10	2007	6.84	760	312

［解］ 利用多元线性回归式进行计算，得到二元线性回归方程如下：

$$\hat{y} = -6.164 + 0.087x_1 + 0.017\,67x_2$$
$$R = 0.926$$
$$S = 0.854\,6$$

置信度为 $1-\alpha = 0.95$ 时，对于任意给出的 x_{10} 和 x_{20}，预测值 y_0 的置信区间近似为

$$\hat{y}_0 \pm 2S = \hat{y}_0 \pm 1.709\,2$$

2. 多元逐步回归预测模型

多元逐步回归预测是按照自变量对因变量作用程度的大小来决定该变量是否引入或剔除，自动地从大量可供选择的变量中选择重要的变量，以建立回归方程的预测方法。

逐步回归预测法是根据自变量对因变量作用程度的大小来决定该变量是否引入或提出的。为了衡量一个自变量对因变量作用的大小，定义 D_i 为"贡献"系数，来表示自变量对因变量的"贡献"。D_i 可以表示为：

$$D_i = \frac{r_{iy}^2}{r_{ij}} \tag{9-24}$$

式中：r_{iy}、r_{ij} 为

$$r_{ij}^{s+1} = \begin{cases} r_{ij}^{(s)} - r_{ik}^{(s)} r_{kj}^{(s)} / r_{kk}^{(s)} & i \neq k, j \neq k \\ \dfrac{r_{kj}^{(s)}}{r_{kk}^{(s)}} & i = k, j \neq k \\ \dfrac{r_{ik}^{(s)}}{r_{kk}^{(s)}} & i \neq k, j = k \\ \dfrac{1}{r_{kk}^{(s)}} & i = j = k \end{cases} \tag{9-25}$$

由于逐步回归预测是对自变量逐步进行的，每次计算中的"贡献"系数记为：

$$p_i^{(l)} = \frac{(r_{iy}^{(l)})^2}{r_{ij}^{(l)}} \tag{9-26}$$

式中：l——第 l 次计算。

在逐步回归预测中，一方面要引入贡献最大的自变量，另一方面要提出贡献最小的自变量，其标准用 F 检验值来确定。假定显著性水平为 α，然后查 F 检验表得到 F 检验临界 F_α，F_α 亦可人为确定。

在第 l 步计算中，如果有第 k 个自变量的"贡献"：$p_k^{(l)} = \max\{p_i^l\}$，$i$ 为未被引

入的变量序号，则要用 F 检验来判断该自变量是否被引入，即计算该变量第 l 步的 F_{in} 为：

$$F_{in}=\frac{[n-(l+1)-1]\cdot p_k^{(l)}}{r_{yy}^{(l-1)}-p_k^{(l)}} \tag{9-27}$$

式中：n——样本数；

l——第 l 步计算；

$p_k^{(l)}$——第 k 个变量第 l 步的“贡献”系数；

r_{yy}——因变量自相关系数。

如果 $F_{in}>F_\alpha$，则在显著性水平 α 意义下，该自变量可以被引入，否则不能被引入。

如果在 l 步计算中，对第 k 个自变量有 $D_k^{(l)}=\min\{D_i^{(l)}\}$，$i$ 为已引入的自变量序号，也要用 F 检验来判断该自变量是否应该剔除，即计算该变量的 F_{out} 为：

$$F_{out}=\frac{(n-l-1)\cdot D_k^{(l)}}{r_{yy}^{(l-1)}-D_k^{(l)}} \tag{9-28}$$

当 $F_{out}\leqslant F_\alpha$ 时，即在显著性水平 α 意义下，该自变量应该被剔除；否则应该保留。

所以，逐步回归分析中，每计算一步都要用自变量的“贡献”系数选择引入或剔除的自变量，并用 F 检验来判断是否引入或剔除。

3. 生成数列回归分析法

生成数列回归分析法是运用灰色系统的基本理论对影响因素进行关联分析，定量地找出主要影响因素，并建立因变量、自变量的生成数列，据此进行一元或多元回归分析，得到生成数列回归预测模型，其主要步骤如下：

(1) 关联度分析

关联度分析的基本思想是根据曲线间的相似程度来判断关联程度，两曲线几何形状愈相似，其关联度愈大，因素间的关系愈密切。关联度分析的目的是为了找出影响预测对象的主要因素。

设参考数列（预测对象的原始数据列）为 x_0，被比较数列（影响因素的原始数据列）为 $x_i(i=1,2,\cdots,m)$，且

$$x_0=\{x_0(1),x_0(2),\cdots,x_0(n)\}$$

$$x_i=\{x_i(1),x_i(2),\cdots,x_i(n)\},i=1,2,\cdots,m$$

则称 $\xi_i(t)$ 为曲线 x_0 与 x_i 在第 i 点的关联系数。

$$\xi_i(t)=\frac{\min\limits_i\min\limits_t|x_0(t)-x_i(t)|+\rho\max\limits_i\max\limits_t|x_0(t)-x_i(t)|}{|x_0(t)-x_i(t)|+\rho\max\limits_i\max\limits_t|x_0(t)-x_i(t)|} \tag{9-29}$$

曲线 x_i 与曲线 x_0 的关联度为 r_i：

$$r_i=\frac{1}{n}\sum_{i=1}^{n}\xi_i(t) \tag{9-30}$$

在式(9-29)中，$|x_0(t)-x_i(t)|=\Delta_i(t)$ 称为第 i 点 x_0 与 x_i 的绝对差；$\min\limits_i\min\limits_t|x_0(t)-x_i(t)|$ 称为两级最小差，其中 $\min\limits_t|x_0(t)-x_i(t)|$ 是第一级最小差；$\max\limits_i\max\limits_t|x_0(t)-x_i(t)|$ 是两级最大差。ρ 为分辨系数，在 0～1 之间取值，一般取 $\rho=0.5$。

对于单位不同，或初值不同的数列作关联度分析时，一般要作处理，使之无量纲化，即用 $x_0(1)$ 去除 $x_0(t)$，用 $x_i(1)$ 去除 $x_i(t)$。

关联系数大的因素 $x_i(t)$，对预测对象 $x_0(t)$ 的影响大，一般应作为主要影响因素。根据实际情况，可选择 1～3 个关联度大的因素作为自变量进行回归分析。

(2) 生成数列回归分析

设因变量的原始数据为 $y^{(0)}(t)$，其一次累加生成数列为 $y^{(1)}(t)$，即

$$y^{(0)}(t)=\{y^{(0)}(1),y^{(0)}(2),\cdots,y^{(0)}(n)\}$$
$$y^{(1)}(t)=\{y^{(1)}(1),y^{(1)}(2),\cdots,y^{(1)}(n)\}$$

应当注意，自变量原始数列 $x_i^{(0)}(t)$ 和因变量 $y^{(0)}(t)$ 应是连续若干年份的数据，若某一年的数据缺乏，应进行数据修补。

对生成数列进行常规的回归分析，建立生成数列的回归预测模型，用相关系数等进行回归模型的精度检验，根据回归模型逐年计算出预测年限内的生成预测值。

对生成预测值进行累减还原，即得所求预测对象的预测值，可用预测值的离差等反映预测精度。

[**例 9-2**] 已知预测变量、自变量的原始数据见表 9-2，用生成数列回归分析方法进行预测。

表 9-2 原始数据表

i	$y^{(0)}(i)$	x_1	x_2	x_3
1	2.88	5.729	18.978	101.777 5
2	2.67	7.364	20.976 6	104.700 8
3	4.37	8.649	23.586 2	106.354
4	5.44	9.856	26.551	105.394 7
5	5.97	11.461	28.761	107.251 9
6	6.37	11.019	31.378 9	107.393 5

续 表

i	$y^{(0)}(i)$	x_1	x_2	x_3
7	6.06	13.303	34.743 1	112.269 6
8	6.99	15.692	39.651 8	118.506 8
9	8.02	17.155	42.551 8	121.682 8
10	7.77	19.518	47.681 8	123.353 5

［**解**］ 自变量对因变量的关联度分别为

$$r_1 = 0.791\ 89$$
$$r_2 = 0.720\ 43$$
$$r_3 = 0.535\ 17$$

根据关联度的大小，可知 x_1、x_2 对 y 的影响是主要的，可以建立二元线性回归方程。如采用三元线性回归，对表 9-2 中的数据进行一次累加生成处理，再进行多元线性回归，得到以下预测模型：

$$y^{(1)} = -2.233\ 9 - 0.555\ 5x_1^{(1)} + 0.415\ 2x_2^{(1)} - 0.004\ 7x_3^{(1)}$$
$$R = 0.999\ 59$$

为了进一步检验精度，表 9-3 中列出了预测计算结果，并与一般的回归方法进行了比较。比较结果是：生成数列回归预测法的离差为 4.610 2，一般回归方法的预测离差为 5.543 7，前者较之后者减少了 16.8%，显然提高了预测精度。

表 9-3 预测结果表

$y^{(0)}(i)$	2.88	2.67	4.37	5.44	5.97	6.37	6.06	6.99	8.02	7.77
$\hat{y}^{(1)}(i)$	2.04	6.17	10.66	15.72	20.80	27.20	33.71	40.91	48.48	56.86
$\hat{y}^{(0)}(i)$	2.04	4.13	4.49	5.06	5.08	6.40	6.51	7.20	7.57	8.38
一般回归方法 $\hat{y}^{(0)}$	2.32	2.96	3.76	5.08	5.91	6.07	6.00	7.21	8.12	9.89

9.2.3 经验模型法

常用的经验模型有 Smeed 模型、北京模型等。

1. Smeed 模型

Smeed 模型是由伦敦大学斯密德(R. J. Smeed)教授在 1949 年根据欧洲 20 个国家的交通事故调查数据，经分析得到的回归模型，模型表达式如下：

$$D/V = 0.003\ (P/V)^{2/3} \tag{9-31}$$

或

$$D = 0.003\ (V \cdot P^2)^{1/3} \tag{9-32}$$

式中：D——死亡人数（人）；

V——机动车保有量（辆）；

P——区域内人口总数（人）。

为了进一步验证这一公式，Smeed 又根据 1960～1967 年欧、美、亚、非等洲的 68 个国家的事故数据进行分析，得到了很好的结果。其他一些国家也纷纷采用各自国家的数据，对 Smeed 模型进行修正，得到自己的预测模型，如日本采用 1960～1972 年的数据得到的模型为：

$$D/V = 0.001\,31\left(\frac{P}{100V}\right)^{0.856} \tag{9-33}$$

设 Smeed 模型的系数为 μ：

$$D/V = \mu\,(P/V)^{2/3} \tag{9-34}$$

或

$$D = \mu\,(V \cdot P^2)^{1/3} \tag{9-35}$$

通过修正 Smeed 模型的系数 μ，改进预测模型，并据此进行模型验算，检验其适用性。结果表明该模型对陕西省进行事故预测及安全评价是有效的，其修正公式为：

$$D = 0.002\,7(V \cdot P^2)^{1/3} \tag{9-36}$$

中国目前正在进入迅速发展机动化阶段，道路交通安全是亟待解决的问题。通过对 Smeed 模型进行验证，可以认为全国各地都可用 Smeed 模型进行交通事故预测，但应根据各地实际情况对模型系数 μ 进行必要的调整。

［**例 9-3**］　斯密德（R. J. Smeed）模型预测示例：

某城市 2003～2007 年人口和机动车数量资料见表 9-4，试用斯密德公式预测交通事故死亡人数。

表 9-4　某城市 2003～2007 年人口、机动车数量资料

年份	2003	2004	2005	2006	2007
城市人口数/人	1 046 890	1 072 350	1 097 578	1 123 923	1 157 176
城市机动车数/辆	17 470	18 471	20 113	23 925	25 000
交通死亡人数计算值/人	80.25	82.98	86.80	93.33	96.56
实际交通事故数/起	1 128	1 286	865	870	1 375
实际交通死亡数/人	98	93	68	85	109
误差/%	−18.11	−10.77	27.65	9.8	−11.41

［**解**］　根据 1949 年英国伦敦大学教授斯密德对欧洲 20 个国家进行统计分析

得出的数学模型：

$$D = 0.000\,3\,(N \cdot P^2)^{\frac{1}{3}} \tag{9-37}$$

式中：D——每年的交通事故死亡人数（人）；

N——机动车拥有量（辆）；

P——人口总数（人）。

式(9-37)可用交通事故危险度来表示：

$$\frac{D}{N} = 0.000\,3\left(\frac{N}{P}\right)^{-\frac{2}{3}} \tag{9-38}$$

$$\frac{D}{P} = 0.000\,3\left(\frac{N}{P}\right)^{\frac{1}{3}} \tag{9-39}$$

式中：$\frac{D}{N}$——平均每辆机动车交通事故死亡人数（人/辆）；

$\frac{D}{P}$——按地区人口平均多少人可能发生 1 人交通死亡（人/人）；

$\frac{N}{P}$——按地区人口平均多少人有一辆机动车（辆/人）。

该城市 2003 年人口数为 1 046 890 人，机动车辆数为 17 470 辆，按式(9-37)计算 2003 年交通事故死亡人数为

$$D = 0.000\,3 \times (17\,470 \times 1\,046\,890^2)^{\frac{1}{3}} = 80.25 \text{ 人}$$

实际交通死亡人数为 98 人，误差为－18.11%，其他年的计算见表 9-4。说明用斯密德公式计算交通死亡人数与实际交通死亡人数相差较大。

2. 北京模型

北京模型是针对我国道路交通事故特点所构建的具有代表性的交通事故统计预测模型，择优选取了与预测模型相关的 11 项影响因素指标，如下：临时人口数 x_1、常住人口数 x_2、机动车辆数 x_3、自行车数 x_4、道路长度 x_5、道路面积 x_6、灯控路口 x_7、交通标志 x_8、交通标线 x_9、繁忙而失控的部位 x_{10}、交警人数 x_{11}，所建模型如下：

$$\begin{aligned} y = {} & 3\,577.79 + 93.302\,81\lg x_1 + 824.921\,1\lg x_3 \\ & + 326.777\,1\lg x_4 + 800.454\,11\lg x_5 - 1\,149.051\,1\lg x_6 \\ & - 224.902\,1\lg x_8 - 45.049\,91\lg x_{10} - 287.191\,1\lg x_{11} \end{aligned} \tag{9-40}$$

9.2.4 灰色理论模型法

灰色理论预测法不同于数理统计，不需要分析道路交通事故的影响因素，是一

种基于现实性和动态性的分析预测方法，通过探究数据序列本身的内在规律，构建预测模型。由于其小样本建模以及计算简单等显著优点，因而得到广泛应用，但是对于波动性较强、序列较长的数据，拟合情况常常不尽人意，因此常用于中短期宏观预测。

灰色理论预测法是在数据处理上提出“生成”的方法（累加或累减生成），通过生成使数据列的随机性弱化，从而转化为比较有规律的数据列，将随机过程变为便于建模的灰过程。

如给定数据列：

$$[x^{(0)}(t_i)] = [x^{(0)}(t_1), x^{(0)}(t_2), \cdots] \tag{9-41}$$

是随机过程，不平稳，若作数据累加生成处理，令

$$[x^{(1)}(t_i)] = \sum_{k=1}^{i} x^{(0)}(t_i) \tag{9-42}$$

得到新的数据列：

$$[x^{(1)}(t_i)] = [x^{(1)}(t_1), x^{(1)}(t_2), \cdots] \tag{9-43}$$

新数据列随机性将被弱化（可进行 n 次处理），新数据列绘制曲线多逼近指数式曲线。

灰色动态模型 $GM(n,h)$，n 为微分方程阶数，h 为变量的个数。一般采用 $GM(1,1)$模型形式：

$$\frac{\mathrm{d}x^{(1)}}{\mathrm{d}t} + ax^{(1)} = \mu \tag{9-44}$$

式中：a, μ——建模过程中待辨识的参数和内部变量；

$x^{(1)}$——原始数据 $x^{(0)}(t_i)$经过累加生成处理得到的新数据列。

参数辨识过程如下：

（1）构造数据矩阵 B

$$B = \begin{bmatrix} -\frac{1}{2}[x^{(1)}(1) + x^{(1)}(2)] & 1 \\ -\frac{1}{2}[x^{(1)}(2) + x^{(1)}(3)] & 1 \\ \vdots & \vdots \\ -\frac{1}{2}[x^{(1)}(n-1) + x^{(1)}(n)] & 1 \end{bmatrix} \tag{9-45}$$

（2）构造数阵向量 y_N

$$y_N = [x^{(0)}(2), x^{(0)}(3), \cdots, x^{(0)}(n)]^T \tag{9-46}$$

(3) 作最小二乘法计算,求参数 a,μ

$$\hat{c} = \begin{bmatrix} a \\ \mu \end{bmatrix} = (B^T B)^{-1} B^T y_N \tag{9-47}$$

(4) 建立时间响应函数

$$\hat{x}^{(1)}(t) = \left[x^{(1)}(0) - \frac{\mu}{a}\right] e^{-at} + \frac{\mu}{a} \tag{9-48}$$

$GM(1,N)$模型计算程序框图见图 9-3。

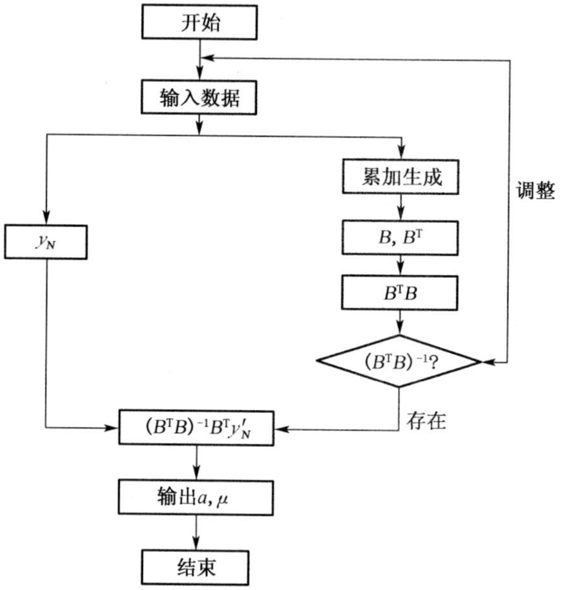

图 9-3 $GM(1,N)$模型计算程序框图

[**例 9-4**] 灰色系统模型示例:

某城市 2002~2007 年交通事故发生次数数据列见表 9-5,试用灰色系统理论建立交通事故预测模型。

表 9-5 某城市交通事故次数历年数据列

序号(k)	0	1	2	3	4	5
年份	2002	2003	2004	2005	2006	2007
事故发生次数 $x^{(0)}(k)$/百次	11.28	12.86	8.65	8.7	13.75	15.55
累加次数 $x^{(1)}(k)$/百次	11.28	24.14	32.79	41.49	55.24	70.79

［解］ 本题 $y_N = [12.86, 8.65, 8.7, 13.75, 15.55]^T$

$$B = \begin{bmatrix} -\frac{11.28+24.14}{2} & 1 \\ -\frac{24.14+32.79}{2} & 1 \\ -\frac{32.79+41.49}{2} & 1 \\ -\frac{41.49+55.24}{2} & 1 \\ -\frac{55.24+70.79}{2} & 1 \end{bmatrix} = \begin{bmatrix} -17.71 & 1 \\ -28.47 & 1 \\ -37.14 & 1 \\ -48.37 & 1 \\ -63.02 & 1 \end{bmatrix}$$

可得

$$a = -0.1012$$
$$\mu = 7.9601$$

时间响应函数为

$$\hat{x}^{(1)}(t) = \left[x^{(1)}(0) - \frac{\mu}{a}\right]e^{-at} + \frac{\mu}{a}$$

令 $x^{(1)}(0) = x^{(0)}(0) = 11.28$，则

$$\hat{x}^{(1)}(t) = \left[11.28 - \left(\frac{7.9601}{-0.1012}\right)\right]e^{-(-0.1012)t} + \left(\frac{7.9601}{-0.1012}\right)$$
$$= 89.9371e^{0.1012t} - 78.6571$$

将上式离散化，得

$$\hat{x}^{(1)}(k) = 89.9371e^{0.1012k} - 78.6571 \tag{9-49}$$

上式为交通事故发生次数预测模型，可由上式求得 $x^{(1)}(k)$值后，累减还原可得到预测数据 $x^{(0)}(k)$，由于计算误差较大，还需要进行修正，建立生成数据残差模型。

计算生成数据残差数据列：$q^{(0)}(k) = x^{(1)}(k) - \hat{x}^{(1)}(k)$，式中 $x^{(1)}(k)$为实际原始数据累加值，$\hat{x}^{(1)}(k)$为由式(9-48)计算得出的生成数据列预测值。计算得到的残差数据见表9-6，在表中进行残差数据累加生成处理，残差数据经过2次累加生成处理后，数据才平稳。

将 $q^{(2)}(k)$输入计算机，得到输出结果为

$$a = 0.2927$$
$$\mu = 5.9848$$

时间响应函数为

$$\hat{q}^{(2)}(t)=\left[q^{(2)}(0)-\frac{\mu}{a}\right]e^{-at}+\frac{\mu}{a}$$
$$=\left[3.2819-\frac{5.9848}{0.2927}\right]e^{-0.2927t}+\frac{5.9848}{0.2927}$$
$$=20.4469-17.1650e^{-0.2927t}$$

将上式离散化得

$$\hat{q}^{(2)}(k)=20.4469-17.1650e^{-0.2927(k-1)} \tag{9-50}$$

表 9-6 残差数据列

序号(k)	0	1	2	3	4	5
年份	2002	2003	2004	2005	2006	2007
实际事故次数累加值 $x^{(1)}(k)$	11.28	24.14	32.79	41.49	55.24	70.79
按式(9-48)预测值 $\hat{x}^{(1)}(k)$	11.28	20.858 1	31.462	43.138 1	56.158 1	70.516 4
残差 $q^{(1)}(k)=x^{(1)}(k)-\hat{x}^{(1)}(k)$	0	3.281 9	1.333 8	−1.648 1	−0.918 1	0.273 6
第一次累加 $q^{(1)}(k)$	0	3.281 9	4.615 7	2.967 6	2.049 5	2.323 1
第二次累加 $q^{(2)}(k)$	0	3.281 9	7.897 6	10.865 2	12.914 7	15.237 8

将式(9-50)求灰导数，与式(9-49)相加可得到该城市用灰色系统理论建立的交通事故预测模型(累加值)：

$$x^{(1)}(k)=89.9371e^{0.1012k}-78.6571+5.0242(-e^{-0.2927(k-1)}-e^{-0.2927(k-2)}) \tag{9-51}$$

修正后模型经过精度检验、残差大小检验和后检差检验，均得到较好的结果。

如对该城市 2021 年交通事故进行预测：

(1) 由式(9-49)计算得：

2020 年 $k=120-107=13$，2021 年 $k=121-107=14$

$$\hat{x}^{(1)}(13)=89.9371e^{0.1012\times13}-78.6571=256.537$$
$$\hat{x}^{(1)}(14)=89.9371e^{0.1012\times14}-78.6571=292.235$$
$$\hat{x}^{(0)}(14)=\hat{x}^{(1)}(14)-\hat{x}^{(1)}(13)=292.235-256.537=35.698\text{(百起)}$$

(2) 由式(9-50)计算得：

2019 年 $k=12$，2020 年 $k=13$，2021 年 $k=14$

$$\hat{q}^{(2)}(12)=20.4469-17.1650e^{-0.2927\times(12-1)}=19.761$$
$$\hat{q}^{(2)}(13)=20.4469-17.1650e^{-0.2927\times(13-1)}=19.935$$
$$\hat{q}^{(2)}(14)=20.4469-17.1650e^{-0.2927\times(14-1)}=20.065$$

第一次累减：

$$\hat{q}^{(1)}(13) = \hat{q}^{(2)}(13) - \hat{q}^{(2)}(12) = 19.935 - 19.761 = 0.174$$
$$\hat{q}^{(1)}(14) = \hat{q}^{(2)}(14) - \hat{q}^{(2)}(13) = 20.065 - 19.935 = 0.130$$

第二次累减：

$$\hat{q}^{(0)}(14) = \hat{q}^{(1)}(14) - \hat{q}^{(1)}(13) = 0.130 - 0.174 = -0.044$$

所以，2021 年交通事故次数为

$$x = \hat{x}^{(0)}(14) + q^{(0)}(14) = 35.698 - 0.044 = 35.654(\text{百起})$$

或直接代入式(9-51)中计算：

$$\hat{x}^{(1)}(13) = 89.9371\mathrm{e}^{0.1012\times13} - 78.6571 + 5.0242 \times [\mathrm{e}^{-0.2927\times(13-1)} - \mathrm{e}^{-0.2927\times(13-2)}] = 256.486$$
$$\hat{x}^{(1)}(14) = 89.9371\mathrm{e}^{0.1012\times14} - 78.6571 + 5.0242 \times [\mathrm{e}^{-0.2927\times(14-1)} - \mathrm{e}^{-0.2927\times(14-2)}] = 292.197$$

$$x = \hat{x}^{(0)}(14) = \hat{x}^{(1)}(14) - \hat{x}^{(1)}(13) = 292.197 - 256.486 = 35.711(\text{百起})$$

此外还有 BP 神经网络预测法、基于主成分分析的道路交通事故预测、基于聚类分析的道路交通事故预测等等。在定量预测中，预测模型的选择至关重要，选择正确的数学模型必须依据客观情况，通过调查、收集数据资料，观察和研究其固有的特征和内在规律，经过必要的抽象和简化，做出能反映实际问题本质的数量关系，并能分析和解决客观实际问题。针对道路交通事故的发生是随机过程的特点，道路交通事故的建模预测分析主要是应用数理统计分析方法，根据大量道路交通事故发生的现象，以及时间、地点、环境等相关因素进行归纳和总结，找出一定的规律性，预计和推测未来的发展情况和危害程度，以及判明影响的原因和因素。在道路交通事故的定量预测中，其数学模型的建立应遵守两条重要原则，一是连续性原则，二是类推原则。连续性原则是指事物的发展过程是按照一定规律进行的，在其发展过程中，这个规律自始至终不应受到破坏，未来的发展与过去和现在无本质的差别。类推的原则是指事物必须有某种结构，其变动是按照一定的规律进行的，也就是说，道路交通事故的发生宏观上表现为连贯性，未来的道路交通事故与过去和现在的道路交通事故本质上无区别，但其变动是有规律可循的。因此，根据其发生和变化的规律性，可以预测未来道路交通事故的发展情况和危害程度。

第 10 章

道路交通事故工程技术预防

10.1 车辆与交通安全

10.1.1 汽车的使用性能

1. 汽车的制动性能

汽车的制动性是指汽车在行驶中能强制地降低行驶速度以至停车，或在下坡时保持一定速度行驶的能力。制动是汽车主动安全操作措施中的最后手段，是将功能转化为其他形式能量的过程。汽车的制动是通过车上的制动装置来实现的。根据我国标准《机动车运行安全技术条件》(GB 7258—1997)(以下简称《技术条件》)的规定，汽车须装有两套彼此独立的制动装置，即驻车制动装置和行车制动装置。驻车制动装置用来在坡道上停车时，防止汽车自行移动；行车制动装置是汽车上的主要制动装置，用来在行车中减速，必要时停车。

汽车的动力性能越好，其制动性能越可靠。在车辆的安全检验和交通事故中，制动性是重要的检查与分析内容。

(1) 汽车制动的基本原理

制动时车轮的受力状况如图 10-1 所示。图中 M_u 为制动器产生的摩擦力矩，F_p 为车轴对车轮的推力，Z 为地面对车轮的法向反作用力，G 为车轮上的垂直载荷，r 为车轮半径，F 为地面对车轮的切向反作用力，即地面制动力。轮胎周缘克服制动器摩擦力矩所需要的力称为制动器制动力，以 F_u 表示，显然有 $F_u = M_u/r$。可知，制动器制动力由制动器结构参数和车轮半径决定；一般它与制动踏板力，即制动系液压或空气压力成正比。制动时，车轮的运动有滚动和抱死拖滑两种状态。踏板力较小时，制动器

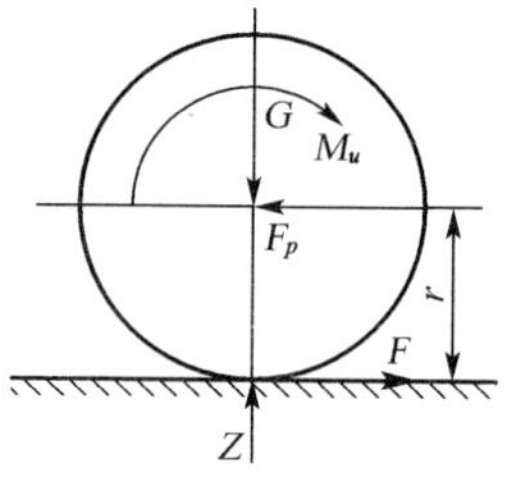

图 10-1 汽车制动时车轮的受力情况

摩擦力矩不大，地面制动力足以克服制动器摩擦力矩而使车轮滚动。此时，地面制动力等于制动器制动力，而且随踏板力的增长而增长。但地面制动力受轮胎与地面之间的附着力 F_φ 的限制，即：

$$F \leqslant F_\varphi = Z \cdot \varphi = G \cdot \varphi \tag{10-1}$$

最大地面制动力：

$$F_{\max} = G \cdot \varphi \tag{10-2}$$

式中：φ——轮胎与路面的附着系数，主要取决于路面和轮胎状况。

由此可知地面制动力最大不能超过附着力，否则，车轮将拖滑，故此时要提高地面制动力，只能提高附着系数。

(2) 路面的附着系数

大量试验证明，一个弹性轮胎在硬路面上滚动时制动，其摩擦系数不是理论上的在纯滚动状态下达到最高值，而是在部分滑动时才达到最高值，如图 10-2 所示，引用滑转率 ε 来代表滑移与滚动的百分比。

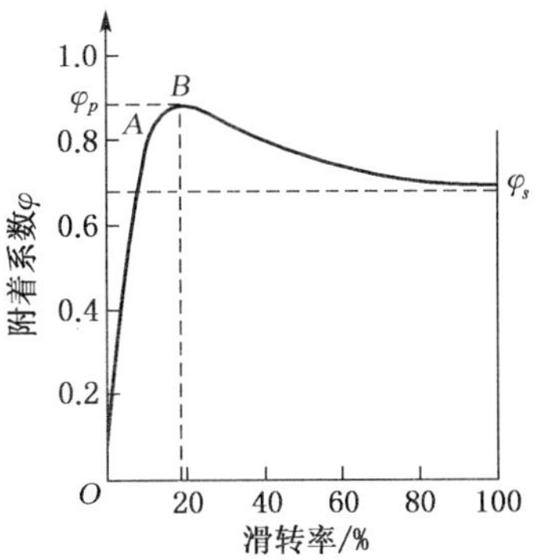

图 10-2　附着系数和滑转率关系

$$\varepsilon = \frac{v - r \cdot \omega}{v} \times 100\% \tag{10-3}$$

式中：v——车轮平移的线速度；

ω——车轮滚动的角速度。

制动时，OA 段 $F < F_\varphi$，车轮近似作单纯滚动，很少发生纵向滑移。到达 A 点后，轮胎与地面产生局部滑移，车轮处于边滚边滑状态。到达 B 点时，纵向附着系数达到最大值 φ_p，称为峰值附着系数。它一般出现在滑转率 ε 为 15%～20%时，随着制动强度的增加，滑动成分的比例越来越大最后车轮被制动器抱住，在路面上作完全拖滑，此时 $\omega = 0$，$\varepsilon = 100\%$。滑转率为 100%的附着系数值为滑动附着系数 φ_s 在干燥路面上 φ_s 与 φ_p 的差值很小，而在潮湿路面上差值很大。

由分析结果可知，地面制动力 F 可以在瞬间达到最大，即 $F = G \cdot \varphi_p$。但是，这个极不稳定状态的制动过程很难用驾驶员的脚去控制，因为在紧急制动时，车轮制动力在瞬间就过渡到车轮全滑移的阶段，即地面制动力瞬间就达到 $F = G \cdot \varphi_s$，而几乎在保持不变的情况下到汽车停止为止。为了简化计算，通常确定地面制动力的最大值受轮胎与地面间的附着力限制，即用 $F_{\max} = G \cdot \varphi$ 来表示，其中 φ 值可以

近似用 φ_s 来代替。

附着系数的数值主要决定于道路材料、路面的状况、轮胎结构、轮胎材料、胎面花纹、汽车运行速度和轮胎滑动率等因素。表 10-1 列出了路面影响附着系数的有关数据。

表 10-1　各种路面上的平均附着系数

路面情况	纵向附着系数的 φ_p	滑动附着系数的 φ_s
沥青或混凝土(干)	0.8～0.9	0.75
沥青(湿)	0.5～0.7	0.45～0.6
混凝土(湿)	0.8	0.7
碎石	0.6	0.55
土路(干)	0.68	0.65
土路(湿)	0.55	0.4～0.5
冰	0.1	0.07

在潮湿路面,水起润滑作用,将显著降低附着系数。为了穿透水膜,让路面与轮胎直接接触,路面的微观结构应是粗糙的。同时,为能迅速排水,胎面都设计沟槽,以提高抓地能力,改善轮胎在潮湿路面的附着性能。显然,轮胎胎面花纹的磨损,使汽车在潮湿路面的附着力显著下降。

路面的洁净度、细砂、尘土、油污等会显著降低附着力。试验表明,车速越高,附着系数越低,这也增加了高速时的制动困难。增大轮胎与地面的接触面积能提高附着系数,因此,低气压、宽断面和子午线轮胎的附着系数要较一般的轮胎大。

(3) 汽车的制动过程

一般汽车上装有液压式或气压式的行车制动装置。需要制动时,驾驶员用右脚踏下制动踏板,通过液压或气压机构的作用使制动器动作,利用制动器内部的摩擦和车轮与路面间的摩擦消耗汽车的动能,达到减速或停车的目的。

汽车的制动过程如图 10-3 所示,图中 t_1 为驾驶员反应时间,即驾驶员发现危险情况后至开始出现反应动作将右脚移动到制动踏板上所需要的时间;t_2 为开始踏下踏板到汽车上出现制动力所经过的时间(制动滞后时间);t_3 为制动力增长时间;t_4 为制动力达到最大值以后的持续制动时间;t_5 为停车后到制动解除所需要的制动放松时间。

由于驾驶员的操作方法以及汽车制动装置结构的差异,上述各段时间的长短也各不相同,但一般来讲,驾驶员反应时间 t_1 为 0.3～1.0 s。反应时间长短与驾驶经验、熟练程度和疲劳情况有关。

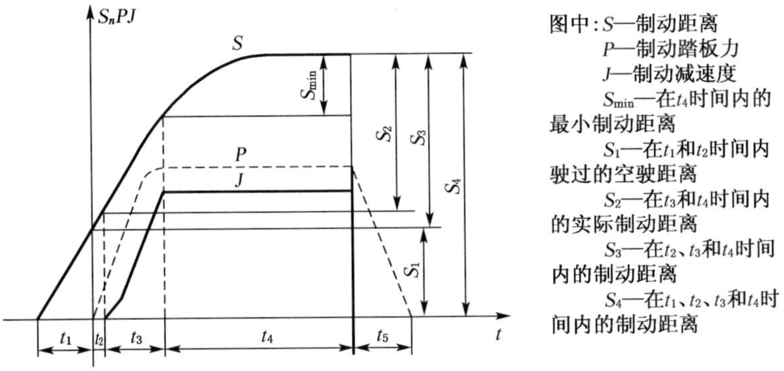

图 10-3　汽车的制动过程

制动滞后时间 t_2 依据《汽车制动规范》(ZBT 24007—96)的要求，气压制动系不能超过 0.6 s，液压制动系不能超过 0.3 s。

制动力增长时间 t_3 从开始产生制动力至达到某一稳定值所经历的时间段。试验表明，此段时间气压制动系为 0.4～0.9 s，液压制动系为 0.15～0.2 s。

在持续制动时间 t_4 中，车轮呈拖滑状态，其减速度基本保持不变。

制动放松时间 t_5 是放松制动踏板至制动力消失的时间，此时减速度为零。制动放松时间影响汽车操纵稳定性，因此规定 t_5 不得超过 0.3 s。

由图 10-3 可以看出，驾驶员在采取制动的整个过程中，发生人的反应滞后和机械动作滞后。前者为从紧急情况发生时起，驾驶员意识判断到进行操作引起的时间滞后，后者为消除制动踏板空行程并踏满最大行程至制动力发生制动作用所形成的时间滞后。

制动全过程包括驾驶员看到信号后做出行动反应、制动系协调、持续制动和制动彻底放松四个阶段。其中制动系协调时间包括制动滞后和制动力增长时间。一般制动距离是指从驾驶员踩到制动踏板开始到汽车停住为止所驶过的距离，它包括制动系协调和持续制动两个阶段中行驶的距离。

(4) 影响汽车制动的因素

① 制动时的轴荷分配

制动时，由于重心前移，前轴负荷增加，后轴负荷减少。前已述及，目前一般汽车前后轮 F_p 之比为一常数。因此，对于给定载重量和重心位置不偏移的汽车，也只能在某一种路面上使前后轮同时抱死拖滑，即同时使制动器制动力 $F_p = F$，而在其他路面上，不是前轮先抱死拖滑，就是后轮先抱死拖滑。

② 车轮制动器

车轮制动器的材料、结构形式和制造精度及调整等，对制动性均有影响。

③ 制动初速度

制动初速度越大，制动距离就越长。同时，制动初速度越大，通过制动器转化产生的热能越大，温度越高，对摩擦片材料的热衰退影响越严重，摩擦系数下降越大，轮胎与路面之间的温度也越高，因而使制动距离加长。

④ 道路附着系数

附着系数 φ 值限制了最大制动力，制动距离随着 φ 值变化而成反比变化。

⑤ 汽车的装载

汽车装载的变化，将改变汽车重心位置而导致汽车的制动性能发生变化。实践证明，对载重量 3 t 的汽车，如果超载 1 t，制动距离要增大 0.5～1.0 m。

⑥ 驾驶技术

驾驶员的驾驶熟练程度、反应的快慢程度，对汽车的制动距离影响也很大。实践表明，许多事故是由于驾驶员的反应太慢造成的。经验证明，在 φ 值较低的滑溜路面，为防止车轮抱死而导致制动效果变坏，在制动时迅速交替地踏下和放松制动踏板，可提高制动效果。

(5) 汽车制动的评价指标

汽车的行车制动能力评价指标包括：制动效能、制动时的方向稳定性及制动效能的恒定性。

① 制动效能

制动效能是指汽车迅速降低行驶速度直至停车的能力，用制动减速度、制动距离、制动力和制动系协调时间来评价。

制动减速度：制动减速度反映了作用在汽车上的制动力的大小，与制动器制动力及附着力有关。

当车辆在平坦、干燥、坚硬的路面上制动时，由于制动时的初速度不高或初速度虽高但速度下降迅速，故空气阻力、坡度阻力的影响可略去不计。根据汽车的运动方程，当制动器制动力没有达到附着力 F_φ 时，最大制动减速度为：

$$j_{\max} = \frac{F_u + m \cdot g \cdot f}{\delta \cdot m} \tag{10-4}$$

式中：F_u——制动器制动力；

m——汽车总质量；

g——重力加速度；

f——滚动阻力系数；

δ——汽车旋转质量换算系数。

制动器制动力比附着力大，但车轮未抱死，则滚动压印制动时的最大制动减速度为：

$$j_{\max}=\frac{m\cdot g\cdot\varphi_p+m\cdot g\cdot f}{\delta\cdot m}=\frac{\varphi_p+f}{\delta}\cdot g \tag{10-5}$$

式中：φ_p——峰值附着系数，即纵向附着系数最大值。

车轮抱死滑移时 $\delta=1, f=0$，最大制动减速度为：

$$j_{\max}=\varphi_s\cdot g \tag{10-6}$$

式中：φ_s——滑动附着系数。

比较以上两种制动状态。假设 $\delta=1.05$ 的沥青路面，$\varphi_p=0.8\sim0.9$，$\varphi_s=0.7\sim0.8$，代入以上两式得：$j_{\max}=7.47\sim8.40\ \mathrm{m/s^2}$（滚动压印）；$j_{\max}=6.86\sim7.84\ \mathrm{m/s^2}$（抱死滑移），可以看出滚动压印制动效果优于抱死滑移的制动效果。

表10-2为不同类型汽车在铺装良好的路面上制动时，最大制动减速度的参考值。

表10-2　各种车辆的最大制动减速度

车辆类型	制动减速度($\mathrm{m/s^2}$)
小型汽车	7.4
中型汽车	6.2
大型汽车	5.5

注：此数据引自《中华人民共和国机动车制动检验规范》。

汽车、汽车列车和无轨电车在规定的初速度下急踩制动时充分发挥的平均减速度和制动稳定性应符合表10-3的要求。

表10-3　制动减速度和制动稳定性要求

车辆类型	制动初速度(km/h)	满载检验充分发挥的平均减速度($\mathrm{m/s^2}$)	空载检验充分发挥的平均减速度($\mathrm{m/s^2}$)	制动稳定性要求车辆任何部位不得超出的试车道宽度(m)
座位数≤9的载客汽车	50	≥5.9	≥6.2	2.5
其他总质量≤4.5 t的汽车	50	≥5.4	≥5.8	2.5
其他汽车、汽车列车、无轨电车	30	≥5.0	≥5.4	3.0

注：对3.5 t＜总质量≤4.5 t的汽车实验车道宽度为3 m。

在实际使用时，过大的制动减速度不仅要增加燃油消耗和轮胎磨损，而且还会使乘客不舒适或货物在车厢内碰撞。因此，一般情况下不应使制动速度超过$1.5\sim2.5\ \mathrm{m/s^2}$的范围，只有在紧急情况下，制动减速度才能超过$4.0\ \mathrm{m/s^2}$。

制动距离：制动距离与制动踏板力有关，能直观地反映出汽车的制动性能，是常用的检验指标。法规中规定的汽车的制动距离 S，是指从驾驶员右脚开始踏制动板起到制动停止为止汽车所驶过的距离，它包括制动器起作用时间和持续制动两个阶段中汽车驶过的距离 S_2、S_3，即图 5-3 中时间 t_2、t_3 与 t_4 内汽车驶过的距离 S。

汽车的制动距离和制动初速度的关系可推导如下：

在制动器起作用 t_2 时间内，汽车驶过的距离为 S_2。由图 5-3 可知，在 t_2 时间内，汽车尚未出现制动力，汽车仍以原速度 U_0 向前行驶，所以 L_2 为：

$$L_2 = U_0 \cdot t_2 \tag{10-7}$$

式中：U_0——汽车制动初速度(m/s)。

t_3 是制动力增长的时间，设在此时间内，制动力按直线规律增长，则可求得在 t_3 时间内，汽车驶过的距离 L_3 为：

$$L_3 = U_0 t_3 - \frac{1}{6} j_{\max} t_3^2 \tag{10-8}$$

式中：$j_{\max}$——汽车最大制动减速度(m/s²)。

$$S_2 = L_2 + L_3 = U_0 t_2 + U_0 t_3 - \frac{1}{6} j_{\max} t_3^2 \tag{10-9}$$

t_4 是制动力达到最大后的持续制动时间。在 t_4 时间内，可近似认为最大制动力保持不变，即汽车作匀减速运动，在此时间内汽车驶过的距离可求得为：

$$S_3 = \frac{U_0^2}{2j_{\max}} - \frac{U_0 t_3}{2} + \frac{j_{\max} t_3^2}{8} \tag{10-10}$$

式中各符号意义同前。

由上述可知，汽车的制动距离 S 为：

$$S = S_2 + S_3 \tag{10-11}$$

$$S = \left(t_2 + \frac{1}{2} t_3\right) U_0 + \frac{U_0^2}{2j_{\max}} - \frac{j_{\max} t_3^2}{24} \tag{10-12}$$

因为 t_3 很小，故略去高阶微量，且车速的单位为 km/h，可得汽车的制动距离 S 与制动初速度的关系为：

$$S \approx \frac{1}{3.6}\left(t_2 + \frac{1}{2} t_3\right) V_0 + \frac{V_0^2}{25.92 j_{\max}} \tag{10-13}$$

式中：V_0——汽车制动初速度(km/h)。

从以上公式可以看出，决定汽车制动距离的主要原因是：制动器起作用时间、附着力（或制动器最大制动力）、制动的起始车速。制动距离和制动稳定性检验标准，见表10-4。

表10-4 制动距离和制动稳定性要求

车辆类型	制动初速度（km/h）	满载检验制动距离要求（m）	空载检验制动距离要求（m）	制动稳定性要求车辆任何部位不得超出的试车道宽度（m）
座位数≤9的载客汽车	50	≤20	≤19	2.5
其他总质量≤4.5 t的汽车	50	≤22	≤21	2.5
其他汽车、汽车列车、无轨电车	30	≤10	≤9	3.0
四轮农用运输车	30	≤9	≤8	2.5
三轮农用运输车	20	≤5	≤4.5	2.3
两轮摩托车	30	≤7		—
边三轮摩托车	30	≤8		2.5
正三轮摩托车	30	≤7.5		2.3
轻便摩托车	20	≤4		—
轮式拖拉机车组	20	≤6.5	≤6.0	3.0

注：对3.5 t＜总质量≤4.5 t的汽车实验车道宽度为3 m。

制动力及制动系协调时间：汽车制动器产生的制动力的大小与汽车制动距离有关系，它不但表明汽车的减速度，还反映出各车轮的制动力及其分配情况，因而可用来评价汽车的制动性能。检验制动器的制动力需要使用专用的制动试验台。除制动力大小以外，左右轮制动力的差别也影响汽车制动性能。一般要求前、后轴左右轮制动力之差分别不大于该轴载荷的5%和8%。表10-5为车辆在不同状态时的制动力检验标准。

表10-5 制动力检验标准

检验项目 \ 检验要求 \ 车辆状态	空载	满载
制动力总和占整车质量的百分比（%）	≥60	≥50
主要承载轴的制动力占该轴轴荷的百分比（%）	≥60	≥50

在紧急制动时，从踏板开始动作至汽车减速度达到稳定减速度，或制动器的制动力达到规定值所经过的时间称为制动系协调时间。由图 10-3 可知，制动系协调时间可视为踏下踏板至出现制动力经过的时间 t_2 与制动增长时间 t_3 之和。如果忽略驾驶员踏制动踏板快慢的差别，则制动系协调时间主要取决于汽车制动系统的结构和技术状况。为保证汽车的行驶安全，希望制动系协调时间越短越好。表 10-6 为不同车型的制动系协调时间。

表 10-6　制动系协调时间的规定

车辆类型	制动系协调时间(s)
总质量≤4.5 t	≤0.33
5 t≤总质量≤12 t	≤0.45
总质量>12 t	≤0.56

② 制动时的方向稳定性

汽车制动时的方向稳定性也是影响交通安全的重要因素，在制动过程中有时会出现制动跑偏、后轴侧滑或前轮失去转向能力，使汽车失去控制而偏离原来的行驶方向，甚至发生危险。一般汽车在制动过程中维持直线行驶或按预定弯道行驶的能力，称为制动时汽车的方向稳定性，常用制动时汽车按给定轨迹行驶的能力来评价。如果汽车在制动过程中不能维持原来的行驶方向，甚至失去操纵，则极易引起交通事故。

制动跑偏：制动跑偏是指汽车在制动过程中，自行向左或向右偏驶。引起制动跑偏的原因如下：汽车左右车轮特别是转向轴左右轮制动器制动力不相等；前轮定位失准、车架偏斜、装载不合理或受路面的影响；制动时悬架导向杆系与转向系拉杆在运动学上不协调。其中，前两条原因是制造、调整的误差或使用不当造成的。汽车究竟向左还是向右跑偏，要根据具体情况而定，因此是非系统性的。第三个原因是设计造成的，制动时总向一个方向跑偏，因此是系统性的。导致制动跑偏的三个因素，也会造成汽车行驶跑偏。

在设计时，应充分考虑不对称汽车的部件的布置关系。如燃油箱、工具箱、电瓶、转向机、备胎、储气筒等的位置，应尽量使这些部件的质量对称于汽车纵向中心平面。此外，也应考虑发动机的倾斜位置对制动跑偏的影响。

制动侧滑：是指汽车制动时，某一轴的车轮或两轴车轮同时发生横向滑动的现象。据一些国家的统计资料表明，发生人身伤害的交通事故中，潮湿路面上约有 1/3 与侧滑有关；在冰雪路面上有 70%～80%与侧滑有关，根据对侧滑事故的分析，发现有 50%是由制动引起的。

影响制动侧滑的因素有：路面附着系数；车轮抱死及抱死顺序；制动初速度；荷

载及荷载转移；侧向力源。

汽车在附着系数小的路面上制动时，很容易发生侧滑，侧滑是由于轮胎的侧后附着力不能控制车辆的侧向运动造成的。由于车轮抱死后在路面上拖滑时，承受侧向力的能力下降，在某些侧向外力的作用下，便会发生制动侧滑。

经过许多试验，目前已经认识到在较高车速下或滑溜路面上制动时，若后轴车轮比前轴先抱死，就可能发生危险的后轴侧滑，即使制动器技术状况完好的汽车也难以避免。在一般道路上车速不高时，制动侧滑并不明显。制动侧滑问题只有通过改进汽车制动系统的结构设计才能彻底解决。

③ 制动效能的恒定性

制功效能是指汽车在制动过程中，制动器的抗热衰退能力和水湿恢复能力。

制动效能的热衰退：由于汽车高速制动，连续下坡以及短时间内的反复制动，引起制动器温度升高，制动器摩擦力矩显著下降，这种现象称为制动器的热衰退现象。制动效能的恒定性主要指制动器的抗热衰性能。

制动器的热衰退与制动器摩擦副材料和制动器结构形式有关。为了减少热衰退现象，可采取以下措施：增大摩擦片面积，加大制动鼓或制动盘的热容量；提高制动器热冷却能力；利用其他机构吸收一部分能量；尽量使摩擦片温度特性曲线保持平稳；高速车辆应选用自行加力作用较小的盘式制动器。

制动效能的水衰退：制动的水衰退是由于制动器摩擦片表面浸水后水的润滑作用，降低制动器摩擦片的摩擦系数，而使制动器效能暂时下降的现象。

浸水衰退后制动性能的恢复试验可在干燥平坦的路面上进行。首先在车辆满载和连接发动机的条件下，以最大车速的30%为制动初速度，以0.3 m/s^2的减速度重新进行3次制动，记录踏板力或管路压力，作为基准，然后浸水2 min，进行恢复试验。在标准踏板力或管路压力的条件下，制动15次，制动周期为60 s，要求第15次踏板力与基准踏板力之差不大于10%。

2. 汽车操纵的稳定性

汽车操纵稳定性包括“操纵性”和“稳定性”两方面内容。操纵性是指汽车能够确切地响应驾驶员指令的能力；稳定性是指汽车受到外力扰动后恢复原来运动状态的能力。汽车的操纵性和稳定性两者密切相关，相互影响，它是汽车基本运动性能之一。操纵稳定性不好的汽车一般有“发飘”、“反应迟钝”、“丧失路感”、“失去控制”等现象。操纵稳定性不好的汽车使驾驶员难于控制，严重时还可能发生翻倾或侧滑而造成交通事故。因此，应深入了解影响操纵稳定性的因素，提高汽车的操纵稳定性，确保行车安全。

(1) 汽车的稳定性

① 纵向稳定性

汽车的纵向稳定性是指上(或下)坡时,汽车抵抗绕后(或前)轴翻车的能力。

随着运动状态的改变,当汽车前轮的法向反作用力变为零时,前轮的偏转不能确定汽车的起动方向而造成操纵失灵;当后轮的法向反作用力为零时,对于后轴驱动的汽车,将失去行驶能力。上述两种情况都会使汽车的稳定性受到破坏。

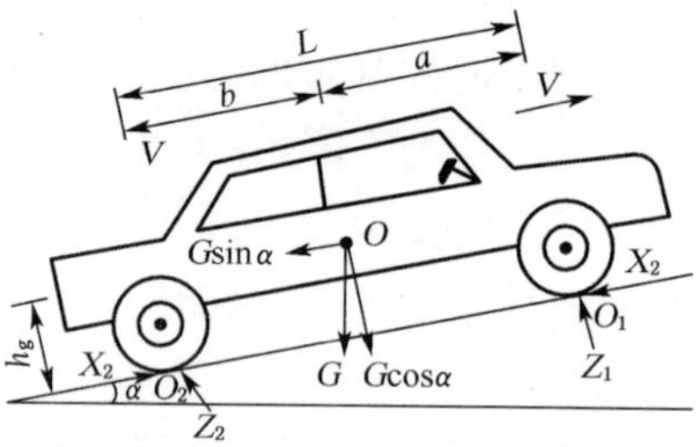

图 10-4　汽车匀速上坡受力图

汽车上下坡时的翻车条件:汽车匀速上坡时(其受力情况见图 10-4),当前轮的法向反作用力 $Z_1=0$ 时,汽车将失去稳定性,而绕后轴翻转。显然此时:

$$G\cos\alpha \cdot b = G\sin\alpha \cdot h_g$$

故有

$$\tan\alpha_{\max} = \frac{b}{h_g} \tag{10-13}$$

式中:$\alpha_{\max}$——翻转的临界坡度角。

从上式可以看出:当道路的坡度角 α 大于 $\alpha_{\max}$ 时,汽车就要在上坡时绕后轴翻车;汽车的重心越低(h_g 越小),重心到后轴的距离 b 越大,汽车的纵向稳定性就越好,汽车就可以爬上更陡的坡。

当汽车下坡时,汽车后轮的法向反作用力 $Z_2=0$ 时,汽车将失去稳定性,而绕前轴翻车。同理可得

$$\tan\alpha_{\max} = \frac{a}{h_g} \tag{10-14}$$

从此式可以看出:当道路的坡度角 α 大于 $\alpha_{\max}$ 时,汽车就要在下坡时绕前轴翻车;汽车的重心越低(h_g 越小),重心到前轴的距离 a 越大,汽车在下坡时的纵向稳定性就越好。当汽车下坡使用紧急制动时,由于重量转移,使重心前移,a 变小,所以容易翻车(尤其是汽车装载高重心的物体时)。

汽车纵向稳定条件:对于后轮驱动的汽车,驱动轮产生滑移的临界条件是平行于路面的分力等于附着力,即

$$G\sin\alpha_{\varphi\max} = G\cos\alpha_{\varphi\max} \cdot \varphi$$

式中:$\alpha_{\varphi\max}$——驱动轮滑转的临界坡度角。

故有

$$\mathrm{tg}\alpha_{\varphi\max} = \varphi \tag{10-15}$$

为保证行驶安全，应使驱动滑转发生在汽车纵向翻车之前，即应使翻车转角大于滑转角：

$$\tan\alpha_{\max} > \tan\alpha_{\varphi\max}$$

即

$$\frac{b}{h_g} > \varphi \qquad (10\text{-}16)$$

上式中$\frac{b}{h_g}$为后驱动和全驱动汽车的纵向稳定系数。前轮驱动的汽车，由于$L > 0$，所以这种类型的汽车有较好的行驶稳定性。

从以上分析可知：一般汽车的$\frac{b}{h_g}$值应大于路面的附着系数φ，从而使滑转发生在翻车之前。一般汽车均能满足此要求，故纵向稳定性较好；越野汽车由于轴距短，重心高，胎面与路面的附着系数较高，因此这种汽车的纵向稳定性较差。

② 横向稳定性

汽车的横向稳定性是指汽车抵抗侧翻和侧滑的能力。

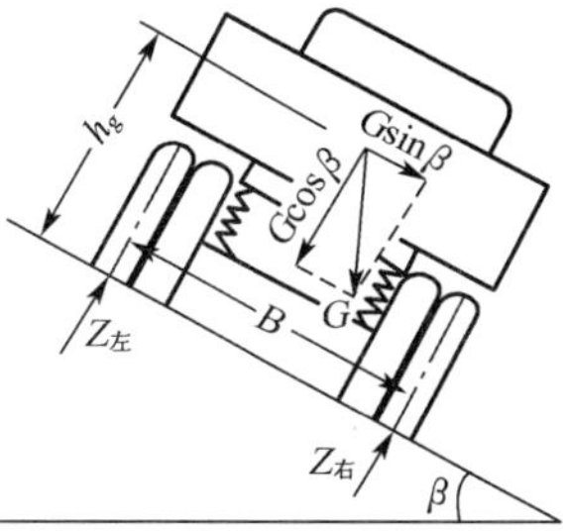

图 10-5　汽车在横向坡道上匀速直线行驶受力图

汽车在横向坡道上直线行驶：汽车在横向坡道上直线行驶时，其受力情况见图 10-5。当坡度角β增大到重力通过右侧车轮中心，而左侧车轮的法向反作用力等于零时，则车辆发生侧翻。显然此时：

$$Gh_g\sin\beta = G\frac{B}{2}\cos\beta$$

$$\tan\beta = \frac{B}{2h_g} \qquad (10\text{-}17)$$

β为汽车不发生侧翻的极限角，所以为了防止侧翻，汽车的重心应低，轮距应宽。

设在横向坡度角为β'时，可能发生侧滑，此时：

$$G\varphi_{侧}\cos\beta' = G\sin\beta'$$

$$\tan\beta' = \varphi_{侧} \qquad (10\text{-}18)$$

式中：$\varphi_{侧}$——轮胎同地面的侧向附着系数。

为保证安全，一般认为，与其发生侧翻，不如发生侧滑，即希望

$$\tan\beta > \tan\beta'$$

即

$$\frac{B}{2h_g} > \varphi_{侧} \tag{10-19}$$

汽车在水平路面上曲线行驶：汽车的侧翻和侧滑也可能发生在水平路面上的曲线行驶中。

侧翻条件：当汽车在水平路面上作曲线行驶时，作用在汽车上的力如图 10-6。

设曲率半径为 R，则作用在汽车重心上的离心力 F_c 为

$$F_c = \frac{GV^2}{gR} \tag{10-20}$$

离心力对外侧车轮接地中心的力矩为汽车的侧翻力矩，而重力对外侧车轮接地中心的力矩为汽车的稳定力矩。

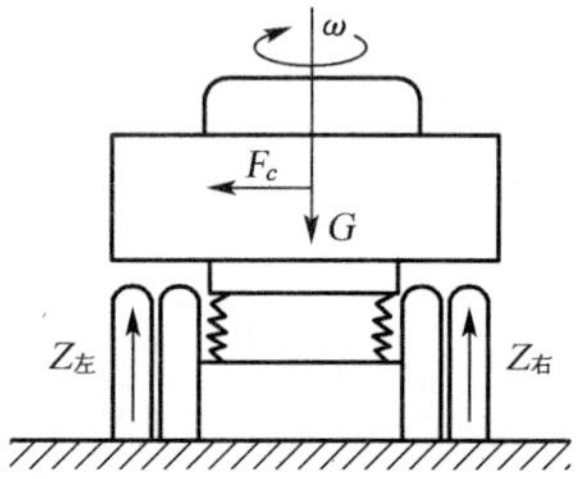

图 10-6　汽车在水平路面上作曲线运动受力图

侧翻时，离心力矩大于重力矩，即

$$\frac{GV^2}{gR}h_g \geqslant G\frac{B}{2}$$

由此可得汽车在水平路面上曲线行驶时不发生侧翻的最高车速为：

$$V_{\max} = \sqrt{\frac{BgR}{2h_g}} \tag{10-21}$$

从上式可以看出：汽车行驶时，降低车速，加大转弯半径是防止侧向翻车的主要措施；装载时应注意降低重心高度，并捆绑牢固。值得提出的是某些客车及以货代客或装运牲口的汽车，其重心较高，在离心力较大的情况下，乘客或牲口会不自觉地向外倾斜，而容易造成重心偏移，发生侧翻。

侧滑条件：汽车在水平路面上作曲线运动时，发生侧滑的临界条件是

$$F_c = G\varphi_{侧}$$

即

$$\frac{GV^2}{gR} = G\varphi_{侧}$$

故不发生侧滑的临界车速为

$$V_{\varphi\max} = \sqrt{\varphi_{侧}\, gR} \tag{10-22}$$

为了使侧滑发生在侧翻之前，则要求

$$V_{\varphi\max} < V_{\max}, 即 \sqrt{\varphi_{侧} gR} < \sqrt{\frac{BgR}{2h_g}}$$

即
$$\varphi < \frac{B}{2h_g} \tag{10-23}$$

$\frac{B}{2h_g}$为汽车的横向稳定系数，它取决于轮距 B 和重心高度 h_g。B 越大，h_g 越小，汽车稳定性越好。为了利用重力平衡于路面的侧向分力来抗衡汽车曲线运动时的离心力，在公路弯道处常筑成一定的横向坡度，从而提高汽车在曲线运动时的稳定性和平衡车速。

(2) 影响汽车操纵稳定性的主要因素

影响汽车操纵稳定性的因素很多，除汽车本身结构参数，如汽车的轴距、轮距、重心位置、质量分配、轮胎的特性以及悬架导向装置等设计与结构因素的影响外，还有地面不平、纵向和横向的坡度、左右车轮附着差异、横向风、弯道离心力以及驾驶员操纵技能等使用因素的影响。如果驾驶员反应快、技术熟练、动作敏捷、体力好就能及时准确地采取措施，从而使汽车的运动状态趋于稳定；反之，如果驾驶员的反应迟钝、判断错误，就可能导致稳定性的破坏、操纵性的丧失。

影响汽车操纵稳定性的因素，归纳起来主要有以下几个方面：

① 轮胎侧偏

汽车轮胎的前进方向并非永远沿着车轮本身的旋转平面，而可能与旋转平面成一侧偏角。轮胎侧偏会改变汽车的既定行驶路线，产生一个不由驾驶员控制的附加转向输入，从而影响汽车的操纵稳定性。

② 转向悬架系统的弹性

在汽车转弯时路面横向反力的作用下，由于悬架系统的弹性，使车轮会发生附加变形。这种变形往往构成相应车轮附加转向角，影响有效转向输入。

③ 侧倾转向效应

汽车转弯时车身产生侧倾，由于悬架系统与转向系统的导向运动特性关系，车身的侧倾可能造成车轮或整个车轴在水平面内转动，成为可能改变有效转向输入的附加输入。

④ 车轮侧倾效应

对于独立悬架汽车车身侧倾会引起车轮的侧倾，而车轮侧倾会造成轮胎侧偏角的变化。

⑤ 空气动力影响

这种影响是通过高速行驶状态下空气对汽车的三个方向的力和三个方向的力矩表现出来，一方面它直接影响前后车轮的横向力，从而影响相应的侧偏角；另外，空气对汽车的升力影响前后车轮的垂直负荷，通过改变轮胎侧偏刚度而间接影响侧偏角。

汽车操纵稳定性有多种表现形式及相应的试验评价方法。不同的影响因素对操纵稳定性能具体项目的影响也不同，往往是相互作用，有时同一影响因素的变化对不同操纵稳定性的作用效果可能相反。在实际工作中，应针对出现的问题进行具体分析。

(3) 提高操纵稳定性的主要因素

① 动力转向

随着车速的提高、长途运输车载重量的增加以及驾驶员操纵舒适程度要求的提高，对转向轻便性的要求也越来越高。由于操纵转向盘既要做到动作灵活、轻便，还要有适当的路感，特别是低速转弯或紧急避让时能按驾驶员的意愿正确运行。其解决措施一是靠转向器结构、形式来改善原有性能；二是借助动力转向机构。

② 自适应感应器

汽车正常行驶中，当侧向风或路面不平产生的外力使车辆偏离行驶路线时，检测仪器自动检测偏移量，使执行机构动作，带动转向联动机构自动进行方向修正，以保持汽车原行驶路线。

③ 警报信号与控制系统

为了使车辆正常行驶，设计了许多警报控制系统，以提醒驾驶员注意操纵车辆或利用自动调节装置限制或修正车辆的运行状态。如在车辆的信号装置中设置车辆超速警告灯或设警示区域来提醒驾驶员；在某种发动机上设置一个速度控制开关，当车速超过限制时，停止供油；一些科研机构研制出车间距控制系统，使用微波雷达测量车距，对危险状态发出警告。

④ 四轮转向系统

四轮转向系统是由前后轮两套转向器组成，二者由中间轴连接，由前轮转向角与车速或前轮转向力与车速作为后轮转向的控制信号。

⑤ 制动转向控制系统

减少事故率及其损失的方法中，制动加转向回避的效果要比单纯制动回避、单纯打转向回避好得多。为此研制出汽车旋转稳定装置(VSC)，其原理就是在转弯的过程中，如车轮出现侧滑趋势，自动调整各轮的制动力，同时控制发动机输出功率，从而控制车辆旋转的可能性。

⑥ 驱动力自动调节系统

为了提高和改善车辆的转向性能，以及车辆在复杂路面上直线行驶的稳定性，美国、欧洲和日本等同家先后开发了不同形式的驱动力自动调节系统。其原理就是改变了普通车辆在任何运行情况下左右两侧驱动力都一样的情况，根据具体情况使内侧车轮驱动力向外侧车轮转移，从而产生转向力矩，同时使内外轮转速不一致。

10.1.2 汽车的安全防护措施

1. 预防事故发生的绝对措施

(1) 前照灯

前照灯安装在汽车的头部，所以又称头灯或前大灯。前照灯的作用是照亮汽车前方的道路，为安全快速行驶创造良好的照明条件。汽车前照灯灯泡的发光强度最大只有 50～60 cd，只能照亮汽车前 6 m 左右的地方。但经过反射镜的作用以后，就把灯泡的光线集合成平行光而射向远方，使发光强度增加几百倍，达到 12 000～15 000 cd。这样的光度下，能将汽车前 100～150 m 之内的道路照得足够清楚。为防止夜间会车时前照灯中的远光灯眩目，还必须设有近光灯，近光灯可照清车前 40 m 的道路，远、近光灯有一个转换开关。《道路交通管理条例》中规定，夜间会车在没有路灯或照明不良的道路上，须距对面来车 150 m 以外互闭远光灯，改用近光灯。

前照灯的作用除了照明以外，还有向其他车辆或行人等显示本车存在的作用。由于在很远以外即能发现前照灯灯光，其他车辆或行人便可以提前做好避让的准备。如果前照灯出现故障，例如左侧前照灯不亮，会被对面来车误以为是摩托车，在会车时，可能因未留下足够的间隙而发生正面相撞事故。

(2) 尾灯与制动灯

为防止追尾撞车事故，驾驶员必须及时把握前车行驶状态的变化，同时又要注意提醒后续车辆注意本车的存在和行驶状态。这些信息主要靠汽车的尾灯和制动灯来传递。从保证交通安全的角度来看，尾灯和制动灯要色彩鲜明，易于识别。也就是说，既能使后续车很快发现，又不至将尾灯与制动灯混淆。在正常情况下，后续车对前车制动灯点亮做出反应的时间约为 1 s 左右，但把制动灯误认为是尾灯然后再纠正过来，反应的时间将大大增加，因而容易发生追尾撞车事故。

(3) 挡风玻璃及后视镜

驾驶员靠挡风玻璃获得前方视野，对挡风玻璃的要求是上部应具备防眩目装置，下部要有足够的前方视野，同时应遮断多余的不必要的视觉情报，以减轻驾驶员的精神负担。

驾驶员靠后视镜获得车体两侧和后方视野。根据我国《机动车运行安全技术条件》的规定，大客车和大型平头货车，在左、右、前各装一面后视镜，其他汽车左右各装一面后视镜。

(4) 报警装置

车内各种警报装置用来向驾驶员报知本车的不安全信息,这对于保证安全行车是有积极意义的。国外生产的汽车大都装有各种音响的或者灯光的报警装置,如气压报警或制动液面报警、超速报警、车门未关严报警等。我国《机动车运行安全技术条件》中规定,1988 年底以后生产的车辆,必须设置危险报警闪光灯。

(5) 仪表

汽车上的仪表用来向驾驶员表示汽车的行驶状态和主要构件的工作状态,其中与交通安全有直接关系的有车速表和制动气压表。

在行驶过程中,外界情况复杂多变,驾驶员不可能在仪表读数上花太多的时间,这就要求仪表的设计与安装要便于读数,使驾驶员很方便地就能获取仪表的显示信息。

影响仪表读数效率的因素主要有仪表的布置、仪表的尺寸和数量、表盘形状、刻度间隔、指针形状、颜色、照明、表面玻璃的反光等。数字显示仪表的读数效率最高,仪表盘上刻度线的间隔大小对读数效率的影响也很大。一般来说,读数效率随刻度线间隔的增大而增大,在达到某一数值后,读数效率不再增加,甚至反而有所下降,当视角为 2.5°～5°时认读率最高。

2. 减轻事故损失的结构措施

(1) 减轻行人伤害的结构措施

在交通伤害事故中,汽车碰撞行人而使行人受到严重伤害的事故占有很大比例。汽车与行人相撞是个复杂的问题,相撞时行人的姿势、汽车与行人接触的部位等对伤害情况有很大影响。

① 汽车与行人发生碰撞的机理

根据使用模拟人和汽车相撞实验的结果来看,一般成人与汽车相撞后的情况如下:直立的成人行人,首先被前保险杠、接着被车身正面横向撞在下半身上,所以身体会倒向发动机罩;若碰撞速度很高,则会被继续抛向发动机罩,把头和上半身重重地摔在发动机罩上;之后,大多数情况下轿车会紧急制动,由此,行人的身体被抛向前方。但是,身高在 1.2 m 左右的儿童不会被抬起抛向发动机罩,而是被直接撞飞到前方;身高 1 m 以下的幼儿则会被撞倒,被汽车碾过的可能性较大。

汽车与行人相撞的过程中,行人将受到三次严重的碰撞。一次碰撞是汽车的保险杠撞击行人的腿部,发动机罩撞击行人的腰部。对于成年人,由于人体受到的冲击力作用在人体的重心以下,所以碰撞后人体围绕重心发生回转运动而被抛上发动机罩,并在其上滑动,头部将碰撞前挡风玻璃。在这个过程中,行人受到二次碰撞。最后,行人从发动机罩上落下,与路面三次碰撞或受到车轮的碾压。

② 减轻行人受伤程度的措施

为了减轻受害行人的受伤程度，在设计车身时，分别从以上三次碰撞方面采取相应的措施。

减轻一次碰撞伤害。为实现这一目的，多采用能量吸收式保险杠，它由保险杠外板、能量吸收体和骨架构成。低速碰撞时，它能够对行人起到保护作用，并能避免汽车重要部分的毁坏，从而减少维护费用。

减轻二次碰撞伤害。根据日本比绍公司的调查，用考虑伤害程度和频率的伤害重要度指标进行比较时，二次碰撞造成的头部伤害最大，见下表10-7，与风窗玻璃框架碰撞造成的后果最严重。因此，可在前挡风玻璃周围及发动机上部布置弹性材料来缓解对行人的伤害。

表10-7　伤害的重要程度

负伤部位	伤害的重要程度		
	车辆造成的伤害	路面造成的伤害	总的伤害
头部	40.7	12.3	53
颈部	0.7	0.2	0.9
胸部	7.3	4.0	11.3
上肢	3.4	1.3	4.7
腹部	0.3	0	0.3
腰椎	0.2	0.1	0.3
骨盆	1.7	0.4	2.1
下肢	25.5	1.9	27.4
合计	79.8	20.2	100

减轻三次碰撞造成的伤害。对第三次碰撞防护，一般在车前部设置防止行人摔到路面上的救护网等接收装置。除此以外，为防止自行车和行人被卷到汽车后轮下，我国《机动车运行安全技术条件》中规定全挂列车的牵引车和挂车之间应加设安全防护装置，在大型载重汽车前后轮之间要安装防护栅，以及在汽车拖带挂车时，在汽车与挂车之间也应该加装安全防护装置。

此外，在行人保护措施中，防止车外的突出物对行人造成伤害也是很重要的。在车身设计时尽量将门把手等装置设计成内凹式，采用具有缓冲机构的后视镜等措施，以利于减轻对行人的伤害。

(2) 减轻乘员伤害的结构措施

汽车是一个具有复杂结构的高速运动的物体，由于道路交通状况等诸多因素的影响，汽车发生碰撞时，其碰撞形式各有不同，主要有三种形式：正面碰撞、侧面碰撞以及后面碰撞，另外还有车碰行人与翻车等。发生车对车、车对固定物的碰撞，或翻车等事故时，车内乘员会受到很大伤害。

当汽车和固定物发生碰撞时，碰撞部位的车身会发生变形，汽车产生非常大的减速度，此时，车内乘员在惯性力的作用下，仍以原来的速度向前运动，最后撞在车内的结构物（如方向盘、仪表盘、挡风玻璃等）上。汽车撞在固定物上可以称为一次碰撞，乘员撞在车内结构物上称为二次碰撞。车内乘员的受伤害程度取决于二次碰撞的严重程度，二次碰撞的减速度越大，对车内乘员的伤害就越大。此外，在发生事故时，如果驾驶室变形较大，可能危及车内乘员的生存空间，而使乘员受到伤害。

因此，对于车内乘员的保护可以从两方面进行考虑，一是要有合理的车身结构，以保证车体在事故中产生变形后仍能够确保车内乘员的生存空间；二是要有性能良好的乘员约束装置，以减轻二次碰撞。

① 保护乘员生存空间的结构措施

提高驾驶室的抗变形强度：驾驶室坚固可靠是保证乘员生存空间的最直接、最有效的方法，特别是在发生侧面碰撞和翻车事故时，坚固的驾驶室是保证乘员安全的主要手段。为减少驾驶室在事故中的变形，保护车内成员有足够的生存空间，可提高窗框、门框、驾驶室前后壁顶棚、车门等处的变形强度。车身结构设计的基本思想是利用车身的前、后部有效地吸收碰撞能量，车室要坚固可靠，确保乘员的有效生存空间。

加强车身前部与后部吸收冲击的能力：汽车前部构件的碰撞能量主要依靠物件的弯曲变形和压溃变形来吸收。汽车前部如发动机、变速箱、差速器等质量较大，是不产生变形的部件，在发生碰撞时，并不吸收能量，从而车身的压溃变形量小，为防止这些部件侵入驾驶室，必须采取相应的措施使其向下转移。对于小客车，为了减少在碰撞时驾驶室受到的冲击，可加强车身前后吸收冲击的能力。

良好的能量吸收特性包括两方面的含义：一方面，汽车的前部构件要尽可能多地吸收撞击能量，使作用到乘员身上的力和加速度降低到规定范围以内；另一方面，控制受压各部件的变形形式，防止车轮、发动机、变速箱等构件侵入驾驶室。计算表明，当汽车以 80 km/h 的速度发生正面碰撞时，汽车前部如果能吸收全部碰撞能量的 70%，就可以保证车内乘员的安全。为了吸收冲击能量，对于承载式车身，可在车身前部加装吸收能量的杆件，对于非承载式车身，主要靠前部车架的特殊结构来吸收撞击能量。

车身后部被撞击的情况和前部被撞击的情况类似，只是车内乘员受到的冲击比较小。此外，由于车身后部无发动机、变速器等构件，碰撞时的冲击能量几乎全被车身后部的变形来吸收。车身后部的吸收冲击能量的结构方案与车前的基本相同。对于非承载式车身，可用车架后部的特殊结构来吸收能量；对于承载式车身来说，车身可以安装专门的吸能杆件。

侧面碰撞时车身变形空间小，所以侧面碰撞受伤的危险性比正面碰撞的危险性高得多。为了加强乘员保护，车门、门槛和立柱都要设计成刚性结构。通过将侧碰力有效地转移到具有保护作用的梁、柱、地板、车顶及其他部件，使冲击力被这些部件分散、吸收，从而极大限度地把可能造成的损害降低到最小程度。

防止车内因碰撞而发生火灾的措施：在汽车发生碰撞以后，如果发生火灾，会造成极大的损失，同时对车内乘员的生命造成巨大的威胁。在实际事故中，因车内发生火灾而引起乘员的伤亡屡见不鲜。因此，如何防止汽车因碰撞而发生火灾也是汽车结构设计中应该考虑的重要问题。

汽车事故引起的火灾一般都是因燃料箱或油管被撞破，燃料流出后遇到火花而起火的。因此，防止火灾的主要措施首先是消除火源，保护好燃料和油管使其不受到撞击；其次是防止火灾蔓延和保证人员迅速撤出；第三是要注意采用隔燃材料。具体措施如下：

- 防止燃料泄露

燃油泄露是火灾发生的第一个环节，因此防止事故火灾最重要的就是防止燃料泄露，包括：

合理布置燃料箱位置。对于小客车来说，燃料箱最安全的位置是汽车后轴上方，因为可以受到左右两车轮的保护。对于载重汽车来说，因为在会车时会经常发生刮擦事故，并且我国汽车是靠右行驶的，为了减少汽车左侧刮擦而造成引起火灾的可能性，所以建议汽车燃料箱放在右侧。

设计加油口时应该注意撞车时的燃油泄露问题。

燃油管的布置也很重要，撞车时应该尽量使其不受损伤。

采取具有阻燃性能的超高分子量的聚乙烯塑料制作油箱，防止因撞车而发生的燃油箱爆炸。

- 使用性能良好的挡风玻璃

完好的挡风玻璃可以减缓火焰侵入驾驶室的速度，为营救工作争取宝贵的时间。

合理设计发动机罩的结构，在发生碰撞事故的时候，减少发动机罩的变形，使其在中部发生弯折，而控制根部的变形，这样也可以减少挡风玻璃的破碎面积。

- 采用阻燃的内饰材料

发生火灾后，为了减缓火势的蔓延而使乘员有撤出的时间，车厢内部材料最好使用非易燃物。

此外，对于大型客车，要设置安全门。《机动车运行安全技术条件》中规定，车长大于 8 m 或乘员大于 40 人的客车，如果本身只有右侧一个供乘客上下的车门，应该设置有安全门或者安全出口。需用安全门时，不用其他器具即可将其向外推开。安全门(安全出口)上应有明显的红色标志，并有开启装置。同时，应备有便于取出的击碎出口玻璃的专用工具。这项规定1989年底以后生产的汽车必须执行。同时，汽车应该装备灭火器。

② 减轻乘员二次碰撞的结构措施

● 安全带

汽车座椅安全带是重要的保护约束设施之一，在减轻乘员碰撞事故中的伤害程度方面有着十分重要的作用。安全带具有安全可靠、价格低廉、安装简便等优点，而被国内外汽车厂商广为使用。我国汽车安全带的生产和使用比较晚，1989年国内部分厂商才开始试用安全带，但是发展得十分迅速，从1993年强制使用安全带条例开始实施以来，仅几年时间，我国就完成了从开发到汽车的普遍使用。

安全带是将乘员身体约束在座椅上的安全装置，用以避免车辆发生碰撞事故时，乘员身体冲出座椅而发生二次碰撞。事实证明，在碰撞事故中，安全带对于正面碰撞、追尾碰撞及翻车事故中的乘员保护效果较好，尤其可减少对乘员头部和胸部的伤害，具体参见表10-8。据国外的一项调查报告表明：未使用安全带时，在20 km/h的车速下发生的正面撞车事故即可引起驾驶员的死亡，而使用三点式安全带时，在95 km/h的车速下发生的交通事故，驾驶员死亡率也极低。

表10-8　小轿车各种碰撞类型中安全带的保护率

碰撞类型	在全部车祸中所占比例/%	安全带的保护率/%
正面碰撞	59	43
侧面撞击侧	14	27
侧面非撞击侧	9	39
后部撞击	5	49
翻滚	14	77

安全带可以分为两点式、三点式和全背带式安全带，其中，两点式只约束乘员的腰部，三点式同时约束腰部和身体上部，全背带式安全带虽然安全性能是最好的，但是由于其实用性还不够完善，目前多用于赛车。

安全带的种类较多，其主要组成部分一般由织带、带扣、卷收器和调节件组成。

织带：织带是构成安全带的主体，是由一种化学纤维编制而成的带子，有足够的机械强度及适当的延伸率。织带直接与乘员身体接触，带宽一般为48 mm左右，厚度约1.1～1.2 mm。

带扣：用以结合或脱开安全带，要求结合牢固，使用方便、省力。

卷收器：卷收器的作用是在平时将安全带卷起收容起来，在使用时，调节安全带的长度，在发生碰撞事故时，承受拉力，约束住乘员的身体。根据作用方式的不同，卷收器可以分为无锁止式、自动锁止式和紧急锁止式。无锁止式卷收器的作用方式是在织带全部拉出来时保持束紧力的卷收器。自动锁止式卷收器的作用方式为自由地将安全带拉出，但是一旦拉出带子的动作停止，带子便立即锁住，不能继续拉出。紧急锁止式卷收器的作用方式为安全带可自由地拉出或缩回，但当拉出带子的速度超过某一数值时，便立即锁住，不能继续拉出。由于紧急锁住式安全带使用方便，在平时行车过程中，乘员的身体有自由活动的余地，目前被广泛使用。

调节件：用于调节织带使用长度的部件。

● 安全气囊

安全气囊是现代车辆安全技术中高技术产品之一。其作用是防止乘员在事故中与方向盘、仪表盘等车内结构物接触，从而避免二次碰撞而受伤。安全气囊对乘员的保护效果总体来说是不如安全带的，但是它与安全带配合使用将大大降低事故中乘员的受伤害指数，尤其可以大大减轻驾驶员面部受到的伤害。据资料统计，安全气囊可使事故死亡率降低18%左右，与安全带配合使用将使事故死亡率下降47%左右。近几年，安全气囊在美国、日本和欧洲发展迅速，目前在我国也得到了应用。

安全气囊的工作原理为：安全气囊平时折叠收容于方向盘中央及仪表盘下部。当车辆因发生事故而剧烈碰撞时，传感器触发气体发生器，后者产生大量的气体充入气囊，使气囊迅速膨胀，挡在乘员与车内结构物之间，以缓和冲击并吸收碰撞能量，从而达到减轻事故伤害程度的目的。

目前，驾驶员和副驾驶员的正碰撞气囊已经得到广泛采用。侧面碰撞气囊也越来越多地被采用。可以预见，装备对全车乘员进行各种碰撞保护的气囊系统，将是乘员保护系统的发展趋势。

● 安全转向柱

汽车发生正碰时，碰撞能量使汽车前部发生塑性变形，位于汽车前部的转向柱在碰撞力的作用下向驾驶员方向移动。这种运动的能量应该通过转向柱以机械的方式予以吸收，以防止或者减少其直接作用于驾驶员身上，造成人体伤害。另一方面，汽车发生正碰时，驾驶员受惯性的影响有冲向转向盘的运动。驾驶员的运动能量一部分由约束装置如安全带、气囊等加以吸收，另一部分传递给转向盘和转向柱系统，这部分能量也要通过转向盘及转向柱系统予以吸收。所以，除满足转向器的常规功能外，还能有效吸收碰撞能量，这就是安全转向柱的要求，近年来，能量吸收式转向柱得到了广泛的应用。

能量吸收式转向柱的主要功能是吸收二次碰撞能量和驾驶员的部分惯性能量。能量吸收式转向柱除有足够的强度和刚度保证正常的转向力传递外，还应在发生正面碰撞时可以被压缩，且在转向器系统中有能量吸收元件以吸收碰撞能量。

实践证明，在发生碰撞的交通事故中，能量吸收式转向柱在减少人员伤亡方面的作用是明显的。

- 座椅头枕

头枕是一种用来限制乘员头部相对于躯干向后移动的弹性装置。其作用是在发生碰撞事故（尤其是在尾撞事故）时，可抑制乘员头部后仰，以防止或减轻对颈部的损伤。

座椅头枕可分为固定式和可拆式两种。根据头枕所起的作用，在设计制造时应该考虑以下问题：头枕本体对来自前方及上方的冲击，应具有防止弹回的能力；连接部件等须牢固；各调节部件应易于调整，能将头枕本体固定于任何位置。

- 座椅

座椅是影响汽车安全性的重要部件，座椅本身的强度及在车身上的安装强度要足够，以防发生撞车事故时座椅损坏，对乘员造成伤害。座椅的设计和制造应该满足以下要求：结构设计合理、乘员有良好的坐姿和体压分布、乘坐舒适、有足够的强度和刚度。如作为固定安全带的基座，应能承受人的各种动作的作用力（包括车辆碰撞时人的冲击力）；有良好的振动特性，适合人体的振动特点；座椅在整车上布置应使转向盘和其他操作机构与驾驶员的距离、视野、头像间隙、腿部间隙等适应不同身材的乘员，其布置应使发生碰撞时保证安全；结构与制造简单，有良好的经济特性。

- 仪表盘

仪表板表面应以弹性材料覆盖，以使其受到冲撞时能产生一定的变形，吸收冲击能量，减轻对人体的伤害。

- 减少车内突起物

车内的结构物，如门把手等的表面应避免有棱角，并以弹性材料覆盖。

10.2 道路与交通安全

10.2.1 道路几何线形与交通安全

道路几何线形要考虑与地形及地区的土地使用相协调，同时要使道路线形连续，并和平面、纵断面两种线形以及横断面的组成相协调，更要从施工、维修管理、经济、交通运用等角度来确定。

所谓线形，是立体描述道路中心线的形状，其中，平面描述的道路中心线形状称为平面线形，立体描述的道路中心线形状称为纵断面线形。线形的好坏，对交通流安全畅通具有极其重要的作用。如果道路线形不合理，不仅会造成道路利用者时间和经济上的损失，降低通行能力，而且可能诱发事故。道路线形设计原则如下：

- 从行驶力学考虑，汽车行驶时应安全、迅速、舒适；
- 从地形、地质上应合理经济；
- 驾驶员的视觉和驾驶心理上应反应良好；
- 与交通环境及沿途景观协调和谐；
- 整体的线形保持连续性。

线形虽受投资、设计与施工难易的制约，但它是一条路线的基础、行驶安全的关键，必须重视上述的设计原则。线形不可急剧转变，例如避免长直线连接转弯；不得已设急转弯时，应设于驾驶员易辨认处；道路交角避免10°以下，不得不设小交角时，应充分加长曲线长度，防止驾驶员产生曲率较大的错觉；直线与圆曲线之间应插入回旋曲线，并充分考虑行驶力学与视觉上的条件；设计平面线形时还要注意与纵断线形密切配合，尽力形成良好的立体线形以达到行驶安全、顺适的目的。

我国《公路工程技术标准》(JTG B01—2003)中规定了各级公路的计算行车速度及主要技术指标，如表10-9、表10-10所示。

表10-9　我国各级公路计算行车速度

公路等级	高速公路			一级公路			二级公路		三级公路		四级公路
计算行车速度(km/h)	120	100	80	100	80	60	80	60	40	30	20

表10-10　主要技术指标汇总

计算行车速度(km/h)			120	100	80	60	40	30	20
车道宽度(m)			3.75	3.75	3.75	3.50	3.50	3.25	3.00
圆曲线最小半径(m)	一般值		1 000	700	400	200	100	65	30
	极限值		650	400	250	125	60	30	15
	不设超高最小半径	路拱≤2.0%	5 500	4 000	2 500	1 500	600	350	150
		路拱>2.0%	7 500	5 250	3 350	1 900	800	450	200
最大纵坡(%)			3	4	5	6	7	8	9
计算行车速度(km/h)			120	100	80	60	40	30	20
最小坡长(m)			300	250	200	150	120	100	60
凸形竖曲线半径(m)	一般值		17 000	10 000	4 500	2 000	700	40	200
	极限值		11 000	6 500	3 000	1 400	450	250	100
凹形竖曲线半径(m)	一般值		6 000	4 500	3 000	1 500	700	400	200
	极限值		4 000	3 000	2 000	1 000	450	250	100
竖曲线最小长度(m)			100	85	70	50	35	25	20

1. 平面线形

平面线形如图 10-7，可分为直线、圆曲线、缓和曲线三种线形。

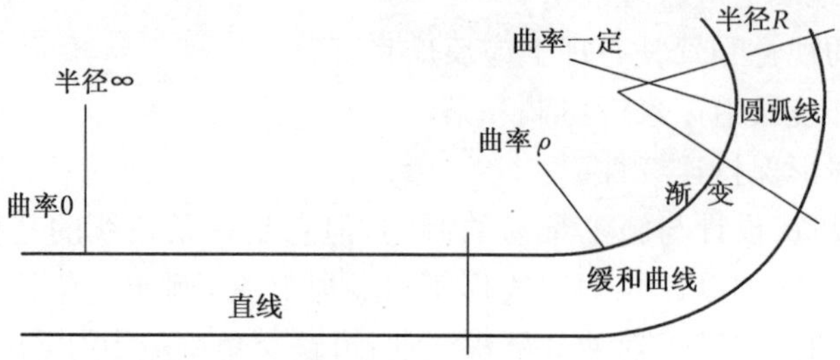

图 10-7　平面线形

(1) 直线

直线是最常用的线形，具有现场勘测简单、前进方向明确、距离短捷的优点。对于公路来说，直线部分景观单调，对驾驶员也缺乏刺激，在选用直线线形时，一定要十分慎重。如果直线段过长，容易对驾驶员产生催眠作用，驾驶员感到单调、易瞌睡，故并非理想的线形；同时直线长度亦不宜过短。

我国规定最小直线长度为：当计算行车速度为 60 km/h 时，同向曲线间最小直线长度（以 m 计）以不小于行车速度（以 km/h 计）的 6 倍为宜；反向曲线间最小直线长度（以 m 计）以不小于行车速度（以 km/h 计）的 2 倍为宜。

对于城市道路来说，由于城市道路网一般呈方格、放射环形等，设计车速较低且常有交通信号管制，使停车次数较多；因而城市道路采用通视良好的直线，对驾驶员有利。

(2) 圆曲线

圆曲线仅次于直线，也是常选用的一种线形，其现场勘测比较简单，一定的曲率半径可以给驾驶员适当的紧张感。

根据设计车速，曲线半径按下列关系式求算：

$$R = \frac{V^2}{127(i+f)} \tag{10-1}$$

式中：R——曲线半径(m)；

V——设计车速(km/h)；

i——超高(%)；

f——横向摩擦系数。

按式(10-1)，在指定设计车速 V 的情况下，最小半径的绝对值取决于 $i+f$ 的值。$i+f$ 值如过大，弯道上的车辆有沿着路面最大合成坡度向下滑动的危险；根据国内外的经验，最大 i 值考虑气候、地形等条件采用 6%～8%。f 值如过大，车辆行驶不稳定，在弯道上易肇事，最大 f 值采用 0.10～0.15 较妥当。

图 10-8 给出了美国公路事故次数与平曲线半径的关系。当平曲线半径较小时，交通安全状况恶化；随着平曲线半径的增大，交通安全状况趋于良好。通常都希望圆曲线的半径越大越好，但关键在于应使线形能适合地形的变化，同时能够顺滑地将前后线形连接以保持线形的连续性。因此，在选用圆曲线半径时，在与地形等条件相适应的前提下应尽量采用大半径，但圆曲线最大半径不宜超过 10 000 m。为保证行车安全尽量采用较大半径，如不得已用最小半径时，应考虑驾驶员对周围地形情况能自然地接受。

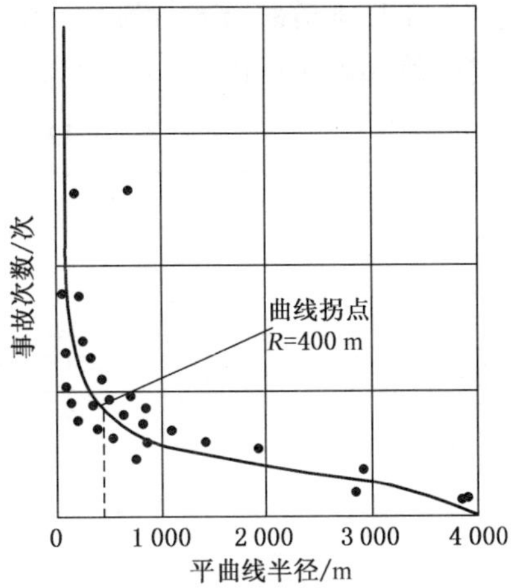

图 10-8　美国公路事故次数与平曲线半径关系图

表 10-11 是某高速公路不同路段平曲线半径与对应的平均亿车事故率的统计分析结果。

表 10-11　某高速公路不同路段平曲线半径下的平均亿车事故率

平曲线半径(m)	470	500	550	700	1 000	1 100	1 200	1 500	2 000	2 500
平均亿车事故率	401.36	442.81	582.62	253.74	103.00	82.58	98.40	81.17	102.58	81.05

平曲线半径(m)	3 000	3 500	4 000	5 000	5 500	6 000	7 000	8 000	9 800	9 900
平均亿车事故率	67.41	52.50	48.73	41.33	25.98	28.85	27.45	20.80	18.49	13.20

图 10-9 为该高速公路平曲线半径与平均亿车事故率的散点图。从图中可以看出，随着平曲线半径的增大，事故率逐渐降低。

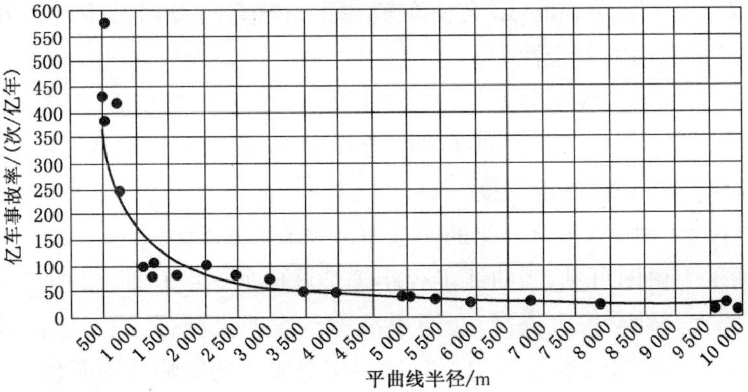

图 10-9　某高速公路亿车事故率与平曲线半径的关系

在日本道路技术标准中，为充分保证汽车行驶安全、顺适，最小平曲线半径的建议值如表10-12。

表10-12 日本最小平曲线半径的建议值表

设计车速 V(km/h)	R(m)	$V^2/127R$	i值	f值
120	1 000	0.11	0.06	0.05
100	700	0.11	0.06	0.05
80	400	0.13	0.07	0.06
60	200	0.14	0.08	0.06
50	150	0.13	0.08	0.05
40	100	0.13	0.07	0.06
30	65	0.11	0.06	0.05
20	30	0.11	0.06	0.05

表10-13为我国《公路工程技术标准》(JTG B01—2003)中有关圆曲线的半径设计规定值。

表10-13 圆曲线最小半径

计算行车速度(km/h)			120	100	80	60	40	30	20
圆曲线最小半径(m)	一般值		1 000	700	400	200	100	65	30
	极限值		650	400	250	125	60	30	15
	不设超高最小半径	路拱≤2.0%	5 500	4 000	2 500	1 500	600	350	150
		路拱>2.0%	7 500	5 250	3 350	1 900	800	450	200

(3) 缓和曲线

缓和曲线是设置在直线与圆曲线之间或圆曲线与圆曲线之间的一种曲率连续变化的曲线。比如，直线与圆曲线连接，车辆由直线进入曲线时，驾驶员由于突然受到离心力的影响而产生不舒适感和危险感，为了缓和这种感觉，就需要设置缓和曲线。在道路中增加缓和曲线，会使车辆在正常转弯行驶时减少对道路摩擦力的需求，增强道路交通的安全性。

另外，在路线的曲线部分要设一定的超高或加宽时，都应在缓和段上进行。这种情况下，设计超高，要在缓和曲线段的全长内逐渐过渡，使超高慢慢变化，缓和曲线长度还应大于超高过渡段长度。

图10-10为美国双车道公路的交通事故率在不同曲线半径下设置缓和曲线前后的变化情况。由图可见，当曲线半径小于200 m时，在直线与圆曲线之间添加缓和曲线，道路安全性会大大提高，交通事故率会大幅度降低；而对于曲线半径大于200 m的路段，缓和曲线的设置与否对道路交通安全的影响并不明显。

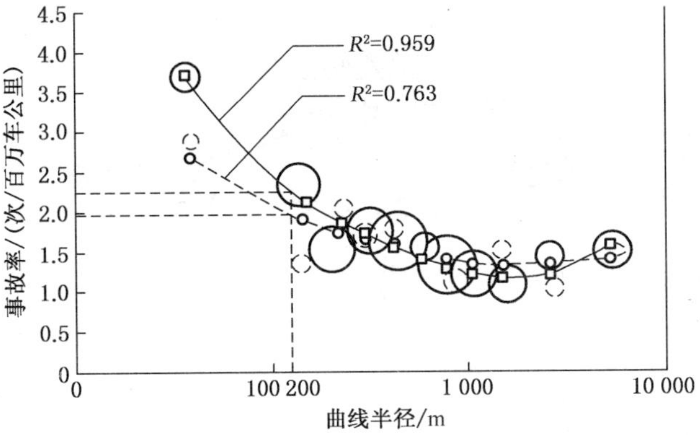

图 10-10　美国双车道公路设置缓和曲线前后交通事故率的变化情况

缓和曲线作为线形，有三次抛物线、双扭曲线、回旋曲线等，驾驶员按一定速度转动转向盘，按一定车速行驶时则曲率按曲线长度缓和地增大，轮迹顺滑的轨迹刚好符合回旋曲线，因而回旋曲线是适合汽车行驶的良好曲线形式。我国用回旋曲线较多。

设 R 为平曲线半径，则其倒数称为曲率。回旋曲线就是曲率按曲线长度成相同比例增大的曲线，其关系为：

$$1/R = C \cdot L \tag{10-24}$$

式中：C——常数；

L——曲线长度(m)。

按设计车速，最小缓和曲线长度如表 10-14 所示。考虑到驾驶员的视觉条件，设置回旋曲线时，应取大于表 10-14 中的数值。

表 10-14　最小缓和曲线长度

设计车速(km/h)	120	100	80	60	50	40	30	20
缓和曲线长度(m)	100	85	70	50	40	35	25	20

(4) 超高

汽车在弯道上行进时，会受离心力的作用，向圆弧外侧推移。该离心力的大小，与行车速度的平方成正比，与平曲线的半径成反比。所以，车辆在较小半径的弯道上，开得越快，车身受离心力推向弯道外侧的危险就越大。为预防这种危险情况的发生，驾驶员必须小心谨慎，降低车速。同时，道路工程部门在设计与施工中，则把弯道的外侧提高，使路面在横向朝内一侧有个横坡度(即横向倾斜程度)，来抵挡离心力的作用，即道路超高，如图 10-11 所示。道路超高规定在

2%～6%之间。

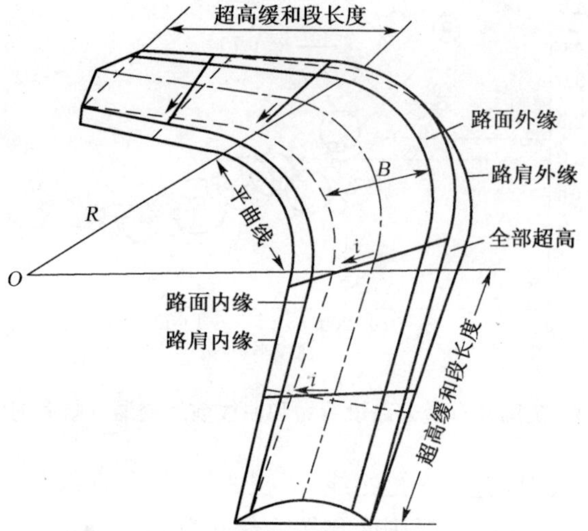

图 10-11　道路超高

如果用式(10-25)来考虑横向力平衡时,可得出:

$$f_g = \frac{v^2}{R} - gi \tag{10-25}$$

式中:f_g——作用于汽车的横向加速度,由离心加速度减去 gi 得到。

若 f_g 值大,就产生显著的横向摆动,给人以不舒适的感觉,所以应尽量把超高 i 取大一些。但是,汽车如果以低于设计车速的速度行驶时,反而会在重力作用下,沿横断面斜坡向内侧下滑。为保证在弯道部分停车时,汽车不发生向内侧滑移,甚至翻车,所以其超高又不能太大。在曲线部分,除曲率半径非常大和有特殊理由等情况外,都要根据道路的类别和所在地区的寒冷积雪程度,以及设计车速、曲率半径、地形状况等设置适当的超高。

(5) 加宽

汽车在弯道上安全行驶所需要的路面宽度,较直线段上要宽些,所以弯道上的路面应当加宽,如图 10-12 所示。图中,R 为平曲线半径,L 为汽车前挡板至后轴的距离,单车道路面所需要增加的宽度 W 为:

$$W = \frac{L^2}{2R} \tag{10-26}$$

如果是双车道路面,则上式中求得的 W 值应加倍,再加上与车速有关的经验数值公式,即双车道拐弯处路面所需增加的宽度为:

$$W_{双} = \frac{L^2}{R} + \frac{V}{10\sqrt{R}} \tag{10-27}$$

加宽值 W 是加在弯道的内侧边沿，并按抛物线处理，如图 10-13 所示。这样既符合汽车的行驶轨迹，有利于车辆平顺行驶，又改善了路容。

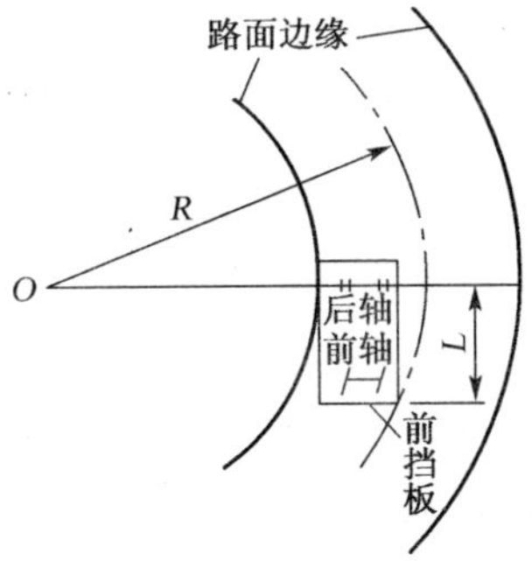

图 10-12　弯道加宽

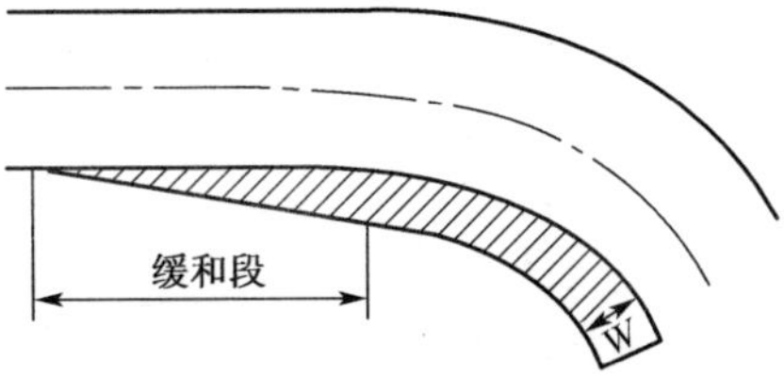

图 10-13　路面加宽的过渡

(6) 曲线转角

曲线转角对道路交通安全也有影响。表 10-15 给出了某高速公路不同路线转角下的亿车事故率。图 10-14 为该高速公路亿车事故率与路线转角的散点图，从图中可以看出，当曲线转角在 0～45°之间变化时，亿车事故率与转角的关系近似成抛物线形，即随着转角的增大事故率在逐渐降低，当转角增大到某一数值时事故率降到最低值（即抛物线的极值点），此时随着转角的继续增大事故率又开始上升，变化规律明显。由图可以看出，当路线转角小于或等于 7°（即为小偏角）时，事故率明显高于表 10-15 中 30 个样本点的平均值（即平均亿车事故率 83.37 次/亿车），这一统计结果证实了小偏角曲线容易导致驾驶员产生急弯错觉，不利于行车安全这一传统观点。

表 10-15　某高速公路不同路线转角下的亿车事故率

平曲线半径 1 000～1 100 m	转角	4°08′	6°17′	17°54′	24°43′	30°50′	31°02′	34°14′	39°55′	45°00′	86°09′
	亿车事故率	112.52	93.10	30.52	21.34	66.92	114.63	122.45	110.13	120.78	193.76
平曲线半径 2 500 m	转角	12°17′	13°52′	14°20′	14°28′	15°53′	22°24′	24°00′	28°20′	36°04′	36°09′
	亿车事故率	63.26	61.97	62.47	68.13	6.47	22.50	30.91	75.44	243.50	119.88
平曲线半径 3 000 m	转角	6°41	7°41	10°11	11°27	11°59	18°02	18°04	22°53	24°14	28°21
	亿车事故率	126.24′	125.29′	72.33′	93.10′	87.41′	44.48′	37.55′	39.85′	25.98′	52.45′

图 10-14 表明，当转角值在 15°～25°之间时，事故率最低，交通安全状况最好。

驾驶员在正常行车状态下，坐直、头正、目视前方，此时驾驶员的视点一般均集中在10 cm×16 cm(高×宽)的矩形范围内。曲线转角在20°左右时，驾驶员看到的曲线恰好落于上述矩形范围内，从而使驾驶员在不需要移动视线或转动头部的情况下即可充分了解道路及交通情况，同时也提高了行车舒适性，减少了行车疲劳和紧张感。

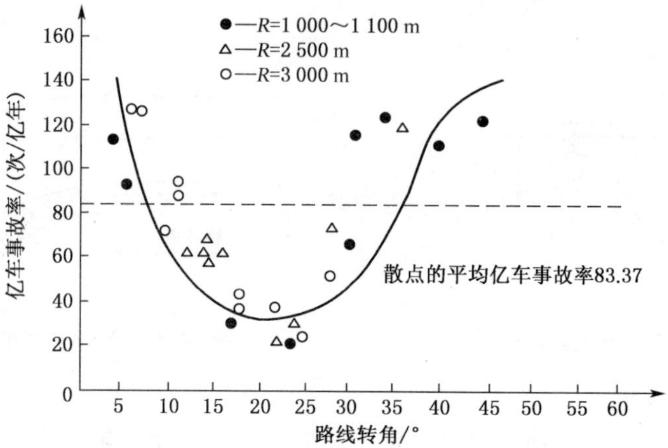

图 10-14　某高速公路亿车事故率与路线转角的关系

因此，事故率与路线转角关系的统计结果表明，在公路设计中合理确定路线转角对保证行车安全、提高服务水平具有十分重要的意义。

2. 纵断线形

纵断线形主要指表示道路前进方向上坡、下坡的纵向坡度和在两个坡段的转折处插入的竖曲线两类。

道路原则上按在同一设计车速路段保持同一行驶状态来进行设计。纵向坡度和别的线形因素不同，受车辆和行驶性能的影响较大，对任何车辆都按确保设计车速来设计是不经济的。同时，爬坡能力明显不同的车辆混合在一起时，不采用适当的纵向坡度和在路段设置爬坡车道的话，就会成为道路通行能力低和发生交通事故的主要原因。车辆行驶过程中往往需要紧急刹车，由于下坡行驶的制动距离要比上坡行驶的长，因此下坡事故数要比上坡事故数多；上下坡行车条件的差别，在较小纵坡条件下就有所反映。

图 10-15 为美国 Elzer Mountain 地区 7.2 km 长的山区路段，在采取安全保障措施之前，下坡事故数要比上坡事故数大很多。1969 年双向增加车道后，上下坡事故数均有所减少，尤其是下坡事故数下降显著；1972 年设置限制车速的交通标志牌后，下坡事故数又有大幅度下降，上坡事故数也有所下降；1973 年增设自动雷达车速控制系统后，总体交通事故数下降。在 20 世纪 70 年代末，下坡交通事故数

相对稳定下来，并且在绝对数值和相对趋势上基本与上坡保持一致。由此可见，在纵坡路段采取增加车道、设置安全标志等交通改善措施对于促进道路交通安全非常有必要。

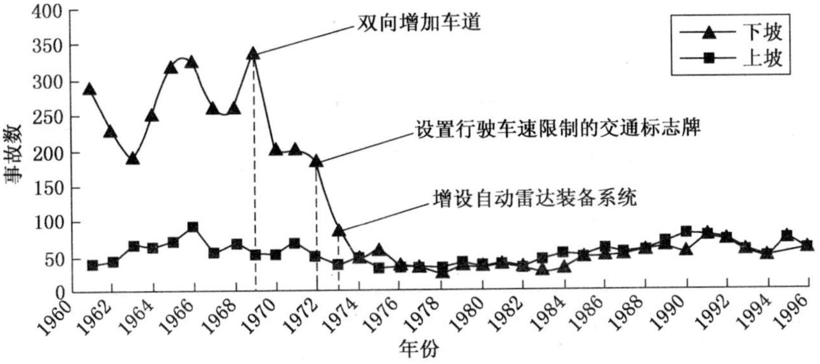

图 10-15　美国上下坡路段事故数

(1) 最大纵坡

纵向坡度的标准值，要在经济容许的范围内，按尽可能较少地降低车辆速度的原则来确定，与其他路段一样，需要努力保证与设计车速一致的行驶状态。具体地说，纵向坡度的一般值，按小客车大致以平均行车速度可以爬坡；普通载货车大致按设计车速的 1/2 速度能够爬坡的原则来确定。但是，在由于地形状况及其他特殊理由不得已的情况下，可把在爬坡的终点能够保证上述行驶速度的纵向坡度值和确定的长度，作为特殊情况来处理。

我国《公路工程技术标准》(JTG B01—2003)对各级公路的最大纵坡所作的规定如表 10-16 所列。

表 10-16　最大纵坡

计算行车速度(km/h)	120	100	80	60	40	30	20
最大纵坡(%)	3	4	5	6	7	8	9

高速公路受地形条件或其他特殊情况限制时，经技术经济认证合理，最大纵坡可增加 1%。

(2) 纵坡长度

在翻山越岭连续上坡的路段，机动车在较长的坡道上行驶，发动机容易过热，引起故障。在连续下坡时，车速越来越快，不安全，特别在雨天或有冰雪时，更有滑溜的危险。表 10-17 为不同坡度的坡长限制值。

表 10-17 纵坡长度限制值

纵坡坡度 i(%)	坡长限制(m)
$5 < i \leqslant 6$	800
$6 < i \leqslant 7$	500
$7 < i \leqslant 8$	300
$8 < i \leqslant 9$	200

我国《公路工程技术指标》(JTG B01—2003)对各级公路纵坡的最小坡长规定如表 10-18。

表 10-18 最小坡长

计算行车速度(km/h)	120	100	80	60	40	30	20
最小坡长(m)	300	250	200	150	120	100	60

对于高速公路、一级公路，当连续陡坡由几个不同坡度值的坡段组合而成时，应对纵坡长度受限制的路段采用平均坡度法进行验算。

(3) 竖曲线

汽车在纵坡发生转折的地方行驶时，为了缓冲汽车在转为凹曲线时的冲击，在凸曲线的地方要保证一定的视距，必须在两个坡段之间插入一段曲线，称为竖曲线，通常采用二次抛物线。

表示竖曲线大小的指标，有长度、半径和曲率。竖曲线的曲率根据曲线长度和纵向坡度的变化量来决定。严格地说，二次抛物线的曲率在曲线各点上不相同，但作为竖曲线应用的范围内曲率差别很小，所以实际应用中，不妨可以看做是曲率一定的圆弧曲线。

竖曲线的半径，可用如下近似式求得：

$$R = \frac{100L}{|i_1 - i_2|} \tag{10-28}$$

式中：R——竖曲线半径(m)；

L——竖曲线长度(m)；

i_1、i_2——纵坡转折处左、右坡度值。

表 10-19 给出了我国《公路工程技术标准》(JTG B01—2003)规定的竖曲线最小半径和最小长度。

表10-19 竖曲线最小半径和最小长度

计算行车速度(km/h)		120	100	80	60	40	30	20
凸形竖曲线半径(m)	一般值	17 000	10 000	4 500	2 000	700	400	200
	极限值	11 000	6 500	3 000	1 400	450	250	100
凹形竖曲线半径(m)	一般值	6 000	4 500	3 000	1 500	700	400	200
	极限值	4 000	3 000	2 000	1 000	450	250	100
竖曲线最小长度(m)		100	85	70	50	35	25	20

一般说来,凸曲线的交通事故率要比水平路段高,小半径凸曲线的事故率要比经过改善设计后的竖曲线路段事故率高很多。竖曲线的频繁变换会影响行车视距,严重降低道路安全性能,尤其在凸曲线路段,视距受限会大大增加交通事故率,如在凸曲线后面存在一个急弯,由于凸曲线遮挡视线,驾驶员来不及反应,极易造成交通事故。

在白天或夜晚照明充足的情况下,凹曲线的视距并不是影响交通安全的关键因素,但是在夜晚没有照明的道路上,凹曲线必须考虑视距问题,因为道路线形的水平曲率会使车头灯光不能沿路线线形的前进方向,仅能侧向照射路面,这种情况即使将凹曲线展平也不会有明显改善。

3. 线形综合协调

道路线形协调问题,对道路上的交通安全和畅通有很大影响。线形综合协调就是要考虑驾驶员行车特性及环境与线形之间的关系,使道路线形能够顺畅、平缓,为车辆行驶创造良好的条件。

(1) 技术标准应相互协调

道路全线的各项技术标准最好能够一致,这意味着道路全线均可满足同一最大的行车速度值,车辆在道路上行驶就比较安全可靠,易于操作。如果必须变更标准,应该在两种标准之间设置过渡地段,使驾驶员能够逐渐适应。

(2) 线形连接应协调

线形连接与驾驶员行车心理、生理特性和视觉及反应有密切关系。若行车速度变化幅度大,对于驾驶员来说,易于发生交通事故。根据驾驶员行车特性,线形连接应协调以下几点:

① 在高填方的曲线路段,由于驾驶员对曲线大小难以判断准确,行车会偏离车道,冲到路下,酿成车祸,因此应沿曲线外侧加设护栏、路警桩、诱导视线。

② 两个同向曲线之间插入一个短直线,称为断背曲线。这种线形,行车条件差,容易使驾驶员产生错觉而导致发生事故。因此,应避免出现断背曲线。

③ 直线不宜过长。直线过长会使行车单调,容易使驾驶员思想不集中,反应迟钝,不利于安全行车。

④ 应避免采用由很多短坡路段连在一起的线形。因为在这种线形的道路上行驶，驾驶员只能看见凸出的部分，看不见凹下隐藏的地方，视线断断续续，行车不畅通，超车视距不好，发生事故的可能性大。

(3) 平曲线与竖曲线的组合

平曲线与竖曲线组合不良，即使两者都分别符合设计规定，也常常会被称为道路交通安全的隐患，根据实际经验，应注意避免以下几种组合形式：

① 避免在凸形竖曲线顶部或凹形竖曲线底部设小半径平曲线起点。前者会使驾驶员视线失去引导，驾驶员爬上顶坡才发现转变，来不及采取措施；后者会造成视觉误差，形成不必要的加速行驶，很不安全。

② 避免在凸形竖曲线顶部和凹形竖曲线底部设反向平曲线拐点。

③ 避免在长直线路段上采用凹形竖曲线。驾驶员沿凹形竖直线行车，因视线错觉，会造成不必要的加速。

④ 在一个平曲线内的几个变坡点，或一个竖曲线内的几个平曲线时，会使视线不平衡，驾驶员容易判断错误。

线形的连接和平曲线与竖曲线组合，在城市市区道路上问题并不突出，但对于郊区公路尤其是山区公路有重要意义，必须对这类路段加以改造。对暂时不能改造的路段，应采取相应的交通管制措施，保证交通安全，防事故于未然。

在行车时，驾驶员需要观察了解前方路段的道路交通情况，以适应新的行车条件。由于驾驶员顺着直线或某种曲线扫视时，习惯于使视线平顺地向前，因此为保证行车安全，道路几何线形的组合应该自然流畅。如果道路几何线形组成部分的尺寸变化过大，驾驶员就会在驾驶汽车过程中缺乏足够的思想准备，容易造成交道事故。此外，路外情况的变化或地形条件的突然变化也不利于行车安全。例如，曲线路段会影响驾驶员的视距，当夜晚行车在曲线段上时，光照距离也较直线段小，从而降低了行车的安全性。

4. 视距

视距是驾驶员在道路上能够清楚看到的前方道路某处的距离，是道路几何设计的重要因素。有足够的视距，对于行车安全、行驶速度以及通过能力都有很大的影响。视距之所以成为问题，是由于驾驶员发现前方有障碍物就要在其前而停住车(停车视距)，或者前方来车需要错开行驶(错车视距)，以及在两车道的道路上，要超越其他车辆，就要跨越到另一车道上行驶(超车视距)等情况的存在。

图 10-16 为美国事故率与行车视距

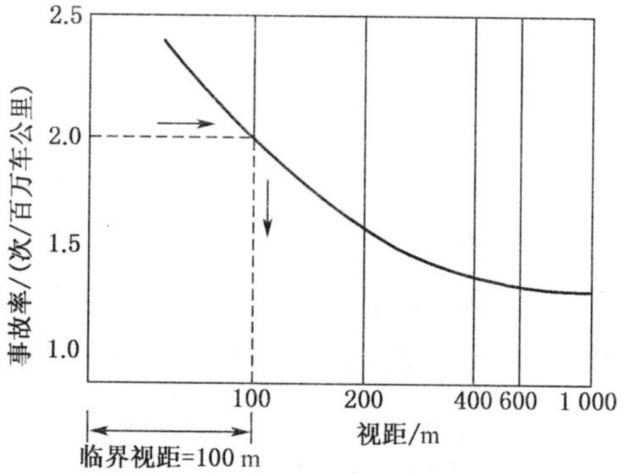

图 10-16　美国事故率与视距的关系

的关系曲线，图中事故率随视距的增加而降低。当视距小于 100 m 时，事故率随视距减小而显著增加；当视距大于 200 m 时，事故率随视距增加而缓慢降低；当视距大于 600 m 时，事故率基本不再变化。

(1) 停车视距

驾驶员在行驶过程中，看到同一车道上的障碍物时，从开始刹车至到达障碍物前安全停车的最短距离，称为停车视距。停车视距由三部分距离组成，即驾驶员在反应时间内车辆行驶的距离(l_1)、开始刹车至停车的制动距离($l_制$)和安全距离(l_0)，如图 10-17 所示。

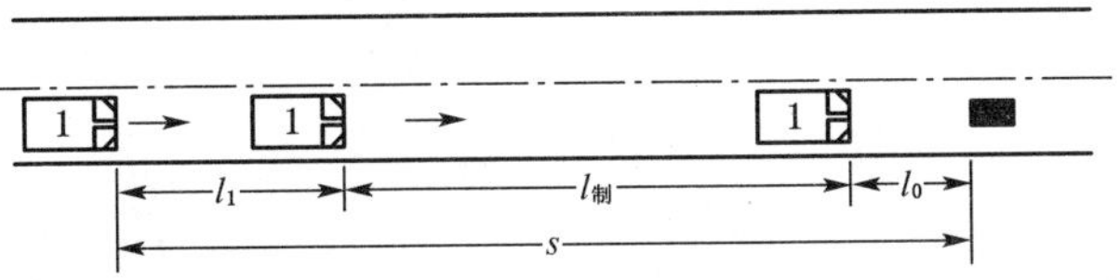

图 10-17　停车视距

驾驶员从发现并确认障碍物，到踩上制动踏板，这段时间叫做驾驶员的反应时间，记作 t_0；从踏下制动踏板到制动生效，这段时间叫做驾驶员的操作时间(即车辆反应时间，或称制动延迟时间)，记作 t_1；制动生效时，车辆开始产生减速度，直到车辆停止为止，这段时间记作 t_2。

设制动前汽车的行驶速度为 V_0(km/h)，车轮在道路上的附着系数为 φ，重力加速度为 g，安全距离为 l_0，并且把 V_0 的单位由 km/h 化为 m/s$\left(1\ \text{km/h}=\frac{1}{3.6}\ \text{m/s}\right)$，则由运动学的原理可知停车视距为：

$$D=\frac{V_0}{3.6}t_0+\frac{V_0}{3.6}t_1+\frac{1}{2}t_2\frac{V_0}{3.6}+\frac{V_0^2}{2g\varphi\times 3.6^2}+l_0 \tag{10-29}$$

由于 t_0 为驾驶员的反应时间，t_1 为汽车反应时间，不妨合并称为反应时间，即：

$$t=t_0+t_1 \tag{10-30}$$

t 约为 1～2.5 s，而 t_2 仅有零点几秒，略去式(10-29)右端中的第三项，得：

$$D=\frac{V_0}{3.6}t+\frac{V_0^2}{2g\varphi\times 3.6^2}+l_0 \tag{10-31}$$

式中的 l_0 一般取 5～10 m。等号右边的第一项，称为反应距离，第二项称为制动距离，l_0 称为安全距离，所以 停车距离 = 反应距离 + 制动距离 + 安全距离。

若取 $t=2.5$ s，$g=9.8\ \text{m/s}^2$，反应距离和制动距离分别记作 S_1 和 S_2，则：

$$S_1=\frac{V_0}{3.6}t=0.694V_0 \tag{10-32}$$

$$S_2 = \frac{V_0^2}{2g\varphi \times 3.6^2} = 0.003\,94\frac{V_0^2}{\varphi} \tag{10-33}$$

沥青或混凝土干燥路面和湿润路面上的制动距离和停车视距如表 10-20 和表 10-21 所示。

表 10-20　干燥路面上的制动距离和停车视距

设计车速(km/h)	行驶车速(km/h)	φ	$S_1 = 0.694V$	$S_2 = 0.003\,94V^2/\varphi$	停车视距 D(m)
120	102	0.50	70.79	81.98	152.77
100	85	0.52	58.99	54.74	113.73
80	68	0.55	47.19	33.12	80.31
60	54	0.58	37.48	19.81	57.29
50	45	0.59	31.23	13.52	44.75
40	36	0.61	24.98	8.37	33.35
30	30	0.64	20.83	5.52	26.36
20	20	0.65	13.88	2.42	14.30

表 10-21　湿润路面上的制动距离和停车视距

设计车速(km/h)	行驶车速(km/h)	φ	$S_1 = 0.694V$	$S_2 = 0.003\,94V^2/\varphi$	停车视距 D(m)
120	102	0.29	70.7	141.3	212.0
100	85	0.30	58.9	94.8	153.7
80	68	0.31	47.1	58.7	105.8
60	54	0.33	37.4	34.8	72.2
50	45	0.35	31.2	22.8	54.0
40	36	0.38	24.9	13.8	38.3
30	30	0.44	20.8	8.1	29.9
20	20	0.44	13.8	3.5	17.3

我国《公路工程技术标准》(JTG B01—2003)规定的各级公路停车视距如表 10-22 所示。

表 10-22　各级公路停车视距

公路等级	高速公路			一级公路			二级公路		三级公路		四级公路
计算行车速度(km/h)	120	100	80	100	80	60	80	60	40	30	20
停车视距(m)	210	160	110	160	110	75	110	75	40	30	20

(2) 会车视距

两辆汽车在同一条车道上相向行驶,发现时来不及或无法错车,只能双方采取制动措施,使车辆在相撞之前安全停车的最短距离,称为会车视距。会车视距一般为停车视距的两倍。会车视距由两相向行驶车辆的驾驶员反应距离（l_1、l_2）、制动距离（$l_{制1}$、$l_{制2}$）、安全距离（l_0）组成，如图10-18所示。

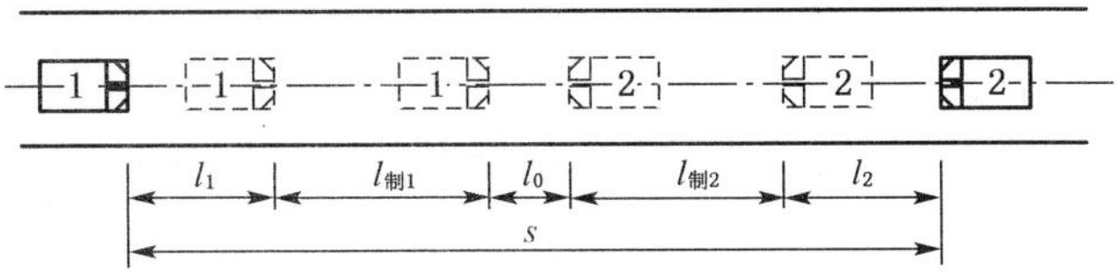

图10-18　会车视距

（3）错车视距

汽车在行驶中同迎面车辆在同一条车道上行驶，而从来车左边绕至另一车道并与对面来车平面上保持安全距离时，两车所行驶的最短距离，称为错车视距。在公路等级较低的单车道上行驶或不分上下行的城市道路上行驶时，对错车视距有严格的要求。错车视距由反应距离、绕行距离、来车在绕行时间内所行驶的距离和安全距离组成，如图10-19所示。错车视距包括第一辆车的反应距离（l_1）及让车绕行距离（l_2）、第二辆车在此时间内行驶的距离（l_3、l_4）和安全距离（l_0）。

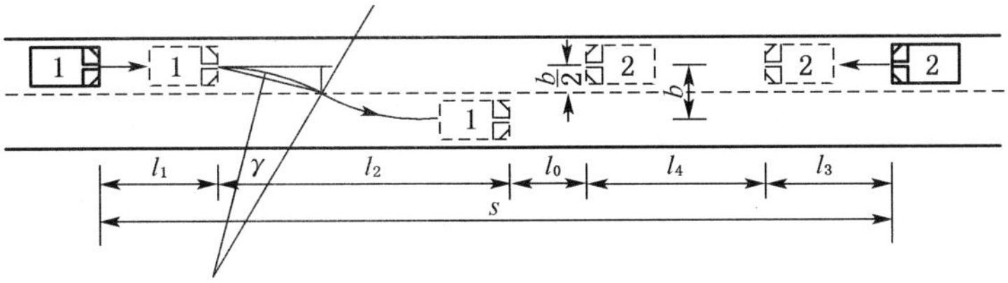

图10-19　错车视距

（4）超车视距

汽车绕道到相邻车道超车时，驾驶员在开始离开原行车路线能看到相邻车道上对向驶来的汽车，以便在碰到对向驶来车辆之前能超前并驶回原来车道所需的最短距离，称为超车视距。超车视距有两种情况：

① 不等速超车视距

当后车速度高于前车，以行驶时的车速超越前车时，超车时两车的间距 l_2 等于两车制动距离之差，即 $l_{制1}-l_{制2}$，加上汽车1的反应距离 l_1，如图10-20所示。

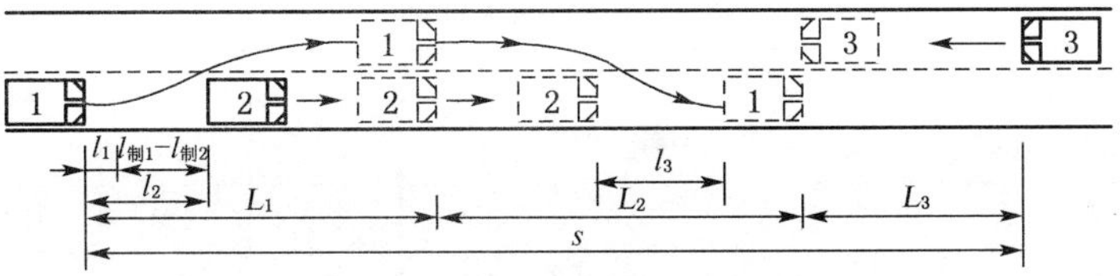

图10-20　不等速超车视距

② 等速超车视距

后车尾随前车行驶，即车速相同，判断认为有超车可能时，加速转入对向车道进行超越。超车视距由四部分组成，即后车加速进入对向车道所行驶的距离 d_1；后车进入对向车道进行超车至超过前车又回到原车道上行驶的距离 d_2；超车完成后与对向来车的距离 d_3；在超车过程中对向来车行驶的距离 d_4，如图 10-21 所示。

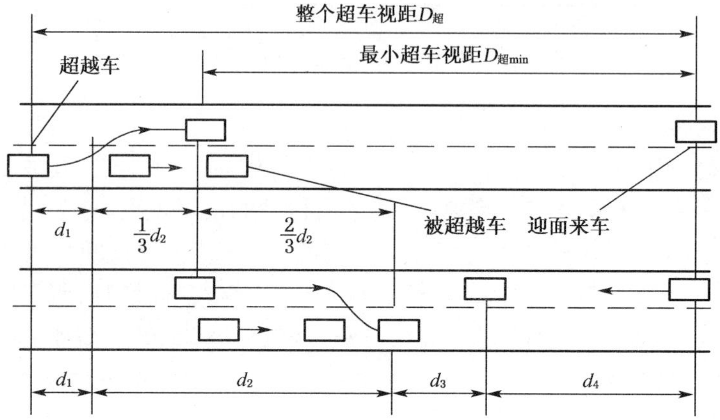

图 10-21　加速超车视距

图 10-21 表明，超越车从开始加速到进入对面车道，这段时间所走过的距离为 d_1。在对面车道内行驶 $\frac{1}{3}d_2$ 距离时，发现迎面来车，会车视距为 $D_{超min}$。经判断，若继续超越，可能与迎面来车相撞，就暂时放弃超车，回到原来的车道内；倘若确有把握不会碰撞，就继续行进，直到完成超车。图示的是后一种情况，超越车又经过 $\frac{2}{3}d_2$ 的距离，结束超车。即超越车在对面车道上行驶的总距离为 d_2。回到原车道时，它与迎面来车之间的距离为 d_3，为了安全，一般规定 d_3 在 30～100 m 之间，d_4 为超越车走过 $\frac{2}{3}d_2$ 时，迎面来车所驶过的距离。

表 10-23 是上述各式中，将超越车的车速作为设计车速，并给出被超越车的速度及有关其他数据所得出的全超车视距和最小超车视距。

表 10-23　超车视距

计算速度(超越车速度)(km/h)	100	80	60	50	40	30	20
被超越车速度(km/h)	80	65	45	37.5	30	20	15
全超车视距 $D_{超}$(m)	700	550	350	250	200	150	100
最小超车视距 $D_{超min}$(m)	500	350	250	200	150	100	70

10.2.2 道路结构物与交通安全

1. 横断面及车道数

道路横断面指沿道路宽度方向，垂直于道路中心线的断面。城市道路横断面的组成包括道路建筑红线范围内的各种人工结构物，如行车道、人行道、分隔带、绿化带等。横断面设计对于满足交通需要，保证交通运输的通畅和安全，适应各项设施的要求，及时排除地面积水，以及合理安排地上杆线和地下管线，都具有十分重要的意义。横断面形式分为一块板、两块板、三块板和四块板。

根据我国北方某城市 76 条道路的事故调查资料，该市城市道路对应不同横断面形式的事故率如表 10-24 所示。

表 10-24 某市城市道路不同横断面形式的事故率

横断面形式	事故数(次)	事故率(次/亿车公里)	道路数(条)	平均事故率(次/亿车公里)
一块板	1 191	10 011	61	164
二块板	111	520	4	130
三块板	273	1 341	10	134
四块板	220	415	4	104

交通事故发生状况也因车道数不同而变化。图 10-22 为美国道路种类与交通量及事故次数关系的统计结果。由图可知，事故次数随着日平均交通量的增加而增加，同时可看出，交通事故次数与车道数有关系，相同的平均日交通量条件下，8 车道公路比 6 车道公路事故率低，6 车道公路比 4 车道公路事故率低。

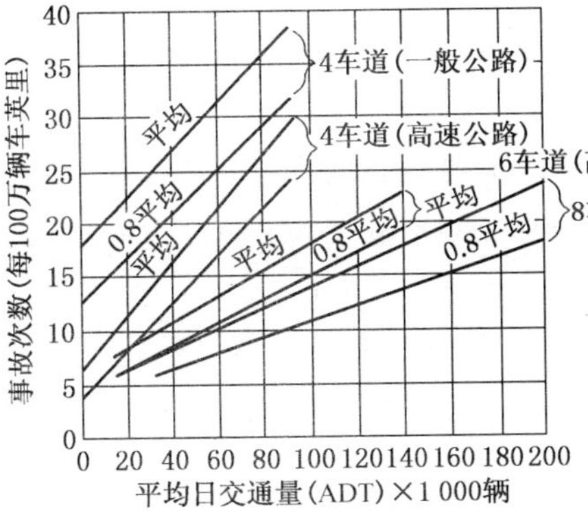

图 10-22 美国道路种类与交通量及事故次数的关系

城市道路交通量大，交通组成复杂，因此交通事故的规律性不如公路上明显。但从宏观分析可知，车道数越多，通行能力越大，行车越畅通安全。根据某市城市道路的事故调查资料，得到该市城市道路对应不同车道数的事故率，如表 10-25 所示。

表 10-25　某市城市道路不同车道数的事故率

车道数类型	事故数（次）	事故率（次/亿车公里）	道路数（条）	平均事故率（次/亿车公里）	不同车道数事故率（次/亿车公里）
双车道	169	1 584	18	88	88
4 车道	511	2 075	25	83	86
4 车道有中央分隔带	4	150	2	75	
4 车道有机非分隔带	59	404	4	101	
6 车道	357	1078	11	98	83
6 车道有中央分隔带	20	76	1	76	
6 车道有机非分隔带	214	450	6	75	
8 车道	109	273	3	91	81
8 车道有中央分隔带	75	162	2	81	
8 车道既有中央分隔带，又有机非分隔带	220	284	4	71	

分析表 10-25 中数据可见，事故率随车道数的增加而降低。双车道一块板形式事故率最高。当车道数为 4 车道时，增加中央分隔带将对向车流分离，事故率明显降低；增加机非分隔带后，虽然可以将机动车与非机动车分离，但对向车流问题没有得到解决，在我国机动车与非机动车的事故一般较轻，而对向车辆发生的交通事故往往相对更为严重。当车道数为 6 车道时，增加中央分隔带或增加机非分隔带后，事故率均有所降低，但两者之间的区别并不明显。当车道数为 8 车道时，4 块板形式比两块板形式更加安全。总体来说，8 车道事故率最低，安全状况最好。

2. 行车道宽度

根据美国和英国研究的结果，车道较宽时事故较少。机动车双车道路面如宽度大于 6 m，其事故率较路面宽度为 5.5 m 要低得多。目前美国的标准车道宽度规定为 3.65 m，我国则规定大型车道为 3.75 m，小型车道为 3.5 m（公共汽车停靠站或路口渠化段车道宽度可以为 3.0～3.2 m）。但如果车道过宽，例如大于 4.5 m，则由于有些车辆试图利用富余的宽度超车，反而会增加事故。划有车道标线的公路，由于规定车辆各行其道，其事故率降低。

一些调查研究表明车道宽度变宽，交通事故减少。日本的道路宽度与交通事故次数关系见表 10-26。由表可知，随着道路宽度的增加，昼夜事故次数减少，但由于道路宽度增加，车速高、车流量增大，所以平均每公里事故发生次数增加，特别在相当于干线道路等 13 m 以上宽度的道路上，事故发生的可能性更高。除此以外，交通事故也与道路性质相关，也因路肩、中央分隔带、路面状况而异。

表 10-26 道路宽度与昼夜间交通事故次数

道路宽度＼昼夜	昼	构成率	夜	构成率	合计	构成率	每公里交通事故发生次数
3.5 m以下	20 733	4.7	4 342	2.1	25 075	3.9	0.1
3.5 m以上	78 881	18.0	21 958	10.7	100 839	15.7	0.1
5.5 m以上	217 775	49.8	103 347	50.2	321 122	49.9	1.8
9.0 m以上	60 766	13.9	36 285	17.6	97 051	15.1	1.8
13.0 m以上	45 120	10.3	32 165	15.2	76 385	11.9	5.5
19.5 m以上	10 632	2.4	7 762	3.8	18 394	2.9	7.0
其他道路	3 227	0.7	1 004	0.5	4 231	0.7	—
合计	437 134	100.0	205 963	100.0	643 097	100.0	—

3. 路肩

路肩是指行车道外缘到路基边缘，具有一定宽度的带状部分。路肩的作用主要是：增加路幅的富余宽度；保护和支撑路面结构；供临时停车使用；为公路其他设施提供设置场地；汇集路面排水。

路肩通常包括硬路肩（高速公路和一级公路含路缘带）、土路肩。

硬路肩是指进行了铺装的路肩，常用于高速公路和一级公路。经过高速公路建设及运营实践，硬路肩一般宽度为 3.00 m 或 3.50 m，4 车道高速公路宜采用 3.50 m，6、8 车道高速公路可采用 3.00 m（$V=120$ km/h）；一级公路硬路肩为 3.00 m（$V=100$ km/h）、2.5 m（$V=80$ km/h、$V=60$ km/h）。直线路段的路肩一般应设置向外倾斜的横坡，其横坡值可与行车道路面横坡度相同或稍大于路面横坡度。曲线路段的路肩横坡，内侧与行车道路面横坡度相同；外侧与行车道路面横坡度相同或设置向外倾斜的横坡，应按规定并考虑路面施工方法论证选择。

土路肩是指不进行铺装的路肩，用于各级公路，宽度一般采用 0.5 m、0.75 m，四级公路双车道土路肩宽度采用 0.25 m。土路肩的排水性远低于路面，故其横坡度较路面宜增大 1.0%～2.0%。

高速公路采用分离式断面时，行车道左侧应设硬路肩，其宽度 1.25 m（$V=120$ km/h）、1.00 m（$V=100$ km/h）、0.75 m（$V=80$ km/h、$V=60$ km/h）。

4. 分车带

分车带是道路行车上纵向分离不同类型、不同车速或不同行驶方向车辆的设施，以保证行车速度和行车安全。分车带由分隔带及路缘带组成，常用水泥混凝土路缘石围砌，也可用水泥混凝上隔离墩或铁栅栏，还可以在路面上划出白色或黄色标线，以分隔行驶车辆。

分车带对解决机动车与机动车、机动车与非机动车的分离，提高道路通行能力，保证交通安全具有十分重要的作用。但如果设计不科学，也会导致交通事故的发生。如有的公路单向有两条机动车道，中央设置了分车带，在分车带上设置了路灯杆，但由于分车带没有设置路缘带，经常发生大型车挤上了中央分车带，小型车又撞在电线杆上，致使车毁人亡、路灯杆折断的重大交通事故。如“三块板”道路尽管有许多优越性，但若其隔离带断口太多，自行车和行人会任意横穿，同时由于道路条件好，机动车车速很高，往往来不及采取措施而发生交通事故。

分车带按其在横断面上的不同位置和功能，分为中央分车带及两侧分车带。

(1) 中央分车带

中央分车带指高速公路、一级公路及城市二、四块板断面道路中间设置的分隔上下行驶交通流的设施，包括两条左侧路缘带和中央分隔带。

中央分隔带的作用：分隔上下行车流；杜绝车辆随意调头；减少夜间对向行车眩光；显示车道的位置，诱导视线；为其他设施提供场地。

我国《公路工程技术标准》(JTG B01—2003)规定高速公路、一级公路整体式断面必须设置中间带，不同设计速度对应中间带宽度见表 10-27。

表 10-27　中间带宽度

设计速度(km/h)		120	100	80	60
中间分隔带宽度(m)	一般值	3.00	2.00	2.00	2.00
	最小值	2.00	2.00	1.00	1.00
左侧路缘带宽度(m)	一般值	0.75	0.75	0.50	0.50
	最小值	0.75	0.50	0.50	0.50
中间分隔带(m)	一般值	4.50	3.50	3.00	3.00
	最小值	3.50	3.00	2.00	2.00

分离式断面中央分车带宽度宜大于 4.50 m。此时中央分车带宽度可随地形变化而灵活运用，不必等宽，且两侧行车道亦不必等高，而应与地形、景观相配合；中央分车带应做成向中央倾斜的凹形；行车道左侧设置左侧路缘带。当行车道与中央分隔带均用水泥混凝土修筑时，分隔带应用彩色路面以示区别。城市道路采用狭窄分隔带时，常在其上嵌以路钮。

中央分车带的宽度一般情况下应保持等宽度。当宽度发生变化时，应设置过渡段。中央分车带过渡段设在回旋线范围内为宜，其长度应与回旋线长度相等；中央分车带宽度较宽时，过渡段设在半径较大的圆曲线范围内为宜。

(2) 两侧分车带

两侧分车带是布置在横断面两侧的分车带，其作用与中央分车带相同，只是布置的位置不同。两侧分车带常用于城市道路的横断面设计中，它可以分隔快车道与慢车道、机动车道与非机动车道、车行道与人行道等。

5. 路基高度与坡度

高路基对于行车安全十分不利，一旦车辆发生意外，很容易造成严重的交通事故。表10-28为我国某省公路翻车事故统计，图10-23为该省2000年1月～2001年7月公路翻车事故的死亡率与全部事故平均死亡率的对比关系。可知在公路（尤其是高等级公路）上，由于路基较高，容易发生翻车事故。翻车事故所造成的死亡率高于道路交通事故的平均死亡率，因此事故比较严重。

表10-28　某省公路翻车事故统计

公路等级	事故次数	受伤人数	死亡人数	死亡率(%)	事故总数	事故形态种类	平均死亡率(%)
高速公路	187	49	13	21.0	1 984	11	19.58
一级公路	49	44	14	24.1	3 661	11	
二级公路	150	137	39	22.2	5 881	11	
三级公路	200	157	52	24.9	5 972	11	
四级公路	52	47	26	35.6	1 690	10	
等外路	56	66	24	26.7	1 877	10	

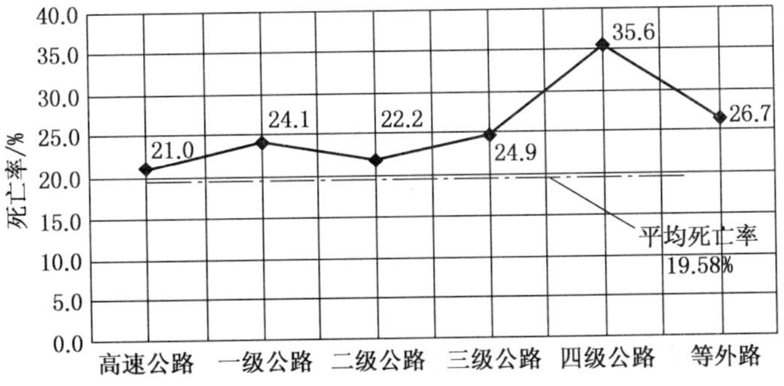

图10-23　某省公路翻车事故死亡率与全部事故平均死亡率对比关系

如图10-24所示，该省不同等级公路翻车事故的比例，除在高速公路外，其余各级公路的翻车事故比例均小于按事故形态分类的平均事故比例。这说明翻车事故虽然在总体事故中仅占有很小的一部分，但造成的后果却远远高于其他事故形态，因此在设计中要尽量避免翻车事故发生的潜在可能性，即慎重考虑高路基的选取问题。尤其在高等级公路上，由于设计标准通常倾向于“高设计标准”——高路基，而道路上行驶车速又非常快，因此一旦车辆失控，冲出路侧护栏，翻倒至高路基底部，就会造成车毁人亡的严重事故。

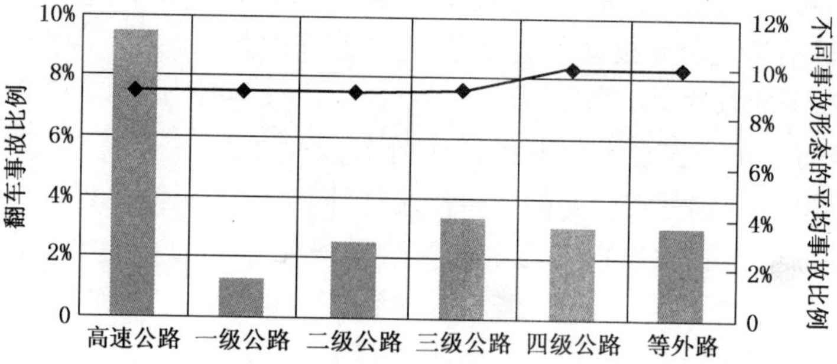

图 10-24　某省公路翻车事故比例与平均事故比例对比关系

路基边坡过陡也是导致事故严重增加的另一因素。车辆在坡度大的陡路基上，发生意外时，事故类型接近于坠车。如果减小坡度，使路肩边坡变缓，发生事故的车辆可以沿缓坡行驶一段距离，减小冲撞程度，从而减轻事故的严重性。如果采用矮路基或缓边坡，失去控制的车辆一般不会因驶出路外而翻车，事故的严重性将大大降低。

在我国公路项目的论证评审及施工过程中，矮路基方案会因为地下水的影响、排水不畅、软基问题、线形组合及横向通道致使纵断面起伏问题等常常被否定。事实上，如果对高路基带来的安全、护拦造价、计价土石方增加、土地（取土场和弃土堆）浪费、环境破坏等一系列问题，与采取矮路基所需处理技术可能增加的造价和施工问题加以综合对比的话，上述做法并不一定可取。当然，避免设置高路基并不是绝对的，在防洪、通道设置及立交引道等情况下，有必要合理地设置高路基。

6. 交通设施

（1）交通标志与交通标线

交通标志包括设置于路旁或车行道上方的道路标志及嵌画于路面上的路面标线。所谓交通标志就是将交通指示、交通警告、交通禁令和交通指路等交通管理和控制法规用文字、图形或符号形象化地表示出来，设置于路侧或道路上方的交通管理设施。

交通标志分为主标志和辅助标志两大类，是道路交通的向导。主标志分为指示标志、警告标志、禁令标志、指路标志、旅游区标志和道路施工安全标志六种；而辅助标志是附设在主标志下，起辅助说明作用的标志。指示标志是指示车辆、行人行进的标志；警告标志是警告车辆、行人注意危险地点的标志；禁令标志是禁止或限制车辆、行人交通行为的标志；指路标志是传递道路方向、地点、距离信息的标志；旅游区标志是提供旅游景点方向、距离的标志；道路施工安全标志是通告道路施工区通行的标志。道路上设置齐全的交通标志，能够有效地保护路桥，保障交通秩序，提高运输效率和减少交通事故，它是道路沿线设施不可缺少的组成部分。

道路交通标线与交通标志具有相同的作用，它是将交通的指示、警告、禁令和指路等用画线、符号、文字等标示或嵌画在路面、缘石和路边的建筑物上，这也是交通管理必不可少的一种设施。道路交通标线按设置方式可分为纵向标线、横向标线和其他标线；按功能可分为指示标线、禁止标线和警告标线；按形态可分为线条/字符标记、突起路标和路边线轮廓标。

（2）道路安全净空

安全净空高以规定的汽车装载高度为标准。交通法规规定，大货车载物高度自地面起不得超过 4 m，那么道路安全净空必须超过 4 m。在城市中，道路上空的跨空物体比较多，如电线、电缆、桥梁、树木枝叶等，随着自然演变，有的接近于安全净空，有的已侵入到安全净空内，特别是自然生长物，如树枝，更为突出。驾驶员对安全净空的认识只是心里估计，一般是不可能在驾驶时去丈量的，因而被认为是安全的地方，有时就发生与高位物体相撞的车祸。

建筑物的跨空高度，有历史的原因，也有演变的原因。历史的原因指工程设计与当时的历史背景相关联，比如铁路跨空桥梁，在某条铁路设计时，当时的道路交通情况与现代交通情况是不相同的。演变的原因指自然条件的影响，如涵洞，受雨水冲击或风吹沙侵，污垢泥砂抬高了地面，使安全净空缩小；又如道路反复维修填补，也抬高了路面。

（3）护栏

① 路中护栏

路中护栏在行车道部分作为分隔车流、引导车辆行驶、保证行车安全之用。当中央分车带较窄时，也有设置于中央分车带内以阻止车辆闯入对向行车道的安全设施。路中护栏应能满足防撞（即车辆碰撞）、防跨（即行人跨越）的功能，通常采用较高的栏式缘石形式、混凝土隔离墩式或金属材料栅栏式。

② 栏杆

桥上的安全设施，要求坚固，并适当注意美观。栏杆高一般为 0.8～1.2 m，间距为 1.6～2.7 m，城市桥梁和大桥的栏杆应适当进行艺术处理，以增加美观。栏杆和扶手常用钢筋混凝土或钢管、花岗岩石料制成。

③ 行人护栏

指为保护行人安全，在人行道与车行道之间设置隔离栏杆。一般在人行道的右侧边上安装高出地面 90 cm 左右的栏杆，它可以控制行人任意横穿道路，也可以防止行人走上车行道或车辆失灵而闯入人行道。因行人护栏主要是为了控制行人任意横穿道路，所以在结构上不考虑车辆碰撞问题，一般多用管或网材等制成。

④ 栏式缘石

栏式缘石形体较高，正面较陡，用来禁止或阻止车辆驶出路面，缘石高度一般为 15～25 cm。栏式缘石用于街道或桥梁两侧，起护栏作用，也可围绕桥台或护墙设置，起保护作用。在较窄的中央分隔带四周也可以采用，以阻止汽车驶入中央分隔带内。

⑤ 护柱

指在急坡、陡坡、悬崖、桥头、高路基处及过水路面，靠近道路边缘设置的安全设施，以诱导驾驶员的视线，引起其警惕。护柱一般用木、石或钢筋混凝土制成，间距为 2～3 m，高出地面 80 mm，外表涂以红白相间的颜色。

⑥ 墙式护栏

在地形险峻路段的路肩挡土墙顶或岩石路基边缘上设置的整体式安全墙，是用片（块）石浆（干）砌或混凝土浇筑而成的安全设施，其作用是引起驾驶员警惕，防止车辆驶出路肩。若墙身为间断式，则称为墩式护栏或护栏墩；若墙顶有柱，则称横式护栏柱。

（4）路障

路障是设置在道路上的障碍物，以阻止或控制车辆交通。按性质分，有临时性路障和永久性路障；按形式分，有移动式路障和固定式路障；按构造材料分，有木制、钢制和水泥混凝土预制块等。路障设计在与干路交叉的支路上，对防止非机动车突然驶入干路与干路机动车相撞，效果明显，但路障的宽度和厚度要适宜。

（5）道路照明

随着夜运量的日益增加，为保持夜间交通的通畅，提高道路服务水平，为驾驶人员和行人创造能及时、准确地发现各种障碍物的道路交通条件，以减少和防止交通事故的发生，道路照明必须满足交通的要求，具有明视的功能、正常的显色，并要保持相对稳定性。

道路照明质量是在人的视觉要求条件下确定其相应的技术标准。路段、交叉路口、场站、桥隧等道路工程设施以及所有的交通管理设施和服务设施，在夜间或光线不足的情况下，都需要借助道路照明来对交通起作用。交通管制的信号和标志也离不开光和色彩，因此道路照明在交通系统中，起着便于各种信息进行传递的作用。为了保证司机和行人在运动中反应和判断不会失误，必须保证其视野范围内有足够的亮度。

（6）道路绿化

道路绿化指路侧带、中间分车带、两侧分车带、立体交叉路口、环形交叉路口、停车场以及道路用地范围内的边角空地等处的绿化。进行道路绿化时，应处理好与道路照明、交通设施、地上杆线、地下管线等的关系，要综合考虑、协调配合。根据具体位置，可考虑乔木、灌木、草皮、花卉等综合种植。道路绿化应服从交通阻止的要求，起到保持驾驶员良好视距和诱导视线的作用。

7. 路面

(1) 路面种类

路面按力学特性分为柔性和刚性两类。

各种沥青路面与碎石都属于柔性路面。它是一种与载荷保持紧密接触且将载荷分布于土基上，并借助粒料嵌锁、摩阻和结合料的粘结等作用而获得稳定的路面。它具有一定的抗剪和抗弯能力，在重复荷载作用下容许有一定的变形。柔性路面是以路面的回弹弯沉值作为强度指标，利用弯沉仪测量路面表面在标准试验车后轮的垂直静载作用下轮隙回弹弯沉值，来评定路面强度。

水泥混凝土路面属于刚性路面，它具有较大的刚性与抗弯能力，能直接承受与分布车辆载荷到路基的路面结构。承载能力取决于路面本身的强度，如铺设适当的基层可为刚性路面提供良好的支承条件。

(2) 路面与交通安全

道路除应有强度足够的路面结构外，从人体观点看，为安全舒适地行驶汽车，还有路面行车质量，就是路对驾驶员的便利程度。例如，汽车驾驶操纵是否自如，乘客是否舒适，行驶费用高低，以及轮胎与路面间产生的抗滑性能等。

现代汽车减振系统的改进，因路面凸凹不平引起的振动与冲击已有所缓解，路面行车质量已明显提高，但是随着汽车性能不断提高，高速公路上的汽车经常以100 km/h的速度行驶，为了获得良好的舒适性与安全性，对路面的平整度、抗滑性的要求愈来愈高。

路面平整度主要是车辆对路面质量的要求，路面抗滑性则是交通安全的迫切要求，抗滑性差常导致交通事故。尽管现代路面技术不断提高，但由于路面附着性变差产生的事故率仍很高。如英国调查表明因路滑造成的事故占全年事故次数的24%，日本抽样调查显示因路滑造成的事故占全年事故次数的25%。

总之，路面的平整度和抗滑性对人身安危、社会、经济影响大，应予以重视。

(3) 路面平整度

路面坎坷不平，即路面平整度差，则行车阻力大，车辆颠簸振动，机件、轮胎磨损就会加快，行车安全性和舒适性就会降低，甚至造成交通事故。例如，汽车在凸路行驶，由于行驶中出现垂直向上的离心力，会与汽车垂直向下的重力部分全部抵消，地面对车辆垂直反力大大减小甚至变为零，汽车出现失重现象，转向操纵失灵，容易引起交通事故。若凸形高度太大会对汽车底部突出部件造成损害。汽车通过凹形地段，由于垂直向下的离心力很大，加上汽车的重力，使汽车钢板、轮胎的承受力加大。凹形竖曲线很小时，极易损坏钢板弹簧或轮胎的机件，从而发生故障，导致交通事故。

① 平整度标准

平整度是路面表面的平整程度，是路面质量的重要指标之一，它直接影响到行车平稳性、乘客舒适性、路面寿命、轮胎磨损和运输成本。

我国沥青路面平整度采用连续式路面平整度仪或 3 m 直尺控制施工质量，其数据见表 10-29。用 3 m 或 4 m 直尺量测路面平整度是当前各国仍沿用的简易方法。表 10-29 的允许偏差实际上为验收或养护路面而定，并非从理论上推导得来。

表 10-29　施工中沥青路面面层平整度控制标准

<table>
<tr><th rowspan="3">沥青路面种类</th><th colspan="2">允许偏差</th><th colspan="7">检查频率</th><th colspan="2" rowspan="2">检查方法</th></tr>
<tr><th rowspan="2">平整度仪 b(mm)</th><th rowspan="2">3 m 直尺 h(mm)</th><th rowspan="2">范围 (m)</th><th colspan="6">数量</th></tr>
<tr><th>平整度仪</th><th colspan="5">3 m 直尺</th><th>平整度仪</th><th>3 m 直尺</th></tr>
<tr><td rowspan="2">沥青混凝土
沥青石料</td><td rowspan="2">≯2.5</td><td rowspan="2">≯5</td><td rowspan="4">100</td><td rowspan="4">连续</td><td>公路</td><td colspan="3">10 杆</td><td rowspan="4">(1) 2 车道测 1 条轨迹
(2) 4 车道测 2 条轨迹</td><td rowspan="4">连续或随机抽样</td></tr>
<tr><td rowspan="3">城市道路</td><td rowspan="3">路宽</td><td><9</td><td>5 杆</td></tr>
<tr><td>上拌下贯
贯入</td><td>≯3.5</td><td>≯8</td><td>9～15</td><td>10 杆</td></tr>
<tr><td>表面处治</td><td>≯4.5</td><td>≯10</td><td>>15</td><td>15 杆</td></tr>
</table>

我国水泥混凝土路面平整度，规定用 3 m 直尺连续量测三次，取最大三点的平均值控制施工质量。高速公路和一级公路的允许偏差为 3 mm，其他公路为 5 mm。

② 路面粗糙度

路面粗糙度可用车辆纵向紧急制动距离、纵向摩擦系数和横向摩擦系数来表示，目前，常用摆动式摩擦系数测定仪测定路面的摩擦系数。

③ 路面构造深度

路面构造深度是用于评定路面表面的宏观粗糙度、路面表面的排水性能及抗滑性能的指标。路面构造深度愈小表明路面愈光滑，且在一般情况下，摩擦系数变小，丧失渗水、排水的功能，容易产生汽车滑水现象，造成严重的交通事故，因而路面必须保持一定的粗糙度。目前国内新推广的等粒径石子沥青路面(SMA 路面)可以在一定程度上解决小雨时路面与车轮的排水问题，从而减少交通事故。

(4) 路面抗滑性

当道路表面的抗滑能力小于要求的最小限度时(纵向摩擦系数，水泥混凝土路面为 0.5～0.7，沥青混凝土路面为 0.4～0.6，沥青表面处治及低级路面为 0.2～0.4，干燥路面数值取高限，潮湿时取低限)，车辆行驶中稍一制动就可能产生侧滑而失去控制，特别是道路表面潮湿或覆盖冰雪时，发生侧滑的危险性增大，在弯道、坡路和环形交叉处，尤其容易发生滑溜事故。路面的表面结构对抗滑能力也有一定的影响，如果路面骨料在车辆行驶下已磨得非常光滑，道路抗滑能力降低，即使在干燥路面上，也会出现滑溜现象。另外，渣油路面不仅淋湿后会很滑，气温高时，路面变软，也会很滑，在这种情况下，可采用压力预涂沥青石屑薄层铺装、路面打槽、设置合适的排水系统、限制车速、设置警告标志等方法保障交通安全。

① 路面摩擦系数

路面摩擦系数又称为路面抗滑系数。汽车在水平路面上行驶或制动时，路面对轮胎滑移的阻力与轮载的比值称为路面摩擦系数即：

$$f = \frac{F}{P} \tag{10-34}$$

式中：f——路面摩擦系数；

F——路面对轮胎滑移的阻力；

P——车轮的荷载。

按摩擦阻力的作用方向分为纵向、横向摩擦系数。摩擦系数的大小取决于路面类型、道路表面的粗糙程度、路面干湿状态、轮胎性能及其磨损情况等，并与轮载的大小成反比，与接触面积无关。

路面摩擦系数是衡量路面抗滑性的重要指标。为保证汽车安全行驶，路面必须有较大的摩擦系数。我国采用一定车速下的纵向摩擦系数或制动距离作为路面抗滑能力的指标。

考察事故原因，单纯因路滑造成的仅占一定比率，加大路面的摩擦系数虽可减少事故与损害程度，却不能根除事故。反之，如摩擦系数过大，则行驶阻力大、耗油量大、车速降低且舒适性差。因此，路面防滑一定要综合从安全、迅速、经济上考虑。

我国用摆式仪测定摩擦系数，它可以测定路面干燥或湿润条件下的纵向、横向摩擦系数。沥青路面抗滑标准如表10-30。

表10-30　沥青路面抗滑标准

路段分类 / 公路等级	一般公路			环境不良路段		
	摩擦系数	构造深度(m)	石料磨光值	摩擦系数	构造深度(m)	石料磨光值
高速公路、一级公路	52～55	0.6～0.8	42～45	57～60	0.6～0.8 (1.0～1.2)	47～50
二级公路	47～50	0.4～0.6	37～40	52～55	0.3～0.5 (1.0～1.2)	40～45
三级公路、四级公路	45	0.2～0.4	35	50	0.2～0.4 (1.0～1.2)	40

表10-30的环境不良路段指高速公路的立交、加速与减速车道；其他各级公路指交叉路口、急弯、陡坡或集镇附近。表列数值对低级公路或年降雨量为500 mm的地区可用低值，反之用高值；年降雨量为100 mm的干旱地区可不考虑抗滑要求；括号内数值表示易形成薄冰路段。

轮胎与路面间的摩擦系数随车速增高而减小。最大摩擦系数出现在汽车车轮与路面的滑移率为15%的时候。干燥路面上车速增高，摩擦系数稍减小，潮湿路面上随着车速增高，摩擦系数明显地减小。

② 路面摩擦系数、构造深度的变化

路面抗滑性能对交通事故有很大的影响。在研究中发现，公路开通初期路面摩擦系数较大，由此引发的事故极少。但使用一段时间后，路面由于磨损，摩擦系数下降较多，由此引发的事故也逐渐增多，特别是在弯道、坡道处，常发生严重交通事故，这种路面雨天事故率明显升高。提高这些路面的摩擦系数，有利于减少交通事故。表10-31列出了成渝高速公路重庆段几处路面改造前后的摩擦系数和路面构造深度。

表10-31　成渝高速公路重庆段典型路面实测摩擦系数和路面构造深度

重庆成渝高速公路		缙云山隧道左线入口（沥青路面）		缙云山隧道右线入口（沥青路面）		右线 317 km（沥青路面）			左线 300 km＋400 km（沥青路面）			左线 300 km－100 km（沥青路面）		
车道		行车	超车	行车	超车	停车	行车	超车	停车	行车	超车	停车	行车	超车
路面摩擦系数	干	0.75	0.71	0.56		0.63	0.87	0.73	0.80	0.79	0.75	0.66	0.64	0.56
	湿	0.46		0.32		0.45	0.43	0.45	0.54	0.44	0.46	0.41	0.36	0.51
路面构造深度		1.6	1.7	0.3		0.6	0.3	0.5	0.77	0.85		0.53	0.4	0.3

由表10-31中数据可知路面的干湿摩擦系数相差很大，可达40%左右，粗粒度构造深度新路面为0.8左右，两年后变为1.6左右，而中粒度新路面约为0.6，两年后变为0.3左右，接近水泥路面磨光后的程度。因此，高等级公路路面采用的砂石粒度应考虑该路段的纵、竖线形与汽车制动的频繁程度。对于下坡转弯的弯道与水平直线交接附近应选用粗粒度砂石，即SMA路面。路面磨损变光滑，不仅使路面摩擦系数下降，也使路面表面结构深度变小，不利于雨天车轮与地面之间的排水，从而产生滑水现象造成交通事故。成渝高速公路重庆缙云山左线隧道入口处和300～400 m处路面，在使路面的砂石粒度增大后，原来有雨必发生事故的现象基本消失。这表明路面的摩擦系数和它的渗水性能都直接影响行车安全。日本近年采用渗水路面新技术，取得了良好的效果。

(5) 路面病害对交通安全的影响

① 泛油

由于油石比过大，矿料用量不足，在气温高时就会形成泛油，轻则形成软粘面，重则形成“油海”。油粘在轮胎上，降低了行车速度，增加了行驶阻力。雨天，多余的沥青降低了路面防滑性能，影响行车安全。

② 油包、油垄

由于石料级配不当，油量过大，使得路面在车辆水平力作用下推移变形。车辆制动或起动时摩擦力较匀速行驶时要大，故这种病害多发生在路口、停靠站的路面上，油包、油垄严重影响行车的舒适性，同时也加快了机件的磨损。

③ 裂缝

由于施工不良、路基沉陷，造成路面整体性不好；或沥青材料老化、沥青质量低、油石比过小等原因，路面出现龟裂、网裂或纵横裂缝，影响路面的平整度，干扰车辆正常行驶。

④ 麻面

主要是由于施工方法不同、油石比过小、搅和不均匀等造成，严重时可使行车颠簸，对于自行车交通影响更大。

⑤ 滑溜

石料磨光、磨损或泛油形成表面滑溜，危及行车安全，对道路交通影响很大。

8. 交叉口

道路与道路相交的部位称为道路交叉口。交叉口把各条道路连接起来，形成网络。由于相交道路上的各种车辆和行人均需汇集于交叉口后，才能转向其他道路，这时车辆和车辆之间、车辆和横过道路的行人之间相互干扰，降低行车速度，造成交通阻塞，容易产生交通事故。

(1) 平面交叉

交叉口由于交通量大、冲突点多及视线盲区大，所发生的交通事故也多。在平面交叉口处，由于多个方向的交通流汇入，致使交通量大幅增加，而且各方向行驶的车辆存在许多可能导致事故发生的潜在冲突点。在平面交叉口处，观察相交道路时视线因建筑物遮挡等原因而受到影响，形成视线盲区；同样相交道路上的车辆视线也受到阻碍，因此行车视距较低，这些原因都可能导致道路交通事故的增加。

某市2000年不同类型的道路交叉口交通事故数据的分析结果如图10-25所示。

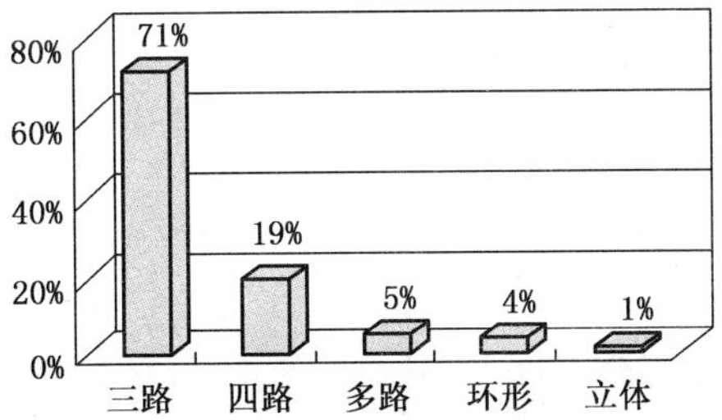

(a) 公路

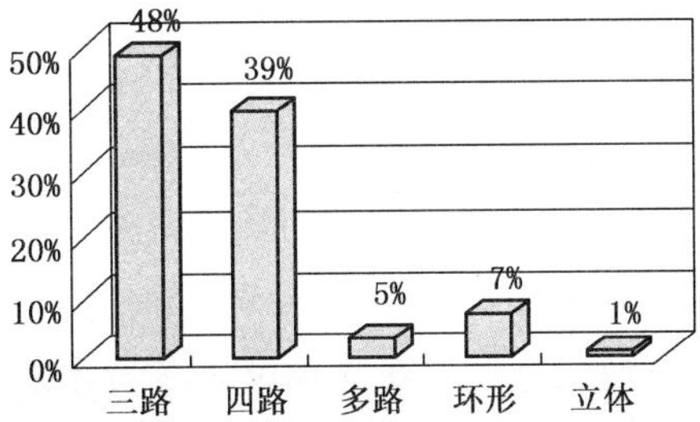

(b) 城市道路

图10-25　某市2000年不同类型道路交叉口的事故比例

从图中可以看出，公路的交叉口类型对行车安全影响较大，三路交叉口发生事故最多；在城市道路中，不同类型交叉口的交通事故率也存在明显差别，三路交叉口发生事故同样最多。

表 10-32 是该市市区各类型交叉口的道路交通事故数据。

表 10-32　某市交叉口类型与事故率

交叉口类型	事故数(次)	事故数总计(次)	所占比例(%)	交叉口数(个)	交叉口事故率(%)
三路交叉口	261	545	47.89	52	5.02
四路交叉口	214		39.27	99	2.16
多路交叉口	28		5.14	11	2.55
环行交叉	37		6.79	5	7.40
立体交叉	5		0.92	13	0.38

从表 10-32 中可以看出环行交叉口事故率最高，危险性也最大，之后依次为三路交叉口、多路交叉口、四路交叉口和立体交叉。由于环行交叉口存在交织段、车辆汇流和分流的机会多、冲突点最多，因此行车危险性最高；畸形交叉口不良的几何设计也会造成视距不足、行车轨迹冲突点多等诸多安全隐患；立体交叉的分流量、分流向的几何设计，可以消除车辆间的大多数冲突点，行车最安全。

① 交叉路口的道路条数

平面交叉的相交道路宜为 4 条，不宜超过 5～6 条，因交通流的冲突点、合流点、分流点会随道路条数增加而显著增加。如表 10-33 的四路交叉，有冲突点 16 个，合流、分流点各 8 个，共计 32 个。在未设交通信号或无交通警察指挥的交叉口，车辆相撞的危险性大。

表 10-33　交叉路口道路条数与冲突、合流、分流点数

交叉道路条数	冲突点	合流点	分流点	合计
三路交叉	3	3	3	9
四路交叉	16	8	8	32
五路交叉	49	15	15	79
六路交叉	124	24	24	172

产生冲突点最多的是左转弯车辆，如四路交叉口，如无左转车则冲突点可从 16 个减少到 4 个。因此，为保证交叉口安全、畅通，应尽可能设置左转弯车道，同时，交通信号灯设左转相位。左转车道如不与直行车道兼用，可减少左转弯事故，并增加交叉口的通行能力。在设计小时交通量 200 辆/h 以下，且左转弯率在 20% 以下的情况下可不设。

② 平面交叉口的间隔

交叉口之间的距离受左转弯车道长度、交织长度和驾驶员注视限度所制约，尚无通用的计算式。作为参考，表 10-35 是英国城市道路平面交叉口间隔的指标。

表 10-35　英国城市道路交叉口间隔

道路分类	主干线道路	干线道路	地区分流道路	当地分流路
交叉口间隔(m)	550	275	210	90

③ 平面交叉路口的交角

平面交叉路口的交叉角应近于直角，主干线应近于直线，平面与纵断线形应缓和。错位交叉、斜向交叉等变形交叉应改善交叉状况，采取设置渠化岛等措施，增大相交道路车流方向的交角，以利车辆安全行驶、提高通行能力。

④ 平面交叉路口的渠化

渠化交通的主要作用是保证车辆行驶的安全，渠化的方法如下：a. 利用分车线或分隔带、交通岛等，将道路上不同行驶方向和行驶速度的车辆以及交叉口左转、右转和直行方向的车辆按规定的车道行驶，使行人和司机均容易辨明相互行驶的方向，以利于有秩序地通过；b. 利用交通岛的布置，限制车辆的行驶方向，使斜交对冲的车流变为直角或同方向的锐角交织；c. 利用交通岛的布置，限制车道宽度，控制车速，防止超车，并在其上设置交通标志，以及作为行人过街时避车用的安全岛；d. 利用交通岛的布置，可以防止车辆在交叉口转错车道；e. 在交通量较大、车速较高的交叉口利用交通岛组织渠化交通时，还需要考虑设置变速车道和候驶车道，以利于左转弯车辆转向行驶和等候的需要；f. 在交叉口布置交通岛时，应使行车自然而方便，一般采用比较集中的大岛。

⑤ 交通控制

一般来说，当交叉口交通量发展到接近停车或让路标志交叉口所能处理的能力时，应对交叉口采取信号控制；城市分主、次干道时，停车线应设在次干道上以便让路；交叉口交通阻塞，可采用单向交通等办法来解决，但附近的交叉口可能受到左、右转弯车辆增多的不利影响，应慎重考虑。

如果交叉口是区域控制系统的一部分，那么交叉路口控制要服从区域控制系统的要求。交通标志应与区域内其他标志控制方式相一致。

⑥ 辨认距离

为辨认平面交叉口的驶入口处，应在一定距离设置交通信号灯或标志，其最短距离如表 10-36。

表 10-36　平面交叉口的辨认距离

设计车速(km/h)			20	30	40	50	60	80
辨认距离(m)	信号交叉口	一般公路	60	100	140	180	240	350
		城市道路	40	70	100	130	170	—
	无信号交叉口		20	35	55	75	105	—

⑦ 右转车道与变速车道

右转车道是平交路口右转车流量大时，为保证直行车流通畅而设的附加车道。它能提高交叉口的通行能力，其长度由减速或加速段和直行段所组成；加速车道是在高速公路上为保证汽车驶入高速车流前能安全加速，且不干扰其他车辆而设，减速车道是为汽车驶离高速公路驶向另外公路而设，这两种车道又称为变速路段或变速区间，有利于合流、分流并减少事故。

(2) 立体交叉

尽管设置立体交叉的目的是尽可能提高交通安全性及各交通流的运行效率，但是立交范围内出现的关于驾驶员、车辆、道路、交通和环境条件的任何突变都会造成交通安全隐患。使道路上原本未经干扰的交通流在立交范围内产生突变的原因有：驾驶员需要进行必要的决策、车辆组成发生变化、道路几何线形变化、车速变化以及行驶条件和环境的变化。

表 10-37 是某高速公路立体交叉各组成部分上、收费站及连接道路上的交通事故的分布情况。

表 10-37　某高速公路立体交叉各组成部分上的事故分布

组成部分	驶出匝道			驶入匝道			加减速车道	驶出匝道与干道分岔口	其他
	左转匝道	右转匝道	合计	左转匝道	右转匝道	合计			
事故次数	23	20	43	4	2	6	42	37	3
占总数百分比(%)	17.6	15.2	32.8	3.1	1.5	4.6	32.1	28.2	2.3

由表 10-37 可见，驶出匝道的事故明显多于驶入匝道，其原因主要是进入匝道前后车速不同所致，高速公路干道上的行车速度一般高于收费站进口至驶入匝道的连接道路上的行车速度。对驶出匝道而言，事故多发的原因除个别为匝道构筑条件不当(如超高不足、摩擦系数过低)外，多数是由于在减速车道上没有充分减速，因车速高于匝道的限制车速而在离心力的作用下发生翻车事故。至于高速公路的左转驶出匝道事故略多于右转驶出匝道的原因则主要取决于线形条件上的差异，左转匝道的转角及起终点高差较大，其总体线形指标一般低于右转匝道。

图 10-26 为该高速公路上立体交叉各组成部分、收费站及连接道路上的交通

事故的事故形态分布特点。

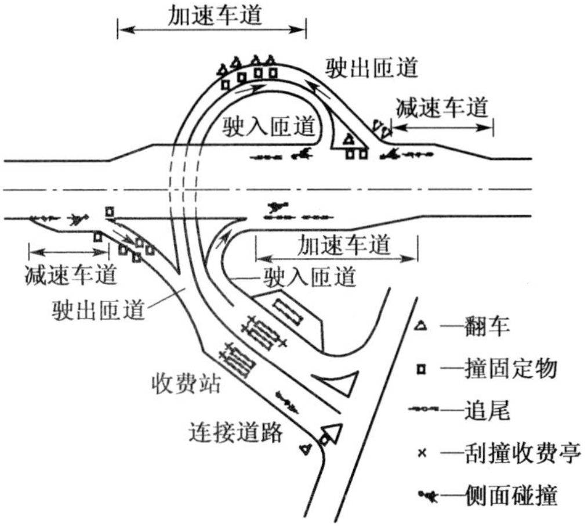

图 10-26　某高速公路立体交叉各组成部分、收费站及连接道路上事故形态分布

表 10-38 对比列出美国道路交通事故与立体交叉出入口匝道的关系。从表 10-38 中可以看出，无论城市道路还是公路，事故率都随着立体交叉进出口匝道间距的减少而增加，而且驶出匝道的交通事故明显多于驶入匝道，这一点与上述高速公路的研究结果相同。由于城市道路交通流量大、车辆类型多，加上又有非机动车和行人的干扰，交通运行情况复杂，因此城市道路立体交叉的交通事故明显多于公路立体交叉，而且当出入口匝道间距从 0.2 km 增加到 8 km 时，对于公路立体交叉而言，出口一侧的交通事故率会降低 20%，入口一侧降低 100%；对于城市道路立体交叉而言，出口一侧的交道事故率会降低 90%，入口一侧降低 60%。

表 10-38　交通事故与立体交叉出入口匝道的关系

道路种类	出入口匝道间距 d(km)	出口		入口	
		事故数（次）	事故率（次/百万车公里）	事故数（次）	事故率（次/百万车公里）
城市道路	$d<0.2$	722	131	426	122
	$0.2\leqslant d<0.5$	1209	127	1 156	125
	$0.5\leqslant d<1.0$	786	110	655	105
	$1.0\leqslant d<2.0$	280	75	278	84
	$2.0\leqslant d<4.0$	166	63	151	59
	$4.0\leqslant d<8.0$	19	69	200	75
	$d\geqslant 8.0$	—	—	—	—

续 表

道路种类	出入口匝道间距 d(km)	出口		入口	
		事故数（次）	事故率（次/百万车公里）	事故数（次）	事故率（次/百万车公里）
公路	$d<0.2$	160	76	117	80
	$0.2 \leqslant d<0.5$	459	75	482	82
	$0.5 \leqslant d<1.0$	559	69	560	72
	$1.0 \leqslant d<2.0$	479	69	435	64
	$2.0 \leqslant d<4.0$	222	68	169	51
	$4.0 \leqslant d<8.0$	46	62	52	40
	$d \geqslant 8.0$	—	—	—	—

立体交叉发生交通事故的可能性与匝道的交通量及其与主线交通量之比有密切关系。发生在匝道上的交通事故主要有：追尾碰撞、擦边碰撞、碰撞固定物体、失控、倾斜和碰撞行人，其中 82%的交通事故是追尾碰撞，图 10-27 是美国立体交叉匝道发生不同类型交通事故的比例。

我国各城市主要平面交叉口超负荷现象日趋严重，有的路口高峰时堵塞时间长达半小时，排队长度可达 1 km，时间与经济损失较大。近年各大城市修建了各类型的立交，对缓解交通拥塞与减少交通肇事起到了很好的作用，但尚未满足经济与交通发展的需要。

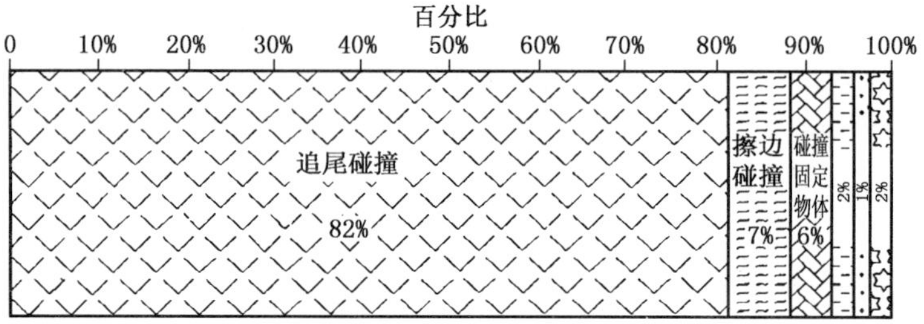

图 10-27　美国立体交叉匝道的事故类型比例

第11章 道路交通安全中远期管理规划

按道路交通安全管理规划研究的时限不同，可分为近期规划(2～5年)、中期规划(6～10年)、远期规划(11～15年)。中期规划是系统地、有计划地进行交通安全需求分析及交通安全预测，科学合理地制定交通安全法规教育计划、合理布局交通安全设施、有效落实交通安全设施投资、科学组织交通安全管理。远期规划则是主要确定规划区远期交通安全管理目标、水平，确定规划区交通安全系统结构、功能；系统地提出交通安全存在的问题，并预测交通安全发展动态，提出相应对策，制定交通安全设施网、交通安全调度指挥中心以及智能交通安全系统的建设方案。

可以说，道路交通安全中远期管理规划的任务就是：系统地进行交通安全现状分析及交通安全预测，全面提出交通安全存在的问题，确定规划区中远期交通安全管理目标、水平，制定宏观政策，科学合理地制定交通安全法规教育计划，合理布局交通安全设施，有效落实交通安全设施投资及科学组织交通安全管理。

本章从建立健全交通安全政策和法律法规、加大道路交通安全投入、提高交通参与者的交通安全素质、增强车辆的安全性能、改善和提高道路的安全性、改善事故发生后的紧急救援、改进和提高交通安全管理水平、加强交通安全研究八个方面着手，制定道路交通安全中远期管理规划。

11.1 建立健全交通安全政策和法律法规

11.1.1 完善法律法规

国内外交通管理水平先进城市的经验已经表明，“加强交通管理法制建设、依法严格管理”是公安交通管理部门提高交通管理业务水平的基础和必要前提。法律法规的建设与完善是整个道路安全的基础。只有抓紧建立健全交通法规，经常向社会宣传交通法规、交通事故和交通事故案例，教育各界人士严格遵守有关交通管理的各项规定，“防”、“治”结合，以“防”为主，才能有效地维护交通秩序，确保交通安全，减少道路交通事故。比如制定和执行限速规定、酒精危害法规、使用安全带和儿童安全座椅的法规等。

11.1.2 制定相应的交通发展政策，确保交通有序、安全、畅通

重视交通管理，平衡交通需求，合理调度道路网络交通流分布，提高交通系统的整体运行效率。一方面发展高技术的交通系统管理（TSM），建立全市交通控制系统，增加安全，防止交通堵塞，通过发展出行需求管理体系来减少对交通基础设施和能源的需求。另一方面，必须长期坚持必要的交通需求管理（TDM），香港、新加坡以及发达国家一些城市的先进经验表明，一手抓必要的交通设施建设，一手抓长期的交通需求管理，是解决大城市交通问题的根本性出路。

11.2 加大道路交通安全的投入

道路交通安全工作和其他任何工作一样，也是需要有一定的资金作为工作开展的基础保障的，因此政府及相关部门应该大力支持道路交通安全的建设工作，为道路交通安全状况的改善提供基础保障措施。

道路交通安全也是生产力，道路交通安全首先是生命的价值、健康的价值和社会的效益。道路交通安全也能创造效益，道路交通安全水平提高了，就能最大限度地降低交通事故的损失，直接的经济效益和社会效益就很显著。道路交通安全水平的提高要靠投入的保障作为基础，交通管理部门采用先进实用的交通管理技术，引进先进的管理手段，从技术手段上消除道路交通安全隐患，这就需要解决资金渠道，加大交通管理的投入。

道路交通安全投入为道路交通安全中其他各个要素的开展提供物质的保障。安全投入一是劳动的投入，即专业人员的配置；二是资金的投入。科学的投资原则和机制，合理的投资比例和结构是提高交通安全水平要解决的根本问题。

11.2.1 政府要加大交通安全设施的投资

对于新建道路上的交通安全设施（交通标志、标线、信号灯、隔离护栏等）应与道路建设同步建成，其经费应列入道路建设预算中。原有道路上的交通管理设施的补充、调整和日常的维护等经费，应列入城市建设维护费，每年定期划拨。

交通安全设施应属于城市基础设施的一个组成部分，一个城市每年均有基础设施建设投资的计划，然而多数城市在这项计划中没有将交通安全管理部门所需的交通安全设施建设经费列入预算。相对一个城市每年的基础设施建设投资额来说，交通安全设施建设所需经费只是其中很小一部分。为了保障交通安全设施建

设资金的到位,满足交通安全管理的需要,必须提请政府做出决策,制定办法改变现有的经费管理模式,理顺经费渠道,将交通安全设施的建设资金纳入城市基础设施建设的预算中去。交通安全管理部门根据道路交通安全规划以及交通安全管理的实际需要,提出年度维修建设计划,列入政府道路维护建设经费计划;也可以借助社会力量,积极吸引社会资金投入交通安全项目,提供优惠政策,鼓励社会投资交通安全项目建设。

11.2.2 明确交通安全专项经费的投入,实行专项经费稽查制度

政府划拨的交通安全专项经费,在实际的运作过程中要实行稽查制度,保证专款专用。交通安全的投入应该定性与定量相结合,必须制定政策,明确交通安全投入的项目,主要包括:一是交通安全措施经费,如交通安全设施建设项目、交通安全评价等安全技术服务费用,以及交通安全设施装备和维护、宣传、培训、教育费用等;二是交通管理部门人员安全保护用品经费;三是为交通安全管理部门的人员投入的工伤保险经费等。

交通安全专项经费的稽查,可以利用财务审计,形成独立报告,报告应送交通管理部门的上级主管部门监督管理,确保交通安全专项经费的投入落到实处,提高交通安全水平,降低交通事故的发生。

11.2.3 制定合理的激励政策,明确交通管理人员的配备结构

交通管理的内部管理工作中,作为激励机制的结构性内容和基本框架,也应当制定和实施符合人力资源管理原理的选员聘任制度、能力提升制度、绩效考核制度和薪酬奖惩制度等内部激励制度,而这些制度的建立尤其要着眼于提高人员素质,以符合职务规范的要求。

实施选员聘任制度,就是要采用科学的选员方法,从普通职员中公开选聘有能力的业务骨干,任用他们成为基层队伍的管理者;就是要把竞争机制引入用人制度,通过自我推荐和综合评估竞聘上岗;就是要结合交通管理工作发展的需要,帮助职员制定个人的发展计划,引导职员不断提高自身各方面的能力和素质。

实施能力提升制度,就是要对职员进行分类培训,按照职员不同的工作岗位和职务级别,有针对性地提高职员的工作技能和业务水平;就是要结合对职员工作绩效的评估,分析和挖掘内在的潜力,制定周密的培养目标和计划,并在实际工作中加以贯彻和不断修正,以达到在动态循环中全面提升职员能力的目的。

实施绩效考核制度,就是要根据交通管理工作的需要,对职员的工作表现和取得的工作成绩进行系统考核和评查,监督和控制职员的日常表现和工作状况,并在奖惩机制和选员机制中引入考评结果,把考评结果与个人利益挂钩;就是要对现行

的目标责任制进行改革，把考核内容和考核标准与整个交通管理的发展方向结合起来，使考核真正起到刺激和强化职员目标行为的作用，从而推动交通管理工作的健康、稳定发展。

实施薪酬奖惩制度，就是要在有限的范围内，充分利用国家机关福利待遇有保障的优势，调整福利制度和政策，结合具体情况采取不同的方案给予职员真正需要的福利待遇，增强组织的凝聚力；就是要制定合理的奖励制度，对职员的额外劳动及突出贡献给予适度奖励，提高职员的工作积极性；就是要制定合理有效的制约惩罚机制，对职员的违法违纪行为进行严厉查处，同时要本着治病救人的目的，帮助犯错误的职员提高认识、改正错误，并分析深层次原因，从根本上杜绝问题的再次出现。

各种具体制度和规范实际上是激励机制的载体，要使载体真正能产生积极效果，管理者起着决定性作用。其中，沟通和交流更是决定激励制度能否达成预期效果的先决条件。使职员明确组织的目标离不开沟通，了解职员的需要离不开沟通，对激励制度进行调整使之适应组织的具体环境离不开沟通，激励制度实施后效果的反馈也离不开沟通。因此，管理者自身首先要提高沟通的能力，通过良好的沟通使政策人性化，保证制度顺利贯彻实施。

11.3 提高交通参与者的交通安全素质

道路交通系统是由人、车、路、环境等要素构成的复杂的动态系统。其中“人”包括驾驶员、骑车人、行人等。在人、车、路、环境这四个变量中，“人”是唯一的自主形变量，与其他三个变量相比，只有人是主动的、有意识的，他接受来自道路、车辆、环境以及交通流当前状态的信息，经过判断和加工后做出决策，根据环境条件对车辆实施控制和操作。

交通事故是道路交通系统中，由于人、车、路、环境动态系统的诸要素的配合失调而偶然突发的事件。在道路交通系统中，由于人是四大要素中唯一的自主型变量，因此，人是交通事故的核心。各国对交通事故原因的统计表明，人的因素占80%～90%以上，车辆和道路因素所占比例相对较小。例如，我国1997年的统计表明，人的因素占92.9%（其中机动车驾驶员占83.6%，非机动车手占4.4%，行人和乘客占4.9%），车辆因素占4.5%，道路因素占0.1%。因此加强交通安全宣传教育，提高交通参与者的交通素质，对预防和减少交通事故有较为明显的作用。

11.3.1 严格管理，提高驾驶员安全素质

自1996年6月，公安部发布了《中华人民共和国机动车驾驶证管理办法》、《中

华人民共和国机动车驾驶员考试办法》及 1999 年 12 月公安部发布了《中华人民共和国机动车驾驶员交通违章记分办法》，使我国机动车驾驶员的培训管理工作开始规范化、制度化，但仍然面临许多的问题和困难，主要表现在以下几个方面：

（1）驾驶员的交通安全意识淡薄

（2）驾驶员队伍的结构发生了巨大变化

（3）驾驶员的流动性大

（4）尚未形成驾驶员日常培训机制

2004 年 4 月 30 日公安部以公安部令的形式发布《道路交通安全违法行为处理程序规定》、《交通事故处理程序规定》、《机动车登记规定》、《机动车驾驶证申领和使用规定》，于 2004 年 5 月 1 日实施。

1. 强化培训、教育新驾驶员

机动车驾驶员的培训应包括两部分内容：交通法规及相关知识的课堂培训、机动车驾驶操作的场地培训。其中交通法规及相关知识的课堂培训由驾驶员培训学校或者交通安全教育学校组织，学员在结束学习后要参加由公安交通管理部门组织安排的统一考试，成绩合格后方有资格参加机动车驾驶的场地培训。

理论培训应主要包括：道路交通管理法规概述，交通信号及标志标线，机动车和机动车驾驶员的管理规定，车辆装载和车辆行驶的规定，高速公路交通管理规定，交通违法行为的处罚及道路交通事故处理，安全驾驶及汽车机械常识。

机动车驾驶员必须经过全天候的行车训练，才能发给正式驾照。对于有些训练项目可以随时间分白天和夜晚进行，但绝对不能取消，对大客车、大货车、特种车的专职司机来说，这点特别重要。在考核过程中，一定要坚持高标准、严要求，确保驾驶执照考核质量，杜绝无证驾驶和买卖驾驶证现象。

2. 严格管理老驾驶员

加强对驾驶员的安全教育，严禁无证驾驶，严禁酒后开车、违章驾驶、疲劳驾驶。对于违反规定的要给予严处，不能只是罚款了事，一定要按情节分别实施行政或刑事处罚。通过违章处罚与事故处理加强对驾驶员的教育与管理，对交通违章及发生交通事故当事人，给予记分和必要的再教育，并进行驾驶适应性测验，凡不合格者，严禁上路行驶。

与驾驶员所在单位合作，加强对驾驶员的日常交通安全教育。建立驾驶员安全联组和个体驾驶员协会，使机动车驾驶员都能达到自我管理和自我教育。

11.3.2 加强交通安全教育宣传、提高全体交通参与者的安全素质

我国目前的安全教育不普及，只有部分大中城市开展得较为深人，其他地方大多仅限于交通事故图片展览和简单的宣传，而且次数很少，效果差。与真正的全民

安全教育尚有较大的差距,特别是对儿童和青少年的安全教育更是很少。群众交通法规观念淡薄,不论城市街道还是乡村公路上,许多交通参与者没有养成遵守交通法规的习惯,任意违章行车和穿越马路,给交通安全带来重大隐患。非机动车和行人见缝插针,胆大的司机在没有警察的情况下违规行驶的现象比比皆是。

交通安全宣传教育是一项重要的基础性工作,是提高全社会交通安全意识和文明交通意识的重要途径。发达国家将交通安全宣传教育工作作为社会公益活动,社会团体和企业发挥了主渠道作用,新闻媒体以及交通运输、汽车制造、机动车保险业等相关行业更是从形式到资金给予积极的支持,并使其长期化和制度化。

例如,日本就十分重视交通安全的宣传,每天晚上的黄金时刻,电台和电视台都播送当天的交通要闻和安全信息。日本的出租车一般都装有小屏幕的电视机,可以随时接受交通诱导和管理部门的指导、教育。在日本东京市的路口,可以看到矗立着的高大路牌,上面写着某年某月某日某君在此因车祸罹难,以警示人们路口似虎口,注意自身安全。

日本的少年儿童从小就接受在语文、算术和图画等科目中穿插的有关交通安全的知识。政府通过交通管理部门向学龄儿童赠送玩具,包括各种车辆、交通标志,还为儿童开设了交通安全俱乐部和交通公园。

每年春季和秋季,日本都开展声势浩大的交通安全活动,首相亲任主席。报刊、广告、电台、电视台等各种媒体广泛宣传交通安全的意义。尤其引人注目的是,向全国征集交通安全标语,每年收到的交通安全标语竟达30多万条。这些来自民间的标语口号每年不同,使人耳目一新,易于接受。

提高市民的交通安全意识,必须加强交通法规与安全宣传,让市民了解交通管理知识,理解交通语言,并加大执法力度才能提高全体交通参与者的交通安全意识,才能使交通安全宣传教育产生最好的效果。

1. 采取形式多样的教育宣传途径

如交通广播电台和电视台的专题节目,市中心主要路口路边设置交通安全宣传栏等。

2. 要扩大宣传教育面

提高公众交通意识,要从幼儿和小学教育开始。根据幼儿和小学生的特点,采用挂图、漫画、拼图等儿童易于接受的形式,让儿童从小接受交通安全教育,为将来提高全民交通意识奠定好的基础。在中学开展交通法规教育,牢固树立遵守交通法规的观念。定期开展交通安全宣传周活动,向全社会宣传有关交通法规方面的指示,提醒广大市民提高交通安全意识,认识交通事故的严重后果。

3. 应建立驾驶员再教育制度

定期举办交通安全教育展览会,使驾驶员重温交通安全常识和交通规则,并了解各地近期的交通动向以及各种与交通有关的政策措施。同时开展咨询活动,增加交通管理部门与驾驶员的沟通渠道,及时交流思想和反馈意见。

4. 定期发放交通安全科普读物

有条件的情况下,应向不同交通参与者如老人、儿童、城乡结合部居民、外来打工者发放有针对性的交通宣传读物。内容以宣传道路交通管理法规为主,并给予一些道路使用、交通常识、交通信号和标志/标线、车辆和驾驶员管理、交通违章及事故处理等方面内容,应做到图文并茂,通俗易懂。例如,中国道路交通安全协会为了配合《中华人民共和国道路交通安全法》的实施,出版了一套共四本交通安全读本,分别为《小学生交通安全读本》、《中学生交通安全读本》、《老年人交通安全读本》、《村民、进城务工人员交通安全读本》。这些读本针对不同的群体,有针对性地介绍了道路交通安全知识。

11.4 增强车辆的安全性能

11.4.1 完善汽车安全设施

车辆先期的安全性能是车辆生产厂家所赋予车辆的安全质量的技术保障,它包括两个方面:一是使车辆具备避免事故的能力;二是使车辆具有事故后减轻人身伤害的能力。前者主要是通过车辆结构、工艺措施以及使用期间的技术手段来提高汽车的动力性能、操纵性能、稳定性能和制动性能;后者主要取决于车辆设计中有无可靠的安全防护装置。

目前,汽车常见的安全设施有安全气囊、报警监控系统(ARTS_GPS)、防抱死制动系统(ABS)、循环控制系统(TCS)和其他安全设施(故障显示器、可调式座椅、品质优良的轮胎、车外的防撞架等)。

我国应积极鼓励机动车安装行车安全装置,汽车自动自限制装置、行车自动监控装置以及交通情报通信装置等,完善汽车安全设施。

11.4.2 尽快实行机动车检验社会化

机动车检验是车辆管理机关给予道路上行驶机动车辆的动力性、经济性、安全性、可靠性及噪声、废气排放等性能需求,依照国家有关法规、技术标准等,对机动车进行的安全性能检验。根据《中华人民共和国道路交通安全法》第十三条规定,对登记后上道路行驶的机动车,应当依照法律、行政法规的规定,根据车辆用途、载客载货数量、使用年限等不同情况,定期进行安全技术检验。

11.4.3 完善机动车强制报废制度

从制度上杜绝“带病”车辆上路行驶，有效预防重大交通事故的发生。不同用途的机动车应有不同的安全技术检验间隔时间，应当报废的机动车必须及时办理注销登记，严禁报废车和非法拼装、改装、组装车上路，尤其对于报废的大客车应当在公安交通管理部门的监督下解体。通过加强机动车年检测收费管理，采用计算机打章防伪新技术，加强车辆年检工作，杜绝事故隐患。

11.4.4 完善机动车强制保险制度

机动车辆保险，尤其是第三者责任保险，在稳定社会关系、维护社会公共秩序、保障道路交通安全方面具有特殊作用，不仅限于合同双方的经济活动，而且逐渐发展成为社会法制体系的一个组成部分。

11.5 改善和提高道路的安全性

11.5.1 通过土地使用政策减少危险因素

土地使用规划影响着人们出行的数量、方式、路程及路线，合理使用土地可以减少机动车交通流量。目前的项目安全评估通常都集中在单独的项目上，很少考虑其对更广泛的地区、路网所产生的影响，应该在早期规划阶段就考虑土地使用计划决策对于整个地区交通安全的影响，避免因土地使用政策失误而对道路安全造成消极后果。

11.5.2 通过路网规划管理提高道路安全水平

一个高效的路网，可以确保车辆以最短最直接的路线行驶，同时确保这样的路线最快捷最安全，从而将道路交通事故的危险因素减少到最低。如限制不同的路网进入途径、在路网中给予高载客量的车辆优先通行、提供短程安全路线、鼓励使用较为安全的公共交通方式等。

预防行人和自行车进入机动车道和预防机动车进入行人区是减少高速行驶车辆与没有保护的道路使用者接触的两个完善有效的措施。在路网的道路设计中体现安全理念也非常有效。安全工程的一个主要目标就是使司机自然遵守限速规定。工程设计本身也能够引导道路使用者采取安全行为，弥补有可能导致交通事故的道路设计缺陷。如单行道设计、居民区通行道路设计、人行道和自行车道的安全设计以及路边碰撞保护设施等。

道路安全是路网规划、设计需要考虑的一个重要方面。通过对路网的规划和管理，可以构建一个安全高效的路网，从而使道路使用者出行更加安全便捷。

11.5.3 实施道路设计审查制度，提高道路设计安全性能

要严格按照技术标准和规范进行平、纵面线形的设计，在允许的情况下，要尽量选用高指标。平面线形要与地形、地物、环境和景观等相协调，保证线形的连续性和均衡性；纵面尽量做到纵坡平缓，竖曲线设置合理。

在做好平纵面设计时，还要特别重视线形组合设计，因为交通安全的可靠性不仅与平面线形、纵坡有关，而且与线形组合是否协调有密切的关系，虽然线形标准都符合规范，但组合不好仍然会导致事故的增加。例如，陡坡与平曲线重合时，道路行车的安全性大大降低。前苏联对弯道与纵坡相组合路段的交通事故率进行研究发现，随着坡度的增大和平曲线半径的减小，交通事故率将逐渐增大。

(1) 当平曲线半径大于 2 000 m、纵坡小于 2%时，事故率最低，此时行车最安全。

(2) 当平曲线半径小于 2 000 m、纵坡仍然小于 2%时，事故率随平曲线半径的减小而缓慢增加。

(3) 当平曲线半径大于 2 000 m、纵坡介于 2%～4%之间时，事故率随平曲线半径的减小而仍然很低。

(4) 当平曲线半径小于 2 000 m、纵坡仍然介于 2%～4%之间时，事故率迅速增加。

(5) 当纵坡大于 4%时，使平曲线半径大于 2 000 m，事故率也很高，并且高于平曲线半径最小时的事故率，这也说明纵坡对行车安全的影响程度远远大于平曲线。

(6) 当纵坡大于 6%时，无论平曲线半径是多大，事故率都很高，而且一直随纵坡增加呈直线上升趋势，说明在道路设计中应尽量避免陡坡的出现，尤其要避免陡坡与急弯组合的情况。

11.5.4 严把道路运营前的安全核查与验收，确保交通安全

在优化道路设计的前提下，道路施工时要严把质量关。在道路投入运营前后进行线路安全检验、路面及侧向净空的安全检验、道路交叉的安全性检查、景观方面的安全性检验等工作，从道路质量方面杜绝事故隐患。例如，路面对交通安全有特定的作用，如抗滑性能好和摩擦系数大，可避免交通事故发生或减轻事故发生的损失。

视距也会影响交通安全。道路上除了弯道、坡度会影响视距外，建筑物、绿化植物、广告牌等如果设置不当，也会影响人的视线，从而导致交通事故的发生。因此，影响视线、设计布置不合理的物体都应清除，不能改变位置的应设立明显警示标志，以引起从事交通活动人的高度注意。

11.5.5 完善交通安全设施配置

道路交通安全设施属于道路的基础设施，是道路交通系统不可缺少的重要组成部分，是保证行车安全、防止交通事故、减轻交通事故后果的重要手段。交通参与者较高的交通素质和守法意识、良好的车辆性能和严格的车检制度、完善的道路条件和匹配的环境状况是保证道路交通安全的基本要素，而功能齐全的道路交通设施是道路交通安全的必要补充。

在进行道路交通安全管理设施如交通标志、交通标线、安全护栏、隔离设施、防眩设施和诱导设施的配置时，应遵守下列原则，合理配置。

1. 道路交通标志

道路交通标志设置地点的选择，首先要考虑到标志的易识别性，标志应放置在容易被看见的地方；其次要研究道路的几何线形、交通流量、流向和交通组成、道路沿线的状况等对标志设施位置的影响。

标志的设置是有条件的，设置不当的标志将影响整条道路上其他标志的效果，而且从安全和经济方面考虑，标志的设置数量也有一个最优值。标志设置太少会增加安全风险；设置过多，则增加行程时间，反而容易导致司机忽视标志的警告提示，造成已经设置的标志效果不佳，同样也容易造成安全问题。

为使道路使用者能安全、顺畅、舒适地行驶，标志设置应遵循以下原则：

(1) 道路标志的设置应通盘考虑，整体布局。标志布设应做到连贯性、一致性，为道路使用者提供全面的资讯，满足各种道路交通信息的需求。

(2) 道路标志的设置应确保行驶的安全、快捷、顺畅。标志的布设应以完全不熟悉周围路网体系的外地驾驶员为对象，通过标志的引导，使其能顺利、快捷地抵达目的地，不至于发生错向行驶。

(3) 道路标志为道路使用者提供正确、及时的信息，但要避免提供过多的信息，防止信息过载，重要的信息应给予重复显示的机会。

(4) 道路标志的位置应根据标志的类别分别计算确定，应充分考虑道路使用者对标志感知、识别、理解、行动的特性，根据速度和反应时间确定合适的设置地点。

(5) 道路附属设施（如上跨桥、照明设施、监控设施等）及路上构造物（如电线杆、电话、消火栓、广告牌、门架等）对标志视认性的影响要给予高度重视。在标志布设时要随时注意上述设施对标志版面的遮挡,以免影响标志的视认性。

(6) 静态的交通标志应与动态的可变标志相辅相成,相互配合,统一布局,形成整体。

(7) 应避免在交叉路口标志林立,妨碍驾驶员视野。

(8) 必须尽力避免由于标志设置不当对交通流造成的影响或给管理上带来的麻烦,为此,应根据交通管理法规及有关标准,正确、合理地设置交通标志。

(9) 道路标志的设置不得侵占建筑限界,保证侧向余宽。标志牌不应侵占人行道有效宽度和净空高度。

2. 道路交通标线

道路标线设置时,路面设置文字标记处,其标线覆盖路面部分不应降低该地段的摩阻力。标线所采用的涂料应符合路面标线涂料的相关规定,且无毒、无污染。标线的设置应同标志内容及其设置相互配合、相辅相成。

平交路口的标线包括人行横道线、停止线、车行道中心线、车道分界线、导向箭头等。上述标线在设置时,应考虑交叉路口的形式、交通量、车行道路宽度、转弯车辆的比率、非机动车的混入率等因素,并遵循以下原则设置:

(1) 要积极开辟左转弯车道。可利用削去中央分割带的方法,也可利用缩窄车道宽度和偏移车行道中心线的方法开辟左转弯车道。

(2) 路口导向车道线的长度应根据路口的几何线形确定,其最短长度为 30 m。导向车道线应为白色单实线,表示不准车辆变更车道。

(3) 平交路口驶入段的车道内,应有导向箭头标明车道行驶方向。

3. 安全护栏

在道路上设置护栏并不是为了减少一般交通事故的发生。护栏的防撞机理是通过护栏和车辆的弹塑性变形、摩擦、车体变位来吸收车辆碰撞能量,从而达到保护车内人员生命安全的目的。护栏与其他安全设施最显著的区别是以其和车辆自身的破坏或变形来防止更严重的伤害事故发生。

正确设置安全护栏,能阻止车辆越出路外,保护路外人员、建筑物和其他物体不致受到重大伤害,确保与其相交道路、铁路的安全,阻止失控车辆穿越中央分隔带闯入对向车道。安全护栏的设计,应能使车辆回到正常行驶方向,车辆碰撞护栏的运动轨迹应能圆滑过渡,以较小的驶离角和较小的回弹量停留在不影响车辆正常行驶的地方。在城市道路的机动车道与非机动车道之间、机动车道与人行道之间采用护栏隔离,可有效地保护非机动车和行人的安全,同时又可避免他们对机动车行驶造成干扰。

但是对于道路交通而言,护栏本身也是一种障碍物。也就是说,如果车辆以一定碰撞条件碰撞某一危险物的事故严重程度比相同条件下车辆碰撞护栏的事故严重程度小，那么就不能用护栏保护该危险物。例如，在某一平缓的低填方路段，车辆越出路堤的事故严重度比车辆碰撞护栏的事故严重度小。即使在此路段上事故频发，也不宜设置护栏，而应考虑采取其他安全措施，如改善道路线形、设置视线诱导设施或限速标志、提高路面抗滑能力等。

4. 防眩设施

道路上行驶的车辆在夜间会车时，其前照灯(大灯)的强光会引起驾驶员眩目，致使驾驶员获得视觉信息的质量显著降低，造成视觉机能的伤害和心理不适，使驾驶员产生紧张和疲劳感，是诱发交通事故的潜在因素。防眩设施就是防止夜间行车受对向车辆前照灯眩目的人工构造物。事实证明，设置防眩设施可有效地消除对向车前照灯的眩目影响，保护驾驶员的视觉健康，对改善夜间行车条件、提高道路交通安全水平能发挥积极的作用。

防眩设施设置的一般要求：

(1) 防眩设施的设置应考虑设施的连续性，避免在两段防眩设施中间留有短距离间隙；

(2) 长距离设置防眩设施时，防眩设施的形式或颜色应有一定变化；

(3) 防眩设施的设置应注意与道路周围景观相协调；

(4) 防眩设施与各种护栏配合设置时，应针对不同地区，结合防风、防雪、防眩的综合要求，考虑组合结构的合理性。

5. 视线诱导设施

视线诱导设施是指设置在车道两侧的，用以指示道路方向、行车道边界及危险路面位置的设施总称。驾驶员为了安全行车，需要准确判断道路的走向。白天，可以以路面标线或护栏等作为行车指导，快速顺利地行驶；而在夜间、雨天和大雾、路上有积雪等不良环境条件下，上述设施的视线诱导机能显著下降，这就需要设置视线诱导设施，以保证道路交通安全。

11.5.6 合理设置信号灯，提高交叉口和人行横道的安全水平

交叉口是城市道路系统中的交通密集区，由于交叉口交通量大、冲突点多及视线盲区大，所以是交通冲突、交通事故最易发生的地区。在平面交叉口处，由于多个方向的交通流汇入，致使交通量大幅度增加，而且各方向行驶的车辆存在许多可能导致事故发生的潜在冲突点。在平面交叉口处，观察相交道路时视线因建筑物遮挡等原因而受到影响，形成视线盲区；同样相交道路上的车辆视线也受到阻碍，因此行车视距较低。这些原因都可能导致道路交通事故的增加。

信号灯是城市交通秩序化的标志，信号灯的设置能明显改善区域内的交通秩序，并降低事故率。信号控制对道路安全的影响是区域性的，即它的影响不仅仅局

限于交叉口,还波及到周边路段。信号控制从时间上分离了交叉口相互冲突的交通流,消除或者减少(两相位信号控制左转与直行冲突)了交叉口的冲突点,降低了交叉口范围内发生事故的可能性。交叉口设置信号灯,有利于路段上的车流按脉冲流行驶,降低了路段上车流的紊乱程度,因而路段上的事故率也随之降低。

理论上,交叉口是否设置信号灯应该从本交叉口的交通量和事故数两方面考虑。但是实际上,交通管理部门在处理交叉口的问题时,受经费等因素的制约,往往忽视了安全方面的标准。信号控制比任何别的控制方式都有更强的法律警告意义,能够规范司机的驾驶行为,在改善交叉口安全度方面作用很大。交叉口设置信号灯后,如果能配套实施相应的交通安全措施,则能进一步降低交叉口事故率。

人行天桥和地道是保证行人安全过街的重要设施,但是人行天桥和地道的使用率较低一直是困扰各国交通管理部门的难题。我国的调查资料也表明,如果人行天桥或地道没有配套的中央或路侧隔离设施,人行天桥或地道几乎不起作用。英国的观测资料表明,如果跨越人行天桥所必需的时间超过直接穿越道路所需时间(含在路边等待合适的车辆间隙的时间),人们就不愿意使用人行天桥;地下通道只有在它的穿越时间不大于直接穿越道路所需时间的20%时,才会被利用。不仅人行天桥和地道是这样,路面的人行横道也是这样,行人一般只有在离它的距离小于100 m的情况下才会使用,否则就会直接横穿街道。

在交通繁忙时,需要等待很长时间才能出现合适的可穿越空隙,行人会选择利用过街设施;但是当车流量不大时,等待可穿越空隙的时间比较短,行人一般选择直接穿越,这就容易导致事故发生。因此过街设施配合路中央的隔离设施一起使用是非常必要的。

11.5.7 进行黑点的排查与整治,不断提高运营道路的安全水平

对排查到的事故黑点,应逐项研究整改措施,明确整改部门、整改责任和整改时间,并逐点逐段提出相应治理措施,向责任单位送达整改建议书。同时还应向政府进行专题报告,凡是能通过增加交通安全设施解决的,请政府和有关部门立即进行整改;需要工程改造的,专题报告政府责成有关部门制定计划限期整改;涉及几个部门的,请政府协调组织联合整治。

11.6 改善事故发生后的紧急救援

11.6.1 快速反应与紧急救援

交通事故的快速反应与紧急救援是一个城市、一个地区或一个国家突发事件

管理系统的重要组成部分。由于道路交通本身所具有的特性，交通事故的快速反应与紧急救援系统关注的重点、采用的手段、追求的目标必然有其特殊性。

建立紧急救援系统的直接目的是以最快的反应速度、以最短的时间排除事故。针对事故造成的后果，一般都配置以下救援资源：

1. 内部资源

(1) 交通管理中心：负责统一指挥调度；

(2) 监控设备：负责监控指挥救援工作全过程；

(3) 交通巡逻车：负责巡视交通状况，事故报警并及时处理一些轻度事故；

(4) 牵引设备：负责清除事故现场车辆；

(5) 路政设备：负责养护维修道路设施。

2. 社会资源

紧急救援系统必需的社会资源涉及公安部门、消防部门、医院救护部门、环卫部门、应急通信、特种物品(化学物品等)处理部门、巡逻管理部门等。

紧急救援系统的任务是及时获取发生交通事故的信息，协调有关各方面迅速调集救援资源，采取紧急救援行动；交通事故发生后，提供紧急服务，包括消防、救护、环保、车辆牵引起吊，以便于车辆发生故障时，提供维修服务，帮助陷于困境的汽车驾驶员摆脱困境；在交通事故可能影响范围内，为行驶中的车辆和乘客提供信息服务；在事故现场的处理过程中，尽可能在道路外完成对事故的调查。其中的信息服务包括信息采集和信息发布。

信息采集：这里的信息是指道路环境(气象等)和交通状态(交通流量、密度、速度、排队长度、异常交通现象)等信息。

信息发布：当发生异常交通现象时，通过可变信息板和专用广播系统，及时向驾驶员、道路使用者和上游的车辆提供交通信息，让这些车辆了解前方交通状态，采取适当的对策，预防撞尾事故的发生，还可以诱导上游的交通流绕行，既可以减少这些车辆的等候时间，又可降低事故突发路段的交通压力，为迅速恢复正常交通提供条件。

西方发达国家在交通事故的快速反应与紧急救援方面有许多先进经验和成功做法，由于国情各不相同，所采用的模式也有很大区别。例如，美国在全国范围内建立了完善的“紧急救援医疗服务系统(Emergency Medical Service System，EMS)”，虽然该系统用于对交通事故中的受伤者提供紧急医疗救援，但更侧重医疗资源的配置和紧急预案的制定。德国则不同，它在现有的医疗资源和应急手段的基础上，单独形成了一套专门的交通事故快速反应与紧急救援机制，这种方式对于建立我国的交通事故快速反应与紧急救援系统可能更有启迪意义。

可以建立一个链式结构的交通事故紧急救援体系，由四个部分组成，分别为现场急救及第一时间自救与施救、紧急呼救系统、紧急救援服务系统、医院救治。这四个环节紧密衔接，共同应对道路交通中的突发事件，将极大地缩短反应时间。

1. 第一时间救护

对于受伤人员的抢救越及时，其愈后的伤害程度越轻。但发生事故后能够最早到达现场的往往不是医务人员，而是车辆驾驶人、乘车人和过往的车辆驾驶人、乘车人、行人、现场目击人员等，他们是最有条件在第一时间采取措施抢救受伤人员的人。因此，必须对每个申请考取机动车驾驶执照的人，在学习驾驶的同时，都必须接受由当地红十字会组织的至少8小时的急救知识培训，掌握在交通事故现场对受伤人员的初步救护技能，如伤口包扎、移动到安全透风之处等。没有这个培训证书，即便是通过了所有的驾驶考试，也不能领到驾驶执照。

2. 紧急呼救系统

开通紧急呼救电话号码，发生事故后，可以在任何地方用任何一部电话免费呼救这个号码。为了使人们能很快就近找到呼救电话，应在市区范围内遍布公用电话亭和专供紧急呼救用的免费电话装置。专用紧急呼救电话应力求简单、便于使用，如只按一个按钮或拉一下把柄就可以直接通话。为使这些装置在任何时刻都能正常工作，需要有专门的人员来对其进行定期检测和维护。

为保证在最短的时间内从呼救电话中获得准确而又最有用的信息，在救援指挥中心必须设立一套标准问题进行询问，同时还要建立包括呼救电话位置及其附近救护站点分布情况的图形信息系统。这样话务员可以在最短的时间内通过关键问题的询问，了解所需救援的情况并及时将这些信息传递到距事故发生最近的救护站点，以便其派送合适的救护人员、装备和车辆。

3. 紧急救援服务系统

根据对以往统计资料的需求分析，在市区遍布与事故紧急呼救系统相配套的事故紧急救护站点。这些救护站点应形成统一的网络，按照统一的标准和要求，进行统一的从医务人员到药材器械和车辆的配备。救护车在接到呼救信息并经过紧急分析判断后，应带着相应的医务人员和医疗设备，以最快的速度从距发生事故最近的救护站点赶去。

到达现场进行紧急救护的医务人员在对现场伤员的伤势进行初步诊断后，往往需要更多的救护援助，如在医护人员、药品和伤员运送等方面的进一步需求。所以应对事故受伤者按其伤势情况进行分级，而与之对应的所需赴现场进行救护援助的医生、药品和车辆及其装备也应从数量到质量进行相应的分级，甚至可以对其来源也进行定点分配，以确保紧急救护工作高效率地进行。

4. 医院救治

一般情况下，救护车所配备的医疗人员和设备等是有限的，在对事故受伤人员进行紧急处置后,应将其尽快送往附近的医院或诊所进行继续治疗。所有的医院和诊所对交通事故的重伤人员必须尽快进行救治。

11.6.2 加强急救科学研究

建立交通事故及交通伤亡数据库,开展广泛深入的交通事故流行病学研究。

加强有关交通伤亡生物力学的研究,据此提出新的预防和减轻交通伤亡的新方法和新措施。对严重交通伤亡的早期损害和组织修复以及后期功能恢复也应作为研究的重点。

11.7 改进和提高交通安全管理水平

11.7.1 提高管理队伍素质,改善管理技术装备

1. 提高管理队伍素质

交通管理工作的政策性、技术性和社会性都很强,交通管理人员不仅要加强政治思想教育,严格组织纪律,提高遵纪守法、廉洁奉公和抵制各种不正之风的自觉性,而且要热爱科技工作和熟悉交通管理业务,包括交通管理、交通工程、计算机与信息技术、计算机网络、通信技术、交通控制技术等相关专业的人员,同时高、中、低级技术人员也应该保持合适的比例。积极开展技术培训,提高科技人员和交通管理人员的工作能力和业务素质,促进城市交通管理水平的不断提高。

2. 改善管理技术装置和管理水平

在加强人员素质的同时,科技装备也要能够适应于满足现代交警的需要,有条件的情况下应尽量装备交通查询系统、违章抓拍监控系统、计算机交通仿真软件、可变交通诱导标志牌。提高执勤民警执法水平,做到处罚依据运用准确、执法程序符合要求、手续规范完备,确保路面执勤民警违章纠正率、中心城区主干道机动车遵章率、主干道双向违章停放的机动车数等指标达到畅通工程评价体系一等管理水平。

11.7.2 严惩交通违法者,加强交通参与者的管理

客观上讲,因驾驶员的失误和疏忽以及机械故障造成的事故都在所难免,但是,各种违章行为却是完全可以避免的。这当中除司机应该遵章驾驶外,交通警察加大执法力度也是重要的手段。

虽然一些法规对于机动车、非机动车和行人的违章、违法都有涉及,但是实际执法中针对行人和非机动车进行处罚的案例很少。这种状况的出现,一方面归结

于警力不足，另一方面则应归结于这种违章、违法行为太多而司空见惯，交通警察对这些违章、违法行为则熟视无睹。严格执法将有助于消除违章行为，从而减少违章引起的交通事故。

对无证驾驶，酒后驾驶，超速行驶，疲劳驾驶，机动车不按规定让行，违法超车，违法占道行驶，违法转弯、逆行和掉头，违反交通标志标线和交通信号，不系汽车安全带驾驶，驾驶和乘坐两轮摩托车不戴安全头盔等违法后果严重的重点交通违法行为开展交通安全整治，加强执法力度，严管重罚。加大对非机动车和行人的管理力度，对骑车带人、驶入机动车道行驶以及行人横穿马路、钻跨隔离护栏等违章行为严格按照规定进行处罚。

加快、推广运用驾驶员违法、肇事信息管理系统，使车辆管理、事故处理工作的静态管理与路面动态管理有机结合。尽快实行计算机区域联网，使各类驾驶员特别是客运驾驶员的教育、管理和处罚更有针对性和系统性，努力提高交通管理的科技含量和科学水平。

11.7.3 加强交通指挥与监督

建立适应各地实际情况的交通勤务工作体制，加大夜间事故多发时段和多发路段的交通管理力度，通过完善勤务制度增加执勤装备、实施机动化执勤，扩大交通管理范围。

制定恶劣天气、重大活动等特殊情况下的道路交通管理预案，以预防特殊情况而带来的交通不安全事件，并研制一旦事故出现后的紧急救助等预案。

交通指挥与监督应该静态、动态并重：一是交通信号齐全，交警根据车辆密度因势利导，疏导交通，定点对车辆及驾驶员进行检查；二是交通巡逻车在路面上流动执行指挥与监督任务，巡逻车应具有足够的密度，配备通信工具，加强巡逻人员的紧密联系，使违章人感到无法逃避处罚。这样能对违章行为起到一定的抑制作用，也起到了加强法制的作用。

11.7.4 科学化管理车速，降低事故率及严重性

所谓超速行驶，是指车辆的行驶速度超过一定道路条件下允许的行车速度，而不应简单地理解为高速行驶。例如，20 km/h 的速度可能适宜在城市道路上行驶，而 80 km/h 的速度可能适宜在高速公路上行驶，然而，在拥挤的城市道路上，10 km/h 的速度又可能太快。在不同的道路条件下，驾驶员做出的决策是不同的。在汽车性能和道路条件改善的情况下，人们总是倾向于高速行驶，车辆超速行驶的违章行为非常普遍，当到达弯道或遇到意外情况需要减速的时候，往往无法立刻降低车速，事故因此而发生。

驾驶员必须时刻都能获得周围环境的信息，从而估计交通情况，决定下一步应采取的措施并付诸于行动，所有这些过程都需要一定的时间。但是，随着车速的提高，驾驶员可以支配的时间却明显减少。当观察和判断的时间减少时，驾驶员做出错误决定的可能性就会相应增加，从而导致交通事故发生的可能性变大。而且，车速的提高会减少驾驶员采取避让措施（例如刹车或转弯）的时间和距离，汽车发生碰撞时的速度通常也要比初始速度高。

车速的快慢对事故发生的可能性及其严重性有着直接的影响，超速行驶所带来的危害是多方面的。

(1) 超速行驶过程中，如遇紧急情况，驾驶员往往措手不及，容易造成碰撞、翻车等事故，而且由于冲击破坏力大，多为恶性事故；

(2) 超速行驶使驾驶员视力降低，视野变窄，判断力变差，一旦遇到紧急情况，采取措施的时间减少，使发生事故的可能性大大增加，而且会加重交通事故造成的后果；

(3) 超速行驶时，驾驶员精神紧张，心理和生理能量消耗量大，极易疲劳；

(4) 超速行驶使驾驶员对相对运动速度的变化估计不足，从而造成措施迟缓，影响整个驾驶操作的及时性和准确性；

(5) 超速行驶使车辆的制动距离增长，车速每增加一倍，制动距离约增加四倍，特别是在重载和潮湿路面上，制动距离更长，一旦前车突然减速，极易造成追尾事故；

(6) 在弯道上行驶时，车速越高，横向离心力越大，从而使操作难度增加，稍有不慎，车辆就会驶入别的车道，造成交通事故。

虽然车速提高能减少行程时间，但也可能造成更多的道路交通事故，而且超速行驶造成的道路交通事故伤亡比例很大，直接损失惨重。

合理地限制车速是确保公路安全、高效运营必不可少的措施，确定车速限制值的方法有很多，各国的确定方法通常考虑下列因素：85%位车速、交通法规、安全状况、道路两侧土地的开发程度、停车和行人、交通量和车辆组成、设计车速、公众意见、曲线的安全速度、可见度限制、路面特性和道路宽度、路肩类型和宽度、交叉口数量、现有的交通控制设施以及平均车速。其中85%位车速法通常被用来确定车速限制值。研究表明，85%位车速处于事故率最低的车速范围，平均车速加上一倍的车速标准差大约等于85%位车速，若车辆以高于平均车速两倍标准差的速度行驶，则事故率将明显提高。

11.7.5 加强科学研究，推广使用先进的管理方法、技术和设备

先进的科学方法、管理技术和管理设备对管理工作有革命性作用。例如欧盟

成员国对各类客运车辆都安装有车载电脑，每当车辆启动，驾驶员就得把记录磁卡插入读写器，用以记录行车时间、时速、休息时间和行车路线等情况。行车日期和驾驶人员由驾车人自己输入，不输入或不记录视为违章。这些国家规定驾驶员连续驾驶不得超过9个小时，期间每2个小时须下车休息10分钟，无论是多么要紧的事，2个小时休息一次不得违反。对连续行驶超过9个小时的车辆，9小时后须更换驾驶员。车载电脑记录要保持大约3个月时间，警察或保险公司随时有可能抽检磁卡记录，如果查出违章，将给予罚金、限制驾驶等处理。目前着手思考下列两个方面：总结现行事故软件的优缺点、和开发商一道完善交通事故管理信息系统；了解、推广、使用智能化交通管理系统。

11.8 加强交通安全研究

我国地域辽阔，区域经济水平差异较大，每个地区由于受经济发展水平的影响，其交通流量水平、交通管理水平、交通设施条件等都不尽相同，同时，还存在着各城市本身的交通规模与交通安全水平的发展与变化问题，所以应结合各地区实际情况展开交通行政管理、交通安全技术、交通安全设施三方面研究，并提出相应的交通安全评价指标体系和道路交通安全管理评价指标体系。

11.8.1 交通安全行政管理技术研究

交通安全技术行政管理研究包括交通管理机制、政策、勤务和技术行政信息系统建立等。

交通安全管理机制研究内容包括条块关系、机动能力、通信手段、警力配备、技术装备、队伍素质训练及机构设置等。交通安全管理政策研究内容包括法系、立法与执法、技术政策、规范与标准等。交通安全管理勤务研究内容包括安全管理勤务模式、岗位规范、行为规范、装备标准等。交通安全技术行政管理信息系统研究内容包括方式、方法、格式、采集、处理、统计、存贮、检索以及反馈制度等。

11.8.2 交通安全技术研究

交通安全技术研究强调的是综合性，包括人、车、路、环境等诸方面的安全技术问题，一般均通过事故分析与事故对策进行研究。

人的研究包括对参与者的人体、心理、生理等各方面从防护的角度去研究，通过事故成因及事故特征分布分析，进行模拟，再现技术的应用，寻求规律性的参数与结论。车的研究包括驾驶、碰撞、故障、仿真等，这些均要立足于事故成因分析的基础上，而所有试验设计及试验装置，以及有关测定方法和技术手段均属特殊条件和特殊要求制约下的应用技术研究。路的研究包括路的适应性方面的几何条件、采光条件、安全防护、道路等级与功能划分、路面(粗糙)条件、附属工程条件等。环境的研究包括气候、降水、地形、地理、人文、街道化程度、路况、车类、车种混入率、交通干扰、专业运输、文化及职业特征等对交通安全的影响。事故分析研究包括事故成因、事故特征分布、事故分析技术等。事故对策研究包括事故勘查技术、事故处理方法、事故对策技术研究等。交通安全实验研究包括各种模拟和仿真的特种装置、实验设计、实验观测、数据采集和处理、实验技术、模拟人等。

11.8.3　交通安全设施研究

道路交通安全设施研究内容包括道路安全设施、车辆安全设施、驾驶员安全设施、行人安全设施、残疾人安全设施、交通安全设施环境、交通安全训练设施、交通安全救援设施、交通安全救护设施等。

驾驶员、行人、残疾人交通安全设施研究是对驾驶员、行人、残疾人等各种不同的交通参与者提供的一种交通过程中的安全服务,具有使用选择性和选择自由性,均不属强制性设施。交通安全设施环境研究安全设施系统所构成交通环境的整体安全性及其综合评价工作,涉及研究方法、规范、标准、规则,以及交通参与者人体要素的交通安全适应性、心理要素的交通安全适应性、生理要素的交通安全适应性。交通安全训练研究是对驾驶员的培训从学科、素质训练及缺陷校正方面进行研究,对交通参与者终生交通意识教育和安全宣传研究方面,从各种技术上和方法上加以研究。

11.8.4　评价指标体系研究

评价指标体系一般应从人、车、路和环境四方面综合反映影响安全状况的因素;应从已发生事故量、事故严重程度和发生事故可能性三个角度评价安全水平;应以绝对数据事故次数、事故死亡人数和事故受伤人数为基础采用相对指标,以利于国内外横向比较;指标体系应既可以应用体系进行综合分析和评价,也可以采用其中的单项指标进行分析、比较、竞赛与考核。

第 12 章
先进技术在道路交通安全中的应用

先进技术在道路交通安全中的应用发展已经取得了很大的进步，本章从车辆安全技术、ITS 技术应用、交通安全分析软件等方面加以介绍。

12.1 先进的车辆安全技术

依据《国家中长期科学和技术发展规划纲要》的任务要求设置的“十一五”国家 863 计划重点项目“汽车开发先进技术”充分说明了政府对汽车先进技术的重视。我们知道汽车安全性已经不仅是个技术问题，在某种程度上也是一个重要的社会问题。汽车的主动安全性因其定位防患于未然，所以有着广阔的发展前景，越来越受到汽车生产企业、政府管理部门和消费者的重视。应用电子技术使车辆实现高度智能化是汽车主动安全技术能在世界范围内发生质的突变的主要原因。美国 20 世纪 70 年代提出的试验安全车辆 ESV（Experiment Safety Vehicle）、日本 20 世纪 90 年代提出的先进安全车辆 ASV（Advanced Safety Vehicle）虽然是两个不同历史时期提高汽车安全性的代表作，但是它们都是未来的安全汽车的雏形。

12.1.1 安全技术的演变和将来的发展前景

汽车的安全性分为两大类，一类叫做“主动安全性”，又称“积极安全性”，所谓主动可理解为防范于未然。重点是将车轮悬架、制动和转向的性能达到最好的程度，尽量提高汽车行驶的稳定性和舒服性，减少行车时所产生的偏差。例如，安装制动防抱死装置 ABS 以提高制动性能防止甩尾现象，安装驱动防滑装置 ASR 防止汽车产生侧滑，采用转向动力辅助减轻驾驶者的疲劳程度，采用新式光源提高照明射程，等等。另一类叫做“被动安全性”，又称“消极安全性”，顾名思义就是一旦事故发生时，汽车保护内部乘员及外部人员的安全程度。安全设计已成为现代汽车设计中最重要的一环。例如，丰田一直致力于汽车安全技术的研发，较早提出了比较系统的汽车安全设计技术。（见图 12-1）

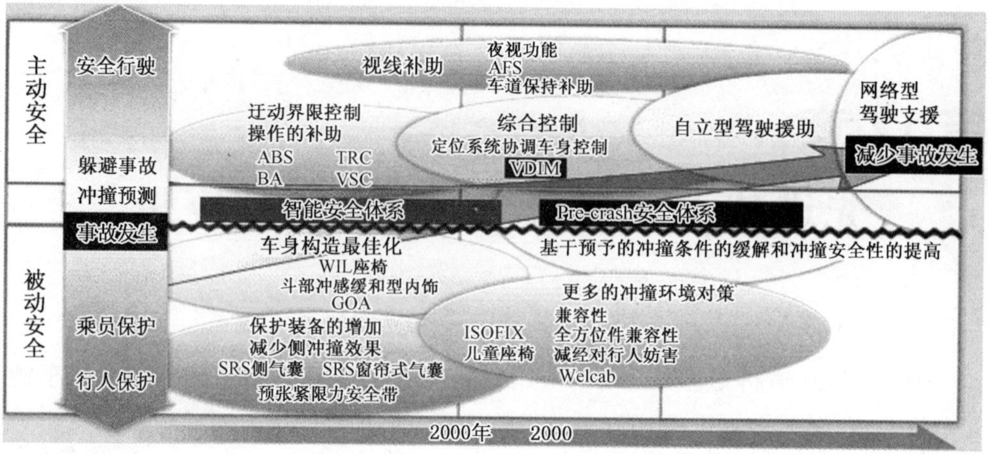

图 12-1 丰田汽车安全设计技术

注：ABS：刹车防抱死系统；TRC：牵引力控制系统；BA：刹车辅助系统；VSC：车身稳定控制系统；VDIM：车身动态综合管理系统(Vehicle Dynamics Integrated Management)。

一旦发生汽车撞人事故，车内车外都是同等无价的生命。因此被动安全性必须要考虑两方面的问题：一个是汽车外部安全性，它包括一切旨在减轻事故中汽车对外部人员的伤害而专门设计与汽车有关的措施。例如塑性保险杠、凹进式流水槽、内藏式门把手、减少凸出物体、物体外形采用圆弧形、增大点接触面等等。另一个就是生产厂家十分强调的汽车内部安全性，它包括一切旨在减少事故中作用于车内乘员的冲击力，事故发生后能提供足够的生存空间而专门设计的防范措施。例如车厢的变形程度、乘员的生存空间尺寸、约束装置(安全带)、转向装置、乘员的解救等。其中车厢的变形程度是重中之重，设计者要分析当汽车受到撞击时冲击力的分解走向，车厢各部件的承受强度。因此当汽车造出来后，就要进行一系列撞击试验以验证其安全性能。

据分析，在汽车碰撞事故中，发生正面碰撞的约占 64%，侧面碰撞占 20%，尾部碰撞占 6%，因此汽车撞击试验的重点是正面碰撞，考虑到汽车正面碰撞中以左侧为多，因此有些车厂在车前左侧进行偏差迎面撞击试验。按照欧洲试验方法，就是规定被检验汽车以 48.3 km/h 的速度驶向一个刚性障碍物所得出的结果，正面碰撞测试的目的是检查冲击动能被保险杠、车厢前部前围板区域所吸收的程度及车厢结构强度，而侧面碰撞测试的目的是检查车侧支柱、顶/底支柱联结和门联结等结构强度。

碰撞测试过程需要高度仿真的假人，假人头部、四肢和身体各部位安装传感器，电脑输入各个传感器在瞬间碰撞过程中反馈的数据，从而判断出碰撞对车内乘员的伤害程度。

12.1.2 欧美日先进安全汽车

1. 日本

日本自1991年起进行三期先进安全车辆计划，详细计划发展概况见表12-1。日本在推行整个ASV计划的基本理念主要在于透过系统辅助，加强驾驶者对于周围状况的了解，提供客观的资讯，提醒驾驶者注意潜在的危险，以达到事故回避以及减轻驾驶工作负荷的目的。在人机界面设计方面，考虑驾驶者不信任或过度依赖的问题。同时为使消费者的付出能获得等值的产品技术服务，透过安全技术的效果评估、ASV开发方向的拟定、ASV技术的标准化、法规管理制度的建立，提高社会的接受度。

表12-1 日本ASV计划发展概况

	ASV第一期	ASV第二期	ASV第三期
时间	1991～1995	1996～2000	2001～2005
目标	◆ 评估技术可行性	◆ 提供实际应用环境	◆ 持续技术研发与扩展应用层面(降低40%事故死亡率)
车种	◆ 小客车	◆ 小客车、卡车、巴士以及机车	◆ 小客车、卡车、巴士以及机车层面
技术层面	◆ 车辆本身	◆ 车辆本身 ◆ 与周边道路及公共建设连结通信	◆ 车辆本身 ◆ 与周边道路及公共建设连结通信
评估项目	◆ 制定技术发展目标 ◆ 事故降低成效评估	◆ 研拟设计基准 ◆ 建立设计指导准则 ◆ 事故降低成效评估	◆ 发展下一代技术 ◆ 建立更多先进安全车辆 ◆ 发展相关通信技术 ◆ 应用推广 ◆ 提高驾驶人与大众的接受度 ◆ ASV技术影响评估 ◆ 实际应用的标准化 ◆ ASV技术国际化 ◆ 与公共建设资讯连接的技术开发

2. 美国

与日本及欧洲等国家相比，美国在先进安全车辆的相关发展上起步较晚。美国从1994年起由联邦高速公路局(Federal Highway Administration, FHWA)组成国家先进高速公路系统联盟(National Advanced Highway System Consortium, NAHSC)推动为期8年的先进高速公路系统(AHS)计划，但在1997年中止之后被国家高速公路交通安全局(National Highway Traffic Safety Administration, NHTSA)所主导的智能型车辆开发IVI(Intelligent Vehicle Initiatives)计划所取代，继续推动先进安全车辆的研发工作。在IVI计划中发展了一个360度全方位防撞警示系统，包含三项主要的技术与设备：

(1) 基本防撞警示技术:适应性定速巡航控制(Adaptive Cruise Control, ACC),防止后方车辆追撞,侦测前方障碍物与行人。

(2) 先进防撞警示技术:变换/汇入车道与交叉路口防撞系统,车况诊断,后方障碍物/行人侦测。

(3) 基本旅行者资讯设备:导航/路线指引,即时交通与旅行者资讯,自动碰撞感知器。

除了NHTSA主导的IVI计划外,还有1986年起美国加州进行的PATH计划(California Partners For Advanced Transit And Highways),其研究内容分为三大领域:①先进运输管理与资讯系统(Advanced Transportation Management and Information Systems, ATMIS);②先进车辆控制及安全系统(Advanced Vehicle Control and Safety Systems, AVCSS);③ATMIS与ASV整合系统。其中ASV的研究内容包括:ASV系统设计、ASV安全、ASV技术、车辆动能与控制、车队动能。

3. 欧洲

欧洲各国在先进安全车辆(ASV)方面并没有由官方所主导的研发计划,大多是由各大汽车厂与民间研究单位自行或合作进行的有关先进安全车或智能车开发的计划。近几年来,VOLVO、BMW、BENZE、VOLKSWAGEN、RENAULT、FIAT等车厂相继投入有关先进安全车的研发计划,目前在欧洲由各大车厂与研究单位正在进行(或已经完成)的相关计划有LACOS、CARSENS、AWARE与CHAMELEON、AF、ARGO等。已开发的系统包括车道偏离警示系统、车道变换辅助系统、侧后方监视系统、车道变换辅助系统、适应性定速巡航控制系统、前方障碍物碰撞警示与预防辅助刹车系统、侧旁障碍物碰撞警示系统、自动驾驶系统。

12.1.3 ASV设计原则

日本国土交通运输省在先进安全车计划中所提出的先进安全车辆的设计理念有如下三点:

1. 驾驶辅助

(1) 辅助的形式:感知辅助、判断辅助、操作辅助;

(2) 辅助的功能:强化感知能力、提供资讯、警示、事故回避之辅助控制、减轻驾驶负荷之控制。其中,“强化感知能力”是指加强驾驶者对周遭状况的了解,“提供资讯”是指对驾驶者提供客观的资讯,提醒驾驶者注意潜在的危险。

2. 驾驶者接受

(1) 适当的人机介面设计;

(2) 不警报或误警报的排除；

(3) 考虑驾驶者不信任或过度依赖的问题。

3. 社会接受

(1) 消费者的付出应能获得等值的产品技术服务；

(2) 安全技术的效果评估、降低事故效果之推断；

(3) 对ASV技术的正确了解、ASV开发方向的拟定；

(4) ASV技术的标准化；

(5) 法规管理制度的建立。

12.1.4 ASV的主要内容

日本政府运输省从1991年开始推动先进安全车辆计划。第一期计划是1991～1995年，由政府编列预算，由各大车厂进行小客车四大类20项先进安全系统技术的研发，此阶段的主要考虑是在车辆上安装高科技设备的可能性，这些技术该如何应用，以及它们能够减少交通事故的程度。第二期计划期间由1996～2000年适用对象增加了大货车、大客车及机车，系统技术也增加到六大类32项。本期研究重点在于设计与路外设施一致并兼容的能为驾驶者提供所有信息的人机接口。

日本ASV计划所研发的系统技术可分为六大类32项，如表12-2。

表12-2 日本第二期ASV计划发展之系统技术

类别	项 目
安全预防	1. 驾驶者危险状态警告系统 2. 车辆危险状态警告系统 3. 提升驾驶视野及辨认性支援系统 4. 夜间提升驾驶视野及辨认性支援系统 5. 视线死角警告系统 6. 周边车辆资讯取得及警告系统 7. 道路环境资讯取得及警告系统 8. 对外传送资讯及警告系统 9. 驾驶者负荷减缓系统
事故回避	10. 提升车辆运动及操控性能系统 11. 驾驶者危险状态回避系统 12. 视线死角事故回避系统 13. 周边车辆事故回避系统 14. 道路环境资讯事故回避系统
全自动驾驶	15. 使用现有道路基础设施之自动驾驶系统 16. 使用新规格道路基础设施之自动驾驶系统
降低伤害	17. 碰撞时冲击吸收系统 18. 乘员保护系统 19. 行人伤害减缓系统
防止灾害扩大	20. 紧急时车门锁解除系统 21. 多重碰撞减缓系统 22. 灭火系统 23. 事故时自动通报系统
车辆基础技术	24. 行车电话安全操作系统 25. 智能型数位式行驶记录系统 26. 电子式车辆识别证 27. 车辆状态自动答复系统 28. 智能型GPS定位系统 29. 线控行驶 30. 高龄驾驶者支援技术 31. 生理疲劳量测及对策技术 32. 人口接口技术

12.2 ITS中先进技术系统在交通安全中的应用

12.2.1 基于ITS的道路交通安全控制体系

交通安全控制系统包括车辆运行安全智能技术、ITS交通控制中心、事故识别与管理系统、紧急援助系统等方面。

1. 先进的车辆运行安全智能系统

先进的车辆系统是把传感器、计算机、车载控制系统和车道控制系统集成一体的自动控制系统。这项技术主要是通过避免车辆撞击和预警系统而改善车辆的安全状况，提高车辆运行的主动安全性。例如，采用扩大视野的设备、快速恢复安全状态的设备、防撞监测装置、自动刹车系统、危险报警装置等。为此，许多发达国家实施了交叉口监视系统和交叉口横穿识别系统，在公共汽车和运载危险货物的卡车上装备了报警设备，这些设备可以向驾驶员发出各种警告信息。

2. 先进道路系统

先进的道路系统也称自动公路系统(Automated Highway System, AHS)是ITS的长期目标，它可以提供一种完全自动的车辆运营安全环境，这不仅增加了交通流量，而且能使交通事故发生的概率大为降低。智能化汽车装置与ITS的结合形成车辆运行的主动安全系统，这将会使汽车安全环境发生巨大变化和提高驾驶员的应对能力，以避免交通事故的发生。

日本把研究开发的先进道路系统按功能分为三部分：

(1) 提供信息检测功能的AHS-i(information)

通过道路智能交通信息基础设施建设，主要是各种道路、交通专业传感、检测装置，包括道路交通环境、路面状况、障碍物、行驶车辆状况及道路磁性标识器等的检测设施采集各类信息，经信息中心处理后，通过路—车信息传输通信设施，把信息传送给行驶中的车辆。

(2) 提供车辆控制功能的AHS-c(control)

车辆根据接收到来自各方的信息，经车载计算机处理判断后，指令车辆控制系统操纵车辆运行。

(3) 提供自动驾驶功能的AHS-a(automated driving)

联合上述两部分功能，加上车辆定位、接收来自信息中心的气象、交通拥挤、道路线形等信息以及车—车通信的邻车行驶状况信息，在车辆定位跟踪系统确定车辆所处位置的前提下，根据接收到来自AHS-i、信息中心和邻车传来的各种信息，由AHS-c车辆自动控制系统自动导行控制车辆行驶路线和车道，自动操纵车辆巡行、加/减速行驶、回避行驶、转换车道或转向行驶等。

3. 交通安全管理、事故识别系统及紧急援助

先进的交通信息系统(ATIS)和先进的交通管理系统(ATMS)是ITS的核心组成部分,也是交通安全管理现代化的基础。ATIS将监测装置的原始数据收集起来,进行综合分析和处理,向道路使用者提供广泛的、便于使用的公共信息数据库,使信息提供者和使用者适时联系,为车辆安全到达目的地提供可靠的信息。该信息系统也是先进的交通管理系统的核心。先进的交通管理系统的主要任务是提高道路的有效利用率和交通流量,降低交通拥挤程度和交通事故发生率,减少因交通拥挤和事故等造成的时间延误,并减少车辆的排放污染。ATIS主要是为出行者的安全、便利提供可靠信息,而先进交通管理系统主要是为了提高交通管理部门的管理效率,保证道路交通的安全运行。通过ITS技术提高交通警察、消防人员、救护车对突发事故的反应速度,将事故的人员伤亡和经济损失降低到最低程度,驾驶员通过这项服务向管理控制中心系统的求救信息系统请求帮助,以排除险情。当交通事故发生时可立即通知交通警察或者别的部门事故的发生地点和危险状态。

12.2.2 ITS在道路交通安全控制系统中的技术优势

从道路交通事故发展过程的角度考虑,可以将道路交通事故及伤害预防分为事故预防、危险探测及事故预警、事故伤害减轻、事故后应急救援4个主要环节,而ITS技术在这4个环节中均拥有独特的技术优势和潜力。

1. 事故预防

事故预防主要是指长期的道路交通事故预防措施,旨在提高道路交通系统的本质安全。例如,道路交通安全教育、驾驶员及车辆管理、优化公路设计、为道路交通系统的设计者和管理者提供反馈信息的道路交通安全评价等。这些措施主要针对人的非理性及各种错误的特点,用以改善整个道路交通系统。传统的道路交通安全方法主要是基于道路交通事故统计数据的分析,随着多年数据的积累,使得进行相关研究逐渐成为可能,从而明确诸如超速或酒后驾驶的概率以及驾驶员年龄分布等因素。而这需要连续且准确的道路交通事故数据报告(通常来源于公安交通管理部门)以及依据数据分析进行决策的管理文化。ITS技术能够连续记录各种性能数据。作为公安交通管理部门的道路交通事故数据报告的有效补充手段之一,它将提供引发道路交通事故相关事件的多角度数据信息,例如行驶记录仪;ITS能够为车队管理提供支持,特别是可以实现与驾驶员的实时联系,这将确保对驾驶员的驾驶行为和工作状态进行更密切的监控,并消除各种潜在的危险情况,例如监控驾驶员的连续工作时间;ITS能够在驾驶员的正常感知能力之外,提前向驾驶员提供前方各种潜在危险状况的及时预警。日本国土交通省的统计资料显示:出租车安装汽车行驶记录仪后提高了驾驶员的运输安全意识,降低了交通事故;记录资

料使得交通管理部门对交通事故的实际情况有客观准确的把握。

2. 危险探测及事故预警

危险探测及事故预警主要是指在交通安全隐患或道路交通事故发生前提前检测到危险存在并能及时向驾驶员发出预警信息的技术或措施。ITS技术在这一领域拥有巨大的应用潜力，能够向驾驶员提供更为及时准确的信息；能够探测各种潜在的危险并建议驾驶员采取相应的措施，特别是在诸如其他车辆处于其驾驶盲区等超出驾驶员观察范围或观察能力的情况下，能够为驾驶员的驾驶行为提供支持，甚至能够采取控制措施以减少事故发生的风险。例如，智能速度适应系统（ISA）是一种提示、警告和阻止驾驶员超过法定车辆速度限制的系统。基于车载GPS设备以及含有明确限速值的电子地图的ISA系统，可根据道路限速值的变化动态调整车辆的限速值。荷兰的研究表明，ISA的应用将有可能减少15%的道路交通事故人数以及21%的死亡人数。而瑞典的相关研究表明，在乡村道路上，ISA将有可能减少10%左右的伤害性事故；而在道面湿滑或夜间的条件下，ISA将有可能减少约12%的伤害性事故。另有研究表明，ISA与其他降低车速的物理措施是互补关系而非竞争关系。

3. 事故伤害减轻

事故伤害减轻主要是指在道路交通事故的发生已不可避免的情况下所采取的减少人员受到伤害的各种措施，如安全带预紧技术等。ITS技术在这一领域的主要优势在于：技术的先进性意味着如果系统探测到交通事故发生的可能性已非常大时，其相应措施的采取将会比正常人的反应时间快得多。例如，制动辅助系统（BAS）通过刹车踏板的压力增长率信息确定是否需要采取紧急制动动作，当检测到需要进行紧急刹车时，BAS会确保汽车刹车系统完全发挥其潜能，包括最大化刹车力的同时开启防抱死刹车系统。有研究表明，在干燥的公路路面上，BAS有可能减少45%的刹车距离，同时，与没安装BAS的车辆相比，装有BAS的车辆有可能减少近13%的严重碰撞行人事故，并可能减少近8%的追尾事故。据估计，BAS将有可能减少约8%的道路交通事故，并可能促使6%的致死事故变为重伤事故，6%的重伤事故变为轻伤事故。

4. 事故后应急救援

如果能够及时得到医疗救助，那么在道路交通事故中受伤的人员生命是很有可能被挽救的，而这需要及时地获得有关道路交通事故发生位置及伤员情况等具体信息。

ITS技术在事故后应急救援方面的主要优势在于：将大幅度缩短救援队伍抵达事故发生现场的时间，并为其提供准确有效的道路交通事故发生位置及事故性质等相关信息，便于救援队伍提前做好准备。将根据当时道路交通状态为救援车辆制定更加合理的救援路线和救援方案，还能够提供多种信息发布手段，确保更多的出行者获取到事故救援信息，从而提前让出救援通道。这种快速反应能力将不仅仅让道路交通事故中的受伤人员收益，还将在道路交通事故发生后，能够有效地缩短交通运行恢复至正常状态的时间，并减少二次事故发生的可能。例如，欧洲的紧急呼叫系统被称为“eCall”，欧盟委员会认为，在欧盟 25 国全面部署欧洲 eCall 后，估计每年有可能使 2 500 多人避免死亡，而据 eMERGE 项目研究估计，eCall 将减少乡村地区约 50%的事故响应时间和城市地区 40%以上的事故响应时间。

12.2.3 欧美日的发展经验

1. 日本

2006 年，日本交通安全白皮书中提出了建设世界上最安全的道路的目标，使日本道路交通事故死亡人数到 2012 年降至 5 000 人以下，而这一目标在 2009 年得以提前实现。2009 年，日本交通安全白皮书中又提出了进一步的交通安全目标，即至 2020 年底日本每年的道路交通事故死亡人数应减少至 2 500 人以下。

为实现上述安全目标，日本先后制定并实施了先进安全车辆、驾驶员安全辅助系统、先进辅助巡航公路系统以及 Smartway 等国家级的战略计划项目，其中，Smartway 已被视为日本致力于构建世界上最安全的道路交通社会的重要组成部分之一，而且“安全与安全驾驶”也已成为 Smartway 各项服务的 3 项最重要的潜在效益之一。

2. 美国

2006 年，美国运输部再次强调了其安全目标：努力消除与交通运输相关的人员伤亡，减少公路死亡率，努力消除与交通运输相关的人员伤亡。同时，还提出到 2011 年每亿车英里公路死亡率达到 1.0，大型货车每亿车英里公路死亡率达到 1.65，客运车辆每亿车英里运输死亡率达到 0.448 等多项具体的评价指标。

2009 年，美国运输部发布了一项计划，为未来 5 年美国运输部的 ITS 研究项目提供战略指导，其主要目标是建立一个全国性的、多模式的地面运输系统，形成一个车辆、道路基础设施以及出行者之间相互连接的交通环境，并充分利用各种技术最大限度地提高安全性、机动性以及环境友好性。该计划提出了一项名为“IntelliDrive^{SM}”的核心项目计划，将通过车车之间和车路之间的数据交换，实现驾驶员信息提示、驾驶员警告以及车辆或基础设施控制，进而提高环境感知能力，减少或消除交通事故。通过这些应用，预计“IntelliDrive^{SM}”有可能解决 82%的道路交通事故，每年可预防数以万计碰撞事故的发生。

3. 欧洲

2001 年，欧盟委员会发布了 2010 年欧洲运输政策白皮书，建议至 2010 年实现道路交通事故死亡人数减半的目标。该目标在随后发布的欧盟道路交通安全行动计划中得到贯彻落实，其中的“利用技术进步提高车辆安全性”主要聚焦于ITS，特别是事故预防与主动安全技术。

2008年，欧盟委员会通过了在欧洲部署ITS的行动计划，该行动计划设置了一系列旨在加快ITS在欧盟道路运输领域部署和应用的措施，其中，在道路交通安全和安保方面提出了包括推广部署先进的驾驶辅助系统等5项建议。2010年，欧洲议会和欧盟理事会通过了关于在道路运输领域应用ITS并与其他运输方式衔接的指导意见，该指导意见为部署与应用ITS给出了相应的法律框架。

4. 发达国家ITS发展经验

欧盟、美国和日本等发达国家或地区在推广应用ITS改善道路交通安全领域中有许多共通之处，也正是值得其他国家学习借鉴的重要经验：

(1) 制定明确且量化的具体发展目标是这些国家道路交通安全政策的重要组成部分之一。通过制定一系列明确、量化的道路交通安全目标，并通过各种渠道及方式加大对道路交通安全目标的宣传，可以更好地整合政府相关部门及全社会的力量，推动各方的合作与协调，优化各项资源配置，最终实现目标。

(2) 欧盟、美国和日本都制定有将道路交通安全作为重要目标和主要内容的ITS发展战略或规划。

(3) 经科学规划的行动计划和优先发展领域是欧盟和美国应用ITS改善道路交通安全的主要特点，而日本则主要是借助一系列有明确目标且相互关联的项目来推动。

(4) 欧盟和日本均提出了大型的科研开发项目，而美国在其ITS战略研究规划中提出了以车车之间以及车路之间的无线互联为核心的技术架构。此外，这些国家或地区都制定了一系列相配套的场地试验计划项目，以检验和评估所研发的各项ITS技术。

(5) 标准规范是ITS技术得到广泛应用的重要条件。在欧盟，许多相关内容被纳入机动车辆车型准入的相关法规中，而美国和日本也已制定了一系列相关的标准规范。

(6) 产业界的积极参与和投入对于推广应用ITS是至关重要的，特别是汽车产业界、道路基础设施行业从业企业以及道路运输行业从业企业的积极参与。

12.3 交通安全分析软件的简单介绍

近年来，国外涌现出众多的交通安全软件，为交通安全分析、交通安全评价、交通安全设计、交通安全管理、交通事故再现提供了强有力的技术支撑，这里就几个典型软件做简单介绍。

12.3.1 交通事故再现软件 Pc-Crash

国外在20世纪60年代就开始了道路交通事故再现分析领域的研究，并已初具规模，各种专业的事故再现仿真软件相继问世。比如美国的SMAC、CRASH等软件，奥地利的Pc-Crash软件，法国的ANAC，日本的J2DACS软件等。Pc-Crash是由奥地利的Steffan博士及其研究小组开发的事故再现软件。软件内引入了行人多刚体模型，能够应用于车人碰撞事故的再现分析，因而该软件在事故再现领域的应用得到扩展，几乎可以用于研究所有的道路交通事故。这是目前为止最成熟、市场推广最好的道路交通事故再现软件。

Pc-Crash事故分析的过程主要是根据事故现场的采集、记录、调查与分析，将事故涉案车辆由碰撞后的终止位置反推回碰撞过程，再反推回碰撞前的运行状态，来分析事故原因，然后根据有关法律规定进行责任认定。目前，我国在事故分析及责任认定上仍处于人工的分析判断阶段，这种方式显然含有极大的人为因素，近年来发展起来的事故重建技术，为事故分析提供了科学的手段。

事故重建主要根据交通事故现场特征，如碰撞后车辆位移、损坏程度、拖痕长度、路面情况等，运用力学动量守恒与能量守恒的基本理论，对事故发生过程进行推理与验证。动量守恒理论以碰撞前的动量与碰撞后的动量总和相等为依据，根据车辆行驶方向与碰撞后的相关位置，来判断事故前、后的车速变化及碰撞角度并完成参数检测。能量守恒则以事故发生后车辆位移、损坏程度、碰撞角度等因素为依据，运用碰撞力学理论来研究动能与位能的变化，从而推导出碰撞前、后车速和碰撞角度。重建工作就是将实际案例资料或实验资料，通过统计回归分析预测、事故现场模拟及碰撞轨迹分析等方法，来研究事故发生前、后车辆速度运行轨迹，最后将运算的结果或模拟的运行以屏幕显示或打印的形式输出，具体说明事故发生过程。

12.3.2 微电脑事故分析软件 MAAP

微电脑事故分析软件MAAP(Microcomputer Accidents Analysis Processor)是由英国的交通研究实验室TRL(Transport Research Laboratory)研制开发的软件之一，在英国受到了用户的一致好评。

MAAP给事故调查者提供了事故数据存储和分析的最新技术。它能够隔离交通事故中的共性特征，确认、分析出交通事故中的个性问题，而且使用起来也比较简单，从而大大提高了生产力水平。MAAP可以作交通事故、伤亡人数和车辆碰撞的图表分析和柱状图分析，可以通过MAAP地理信息系统的矢量图和擦伤仪的现场检查来展示和分析交通事故。MAAP 处理数据是基于 Access 或 SQL 数据库的，从而给用户提供了许多方便。MAAP 是一个用户可配置产品，已经在警察机关、地方交通部门、国际政府和公路网络部门等单位得到广泛应用，并受到了一致好评；它也可以用来储存、分析公路交通事故数据。MAAP 的每个拷贝都是根据用户的个人特殊需要配置的，特别是，程序有适应用户的地图、数据库和事故报告形式。有时候软件还包含部分公路交通安全方案。

12.3.3 步行与自行车碰撞分析软件 PBCAT

该程序主要用于诊断对步行者和自行车危险的区域，先进的分析工具有助于应用者更好地理解和确定问题地区，寻求减少对步行者和自行车碰撞的对策。步行者与自行车碰撞分析软件 PBCAT(Pedestrian and Bicycle Crash Analysis Tool)根据其屏幕上出现的问题，能够快捷地诊断碰撞类型。

12.3.4 安全评价软件 SafeNET 简介

SafeNET 软件是由英国最大的交通研究实验室 TRL(Transport Research Laboratory)研制开发的，用于评价交通管理规划的安全性。SafeNET 允许根据个人伤害事故频率(每年个人伤害事故数量)来评估路网的具体要素(不同类型的交叉口和路段)，能够单独作为一个快速评估交通规划安全的软件产品，也可以与交通流分配模型相结合，对交通延误、旅游时段和事故频率作综合的评估。

SafeNET 主要是为公路工程师设计的，他们需要更好地掌握现有路段的安全状况，或者是得到暗示，路网的一些点在将来需要修改。例如，SafeNET 可以用来鉴别交叉口和路段的安全性在安全期间内是否超过预期降低。它也能在道路建设之前评估已计划好的建设发展和改进项目，改善道路施工的管理和改变路线以及利用补救工作来增加来自补救工作收益的预测。为了预测在一段路网内个人伤害事故发生率，使用者需要先输入这段路网内每个交叉口和路段的车流、人流和几何图形数据，然后 SafeNET 软件运用这些信息来预测在一年时间内可能发生多少起个人伤害事故。这些数据加起来就是整个路网的可能发生交通事故的数目。

12.3.5 安全管理软件 SafetyAnalyst 简介

基于交通安全信息数据库的平台，包括公路交通安全管理技术潜在事故发生地点的确定、特定地点安全问题性质的诊断、在特定地点降低事故频率和严重程度的对策选择、所有考虑中的地点的经济评价、改造项目先后次序的排列等 6 个步骤。SafetyAnalyst 是美国联邦公路局(FHWA)正在开发的一套公路特定地点交通安全管理的软件工具。对应公路交通安全管理的 6 个主要步骤，SafetyAnalyst

分成4个模块：关键路段判别模块、诊断和对策选择模块、经济评估和优先级划分模块、评估模块。

12.3.6 交互式道路安全设计软件 ISHDM 简介

美国 FHWA 很早就开始公路安全设计标准的研究，它的目标就是建立一个交互式的道路设计过程，并且在评价成本和效益的时候也能够系统地考虑安全因素，其评价的范围应该包括道路线形、交叉口和路侧设计。在过去，安全设计仅仅指满足最小的设计标准。对于设计者来说，一直以来都没有一种非常有效的方法来对比各种安全设计方法和优化安全设计。经过几年的努力，FHWA 开发出了一套较为全面的道路安全评价软件 IHSDM。目前该模型仅适合于双车道公路。

IHSDM 主要包括5个评价模型，每一个模型都是从不同的方面来评价已建和待建道路设计的安全性和实用性。这5个方面是：(1)政策法规模型(PRM)：PRM 主要是从已有标准的角度出发，考察线形设计中各要素值是否满足。(2)碰撞预测模型(CPM)：CPM 主要是来预测道路碰撞事故的可能性和严重性。(3)设计一致性模型(DCM)：DCM 主要是预测线形设计中的运行速度和运行速度一致性的方法。(4)交叉口评价模型(IRM)：IRM 主要是考察各个设计元素的可能安全性和运行特性。(5)交通分析模型(TAM)：TAM 主要是在道路通行能力和服务水平方面评价交通运行性能。

12.3.7 安全间接分析模型 SSAM 简介

安全间接分析模型(Surrogate Safety Assessment Model, SSAM)是由美国 Turner Fairbank Highway Research Center 提出的一种基于网格的冲突识别分析模型。主要的分析指标有 TTC、PET、最大速度(maxS)、相对速度(DeltaS)、最大加速度等(maxD)。其中 TTC 是指距离冲突发生的时间；PET 是指前车通过某个位置与后车通过同一位置时的时间差；maxS 是指整个冲突过程中两辆车速度的最大值；DeltaS 是指驾驶人采取避险措施瞬间两辆车的相对速度；maxD 是指冲突过程中后车的最大加(减)速度。

该模型应用于 VISSIM, AIMSUM, PARAMICS, TEXAS 等仿真软件中，都有一定的优越性，其中 VISSIM 在严重冲突识别的真实性、驾驶人的行为选择以避让冲突等方面存在着较大的优势。

第 13 章 道路交通安全战略管理规划

13.1 概述

随着我国经济的发展，机动化程度越来越高，造成交通量的增加，交通需求飞速增长。很多城市或地区发现交通设施已经不能满足新的需求，导致交通事故急剧增长，影响着人们的生活质量和出行安全。

除了我国常采用的交通安全改善措施外，一些西方国家还从宏观的角度制定国家和地区的中长期的道路安全战略，并以此为指导，在不同阶段有侧重地实施各种针对性改善措施，提高道路安全，并取得了较好的成效。

针对道路交通这一各种因素相互影响、相互作用的复杂系统，国外提出了道路安全战略的概念。道路安全战略通过对道路交通安全进行全面系统的分析，从而提出事故的控制和预防战略。它所涉及的范围相当广泛，包括相关因素控制、事故防治、道路用户行为规范、伤亡控制和紧急救援等多个方面。

中国作为一个发展中国家，正处在一个前所未有的经济持续发展阶段，道路建设和汽车工业高速发展，道路交通安全形势亦十分严峻。21 世纪前 20 年，我国交通运输发展处于非常迅速的时期：

1. 公路通车里程、客货运量都将持续增长，道路交通流量急剧增加。

2. 机动车大幅度增加，其中安全性能较差的摩托车、低速载货汽车占据机动车的 70%左右，构成极不合理。

3. 道路等级和质量普遍较低，三级以下公路和等外公路占总里程的 85%左右。

4. 大量道路线形不合理，路面维护不及时，交通安全设施缺乏或设置不科学。

5. 交通事故致死率高。

6. 交通法制不够健全，交通参与者安全意识薄弱。

7. 汽车安全约束装置使用率低，高科技在道路交通安全中的应用不够。

对于上述现象如果不采取有效的措施，我国交通安全形势将依然十分严峻。

13.2 道路交通安全战略管理过程

13.2.1 战略规划目的、意义

交通运输是国民经济发展的基础，而交通安全则是交通运输正常运转和快速发展的前提条件，交通安全规划则是道路交通安全发展的方向和战略。世界发达国家的经验表明，制定交通安全规划对于预防道路交通事故具有重要的战略意义。例如，日本、美国、加拿大、澳大利亚等国都制定了具有量化指标的交通安全规划或战略目标。国外的成功经验表明，根据当地道路安全的情况，制定中长期道路安全战略，可以更有效地管理和处理道路安全问题。

日本早在1970年颁布的《交通安全对策基本法》中明确规定，中央、都、道、府、县、市、镇、村各交通安全对策会议必须制定交通安全规划，并且按照规划实施执行。因此，日本交通事故自1970年以来死亡人数逐年下降，2003年仅死亡7 702人。

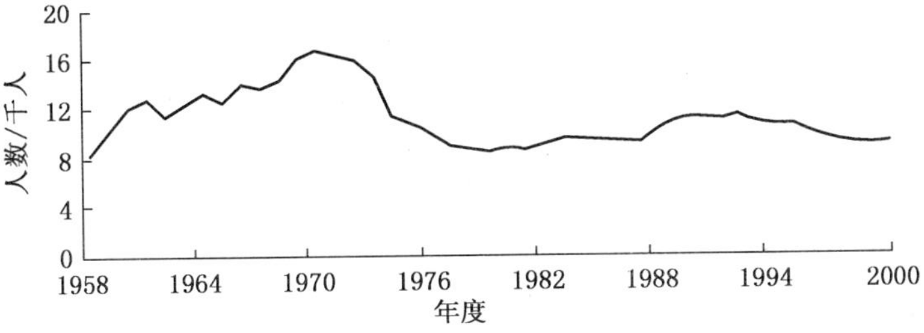

图13-1 1958～2000年日本交通事故死亡人数的变化

加拿大政府于2001年制定的交通安全十年规划，提出到2010年交通事故死亡人数下降30％，安全带使用率达到95％以上，乡村公路上的死伤人数下降40％，酒后开车导致的伤亡人数减少40％，超速和交叉口事故中伤亡驾驶员人数减少20％，年轻驾驶员伤亡人数减少20％，货运车辆事故伤亡人数减少20％，行人、自行车和摩托车伤亡人数减少30％。

1949年以来，我国一直没有道路交通安全方面的宏观政策，制定道路交通安全规划是在总结国内道路交通安全管理工作的基本经验的基础上，结合当前我国交通安全形势及交通安全管理的现状，从法律的角度对政府提出的一项旨在保证交通运输可持续发展，确保经济社会协调发展的战略措施；同时也是一项保障交通安全与畅通的工作措施。一方面它能规范我国的交通安全管理工作，明确目前及今后的奋斗目标，保障人民群众的生命财产安全；另一方面，它将有力推动政府领导下的交通事故预防长效机制，在人流、物流、车流迅速增长的情况下，遏制我国交

通事故持续增长势头。

因此，各级人民政府依据法律、法规和国家政策制定交通安全规划非常重要，势在必行，具有重大的现实意义。

13.2.2 战略规划方法

1. 有关战略的介绍

大部分标准的战略教科书通常在引言中，都会为战略下一个类似这样的定义："战略就是企业为了收益制定的与组织使命和目标一致的最高管理层的计划"。其实，从管理学的角度来看，战略本身还是一个未能达成共识的概念。人们对战略形成的认识就如同盲人摸象，历史发展至今，先后有10个战略认识的学派。图13-2表示各学派在战略形成这个单一过程中相互之间的位置。中央是战略的实际形成，用一个黑线框来表示，以表示它被大多数学派所实际对待的状况。

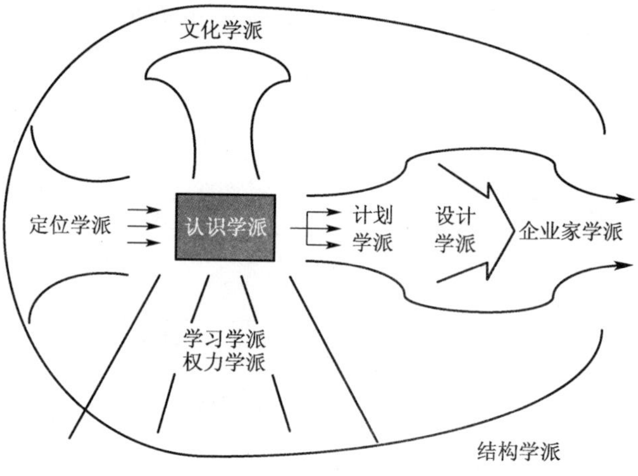

图13-2 战略形成过程细分图

2. 道路交通安全战略管理过程

战略管理过程(Strategic management process)如图13-3所示，包括9个步骤，它们是一个战略计划实施和评估的过程。

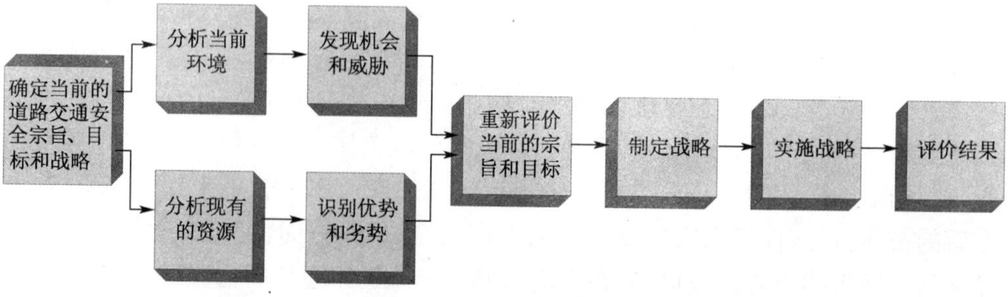

图13-3 战略管理过程

13.2.3 美国交通安全战略规划

近几十年来，由于政府在提高各种运输方式的效率的同时，加强了其交通安全治理，所以美国各种运输方式造成的死亡人数每年都在下降。据测算，如果美国政府没有采取相应交通安全措施的话，那么，目前仅公路交通事故造成的死亡人数每年就可能达到13万人以上而不是目前的4万多人了，这说明交通安全计划是非常有效的。但是，由于同时美国运输业也高速发展，如公路车辆总行驶的车英里数以每年3%的比例增长，使目前美国各种运输方式所造成的人员死亡仍然占美国总死亡人数的2%，运输是造成美国65岁以上人员死亡的第三大原因。

另一方面，目前美国每年有超过350万人因各种交通事故受伤，虽然因伤致死的比例很小，但是因此而造成的经济损失却十分巨大。例如，据美国1997年统计，仅仅因公路车辆事故造成的人员受伤就使社会总损失成本达到1 505亿美元；还有170亿美元的医疗费、550亿美元的相关员工工资支出以及547亿美元的因生产率下降造成的直接经济损失。

因运输系统交通事故而造成的受伤人数一直都没有明显下降。在这样的背景下，美国交通部(DOT)始终将追求交通安全作为最重要的战略目标。美国交通部2000年的交通安全战略及其计划中，总目标是：减少与交通运输有关的绝对死亡人数；减少与交通运输有关的绝对受伤人员；降低与交通运输有关的相对死亡人数(即每亿车—英里或每亿吨—英里运输量所造成的死亡人数)；降低与交通运输有关的相对受伤人数(即每亿车—英里或每亿吨—英里运输量所造成的受伤人数)和受伤程度；降低运输系统的各类交通事故的数量及其造成的经济损失。

在美国交通部2000年交通安全规划中，道路交通安全主要集中在以下四个方面：一是努力降低公路交通造成的相对死亡率；二是控制与饮酒有关的公路交通事故；三是增进汽车安全带的使用比例；四是提高大型载货汽车的交通安全性。而美国交通部制定的2000～2005年美国交通战略发展计划中，六个具体战略目标的第一个就是：安全性战略目标。

为减少与交通有关的伤亡人数，美国交通部制定了更加全面的战略目标，包括：在交通基础设施中建立更加完善的安全体系；加强在重要安全问题领域的研究；继续推动鼓励创新活动的先进标准和法规的制定，提高安全水平；通过更有效的事故响应来降低事故的后果；建立提高安全性的激励体制；加强公众安全交通教育；进行定期的安全趋势和问题分析与预测。

13.3 我国道路交通安全战略规划基本框架

道路交通安全战略规划的基本框架应根据《道路交通安全法》及《道路交通安全法实施条例》的要求，以尊重人的生命为基本理念，保障道路交通安全、有序、畅通。充分考虑交通参与者、交通工具以及交通环境三要素相互之间的内在联系，综合研究切合实际的、可行的、重点突出的对策及目标，并制定成规划。

13.3.1 基本框架

道路交通安全战略规划应在分析、预测交通安全形势的基础上，提出具体的实施目标，为保证预期目标的顺利实现，需要明确一系列的战略重点，制定相关的政策保障措施。

道路交通安全战略规划具体的框架结构关系如图 13-4 所示，在完整的交通安全规划的体系中，政策保障是实现目标的基础和保证，战略重点则是确保目标顺利实现的关键步骤。

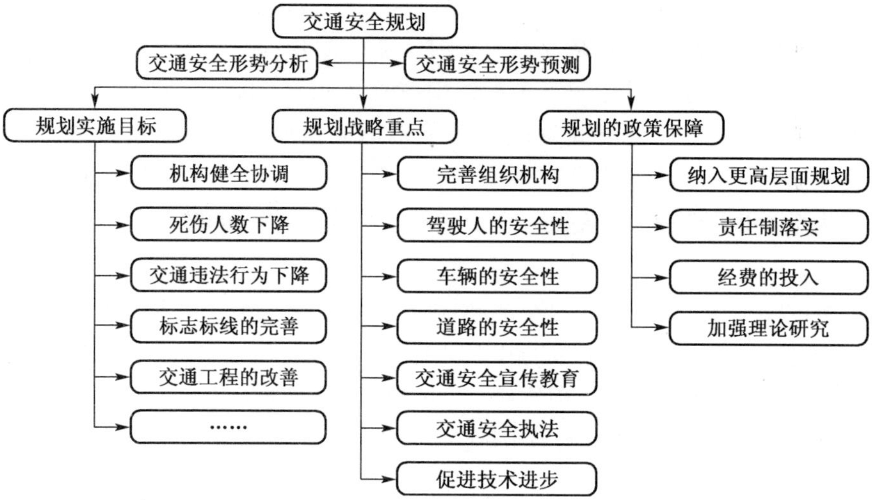

图 13-4　交通安全规划的基本框架示意图

13.3.2 实施目标

由于我国道路交通安全相关因素发展不协调，各项预防机制刚刚起步，交通事故可控性缺乏一定的客观条件，因此，交通安全规划目标不能完全参照国外用交通事故死亡人数下降的绝对数来衡量，应统筹考虑影响交通安全各因素的改善、提高的程度，然后提出各项工作的实施目标。

首先，工作机制应更加完善，交通安全工作联席会议作用更加明显，相关部门间的组织、协调得到进一步加强，协作联动畅通，形成中央、省、市、县、乡五级政府领导下全面的事故预防机制；

其次，交通安全形势得到明显改善，死伤人数从高发到基本遏制到基本平稳，交通安全状况步入良性循环的轨道。

从总体上提出分阶段量化的交通事故死亡人数达到的相对指标，以及万车死亡率的下降目标，重点提出各种严重交通违法率下降的目标，农村公路交通事故的下降目标，道路交通环境改善、交通安全设施完善的目标，以及交通参与者遵纪守法、交通安全意识提高的程度。

在交通部印发的《公路水路交通科技发展战略》中明确提出，到2020年，我国将建成一个更安全、更便捷、更可靠、更经济、更智能的现代化公路水路交通系统，形成完善的综合运输体系，为实现全面建设小康社会公路水路交通发展目标提供有力的科技支撑。七项具体目标分别为：形成比较完善的支持公路水路交通发展的科技创新体系；交通运输管理技术适应现代化的要求，实现一体化、数字化和网络化，在自主创新和技术集成方面有重大突破；交通基础设施建设技术全面发展，养护技术水平有质的飞跃，达到国际先进水平；交通资源利用和环保技术全面提升，成为建设节约型行业和发展绿色交通的可靠保障；交通安全保障技术整体提高，在事故预防、应急反应、救助打捞等方面达到国际水平；交通决策技术水平明显提高，全面实现决策手段的数字化、可视化与科学化；建设一支具有国际竞争力的交通科研队伍，形成比较完整的科研梯队，全面提升交通行业全员技术应用能力。

13.3.3 战略重点

我国的交通安全战略重点应建立在“4E”对策的基础上，即教育（Education）、工程（Engineering）、执法（Enforcement）和紧急救援（Emergency care and first aid）。

1. 完善全国道路交通安全工作部际联席会议制度，健全省、市、县、乡、村五级交通安全工作领导（协调）机构

在国家层面上，我国成立了道路交通安全工作部际联席会议。一方面，要强化联席会议职能，加强政府的统一领导，整合资源，促进部门协作，实现信息共享，建立长效机制；另一方面，制定宏观管理政策和规划，对全国道路交通安全工作进行部署，监督指导各省、自治区、直辖市人民政府及其职能部门的道路交通安全工作；再一方面是争取交通安全的国家财政支持。在地方层面上，分阶段逐步建立省、市、县、乡、村五级道路交通安全的组织领导（协调）机构，加强各级政府对道路交通

安全工作的统一领导，统筹协调，分类指导，综合治理，制定并负责实施交通安全规划。

2. 改善道路的安全性

(1) 建立完善的黑点项目管理制度。

首先，建立交通事故黑点鉴别评价、监控和后评估体系，分析交通事故黑点成因，排查事故黑点，明确优先治理权重，科学认证治理措施，并对治理前后的经济社会效益进行后评估；其次，完善交通事故黑点公布、督办制度，部际联席会议定期向社会公布国家级黑点及治理情况，各地公布省级、市级、县级、乡级甚至村级黑点，各级政府每年明确督办指标，层层落实；第三，加大力度整治黑点，各级政府应加大投入治理事故多发路段和安全隐患路段，特别要加强山区急弯、陡坡等险要路段的治理，重点改善危险路段的安全状况。

(2) 建立道路安全审查制度。提高新建道路设计的安全性，对于现有道路改造、维护、修复充分考虑交通安全的规划与设计。

(3) 完善道路交通安全设施。在新建、改建道路时，交通安全设施要与道路同时设计、同时施工、同时验收，对无交通安全设施或者交通安全设施达不到标准的道路，不得验收、通车；各级政府及交通部门要切实加大投入，逐步完成国道、省道主要交叉路口交通环境的改造，完善交通标志标线、交通控制设施，设置减速堤、缓冲带，使用停车让行、减速慢行等标志；加强对山区急弯、陡坡、傍河(湖)等险要路段的治理，完善道路隔离/警示标志、安全防护设施等。

3. 提高交通参与者的法律意识和交通安全意识

提高交通参与者的安全意识是预防道路交通事故的一项长期的战略措施。

首先，广泛、深入、持久地推进交通安全宣传活动，建立长效制度，强化政府牵头抓宣传教育的职能，各级公安、交通、宣传、文化、广播影视、教育等部门高度重视，协作配合。

其次，交通安全从娃娃抓起，逐步推进终生交通安全教育。

第三，强化交通运输企业、机动车生产企业及其他企业对交通安全的社会责任感，将交通安全作为己任，鼓励企业投入人力、财力、物力，改善交通环境。

第四，建立交通安全情况的定期发布制度，定期发布全国交通安全状况，各地定期发布本地区的交通安全状况，提示群众关注交通安全，提高交通安全意识。

4. 严格管理驾驶员，确保安全驾驶

驾驶员违章是导致道路交通事故发生的直接原因，加强驾驶员管理是预防道路交通事故的源头。

第一，强化现行驾驶员教育培训、考试制度，建立驾校监管、资质管理体系，建立教练员、考试员考核上岗制度，重点提高驾驶员交通道德及安全驾驶技术。

第二，严格驾驶证登记、注册及核发制度，全面推行车辆保险费率与驾驶员违章或事故挂钩、违章与审验挂钩等奖惩政策，实行驾驶员升降级制度。

第三，加强驾驶员异地违章转递，利用计算机网络，强化取缔违章力度。

5. 确保车辆安全性

加强车辆主动安全性和被动安全性的研究，完善我国汽车安全设计标准；提高乘员保护，逐步扩大安全气囊、安全带、ABS 安装范围；完善机动车安全认证制度和缺陷车辆召回制度，提高车辆安全性；强化机动车安全检验制度，提高检测质量；加强对机动车安全检测站的管理，实施资格审查。

继续实施机动车强制报废制度，禁止报废车、非法拼组装车上路行驶。

对无牌无证、逾期不检和达到报废标准的车辆，应依法严格处罚或采取强制措施。

加强对运输、维修企业的管理。实施运输、维修企业资格审查及安全认证制度，加强对长途客车站和客运企业日常管理，加大对私营、挂靠客车的监管力度，对营运车辆进行不定期检查和临时抽检，对于不合格驾驶员、带病车辆上路行驶的运输单位要清理整顿。

6. 整顿道路交通秩序

增加使用执法装备，阻止不安全驾驶行为，通过严格交通管理执法，使得执法效果更加有效。

(1) 明确执法重点，取缔严重违法行为。对汽车超速、超载、疲劳驾驶、无证驾驶、酒后驾驶、强行超车、占道行驶以及拖拉机、农用车、货运汽车违章载客、无牌无证上路行驶，摩托车不带安全头盔等容易引发道路交通事故死亡的严重违法行为，应坚决予以查处，真正形成严管的态势。每年重点抓好两三种严重违法的取缔工作，力争规划期内严重违法行为明显减少。

(2) 强制和鼓励使用安全带和儿童约束系统，提高汽车安全带的佩戴比例；对摩托车驾驶员强制佩戴安全头盔，并加强摩托车安全头盔的质量监督；严格控制运营客车驾驶员连续驾驶时间，采用临时路检或技术手段进行监督。

(3) 分析事故特点，科学合理安排勤务，加强路面流动巡逻，提高纠违力度。

7. 完善紧急救援系统

拥有完善的紧急救援系统是降低交通事故致死率的重要手段。我国救援、医疗水平落后，广大农村、边远地区交通事故伤员得不到及时治疗，交通事故致死率远远高于发达国家。

(1) 建立健全交通事故紧急救援联动机制，完善通信系统，实现 110、122、119、120 四台合一，切实提高交通事故信息传递、现场救援和急救转运等方面的综合反应能力；建立辖区边界交通事故现场处置的相互配合、快速反应机制。

(2) 建立高速公路、隧道、桥梁等重要区域交通事故应急处置机制，制定应急预案。

(3) 加强救助和急救人员的教育培训。对驾驶员、交警、公路管理人员以及公用事业人员普及急救方法，定期进行急救训练，学习基本的救护知识；在边远乡村的居民中也应保证有一定比例的人接受过基础医疗知识学习和急救训练，从而可以实施紧急救护；强化急救队伍，驾校增设急救课程，中小学增设急救课程。

(4) 逐步在省级、市级、县级、乡级急救中心(站)或卫生行政部门指定的医院建立有效的医院抢救交通事故伤员的"绿色通道"以及交通事故急救中心，提高交通事故紧急救护能力及效率，确保受害者能够及时得到紧急救护。

8. 促进交通安全技术进步

(1) 推进道路交通安全技术的研究开发。把电子、信息技术进步的研究开发作为重点，充实交通安全科研机构的研究经费，普及研究、开发成果，开展国际合作交流。

(2) 推进道路交通事故原因的综合调查。加强对交通事故发生原因的统计，建立公安交通管理、医院卫生的交通事故死亡信息统计系统。

(3) 研究开发有效的交通安全监控、执法设备，提高执法的公正性和科学性。

(4) 研究我国的道路交通安全评估体系，全面评估各地区、各城市交通安全状况。

13.3.4 政策保障措施

1. 将道路交通安全纳入国家综合交通体系，发展"十一五"重点专项规划

交通运输是我国社会和经济发展的战略重点之一，而道路交通安全则是交通运输健康发展的战略重点之一，因此，应在政策上予以扶持、重视，将道路交通安全纳入国民经济和社会发展第十一个五年计划中的国家综合交通体系发展专项规划范畴，以保证我国交通运输的繁荣和正常发展。

2. 加强各级政府和相关部门交通安全监管职责，全面落实交通安全责任制

各级政府和有关部门要切实加强对道路交通安全工作的领导，把道路交通安全纳入政府考核体系，建立强有力的道路交通安全工作组织领导和协调管理机制，逐步完善从中央到地方统一、高效运转和协调的监管体系。坚持交通安全负责制，层层落实责任，严格交通事故责任倒查和责任追究制度。

3. 加大国家、地方对道路交通安全的投入

交通安全投入应纳入政府财政预算，各级政府应把交通安全专项经费列入财

政预算的正常支出科目，并逐年有所增加。保证一定比例的交通基础设施建设资金用于道路交通安全研究、评价与改造。建立和完善交通安全投入机制，努力拓宽交通安全投入渠道，形成国家、地方政府、各部门及全社会多元化的投入体制。

4. 加强交通安全的科学研究，加强国际交流与人员培训

进一步加大政府、部门对交通安全对策、交通安全应用技术研究的支持力度；健全国家级交通事故调查研究机构，从组织、资金、人力上予以支持，建立交通事故调查研究专项基金；鼓励多渠道资金投入交通安全研究，加强交通安全应用技术的开发，鼓励研究成果的转化普及。

第 14 章

道路交通安全评价技术与交通安全管理规划方案评价

《中华人民共和国道路交通安全法实施条例》第三条明确指出“县级以上地方各级人民政府应当建立、健全道路交通安全工作协调机制，组织有关部门对城市建设项目进行交通影响评价，制定道路交通安全管理规划，明确管理目标，制定实施方案”。如何建立、健全道路交通安全工作协调机制？如何运行道路交通安全工作协调机制？如何评价道路交通安全工作协调机制？如何组织有关部门对城市建设项目进行交通影响评价？如何建立此评价体系？如何系统地建立道路交通安全评价体系？如何对管理规划方案进行评价？这些是人们关注的重点内容。

道路交通安全性评价可以从宏观和微观两个层面进行。

道路交通安全宏观分析的主要目的在于分析随着区域的社会变革、经济和技术的发展，道路安全状况的变化，研究区域经济、车辆保有量、人口及其构成与道路交通安全(道路事故率)的相互关系，并在此基础上制定宏观的技术和政策方面的道路安全性改善对策。不少国家将宏观层面上的道路安全问题列入国民健康范畴进行研究。

道路交通安全性微观分析是从不同的角度分析影响道路安全、产生道路交通事故的各种具体因素，为改善道路安全状况制定技术与政策措施。对于道路与交通工程领域的工程技术人员，则着重研究道路、交通环境因素与道路事故的关系，以指导道路安全设计。但由于影响道路安全的因素很多，相互有交叉，因此还必须从其他角度考虑安全问题。

14.1 道路交通安全评价技术

道路交通安全评价，是对道路交通系统存在的障碍性、危险性进行定性和定量分析；对道路交通安全设施分布进行实效性分析；对道路交通安全参与者素质进行客观分析；对政府各有关部门的道路交通安全管理工作进行全面评估；对道路交通安全管理技术手段、政策进行评价，从而得出道路交通系统整体水平及效果评估。

也有定义指出，道路交通安全管理规划的技术评价就是评价规划方案实施后的安全状况。通过对道路交通安全管理规划方案的定量化评价，在道路交通安全管理规划实施前就知道该方案实施的效果，能避免交通安全管理规划的决策失误，对安全管理方案的最终确定和滚动调整起着决定性的作用。

14.1.1 意义和目的

道路交通安全评价对于交通安全管理工作有着十分重要的意义，评价的结果将直接影响到交通安全管理工作的未来走向，因此进行评价工作一定要慎重。数据是交通安全管理评价工作的基础，为评价工作的开展提供有力支持，因此收集相关数据是评价工作的一个重点。为了保证评价工作的准确性，收集数据时一定要注意数据的真实性和代表性。此外，评价工作的另一个关键因素是评价指标的选取。对同一个对象的评价会因为不同的指标而产生不同的结果，这就要求在进行评价工作时所选取的指标要全面，技术路线要正确，这样才能使评价工作不出现偏差。

总的来说，道路交通安全评价的意义在于可有效地预防交通事故发生，减少人员伤亡和财产损失。与日常交通安全管理和安全监督监察工作不同，道路交通安全评价是从技术带来的负效应出发，分析、论证和评估由此产生的交通事故伤害及损失的可能性、影响范围、严重程度及应采取的对策措施等。

道路交通安全评价实质上就是对人、车、路、环境本质安全化的量化描述和评价结果，因而道路交通安全性评价就是对某一道路交通运行系统本质安全化水平的评价。道路交通安全评价既是道路交通安全管理的起点，又是它的归宿。某一道路交通系统运行通过第一次交通安全性评价，经过整改和运行一个阶段之后，又需要进行第二次交通安全性评价。如此不断地评价下去，道路交通安全系统的本质安全化程度必然会不断提高。

道路交通安全评价的目的主要有：

1. 促进实现本质安全化交通

通过交通安全评价，从规划、设计、建设、运营等过程对交通事故和事故隐患进行科学系统的分析，针对交通事故和事故隐患发生的各种事件可能原因和条件，提出消除危险的最佳技术措施方案，特别是从设计上采取相应措施，实现交通过程的本质安全化。

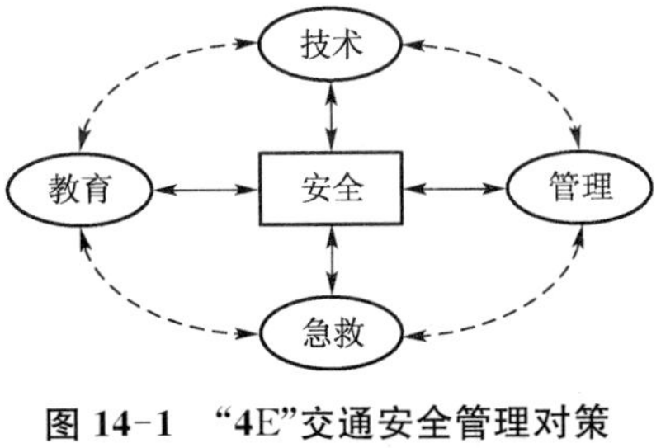

图 14-1 “4E”交通安全管理对策

2. 实现全过程安全控制

对交通安全管理工作的“4E”(图 14-1)进行评估，保证“4E”对策的同时协调进行。在“4E”对策设计之前进行安全评价，可避免选用不安全的工艺流程，或当必须采用时，提出降低或消除危险的有效方法；设计之后进行评价，可查出设计中的缺陷和不足，及早采用改进和预测措施；系统建成以后运行阶段进行的系统安全评价，可了解系统的显示危险性，为进一步采取降低危险性的措施提供依据。

3. 建立系统安全的最优方案，为决策者提供依据

以道路交通安全系统为研究对象，以事故信息为基础数据，应用道路与交通工程的原理，以数理统计等数学方法为理论基础，并结合管理学、工效学和交通行为学等，通过研究交通环境与道路交通安全的相互关系，对道路安全与防控措施间的相互动态耦合进行系统分析，定量或定性地分析特定道路的交通事故防控对策对于交通安全的影响，确定交通事故防控措施及综合整治方案的相对重要性或优先次序，建立面向决策者的道路交通事故防控对策评估模型，为交通安全决策者合理配置用于改善交通安全状况的社会资源，制定交通事故防控的最优对策，提供理论和方法支持。

4. 有助于安全投资的合理选择

安全评价不仅能确认安全系统的危险性，而且还能进一步考虑危险性发展为事故的可能性及事故造成损失的严重程度，并以此说明系统危险可能造成负效益的大小，以便合理地选择控制、消除事故发生的措施，确定安全措施投资的多少与先后顺序，从而使安全投入和可能减少的负效益达到合理的平衡。

5. 为实现安全技术、安全管理的标准化和科学化创造条件

通过对交通设备、设施或系统在交通过程中的安全性是否符合有关技术标准、规范、相关规定的评价，对照技术标准、规范找出存在的问题和不足，以实现安全技术和安全管理的标准化、科学化。

安全评价可以使各部门全体职工明确各自的安全指标要求，在明确的目标下，统一步调，分头进行，从而使安全管理工作科学化、统一化、标准化。

14.1.2 道路交通安全评价内容与技术路线

从评价的手段上来看，道路交通安全评价可分为直接评价与间接评价（如图 15-2）。依据事故统计的安全评价是常见的直接评价，该评价方法虽存在诸多弊端，但操作相对容易。间接评价根据道路交通实际情况来进行评价。

从系统的角度来构建道路交通安全评价体系，则包括评价指标体系的选取原则、各项评价指标体系的分析说明以及评价等级的划分标准与方法（如图 14-3）。

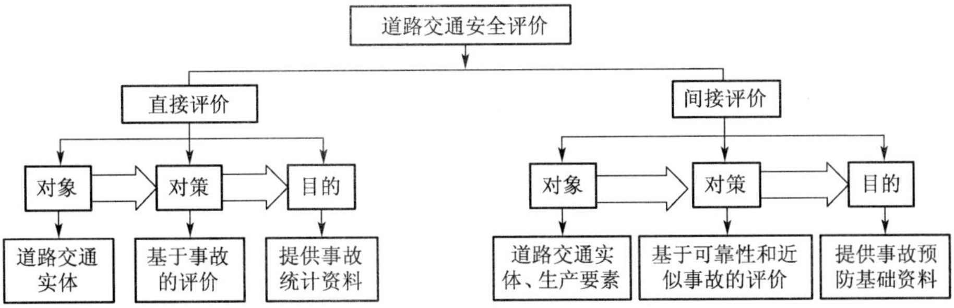

图 14-2　道路交通安全评价的内容与构成

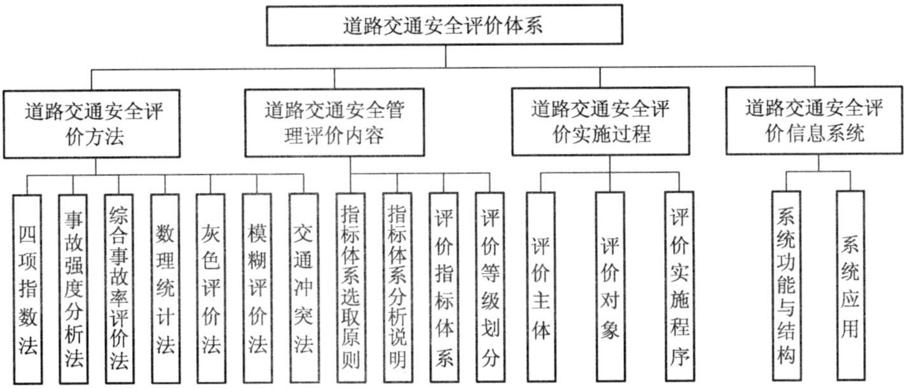

图 14-3　道路交通安全评价体系主要研究内容

一般步骤可概括为：

1. 明确系统目标，熟悉安全方案。

2. 分析系统要素。根据评价的目标，集中收集有关资料和数据，对组成系统的各个要素及系统的性能特征进行全面分析，找出评价项目。

3. 确定评价指标体系，科学地、客观地、尽可能全面地考虑各种因素。

4. 制定评价结构、评价准则，对所确定的指标进行定量化处理并使之规范化，确定各指标的结构与权重。

5. 确定评价方法。

6. 进行单项评价，就系统的某一特殊方面进行详细评价。

7. 综合评价，提出系统安全管理的改良方案。利用模型和各种资料，用技术经济的观点对比各种可行方案，考虑成本、效益关系，权衡各方面的利弊得失，从系统的整体观点出发，综合分析问题，选择适当而且可能实现的优化方案。

作为预测、预防事故重要手段的安全评价，是交通安全管理的一个必要组成部分，在贯彻道路交通安全法中有着十分重要的作用。

安全评价是一个利用安全系统工程原理和方法来评价安全管理系统存在的风险的过程，这一过程包括危险、有害因素识别和危险、事故危害程度评价两部分。危险、有害因素识别的目的在于识别危险来源；危险、事故危害程度评价的目的在于确定来自危险源的危险性、危险程度，应采取的控制措施，以及采取控制措施后仍然存在的危险性是否可以被接受。安全评价的最终目的是要实现责任到位，投入到位，措施到位。通过安全评价可以确认城市道路交通系统安全运行中存在的问题。安全评价的技术路线如图 14-4 所示。

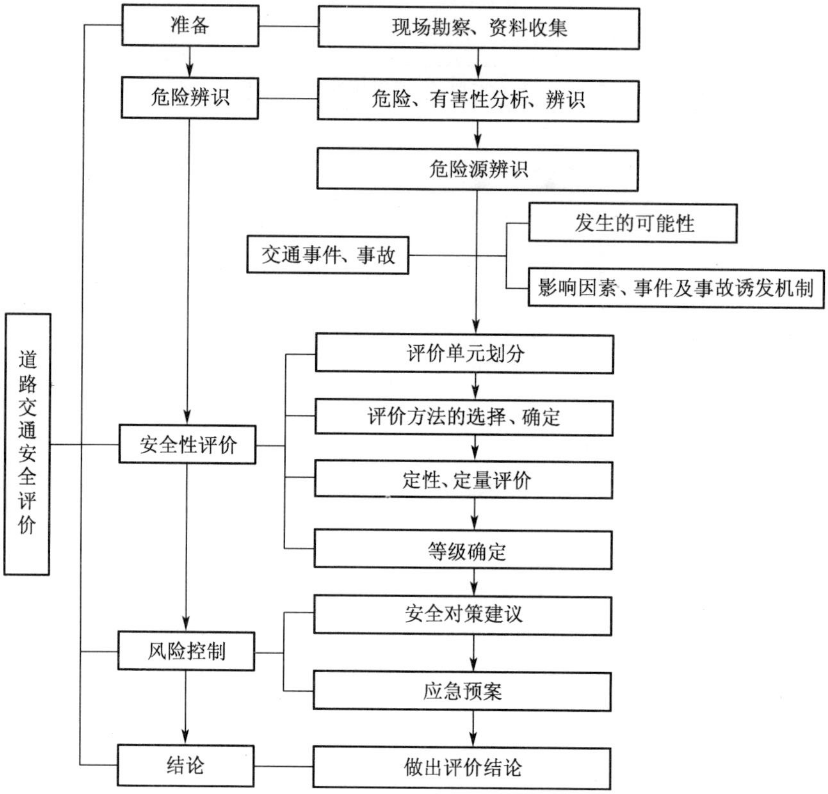

图 14-4　道路交通安全评价技术路线

14.1.3　道路交通安全评价指标分析

道路交通安全评价指标可分为绝对指标、相对指标等。从国内的情况来看，当前我国广泛采用的道路交通安全评价绝对指标为：(1)事故次数；(2)死亡人数；(3)受伤人数；(4)直接经济损失。这 4 项指标都是绝对指标，是安全评价的基础资料。它们可用于同一地区或同一城市交通安全状况的考核与分析，也可用于同一地区或同一城市不同时期交通安全状况的比较；但无法对不同地区或不同城市的交通安全状况进行横向比较，更无法与国外交通安全状况进行对比，即缺乏可比性。此外，这4项指标也不能对事故量、事故后果和发生事故的可能性做出全面的评价，缺乏系统性。

常用的道路交通安全评价相对指标有以下几种：

1. 万车交通事故死亡率

这是一定时期内交通事故死亡人数与机动车保有量的比值，是反映交通事故死亡人数的相对指标，侧重于评价机动车数量对交通事故死亡人数的影响。

2. 万人交通事故死亡率

这是一定时期内交通事故死亡人数与人口数量的比值，也是反映交通事故死亡人数的相对指标，侧重于评价人口数量对交通事故死亡人数的影响。但若用于不同的地区或国家，因交通环境相差较大，其可比性较差，不适用于像我国这样人口多、机动车少、路网密度低的国家。

3. 交通事故致死率

这是一定时期内交通事故死亡人数与交通事故伤亡总人数的比值，它可以综合反映车辆性能、安全保护设施、道路状况、救护水平等因素的影响，是衡量交通管理现代化及交通工具先进性的一个重要指标。

4. 亿车公里事故指标

亿车公里事故指标包括亿车公里事故率、亿车公里受伤率和亿车公里死亡率，侧重于评价交通量对交通事故的影响。这是一组评价指标，可综合反映交通工具的先进性、道路状况及交通管理的现代化，也是国外评价交通安全的常用指标之一。

5. 综合事故率

综合事故率是万车死亡率和万人死亡率的几何平均值(或亿车公里死亡率的几何平均值)，它同时考虑了两个参数对交通安全的影响。

6. 交通事故预测指标

交通事故预测指标一般是对交通事故死亡人数或事故次数进行的预测。它是根据历史统计资料整理出回归方程，然后将所求年度的参数代入，就可求出此年度交通事故死亡人数或事故次数的预计值。将此预计值和当年实际值进行比较，可以对安全状况的改善程度进行评价。

综上所述可以得出如下结论：在对道路交通安全状况进行评价时，仅使用绝对指标是不够的，必须在应用绝对指标的基础上应用相对指标；仅使用单项指标是不够的，必须选择一系列的评价指标组成一个评价指标体系，综合考虑人、车、路和环境诸方面因素的作用和影响，对道路交通安全状况做出全面和准确的评价，为安全决策和事故控制提供可靠的依据，以利于道路交通安全水平的提高，进而达到为国民经济建设服务的目标。

14.1.4 道路交通安全评价方法

道路交通安全可以通过客观的安全程度和主观的安全感受进行评价。交通行为者在参与交通过程中，可以随时产生不同的心里感受，即安全感。而安全程度则可以通过各种量化方式，用以客观反映道路交通安全情况，它是改进道路交通安全、评价交通安全水平的重要指标。

目前，道路交通安全评价常用的方法分为单项评价和综合评价两种。单项评价是对被评价对象的某一方面或几个方面的评价；综合评价则是在单项评价的基础上，从整体的角度对被评价对象进行系统、科学的评价，使决策更加全面、有效。

1. “四项指数”法

所谓“四项指数”是指不考虑交通事故发生的任何主、客观因素，只在要求的一定范围内(如一个国家、一个城市、一条公路、一个地区等)统计“四项指数”，即交通事故的发生次数；因交通事故死亡的人数；因交通事故受伤(可以分轻伤和重伤)的人数；因交通事故造成的直接经济损失(一般按规定折算成货币元)。因这四项指数无任何参照比较值，所以称为绝对数，也称为绝对指标。这种方法在统计上简单易行，对比度明显，可以单纯地作纵向、横向的比较，人们比较容易接受，所以，在我国是一种常用的方法。但交通事故的发生是由多种原因造成的，从数理统计和概率论的观点出发，车辆和人越多，事故出现的概率就越大。而“四项指数”没有反映这些背景数据和因素，所以在不同等条件下没有可比性，因此，作为不同地区、不同条件的比较安全程度的指数时是缺乏科学性和说服力的。

2. 事故强度分析法

有人认为交通事故是交通行为的产物，参与交通行为的主要因素是人、车和路，当人、车和路数量增多时，事故自然增加。要用交通事故的四项指数评价交通安全时，必须以相应保有的车辆数、人口数及道路数等作为比较的相对条件。从这种观点出发，出现了下面三类复合评价指标：

(1) 每万辆车死亡人数和每百万辆车死亡人数，表示为：死亡人数/万车、死亡人数/百万车。

(2) 每万辆车、万人死亡人数，表示为：死亡人数/万车人。

(3) 每万辆车、万人、万公里死亡人数，表示为：死亡人数/万车人公里。

由上述三类指标可以看出，在评价安全指标时，由于掺入了相应的参照数据，评价结果就表现出了一定的科学性和可比性，但是对这种评价指标也有批评意见，主要认为道路有等级好坏之分，汽车有大小快慢之别，人有素质之高低，不能平等作比较。这在理论上是对的，但要绝对做到平等比较是困难的。因此，上述三类指标中万车死亡数和万车万人死亡数这两项指标认为相对差异较小，容易被人们接受。这在国际上也被视为比较的统一评价指标。而道路因素各国在评价所需或其他用途时也作为评价指标，如以某一等级的公路为“标准路”，将其他等级的公路换算成“当量标准路”，然后采用万车死亡数（或万人死亡数、万公里死亡数）作指标等。事故强度分析法就是在一些事故指标的基础上结合道路交通的其他因素，得出一个综合评判指标。

3. 综合事故率评价法

中国人民警官大学的李兵、方晓星认为，“四项绝对指数”法忽略时间和空间及交通条件等因素，是缺乏科学性的，如果在评价中加入人口数量、汽车数量因素，虽然这些指标是静态的，但是考虑了人、车的交通因素，相对而言是比较合理的，因此提出了“综合事故率评价法”，其数学模型为：

$$Ks = 10^4 \frac{D}{\sqrt{P \cdot N}} \tag{15-1}$$

其中：D——死亡人数（人）；

P——（地域）人口数（人）；

N——（地域）机动车数（辆）。

4. 数理统计法

“数理统计法”是由吉林大学赵文和吉林工业大学李江教授提出的，他们认为，交通事故的发生属于随机事件，因此可以用数理统计的方法进行研究，所以提出了概率法，具体做法是（如图14-5）：

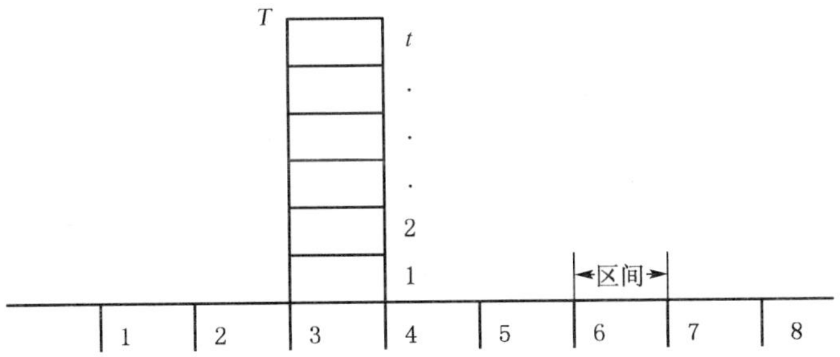

图14-5　数理统计法示意图

将被评价的路段分成 N 个小区间，令 Q_i 为第 i 个区间相对于全路段发生事故的危险率，即第 i 个区间上发生交通事故的概率；所以 $\sum_{i=1}^{N} Q_i = 1$；再令 Y_i 为第 i 个区间上，在时间间隔 $[0, T]$ 内发生的事故，则

$$Y_i = \sum_{i=1}^{T} y_{it}, y_{it} = \begin{cases} 0 \\ 1 \end{cases} \tag{15-2}$$

y_{it}表示在第 i 个区间上第 t 段时间内发生的事故数。由于每小段时间间隔都取得很短，以致来不及发生两起交通事故，所以 y_{it} 取 0 或 1。因为[0，T]这段时间是取在交通繁忙的时间段，可以认为每小段时间 t 内发生事故的概率均为 Q(其中 $t=1$、$2\cdots T$)，由于每个时间间隔都是相互独立的，因此 y_{it} 服从二点分布，在第[0，T]时间段内，Y_i 应服从二项分布即：

$$P(Y_i = Y_t) = C_T^{yi} Q^{yi} \ (1-Q)^{T-yi} \tag{15-3}$$

其中，方差：$D_i = \sqrt{TQ_i(1-Q_i)}$，均值：$m_i = TQ_i$。

当 $T \to +\infty$ 时，由泊松定理可得

$$P(Y_i = Y_t) \to \frac{m_i^{yi}}{y_i} \cdot e^{-m_i} \tag{15-4}$$

也就是说第 i 段小区间内发生事故数 Y_i 的概率是符合泊松分布的。借助第 i 段路段上主要交通因素的观测值(如行人交通量、机动车交通量、道路宽度、沿线条件、自行车交通量、大型车辆混入率等等)建立数学模型(多元回归方程)来确定估算值$\hat{Y}_i$，用以代替 m_i，这样便使得 $m_i = \hat{Y}_i$，从而第 i 段区间路上发生的事故数 Y_i 可以视为以$\hat{Y}_i$ 为均值的按泊松分布的随机变量。当 $Y_i > 5$ 时，时间间隔数 T 就充分大了(可以认为是[0，T]区间数 T 充分大，也可以认为是[0，T]分段很细，也就是说时间单位取得很小，故 T 就相对地大了)。

由定理可知，随机变量 Z 为：

$$Z = \frac{Y_i - TQ_i}{\sqrt{TQ_i}(1-Q_i)} = \frac{Y_i - \hat{Y}_i}{\sqrt{\hat{Y}_i} - (1 - \frac{\hat{Y}_i}{T})} \tag{15-5}$$

它近似服从于标准正态分布 $N(0,1)$(当 T 趋近于∞时)，由于 Y_i/T 是充分小，这样随机变量 Z 为：

$$Z = \frac{Y_i - \hat{Y}_i}{\sqrt{\hat{Y}_i}} \tag{15-6}$$

鉴于上述的假设和推理，可以认为各小区间内的交通事故发生数 T_i是近似于正态分布的。如果将划分的小区间以省、市地区等区域而定，那么也可以得到上述相似的或相同的结论，并且可以对不同的省、市地区的事故进行预测和安全度的评价。这种方法简单易行，在我国比较常用，但是该方法对事故的分析过于简单，没有考虑到不同道路交通条件的差别使得结果有时往往缺乏科学性和说服力。

5. 灰色评价法

对少量已知信息进行筛选、加工、延伸和累加处理，运用灰色系统理论“非唯一性”原理，采用定性定量相结合的方法，确定交通安全水平在某一灰色域内，也可以达到评价道路交通安全水平的目的。

该法主要步骤如下：

(1) 筛选指标。评价应从众多评价指标中，筛选出那些在道路交通安全体系中占主要影响地位，对评价目标起主要作用的指标。选取较合理的指标，是一种原则性和科学性都很强的工作。因此，建立指标选取原则为：表征性强；相对可比性；所选指标尽可能少；指标概念简明；指标的相对独立性；所选指标实用性。

(2) 确定指标。

(3) 确定评价标准。首先，确定评价标准的方法。例如采用概率统计方法确定评价标准，具体做法是将评价指标的实际数据，经无量纲处理，分析数据的累积百分频率，绘制累积频率曲线，在曲线上确定不同特定累积百分频率所对应的处理数值，作为各灰类特征值（如图 14-6）。评价等级拟定四级灰类，即优、良、中、差。选取 85%，15%累积百分频率特征点来定优、差值，对照 50%的特征点，选取 60%和 40%特征点确定良、中值。4 个累积百分频率点所对应的 A_{i1}，A_{i2}，A_{i3}，A_{i4} 分别为指标 i 属优、良、中、差的特征值。

(4) 对评价指标数据进行无量纲处理。

(5) 构造道路交通安全评价指标的白化权函数，建立评价标准模式。道路交通安全评价指标的白化权函数，是用来描述某项评价指标灰数（经无量纲处理后的指标集）对其取值范围内数值的“偏好”程度。例如图 14-7 是某项评价指标属某一灰类下的评价指标白化权函数图。横坐标表示道路交通安全评价指标灰数，纵坐标表示为对指标灰数取某一横坐标白化值（确切值）时，给予的“偏好”程度——双重。图中曲线表示该指标灰数对应权数的函数关系，如该图指标灰数取 A_{i1} 为白化值时，对这种取法的“偏好”权值是 1。

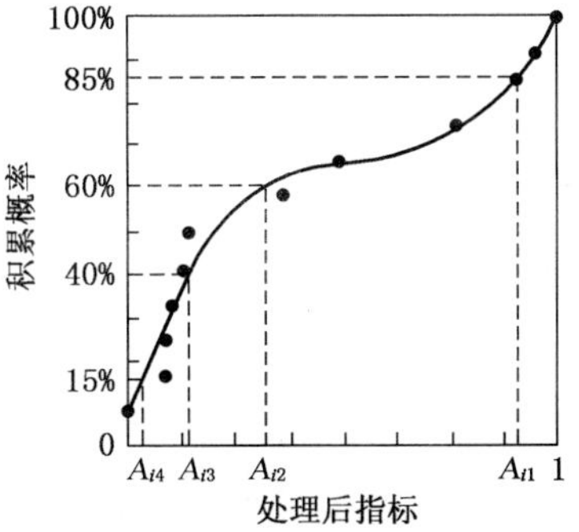

图 14-6　评价指标灰数的白化值特征值 A_{it} 的累积百分频率图

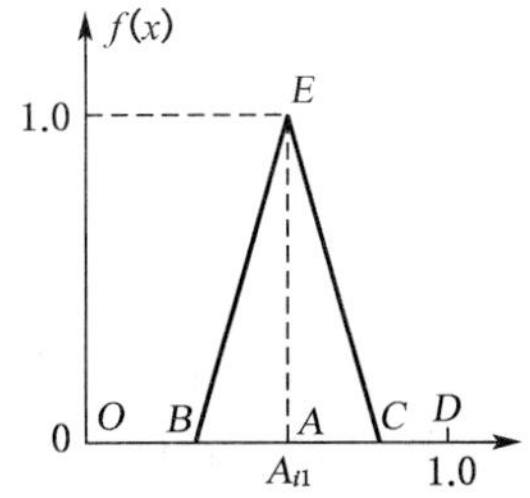

图 14-7　确定评价指标（数据经过处理）灰类函数图

6. 模糊综合评价法

模糊综合评价法是将不确定的信息用信息定量的方法加以处理，依次确定因素集、评价集，并通过单因素评判得到模糊矩阵，用模糊矩阵与权重向量共同得到综合评判结果。

1965年，美国加利福尼亚大学的控制论专家查德(L. A. Zadeh)根据科学技术发展的客观需要，经过多年的潜心研究，发表了一篇题为《模糊集合》(Fuzzy Sets)的重要论文，第一次成功地运用精确的数学方法描述了模糊概念，在精确的经典数学与充满了模糊性的现实世界之间架起了一座桥梁，从而宣告了模糊数学的诞生。从此，模糊现象进入了人类科学研究的领域。Fuzzy Comprehensive Evaluation(简称FCE)就是以模糊数学为基础，应用模糊关系合成的原理，将一些边界不清，不易定量的因素定量化，进行综合评价的一种方法。它是模糊数学在自然科学领域和社会科学领域中应用的一个重要方面。

模糊综合评价法的基本原理：它首先确定被评价对象的因素(指标)集 $U = (x_1, x_2, \cdots, x_m)$ 和评价集 $V = (v_1, v_2, \cdots, x_n)$，其中 x_i 为各单项指标，v_i 为对 x_i 的评价等级层次，一般可分为五个等级：$V=$ {优，良，中等，较差，差}；其次分别确定各个因素的权重及它们的隶属度向量，获得模糊评判矩阵；最后把模糊评判矩阵与因素的权重集进行模糊运算并进行归化，得到模糊评价综合结果。

模糊综合评价法的优点：

(1) 隶属函数和模糊统计方法为定性指标定量化提供了有效的方法，实现了定性和定量方法的有效结合。

(2) 在客观事物中，一些问题往往不是绝对的肯定或绝对的否定，往往涉及模糊因素，而模糊综合评价方法则很好地解决了判断的模糊性和不确定性问题。

(3) 所得结果为一向量，即评语集在其论域上的子集，克服了传统数学方法结果中性的缺陷，结果包含的信息量丰富。

模糊综合评价法的缺点：

(1) 不能解决评价指标相关造成的评价信息重复问题。

(2) 各因素权重的确定带有一定的主观性。

(3) 在某些情况下，隶属函数的确定有一定困难，尤其是多目标评价模型，要对每一目标、每个因素确定隶属度函数，过于繁琐，实用性不强。

对于该方法在此只作概要的叙述，详细方法请查阅有关资料。

7. 交通冲突法

交通冲突技术(Traffic Conflict Technique)自20世纪50年代在美国开始应用，1967年Perkins和Harris最早进行了系统开发与应用，它最初的目的是为了调查通用汽车的车辆在驾驶时是否与其他车辆一样。该法很快被一些交通安全组织应用于预测评价交叉口潜在事故数和鉴别系统缺陷中。以往利用交通冲突技术进行道路交通安全评价时，是以观测小时的时均冲突数与时均混合当量交通量之比(TC/MPCU)确定分级标准，完成对城市交通安全的宏观分级评价，评价标准见表 14-1。

表 14-1 “交通安全城市”分级评价标准

分级	交通安全城市	TC/MPCU
1	特别安全	＜0.01
2	安全	0.01～0.02
3	安全边缘	0.02～0.03
4	不安全	＞0.03

TC/MPCU 同样可以用来进行城市的微观评价，对城市交叉口的道路交通安全状况给予评价，当判断的交叉口安全状况较差时，应及时进行安全改善。但是，道路交叉口交通量具有时变特性，小时交通量间存在较大差异。同时，交通冲突与交通量都是随机值，虽然具有一定的规律性，但并不是按等比例变化。因此，采用 TC/MPCU 之比不能对单个交叉口安全状况进行准确评价。随着自动化交通监控追踪观测记录系统的逐步采用，交叉口分时段的交通量和交通冲突数据将成为城市交通安全微观评价的动态数据源。

该评价方法的缺陷表现在：评价周期过长，事件统计不完善，事件的发生具有随机性、不易观测。

评价计算流程如图 14-8 所示。

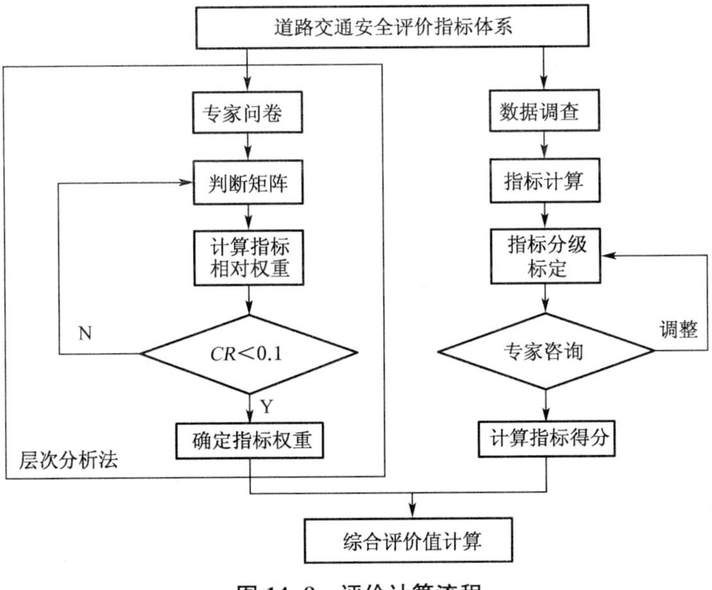

图 14-8 评价计算流程

14.2 道路交通安全管理规划方案评价

一般的评价方法有价值函数法、层次分析法、模糊综合评价方法、数据包络分析法以及运用神经网络进行评价等。具体的指标体系可以从体制、政策、安全技术、道路安全设施、交通安全管理的措施、安全法规教育、交通秩序状况、交通安全状况以及信息化服务的水平等方面进行选择。

评价方式：

道路交通安全管理规划方案评价主体为公安部、建设部、国家安全生产监督管理局。建立道路交通安全管理评价专家组，其成员由主管部门聘任。评价人员包括主管部门领导以及具有丰富经验的交通安全专家学者。为体现公平性原则，应尽可能避免某一地区专家对该地区的安全管理进行评价。评价客体为各级管理规划方案。

需注意的是要对规划方案进行经济评价。

14.2.1 经济评价

对道路交通安全管理规划方案的经济评价方法主要是通过比较规划治理措施实施后的效益与成本之间的差值来分析规划治理方案的优劣与合理性。一般可分为交通事故减少量预测和治理工程措施投资经济分析两个步骤。

1. 交通事故减少量预测方法

基本计算公式如下：

$$\text{期望减少的事故数} = \frac{N \times AR \times \text{改善后的}\,ADT}{\text{改善前的}\,ADT} \tag{15-7}$$

式中：N——未进行改善设计的期望事故数；

ADT——平均日交通量；

AR——事故折减系数。

折减系数 AR 的计算，分为单一改善措施的事故折减和多种改善措施的事故折减两种情况。对于单一改善措施事故折减系数的计算，可参照美国公路研究院安全工程研究所提出的折减系数表等资料进行选取；而对于多种改善措施的事故折减系数的计算，由于此种情况下的折减系数不能运用逐项相加累计的方法（相加累计起来折减系数有可能大于 1），因此必须采用如下公式：

$$\begin{aligned} AR_m = {} & AR_1 + (1 - AR_1)AR_2 + (1 - AR_1)(1 - AR_2)AR_3 \\ & + \cdots + (1 - AR_1)\cdots(1 - AR_{n-1})AR_n \end{aligned} \tag{15-8}$$

式中：AR_m——多种改善措施的总折减系数；

AR_i——单一改善措施 $i(i=1,2,\cdots,n)$ 的折减系数；

n——对某一地点改善措施数。

在综合的改善措施中，如果某一特定改善措施只能减少一种特定类型的交通事故，则应使用经计算得出的平均折减系数，因为有的交通事故率是对全面交通事故讲的，具有共性。有的是对某种交通事故讲的，具有个性，如增加照明设施，只对于减少晚上的交通事故有利；增设路面防振标线，增加摩擦力，只能对减少超速事故有利。为此，对某一特定的改善措施实施后所产生的效果，应该使用经计算得出的平均折减系数。

2. 工程措施投资的经济分析方法

为提高交通安全和减少交通事故而采取的工程措施，如拓宽道路装置信号灯、改善照明、修建立交、搞分隔带等，其成本与效益的比较，就是工程措施的经济分析。最常用的经济分析方法为效益成本比法，其基本步骤如下：

（1）事故费用的计算：可采用经过调查得到的平均事故费用；

（2）工程措施的使用年限估计：根据有关资料及经验取值；

（3）计算工程措施的投资费用；

（4）计算使用年限内的工程措施运营使用及保修费用；

（5）比较计算工程措施的净安全效益。

14.2.2 综合评价方法

针对实际情况，我们可以采用较多的是层次分析法与加权平均法相结合的综合评价法对道路交通安全进行评价。层次分析法可以较为简便地描述系统的层次关系，是分解复杂系统的简便方法。加权平均法计算简单，可操作性强，结合层次分析法可以最大程度地发挥专家在评价工作中的作用。

1. 层次分析法

层次分析法可以较为简便地描述系统的层次关系，是一种分解复杂系统的简便方法。层次分析法，即 The Analytic Hierarchy Process（简称 AHP），它是美国匹兹堡大学数学系教授、著名运筹学家萨迪（T. L. Saaty）于 70 年代中期提出来的一种定性、定量相结合的、系统化、层次化的分析方法。这种方法将决策者的经验给予量化，特别适用于目标结构复杂且缺乏数据的情况。它是一种简便、灵活而又实用的多准则决策方法。

层次分析法是一种决策思维方法，根据问题的性质与评价要求，将复杂的问题分解为各个组成因素，并将这些因素按层次关系分组，形成有序的递阶层次结构，通过两两比较的方式确定层次中诸因素的相对重要性，然后综合人的判断，决定诸因素相对重要性的顺序。

首先，构造评判矩阵。将所研究的多目标决策问题进行分解，建立如图 14-9 所示的递阶层次结构。

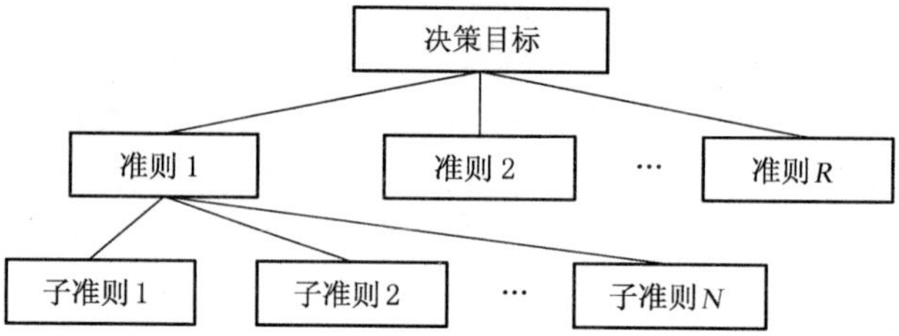

图 14-9　多目标决策问题的递阶层次结构

设 C 层层次中 C_k 因素与下一层次 P 中的 P_1、P_2、…、P_n 有关联，则每个 P_i 在 C_k 中占有一个权重 $w_i = w(P_i)$，因素 P_i、P_j 权重之比 $\frac{w_i}{w_j}$ 可构成一个权重比矩阵 C_k，C_k 即为评判矩阵。类似的，可构造每一层与上一层有关联的各因素之间的权重比矩阵。评判矩阵中，各因素之间的权重由专家评判组给出。

其次，计算相对权重及一致性指标。即求解判断矩阵的最大特征值和特征向量。其中，一致性指标 I 是用来减少人为判断上的误差而引入的。

$$I = C/R \tag{15-9}$$

$$C = (\lambda_{\max} - m)/(m - 1) \tag{15-10}$$

R 随着 m 的变化而变化，具体变化关系如表 14-2。

表 14-2　R 与判断矩阵阶数的关系

m	3	4	5	6	7	8	9	10
R	0.62	0.89	1.12	1.26	1.36	1.41	1.46	1.49

$R < 0.1$ 时，认为一致性可以接受，否则重新构造两两比较矩阵。

最后，计算各层次因素组合权重。设有目标层 A、准则层 B、子准则 C 构成的三层层次结构模型，B 对 A 的权重为：

$$\overline{w}^{(1)} = (\overline{w}_1^{(1)}, \overline{w}_2^{(1)}, \cdots, \overline{w}_R^{(1)})^{\mathrm{T}}$$

C 对 Bi 的权重为：

$$\overline{w}_l^{(2)} = (\overline{w}_{1l}^{(2)}, \overline{w}_{2l}^{(2)}, \cdots, \overline{w}_{nl}^{(2)})^T, l = 1,2,3,\cdots,R \tag{15-11}$$

C 对 A 的权重为：

$$w = (w_1, w_2, \cdots, w_n)^{\mathrm{T}} \tag{15-12}$$

N 为 C 中准则总数。

$$w_i = \sum \overline{w}_j^1 \cdot \overline{w}_{ij}^2 \tag{15-13}$$

层次大于 4 的模型，计算过程与此雷同。

2. 加权平均法

加权平均法有计算简单的特点，便于推广普及，在评价工作中得到了广泛的应用。其计算步骤如下：

(1) 确定各指标的值；

(2) 指标无量纲化；

对于正指标(即指标值越大越好的指标)：

$$y = 100 \times \frac{x - x_{\min}}{x_{\max} - x_{\min}} = \begin{cases} 100 & x \geqslant x_{\max} \\ 100 \times \dfrac{x - x_{\min}}{x_{\max} - x_{\min}} & x_{\min} < x < x_{\max} \\ 0 & x \leqslant x_{\min} \end{cases} \tag{15-14}$$

对于逆指标(即指标值越小越好的指标)：

$$y = 100 \times \frac{x_{\max} - x}{x_{\max} - x_{\min}} = \begin{cases} 100 & x \leqslant x_{\min} \\ 100 \times \dfrac{x_{\max} - x}{x_{\max} - x_{\min}} & x_{\min} < x < x_{\max} \\ 0 & x \geqslant x_{\max} \end{cases} \tag{15-15}$$

(3) 根据公式计算总得分：

$$U = \sum w_i u_i \tag{15-16}$$

式中：w_i——各单项评价指标的权重值，用层次分析法确定；

u_i——各单项评价指标的评价值。

第 15 章

道路交通安全管理规划应用实例

从 2004 年以来，编者应用上述规划理论与方法，在张家港、晋城、启东、太仓、长治、高邮、江都、扬州、太仓、临汾等城市(地区)开展了十多项道路交通安全管理规划应用，取得了良好的技术效果和较好的社会反馈。在此选择晋城市作为应用实例对规划思路和内容进行简单介绍。

15.1 规划项目概述

15.1.1 规划项目背景

晋城市位于山西省东南部，东枕太行，南临中原，西望黄河，北通幽燕，区位适中，交通便捷。根据晋城市城市发展规划，晋城市的城市性质定位为：为能源、煤化工基地服务的城市，山西省东南部的区域中心城市，山西省通往中原的门户城市。随着晋城市经济和社会进入持续快速发展的新阶段，道路交通基础设施建设投入逐步加大，人民生活水平逐步提高，机动车保有量迅速增加，道路交通安全形势愈发严峻。为提高道路交通安全管理水平，晋城市政府按照《中华人民共和国道路交通安全法》、《中华人民共和国道路交通安全法实施条例》、《山西省道路交通安全条例》、公安部等六部委联合制定的《创建平安畅通县区总体方案》和《山西省创建平安畅通县区实施活动工作方案》中的要求，委托晋城市公安局交警支队和东南大学交通学院一起共同研究编制《晋城市道路交通安全管理规划》，以期指导晋城市的交通安全管理工作，创造良好的交通安全环境，推进晋城市道路交通安全管理现代化进程，实现晋城市道路交通安全管理的科学化、现代化，更好地为晋城市改革开放、发展经济、稳定社会和提高人民生活水平服务。

15.1.2 规划范围、目标、年限

- 规划范围：本次规划范围为晋城市市域范围，总面积 9 490 平方千米。

● 规划目标：以"降事故、保安全、保畅通、争创平安畅通县区"为编制晋城市道路交通安全管理规划的总体目标。通过努力，使全市道路交通安全工作达到：综合治理责任机制健全，道路交通安全工作基础扎实，交通安全设施改善，交通安全水平提高，交通违法行为减少，干线公路交通有序畅通，重大交通死亡事故数下降。

● 规划年限：参照晋城市社会经济发展、城市总体规划及交通管理规划，根据晋城市交通安全的特点，将晋城市交通安全规划划分为近期（2010～2015 年）和中远期（2016～2020 年）两个阶段。

15.1.3 规划原则与依据

本次规划的原则为综合考虑社会经济发展以及国家建设对于道路交通安全的影响，注重社会保障机制及道路交通基础设施建设方面的考虑，建设良好道路交通秩序，促进晋城市社会稳定和经济可持续发展。

本次规划编制依据：

➢《中华人民共和国道路交通安全法》；

➢《中华人民共和国道路交通安全法实施条例》；

➢《中华人民共和国公路法》；

➢《道路交通标志和标线》(GB 5768—2009)；

➢《公路交通安全设施设计技术规范》(JTG D81—2006)；

➢《公路项目安全性评价指南》(JTG/T B05—2004)；

➢《中华人民共和国城乡规划法》；

➢《山西省道路交通安全条例》；

➢《城市道路交通规划设计规范》(GB 5220—95)；

➢《晋城市人民政府办公厅关于转发市公安局交警支队 2008 年晋城市创建平安畅通县区活动方案的通知》（晋市政办[2008]92 号）；

➢《关于印发〈平安畅通县区评价指标体系〉的通知》（公通字[2006]65 号）；

➢《晋城市城市总体规划(2008—2020)》；

➢ 其他地方相关政策、法规和标准。

15.1.4 规划技术路线

首先运用定性和定量相结合的方法，分析交通事故特征，通过对具有代表性的事故分析，提出具体的安全对策和措施；其次针对不同等级道路从总体上作出一个分析和事故归类，针对不同等级的道路，提出相应的规划方案、安全对策和措施；然后对提出的安全对策和措施进行效果评价；最后形成对晋城整个道路交通事故防范具有指导性的推荐规划方案。具体技术步骤见图 15-1。

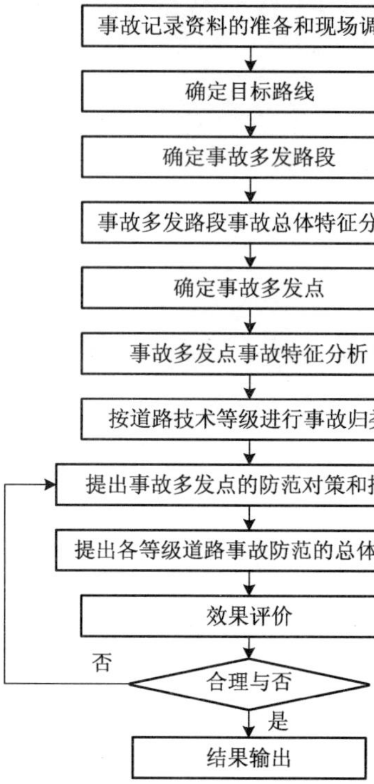

图 15-1　交通事故分析步骤框图

15.1.5　主要规划内容

1. 道路交通安全和安全管理现状及综合评价

在对本次规划区域的地理位置、自然条件、行政区划以及社会经济和道路交通状况进行全面概括、充分调查研究的基础上，深入分析规划区域内道路交通事故的时间分布、空间分布、事故形态分布、事故主要原因、道路交通条件、天气条件、事故现场种类等交通事故特征，交通事故责任者的交通方式、驾驶证种类、年龄、驾龄、性别、出行目的、所属行业等特征，交通事故死伤者的交通方式、伤亡地点、年龄、性别、人员类型、所属区域、所属行业等特征，交通事故多发点段的地形和环境（天气条件）等特征，以及交通安全相关职能部门及其职责划分、交通安全管理部门机构设置及人员和装备配备、道路安全管理和交通安全管理设施设置、车辆和驾驶员管理、交通安全宣传教育、道路交通安全执法、交通安全管理资金、道路交通安全政策和法律法规等基本情况及其发展特点，综合评价规划区域的道路交通安全水平和交通安全管理水平，指出道路交通安全管理存在的主要问题和应注意研究的重大变化。

2. 社会经济和道路交通安全发展分析

分析晋城市社会经济发展的特点和趋势，预测规划期内社会经济发展水平，研究现有或未来可能采取的政策对未来道路交通安全的影响，阐明道路交通安全的发展特点。

3. 道路交通安全近期治理规划

针对晋城市道路现状安全设施、交通管理、法规及宣传等方面存在的不足进行改进和治理，通过一系列具体措施的规划实施来改善晋城市近期内存在的交通安全问题。

4. 道路交通安全战略规划

在充分吸取国内外交通安全战略(计划)实践经验和教训的基础上，结合晋城市道路交通安全特征、交通安全管理状况和道路交通安全发展趋势优选确定人、车、路、环境、管理等环节的综合行动措施。

5. 道路交通安全管理规划方案经济评价

对晋城市道路交通安全管理规划方案进行经济分析评价。

6. 交通安全规划的实施方案

提出晋城市道路交通安全管理规划的实施方案及调整滚动计划。

15.2 晋城市道路交通事故统计

15.2.1 晋城市道路交通事故主要情况

2006年至2010年，晋城市交通事故造成的死亡人数呈现稳步递减的趋势；道路交通事故次数和受伤人数2006～2009年逐年递减，但是在2010年又小幅回升。

15.2.2 晋城市道路交通事故时间分布特征

1. 24小时分布统计

晋城市交通事故主要发生在9:00～22:00，其中高峰时段出现在17:00～18:00、18:00～19:00、19:00～20:00和20:00～21:00。这四个时段平均每小时发生的事故次数分别为49次/小时、72次/小时、61次/小时和48次/小时，这四个时段发生事故的次数占全天事故次数的34.85%，并且这四个时段也是事故死亡率最高的时段。

2. 按工作日分布统计

晋城市交通事故受伤人数在一周之内的变化趋势为：周一和周二受伤人数较多，周三受伤人数明显降低，周四周五数量开始回升，周六周日出现下降。晋城市交通事故受伤人数和事故次数变化趋势基本一致，而交通事故死亡人数在一周之内基本上保持不变。

3. 按月份分布统计

在2009年12月至2010年12月晋城市道路交通事故中，月分布趋势出现4个明显高峰。其中，4、8、10、12月份的交通事故较多，均超过58起，年尾的事故明显高于其他月份达到100起，1～3月的交通事故数较少。全年各月交通事故死亡人数较多的月份是4、11、12月。

15.2.3 晋城市道路交通事故空间分布特征

在晋城市交通事故中，发生在路段的交通事故数比发生在交叉口上的要多。普通路段发生事故占总事故次数的88.94%，占总死亡人数的89.23%，占总受伤人数的89.81%。市域范围内，由于路段里程长，路段发生交通事故多。在路口所发生的交通事故中，三岔路口和四岔路口居多。

15.2.4 晋城市道路交通事故形态分布特征

晋城市道路上侧面相撞、正面相撞、刮撞行人及尾随相撞四种事故形态的次数最多，其累积频率达到83.80%，构成晋城市道路交通事故的主要形态。

15.2.5 晋城市道路交通事故道路及交通管理条件分布特征

1. 按道路线形分布

晋城市公路以平直路占多数，其事故次数占总事故的77.73%，死亡人数占总事故死亡人数的73.33%，直接经济损失占总数的64.56%。

2. 按道路横断面位置分布

机非混行占交通事故数量和死亡人数的比例分别为52.73%和59.49%。

3. 按路面状况分布

晋城市道路交通事故集中发生在干燥路面上，发生的事故次数达到事故总数的91.21%之多。

4. 按照道路类型分布

晋城市三级公路、一般城市道路、二级公路和其他道路上发生事故的次数较多。三级、二级、一级道路和其他非等级道路是死亡人数最多的路段。

5. 按照路面结构分布

晋城道路主要是沥青路面和水泥路面，因此交通事故也主要发生在这些路面上，占事故总数的96.67%，其中在沥青路面上发生的交通事故死亡人数和受伤人数分别占总人数的83.59%和83.61%。

6. 按照道路照明条件分布

白天发生的事故次数最多，事故次数、死亡人数和受伤人数分别占55.30%、51.28%和55.61%。夜间无路灯照明情况下发生的交通事故多位于省道和县乡道路上；夜间有路灯情况下发生的事故多位于市区和城市郊区。

7. 按照车道隔离状况分布

发生在无隔离道路上的交通事故占到了事故总数的89.09%。

8. 按天气情况分布

尽管不良天气在一年中所占比例不大，但此期间的事故率却明显高于正常天气情况下。

15.2.6 晋城市道路交通事故原因分布特征

从事故原因看，由于机动车驾驶员而导致的事故占事故总数的96.67%，其中主要原因有：超速行驶、未按规定让行、无证驾驶、违法会车和逆行等。

15.2.7 晋城市道路交通事故交通方式分布特征

驾驶摩托车和驾驶客车以及驾驶货车(包括驾驶低速货车)肇事是构成晋城市交通死亡人数的主要交通方式，三者占到了事故死亡人数总数的87.18%。

15.2.8 晋城市道路交通事故肇事人员分布特征

1. 按肇事人员类型分布

在所有肇事人员类型中，农民、工人、其他和自主经营者为晋城市道路交通事故的主要肇事者。

2. 按肇事人员驾龄分布

事故次数随着司机驾龄的增长基本呈递减趋势。

3. 按肇事人员年龄分布

21～45岁这一阶段的驾驶员发生事故的次数比例最高，特别是31～35岁区段的交通肇事者最多。

4. 按肇事人员性别分布

世界各国的调查资料均表明：男性肇事者比例大于女性。在晋城市，这样的趋势十分明显。

15.3 晋城市道路交通事故多发点的鉴别

15.3.1 晋城市道路交通事故多发点鉴别流程

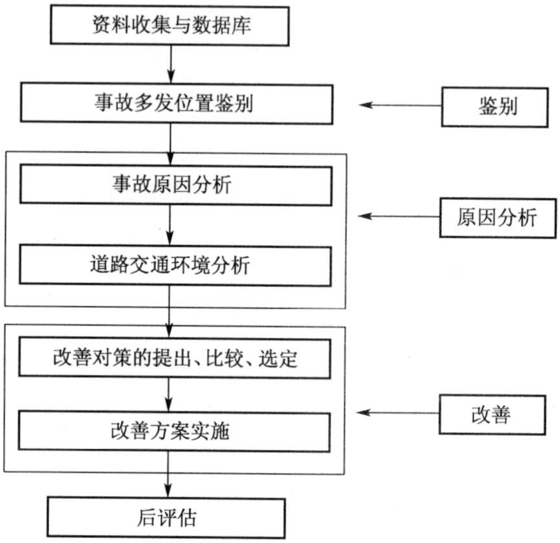

图 15-2　事故多发位置鉴别的工作流程图

15.3.2 晋城市道路交通事故多发点鉴别方法

根据研究范围和深度,采用路网级鉴别方法。事故多发道路的鉴别按以下步骤进行:

第一步:资料收集;

第二步:事故率计算;

第三步:临界事故率计算;

第四步:路网上事故多发道路的确定;

第五步:分析与建议。

15.4 晋城市道路交通安全管理现状分析与评价

15.4.1 晋城市道路交通安全管理现状分析

分析内容包括晋城市地理位置、社会经济状况、道路交通状况、晋城市交通安全管理体制现状、晋城市道路交通安全管理设施现状、晋城市道路交通安全管理措施现状等方面。

15.4.2 晋城市道路交通安全和安全管理综合评价

晋城市道路交通安全水平达到中等水平，具有较好的道路安全基础设施和相应的管理配套设施以及事故急救措施。从事故形态看，晋城市道路上侧面相撞、正面相撞及尾随相撞三种事故形态的次数最多；从事故原因看，机动车违法导致的事故率占事故总数的96.67%，其中主要原因有：超速行驶、未按规定让行、无证驾驶、逆行、违法会车、违法超车、酒后驾驶等。由此可见，应继续加强交通安全方面的宣传和教育，以进一步提高人们的交通安全意识。为了使晋城市的道路适应未来的交通变化，晋城市应继续加大对道路交通安全方面的资金投入，进一步提高晋城市的道路交通安全水平。

交通整体状况：晋城市交通安全状况整体水平较好，但由于晋城市经济发展较快，机动车发展迅速，使得城市交通量增长较快；同时，晋城市存在过境交通，有国道207及多条省道横贯全境，而且外来人口多且复杂，这些因素都对整个城市的交通安全水平有重要影响。

城区交通基础设施：晋城整个城市的小区规划、道路规划、线形设计都比较好；但仍然存在某些道路设计不合理、施工不符合要求的情况，主要表现在：平面交叉路口、次干路和支路进出主干道的变速车道长度不够；路面不平坦；道路斜度不合理；排水设施不完善等方面。

交通安全设施：晋城市交通安全设施比较齐全、功能比较完善，在保证道路交通安全方面发挥了不可低估的作用。但是，根据事故调查资料，交通安全设施应该在现有的技术标准规范的基础上进一步加强，并及时检测、维护、更新。

交通监控系统：目前晋城市已经基本上建成了一个较完善的监控系统，道路交通管理工作已经基本实现了车辆驾驶员的档案管理、事故处理、违章处理的电脑联网，为实现晋城市主要道路及交叉口车辆的高速、畅通、安全行驶提供了有力的保障。道路交通超速监测仪、逆向行驶监测仪、交警勤务电子监控系统和智能化交通指挥系统等逐步试行并分别投入使用。

交通队伍建设：总体上，交通队伍的建设、规范化管理及科技交通管理的水平都迈上了一个新的台阶，交警队伍的整体素质发生了质的变化，对晋城市的道路交通安全水平的提高做出了贡献，人民群众对交警的满意度不断提高。

15.5 晋城市道路交通安全发展预测分析

15.5.1 晋城市社会经济发展及道路交通发展分析

分析晋城市社会经济发展的特点和趋势，预测规划期内社会经济发展水平，研究现有或未来可能采取的政策对未来道路交通安全的影响，阐明道路交通安全的发展特点。

15.5.2 晋城市交通事故特征预测

依据晋城市交通事故的统计资料，运用数学曲线预测法和灰色理论预测法对未来年晋城市的交通事故数及伤亡人数进行预测，得到晋城市市域2015年和2020年事故的各项指标如表15-1、表15-2所示。

表15-1 晋城市市域2015年交通事故各项指标

指标 年份(年)	事故起数(起)	死亡人数(人)	受伤人数(人)
数学曲线预测法	491	184	544
灰色理论预测法	358	151	404
平均值	425	168	474

表15-2 晋城市市域2020年交通事故各项指标

指标 年份(年)	事故起数(起)	死亡人数(人)	受伤人数(人)
数学曲线预测法	399	172	432
灰色理论预测法	201	115	229
平均值	300	144	331

15.6 晋城市道路交通安全近期治理规划

15.6.1 路网安全管理

通过道路分级以及根据功能进行限速、限制不同的路网进入途径、在路网中给予执行特殊任务的车辆行驶优先权等措施实施路网安全管理。

15.6.2 路段安全管理

对于事故高发路段，改造的重点包括道路运行车速管理、路段人行横道设计、隔离栏以及绿化带调整、路段安全改造设计等内容。

15.6.3 交叉口安全管理

由于晋城市域道路已基本定型，对于规划年交叉口的交通安全管理，重点在于对安全性较差的交叉口的改造。而改造的重点则是视距、渠化交通、道路优先权分配(作用、标志、信号灯)、驶进交叉口的车速等内容。

15.7 晋城市道路交通安全战略规划

15.7.1 交通安全文化发展战略

结合晋城市实际情况和规划年发展趋势，提出了科学筛选驾驶员，合理安排驾驶员；严格管理，提高驾驶员安全素质；加强交通安全教育宣传、提高全体交通参与者安全素质；大力提倡交通道德；加强交警队伍建设等战略。

15.7.2 交通安全法制发展战略

包括完善法律法规；制定晋城市交通发展政策，确保交通安全、有序、畅通；加强交通安全法律法规的执行与监督；建立全面、全方位、多险种的保险体系等战略。

15.7.3 交通安全责任与监督发展战略

包括提高管理队伍素质、改善管理技术装备；严惩交通违法者、加强交通参与者的管理、加强交通指挥与监督；科学化管理车速、降低事故率及严重性；加强科学研究、推广，使用先进的管理方法、技术、设备；制定交通管理部门参与城市交通规划的政策；改革现行的交通管理体制等战略。

15.7.4 交通安全科技发展战略

提出了增强车辆的安全性能；改善和提高道路的安全性；改善事故发生后的紧急救援；加强交通安全研究等战略。

15.7.5 交通安全投入发展战略

提出了加大交通安全设施的投资；明确交通安全专项经费的投入，实行专项经费稽查制度；制定合理的激励政策，明确交通管理人员的配备结构等安全投入发展战略。

15.8 晋城市道路交通安全管理规划的实施

15.8.1 晋城市道路交通安全管理规划的实施计划编制

将已确定的规划方案划分成一系列建设项目，根据可能的经费投入按年度计划安排实施顺序。实施计划编制应贯彻“近期细、中远期粗但有设想”的原则，以达到在规划期内总体建设效益最大的目的。

15.8.2 晋城市安全规划方案实施保障体系

从统一规划、加快安全设施建设；加大对安全宣传的力度；确保稳定的交通安全设施建设资金；交通安全设施投资政策建议等方面研究规划方案实施保障体系。

15.8.3 晋城市交通安全规划的调整滚动

进行城市交通安全规划的调整滚动时，基本上是按原规划编制办法重新进行一次规划编制工作。

15.9 晋城市道路交通安全问题与建议

15.9.1 晋城市道路交通安全问题与建议

针对道路交通安全管理工作量大、难度高、涉及部门众多的情况，提出设置独立、全面的交通安全管理部门、制定晋城市交通事故应急救援预案、建立应急指挥系统等安全管理工作发展建议。

15.9.2 交通事故应急救援预案研究

交通事故应急救援预案的内容包括：

(1) 设立交通事故紧急救援预案小组并明确其职责；

(2) 对可能发生的交通事故进行预测和评价；

(3) 人力、物资、救援设备等资源的确定与准备；

(4) 明确应急组织成员的职责；

(5) 设计行动战术和程序；

(6) 制定训练和演习计划；

(7) 制定交通事故善后处理计划，包括保险和索赔、交通事故数据的收集和记录等。

15.9.3 晋城市交通安全管理科技发展规划

走科技强警之路，以交通调查为基础，通过完善公安交通综合信息系统、改善计算机和通信网络，实现现代科技手段向基层延伸。根据晋城市的实际情况，依托交通指挥控制体系，开展智能交通系统的基础建设，这对于提高现有道路通行能力、协调处置突发性事件、缓解交通堵塞、增强交警快速反应能力具有重要的作用。研究内容包括完善交通管理信息系统、完成交通指挥各系统的高度集成、建立交通管理计算机决策支持系统、建成全市性的交通控制系统、实现群体交通诱导系统、建成卡口监控系统和交通违法取证系统、完善计算机通信网络拓展应用范围等方面。

参考文献

[1] 张殿业. 道路交通安全管理规划指南[M]. 北京：人民交通出版社，2004. 9.
[2] 张殿业. 道路交通事故与黑点分析[M]. 北京：人民交通出版社，2005.
[3] 克列斯特·海顿. 交通冲突技术[M]. 张苏，译. 成都：西南交通大学出版社，1994.
[4] 裴玉龙. 道路交通安全[M]. 北京：人民交通出版社，2007.
[5] 金会庆. 道路交通事故防治工程[M]. 北京：人民交通出版社，2005. 4.
[6] 过秀成. 道路交通安全学[M]：南京：东南大学出版社，2011.
[7] 刘志强，葛如海，龚标. 道路交通安全工程[M]. 北京：化学工业出版社，2005. 1.
[8] 刘运通. 道路交通安全指南[M]. 北京：人民交通出版社，2004. 7.
[9] 公安部交通管理科学研究所. 道路交通安全管理规划编制办法（初稿）[Z]. 无锡：公安部交通管理科学研究所，2006.
[10] 2006—2010 年道路交通事故统计年报[R]. 公安部交通管理局.
[11] 公安部交通管理局网站 http://www. mps. gov. cn/n16/n85753/n85870/index. html.
[12] The AASHTO Board of Directors. AASHTO Strategic Highway Safety Plan [R]. Washington D. C.: The American Association of State Highway and Transportation Officials, 2005.
[13] 邹志云，胡琼虹，毛保华. 道路交通安全管理规划理论体系研究[J]. 中国安全科学学报，2005，15(12)：42-46.
[14] 陆化普，周钱，徐薇. 道路交通安全管理规划理论与应用研究[J]. 中南公路工程，2007，31(3)：67-70.
[15] 韩艳，宋素娟，关宏志，等. 道路交通安全管理规划体系研究[J]. 交通标准化，2011(1)：106-110.
[16] 黄曙东，甘卫平，戴立操. 道路交通事故的人因失误分析[J]. 人类工效学，2006，12(3)：39-41.
[17] 谭泽飞，刘远才. 人的行为因素对道路交通安全影响分析[J]. 林业建设，2005(01)：30-33.
[18] 魏本军. 公路交通安全影响因素与对策[J]. 科技信息（学术版），2006(07)：415.
[19] 赵蕾，纪克祥. 道路线形因素对交通安全的影响[J]. 河北交通科技，2006，3(3)：29-31.
[20] 刘琦. 道路交通安全管理研究[D]. 青岛：中国海洋大学，2012.
[21] 巩航军，李百川. 我国道路交通安全现状及对策研究[J]. 交通与运输（学术版），2006. 7：99-100.
[22] 何勇. 我国道路交通安全现状及对策[J]. 公路交通科技，2003，20(1)：119-122.

[23] 李文权,王炜.交通事故的时间分布规律[J].中国安全科学学报,2005,15(4):56-59.
[24] 路平,龚瑞庚.道路交通事故的基本规律与对策[J].长沙交通学院学报,1999,15(4):77-81.
[25] 李慧梅,孙洪海,常国桓.掌握事故规律减少交通事故[J].汽车运用,2005(8):45-46.
[26] 王岩.道路交通事故危险点的判定和成因分析[D].长沙:长沙理工大学,2002.
[27] 赵学刚.道路交通事故多发段(点)定义研究[C].2004北京国际智能交通论坛——安全与畅通.北京:中国人民公安大学出版社,2004:252-257.
[28] 徐建东.道路交通事故多发点改善研究[D].南京:东南大学,2003.
[29] 王岩,张河.交通事故多发路段的分类分析[C].国际公路安全研讨会论文集.北京:人民交通出版社,2005:307-309.
[30] 陈汇勇,邵毅明,束海波.道路交通事故多发路段识别方法研究[J].汽车研究与开发,2003(4):26-29.
[31] 刘玉增.交通事故黑点的智能排查及整治对策的研究[D].成都:西南交通大学,2006.
[32] [瑞典]克列斯特·海顿.交通冲突技术[M].张苏,译.成都:西南交通大学出版社,1994.
[33] 裴玉龙.道路交通事故成因分析及预防对策研究[D].南京:东南大学,2002.
[34] 方守恩,郭忠印,杨轸.公路交通事故多发位置鉴别新方法[J].交通运输工程学报,2001,1(1):90-94.
[35] 管满泉.交通事故多发点鉴别方法的比较研究[J].公路,2009(4):191-194.
[36] 孟祥海.事故多发点鉴别及其成因分析[J].交通信息与安全,2009,27(3):108-111.
[37] 李洋.基于交通冲突技术的城市道路事故多发点鉴别方法研究[D].重庆:重庆交通大学,2009.
[38] 刘清君,谭健妹,邹小梅.道路交通安全和谐管理新模式[J].中国安全科学学报,2006,12(12):50-54.
[39] 何勇,张建军.我国高速公路交通安全问题分析与对策[J].交通世界,2005(12):16-21.
[40] 刘东,马社强,牛学军.我国高速公路交通事故特点分析[J].中国人民公安大学学报(自然科学版),2008(4):65-68.
[41] 吴立新,张宝南,李江,等.低等级公路交通安全设施存在的问题及实例[J].交通技术,2006(2):83-85.
[42] 贾瑰.提高低等级公路通行能力的措施[J].科技情报开发与经济,2002,12(1):96-97.
[43] 绍祖峰.城市道路交通安全预警指标设计与应用[J].警察技术,2005(01):39-41.
[44] 张光远.构筑城市道路交通安全保障体系[J].交通运输工程与信息学报,2004,2(3):42-47.
[45] 陈宽民,王玉萍.城市道路交通事故分布特点及预防对策[J].交通运输工程学报,2003,3(1):84-87.
[46] 许洪国,等.交通事故分析与处理[M].北京:人民交通出版社,2003.
[47] 裴玉龙.道路交通事故成因分析及预防对策研究[D].南京:东南大学,2002.
[48] 秦利燕.道路交通事故预测预防理论与方法研究[D].北京:北京交通大学,2006.

[49] 刘强，陆化普，张永波，等．我国道路交通事故特征分析与对策研究[J]．中国安全科学学报，2006，16(6)：123-128.

[50] 许洪国，周立，鲁光泉．中国道路交通安全现状、成因及其对策[J]．中国安全科学学报，2004，14(8)：34-38.

[51] 梁广华，李冠峰，蒋定福，等．我国交通安全预测与分析[J]．交通运输工程与信息学报，2005，3(3)：116-121.

[52] 宁乐然，李玉龙．高速公路交通事故分析与对策[J]．交通与运输，2013．1.

[53] 陈韬．我国道路安全现状及事故成因分析[J]．科技信息，2012．6.

[54] 孙平，宋瑞，王海霞．我国道路交通事故成因分析及预防对策[J]．安全与环境工程，2007，14(2)：97-100.

[55] 任英，王庆云，彭红星．交通事故与经济增长的变动关系[J]．综合运输，2012(01)：21-26.

[56] 沈斐敏，张荣贵．道路交通事故预测与预防[M]．北京：人民交通出版社，2007.

[57] 朱茵．道路交通安全趋势预测方法研究[J]．中国人民公安大学学报(自然科学版)，2010，1(1)：79-82.

[58] 秦利燕．道路交通事故宏观预测模型[J]．武汉理工大学学报(交通科学与工程版)，2009，34(1)：154-157.

[59] 闫建华．道路交通事故预测方法研究[D]．淄博：山东理工大学，2010.

[60] 夏青青．道路交通安全事故成因及预测模型研究[D]．长沙：长沙理工大学，2010.

[61] 姜华平，许洪国，高立平．论道路交通安全研究的基本框架体系[J]．山东交通学院学报，2004，12(6)：10-14.

[62] 张殿业，明士军．道路交通安全体系探讨[J]．交通运输工程与信息学报，2004，2(2)：1-5.

[63] 费雪良，胡江碧，刘小明．我国道路交通事故统计指标体系问题探讨[J]．公路，2006(07)：125-127.

[64] 张文忠，路楠．提高交通事故证据调查的有效性[J]．道路交通与安全，2006，6(5)：36-38.

[65] 王富，李杰，熊烈强，等．城市快速路交通流数据采集处理[J]．武汉工业学院学报，2006，25(4)：60-64.

[66] 段翊冰．公路交通信息采集方式的综合比较[J]．中国交通信息产业，2006(11)：166-167.

[67] 蔡华．高速公路事故信息采集和信息服务[J]．上海公路，1998(04)：20-22.

[68] 张铁军．我国双车道公路事故预测模型研究中数据采集[J]．中国安全科学学报，2007，17(3)：50-55.

[69] 赵海存．道路交通事故数据统计分析系统研究[D]．西安：长安大学，2005.

[70] 罗俊仪．公安交通管理数据备份中心建设基本框架[J]．中国公共安全(学术版)，2006(04)：75-80.

[71] Department of Infrastructure, Transport, Regional Development and Australian Government. International Road Safety Comparisons: The 2007 Report [R]. Canberra: Department of Infrastructure, Transport , Regional Development and Australian Government, 2008.

[72] National Highway Traffic Safety Administration. Traffic Safety Facts 2006 [R]. Washing-

ton D. C. : U. S. A Department of Transportation, National Highway Traffic Safety Administration, 2007: 1-222.

[73] National Highway Traffic Safety Administration. Model Minimum Uniform Crash Criteria Third Edition(2008) [R]. Washington D. C. : U. S. A National Highway Traffic Safety Administration, 2009.

[74] The European Commission. Community Road Accident Data-Base 2007 [R]. Canberra: The European Commission, 2008.

[75] 公安部交通管理局科学研究所. 全国道路交通事故信息管理系统"道路交通事故信息采集表"使用手册[M]. 北京:公安部交通管理局科学研究所,2002.

[76] 张铁军,唐铮铮. 交通事故研究中数据采集与分析[J]. 公路交通科技,2008,22(8):139-142.

[77] 刘芳. 道路交通安全信息管理系统[D]. 淄博:山东理工大学,2009.

[78] 杨佩昆. 智能交通运输系统体系结构[M]. 上海:同济大学出版社,2001.

[79] 刘文峰. 智能交通技术在改善道路交通安全中的潜在优势[J]. 公路交通科技,2012,29(S1):121-125.

[80] 李斌,刘文峰,郝亮. 中国应用智能交通改善道路交通安全现状分析[J]. 公路交通科技,2012,29(S1):21-25.

[81] Douglas Gettman, Lili Pu, Tarek Sayed, etal. Surrogate Safety Assessment Model and Validation [M]. Siemens Energy & Automation. Inc. Business Unit Intelligent Transportation Systems, 2008. 1:14-21.

[82] 刘志强,王运霞,黄成. 交互式道路安全设计模型 IHSDM 与设计一致性模型 DCM 的应用[J]. 公路交通科技(应用技术版),2008(6):42-45.

[83] FWHA. Design Consistency Module Engineer's Manual of Interactive Highway Safety Design Model [R], 2004.

[84] 郗宁. 国外交通安全管理系统中关键路段的判别方法[J]. 2012(1):187-189.

[85] 亨利·明茨伯格,等. 战略历程:纵览战略管理学派[M]. 刘瑞红,等,译. 北京:机械工业出版社,2001.

[86] 斯蒂芬·P·罗宾斯. 管理学[M]. 2 版. 北京:人民大学出版社,1997.

[87] 柳长立. 美国综合运输交通安全战略规划综述[J]. 交通与运输,1999(6):33-34.

[88] 关欣. 美国交通部 2000—2005 年战略发展计划[J]. 全球科技经济瞭望,2001(6):38-39.

[89] 龚标,赵斌. 我国道路交通安全规划基本框架研究[J]. 中国安全科学学报,2006,16(4):19-24.

[90] 张殿业. 道路交通安全管理评价体系[M]. 北京:人民交通出版社,2005.

[91] 李作敏,张凡安. 关于道路交通安全评价的研究[J]. 北京交通管理干部学院学报,2000,10(1):1-10.

[92] 邹志云,胡琼虹,毛保华. 道路交通安全管理规划理论体系研究[J]. 中国安全科学学报,2005,15(12):42-46.

[93] 罗江涛，刘小明，任福田. 道路交通安全灰色评价方法研究[J]. 中国公路学报，1995，8(4)：78-83.

[94] 张家港市交巡警大队，东南大学交通学院. 张家港市城市交通安全规划[R]. 2004.

[95] 晋城市交巡警大队，东南大学交通学院. 晋城市城市交通安全规划[R]. 2004.

[96] 启东市交巡警大队，东南大学交通学院. 启东市交通安全规划[R]. 2005.

[97] 太仓市交巡警大队，东南大学交通学院. 太仓市城市交通安全规划[R]. 2005.

[98] 长治市交警支队，东南大学交通学院. 长治市城市交通安全规划[R]. 2006.

[99] 张家港市交巡警大队，东南大学交通学院. 张家港市市域交通安全规划[R]. 2006.

[100] 高邮市交巡警大队，东南大学交通学院. 高邮市交通安全规划[R]. 2007.

[101] 江都市交巡警大队，东南大学交通学院. 江都市城市交通安全规划[R]. 2007.

[102] 扬州市邗江交巡警大队，东南大学交通学院. 扬州市邗江区交通安全规划[R]. 2008.

[103] 太仓市交巡警大队，东南大学交通学院. 太仓市市域道路交通安全规划[R]. 2009.

[104] 临汾市交警支队，东南大学交通学院. 临汾市城市道路交通安全规划[R]. 2010.

[105] 晋城市交警支队，东南大学交通学院. 晋城市域道路交通安全管理规划[R]. 2011.